Women and madness
女性与疯狂

[美] 菲利斯·切斯勒 著
童 桐 郑世彦 译

北京联合出版公司
Beijing United Publishing Co., Ltd.

图书在版编目（CIP）数据

女性与疯狂 /（美）菲利斯·切斯勒著；童桐，郑世彦译. -- 北京：北京联合出版公司，2024.10
ISBN 978-7-5596-7736-5

Ⅰ. D440

中国国家版本馆CIP数据核字第2024EJ9333号

WOMEN AND MADNESS by PHYLLIS CHESLER
Copyright © 2005 BY PHYLLIS CHESLER
This edition arranged with Chicago Review Press c/o SUSAN SCHULMAN LITERARY AGENCY, INC
through BIG APPLE AGENCY, INC., LABUAN, MALAYSIA.

Simplified Chinese edition copyright © 2024 by Beijing United Publishing Co., Ltd.
All rights reserved.
本作品中文简体字版权由北京联合出版有限责任公司所有

女性与疯狂

［美］菲利斯·切斯勒 著
童桐 郑世彦 译

出　品　人：赵红仕
出版监制：刘　凯　赵鑫玮
选题策划：联合低音
特约编辑：赵璧君
责任编辑：蒯　鑫
封面设计：今亮後聲 HOPESOUND 2580590616@qq.com
内文制作：聯合書莊

关注联合低音

北京联合出版公司出版
（北京市西城区德外大街83号楼9层　100088）
北京联合天畅文化传播公司发行
北京美图印务有限公司印刷　新华书店经销
字数341千字　710毫米×1000毫米　1/16　27.5印张
2024年10月第1版　2024年10月第1次印刷
ISBN 978-7-5596-7736-5
定价：98.00元

版权所有，侵权必究
未经书面许可，不得以任何方式转载、复制、翻印本书部分或全部内容。
本书若有质量问题，请与本公司图书销售中心联系调换。电话：（010）64258472-800

他们看起来都是似醉似睡、无精打采的样子，好像被催眠了，又好像被下了毒，因为这些人走在污秽不堪、令人作呕的街道上，满街都是粪便、垃圾和纸屑，好像他们并没有意识到自己在此处的存在，他们生活在别的地方：他们身在别处……每个人都在想象着自己、他或她，如何在与房东、杂货店老板或同事的争吵中取得胜利，或者是如何制造爱情……今天，她在这里行走，走在她的同类中间，观察着她们本来的样子，看着她们，看着我们，看着人类，就像太空船上的访客看着她们一样。她感到从未有过的痛苦，感到一种可耻的悲伤……

但她们最可怕的地方在于：她们在梦游的状态下行走、活动和生活，她们意识不到自己、其他人和周围发生的事情……她们基本上是孤立的、封闭的，被封闭在她们残缺不全的身体里，被封闭在她们梦幻迷离的眼睛后面，最重要的是，被封闭在一张欲望和需求的网中，使她们无法思考其他任何事情。

多丽丝·莱辛（Doris Lessing）
《四门之城》(*The Four-Gated City*)

目 录

2005 年版致谢　　/ 1

1972 年版致谢　　/ 3

2005 年版引言　　/ 5

Part 1　疯狂　MADNESS　/ 001

重访得墨忒耳和克吕泰涅斯特拉　　/ 003

01　为什么疯狂　/ 015
精神病院里的女性：四种人生　　/ 018
母亲和女儿：对生活的神话学评论　　/ 036
女英雄和疯狂：圣女贞德和圣母马利亚　　/ 044

02　精神病院　/ 051
精神病院　　/ 051

女性的社会角色和精神症状：抑郁、性冷淡和自杀企图　/ 057
抑　郁　/ 060
性冷淡　/ 063
自杀企图　/ 066
精神分裂症的三项研究　/ 068
一个理论建议　/ 074

03　临床医生　/ 077
美国有多少临床医生？　/ 079
当代临床思想　/ 084
传统的临床思想　/ 095
私人治疗体制　/ 124

04　女性的精神病生涯　/ 131
对女性精神病患者的访谈　/ 137

Part 2　女　性　women　/163

05　患者和治疗师之间的性行为　/ 165

06　精神病院里的女性　/ 191

07 女同性恋者 / 211
　对女同性恋者的访谈 / 221

08 第三世界女性 / 235
　对第三世界女性的访谈 / 248

09 女性主义者 / 266
　对女性主义者的访谈 / 277

10 女性主义心理学：过去、现在和未来 / 293
　我们文化中的女性心理：女性是孤独的 / 293
　我们文化中的女性心理：女性团体 / 298
　亚马逊社会：愿景和可能性 / 309
　生存的问题：权力和暴力 / 316
　一些对未来的心理处方 / 321
　13 个问题 / 325

注　释 / 329
声　明 / 345
图片来源 / 348
参考文献 / 349
译后记 / 373

2005年版致谢

我的编辑艾丽耶·斯图尔特（Airié Stuart）殷切地希望将这部作品以全新的面貌再次出版，如果没有她，这本书就不会存在。我感谢她的盛情邀约。我还要感谢梅丽莎·诺萨尔（Melissa Nosal）、我的助手罗宾·埃尔德里奇（Robin Eldridge），以及研究者兼作家考特尼·马丁（Courtney Martin），感谢他们细心和高效的研究工作，并感谢帕尔格雷夫·麦克米伦（Palgrave Macmillan）出版社的整个团队。感谢我的经纪人若埃勒·德尔布戈（Joelle Delbourgo）毫不费力地促成了这一切。我还要一如既往地感激我的家人，以及所有让我保持良好写作状态的医护人员和后勤人员。

我现在还站在许多"英雄儿女"的肩膀上，他们在《女性与疯狂》一书所开创的领域中继往开来，你可以在本书后面新的"参考文献"中看到他们的成就。我对他们所做的工作感激不尽。

1972年版致谢

感谢我的母亲莉莲（Lillian），感谢她生下了我，感谢她在我能写出这样一本书之前一直照顾我，感谢她和我的父亲莱昂（Leon）在我入睡前对我轻声耳语或吟唱的梦想、智慧。

感谢我的朋友们的爱和支持，还有那些美好的夜晚、周末和谈话。特别要感谢薇薇安·戈尼克（Vivian Gornick）、露丝·乔迪（Ruth Jody）、朱迪·库珀史密斯（Judy Kuppersmith）和玛乔丽·波特诺（Marjorie Portnow）。

感谢我"访谈"过的那些女性，感谢她们幸存下来，并与我分享了她们的经历。

感谢女性心理学协会（Association for Women in Psychology）的成员，特别是芝加哥的协会女性成员，以及那些女性主义者，如果没有她们的存在、鼓励和示范，这本书可能就无缘跟大家见面了。

感谢纳塔莉·布雷弗曼（Natalie Bravermen）、路易丝·布朗（Louise Brown）、莉莲·切斯勒（Lillian Chesler）、凯瑟琳·克洛瑞（Catherine Clowery）、比奇·福布斯（Bici Forbes）、玛丽·莎特尔（Mary Shartle）、玛莎·希克斯（Martha Hicks）和安吉·沃尔特马斯

（Angie Waltermath），她们都是非常棒的"秘书"。

感谢我的学生们在数据搜集和统计分析等各个阶段的关心和帮助，他们是：伊丽莎白·弗里德曼（Elizabeth Friedman）、多丽丝·菲尔丁（Doris Fielding）、德尔西尼亚·贾米森（Delsinea Jamison）、乔治·西德里斯（George Sideris）、玛丽娜·里瓦斯（Marina Rivas）和罗兰·沃茨（Roland Watts）。我要特别感谢里士满大学（Richmond College）心理学系的同事们，以及乔治·费希尔（George Fischer）和拉里·米切尔（Larry Mitchell），感谢他们在1971年冬天对我的信任和支持。

感谢双日（Doubleday）出版社的贝蒂·普拉什克（Betty Prashker）和黛安娜·马修斯·里凡德（Diane Matthews Reverand），感谢她们鼎力相助，让这本书（精装版）在1972年得以出版。

非常感谢麦克道尔艺术村（MacDowell Colony）在1971年夏天的大部分时间里为我提供食宿；感谢美国国家精神卫生研究所（National Institute of Mental Health，NIMH）生物特征学分部的雪莉·威尔纳（Shirley Willner）及时而富有同情心地回答了我的所有问题，并给我发送了所有必要的数据；感谢加利福尼亚州伯克利的女性历史研究图书馆（Women's History Research Library）的劳拉·默拉（Laura Murra）与我分享资料；感谢社会研究新学院（New School for Social Research）的西尔维娅·普赖斯（Sylvia Price）为我提供了许多我需要的书籍，并在我长期"占有"这些书籍时提供了方便；感谢布鲁克林下城医学中心（Downstate Medical Center）的斯图尔特·卡亨（Stuart Kahan）对统计分析结果的核查；感谢惠特尼博物馆（Whitney Museum）的萨拉·惠特沃思（Sara Whitworth）对有关希腊艺术中亚马逊人和女神方面的建议。

2005 年版引言

很多今天我们认为理所当然的事情，在五六十年前甚至没人低声谈论过。在 20 世纪五六十年代，临床医生仍然被教导说，女性患有"阴茎嫉妒"，在道德上不如男性，并且天生受虐、依赖、被动，只适合相夫教子。我们还了解到，是母亲——而不是父亲、遗传、事故或贫穷——导致了神经症和精神病。

我的教授们从来没有说过女性（或男性）受到了压迫，也没有说过压迫会造成创伤，而那些受苦的人还经常因其痛苦而受到指责，并被诊断为病态。从来没有人教过我如何进行心理健康的测试，只教过我如何进行心理疾病的测试。

我一直认为，这就是精神病学的帝国主义。

在研究生院，在我的临床实习中，以及在我于 20 世纪 60 年代到 70 年代初接受培训的精神分析研究所，我都被教导说，将人类对创伤完全正常的反应诊断为病态是有益的，甚至是科学的。

例如，我们被教导将女性（以及人类）对性暴力（包括乱伦）的正常反应视为一种精神疾病。我们被教导为发生在受害者身上的事情而责备她。基于对精神分析理论的肤浅理解，我们指责女人是"诱惑性的"

或"有病的"。我们相信,女性哭诉遭遇"乱伦"或"强奸",是为了获取同情或实施报复。

在我那个时代,我们被教导把女性视为天生的精神病患者。女性是歇斯底里(此词源于 hysteros,这个词同时也有子宫之意)的,是经常装病、孩子气、控制欲强、(作为母亲)冷漠或令人窒息、被性激素过度驱使的。

我们假设男人是心理健康的。我们没有被教导把男性吸毒者或酗酒者视为病态,或把那些殴打、强奸甚至谋杀女性(或其他男性)的男人当作罪犯。我们没有对男性中的性捕猎者或恋童癖者进行诊断。精神病学方面的著作实际上在指责是这些男人的母亲(而不是父亲)把他们推上了悬崖。但更为关键的是,我们还被训练要理解和原谅这样有"男子气概"的男人(所谓的"男儿本色")。

换句话说,我们所谓的专业培训,只不过是对我们以前的文化教育的重复,并且不问青红皂白地将其专业化。

我知道,我所接受的教育既无用也不真实。在这两年里,我几乎不间断地参加女性主义会议,周围都是同样充满激情、自信、勇于表达和受过良好教育的女性。本着那个时代的精神,我成为——并且一直是——一名自由的心理学家和法律活动家。我是一名多学科的研究者,既喜欢神话,也喜欢考据。我拒绝用含糊不清的官话写作。我从心理分析和精神层面出发,但我也坚定地参与政治活动。

1969年,我参与创建了女性心理学协会(AWP)。在那个年代,女性每个月——有时甚至是每天——都在成立新的组织。在女性主义的鼓舞下,我们创建了自己的组织,在那里,我们和我们的想法将受到欢迎,我们可以教彼此需要知道的东西。而我们在别处没有学过这些东西。

例如,我刚刚获得博士学位,完成了医院的实习,还在一家精神分析培训机构受训——但我对如何帮助另一个女人（或男人）理解她（他）自己的生活，几乎一无所知。

不管怎样，我在暗中研究女性真正想从心理治疗中得到什么。我计划在1970年的美国心理学会（APA）年会上展示我的研究成果。我去参加了大会，但我没有递交这篇论文。相反，我代表女性心理学协会，要求美国心理学会成员为那些从未得到心理健康专业帮助，而实际上受到进一步虐待的女性赔偿100万美元：她们被惩罚性地贴上标签，过度使用镇静剂，在治疗期间被性诱惑，违背自己的意愿住院，接受休克治疗，被切除额叶；最重要的是，她们被不必要地描述为过于好斗、滥交、抑郁、丑陋、衰老、愤怒、肥胖或无可救药。"也许女性心理学协会可以用这笔钱建立一个替代精神病院的地方，"我说，"或者为离家出走的妻子建立一个庇护所。"

两千多名听众（大部分是男性成员）都在笑我。他们大声地笑，神经兮兮地笑。有些人看起来很尴尬，有些人则没放在心上。显然，是我疯了。事后，同事们告诉我，有人开玩笑说我这是"阴茎嫉妒"。

在回纽约的飞机上，我开始写《女性与疯狂》。我埋头在精神分析的文献中，寻找那些接受过精神病治疗或住院治疗的女性的自传和传记——那些绝食或不婚的女性，那些无法离开家或在家庭之外生活的女性。我饥渴地阅读着关于悲伤、疯狂、坏女人的小说和诗歌，并沉迷于神话学和人类学，尤其是关于女神、母系制度和亚马逊女战士的故事。

我在《女性与疯狂》中写到女神并不是偶然的：像得墨忒耳（Demeter）这样伟大的大地母亲，她从绑架、强奸和乱伦中拯救了她的女儿珀耳塞福涅（Persephone）；像狄安娜（Diana）这样的亚马逊战士，她保护分娩中的女性，并真正与野兽一起奔跑。这样的女神形象是我们人类共同的榜样，我们压制她们会自食其果。这些女性的榜样体现了所有人类（不仅仅是女性或生物学上母性）的潜能，男性和女性都可以因此变得更强大。

我没有充分研究得墨忒耳和珀耳塞福涅关系的"黑暗面"，也没有研究其他原始神话人物关系的"黑暗面"，如克吕泰涅斯特拉王后（Queen Clytemnestra）和她弑母的女儿厄勒克特拉（Electra），这也并非偶然。我在《女性与疯狂》中浅尝辄止，但随着时间的推移，我也更全面地探究了这个话题，我们稍后再讨论这一点。

早在1970年，我就开始分析精神疾病的统计数据，并阅读了所有相关的学术研究资料。

此外，我还阅读了关于女性生活的历史记载。我找到了一些欧洲女性的故事——她们被判为女巫（包括圣女贞德），从16世纪开始，就有人因精神疾病而被囚禁。在19世纪和20世纪的欧洲和北美，男人有合法的权利把他完全正常的妻子或女儿送进精神病院。有些男人确实这样做了。专制、暴力、酗酒或疯狂的丈夫将他们的妻子送进精神病院，有时是终生的，以此来惩罚她们太过放肆，或是为了再娶其他女人。

一些美国女性写下了清晰的、使人印象深刻也令人心碎的囚禁经历。难以置信的是，这些英勇的女性并没有因为地狱般的囚禁而崩溃或沉默。她们见证了自己的遭遇，也目睹了那些更为不幸的人的遭遇，她们没能在残酷殴打、近乎被溺毙、强迫进食、身体束缚、长期与自己的污秽物共处、单独监禁、缺乏仁慈或理智的环境中幸存下来，而这些竟被称作"治疗"。这些历史记载让我潸然泪下。

我发现了伊丽莎白·帕卡德（Elizabeth Packard）感人至深的以第一人称叙述的她自己的故事。她唯一的罪过就是敢于违背丈夫的意愿，有自己的想法。她坚持教导主日学校[1]的学生，人天生善良而不是邪恶的。帕卡德受到的惩罚是在一家州立精神病院待了三年。此后，她成为一名为精神病患者和已婚女性争取权利的斗士。在她的著作中，她再现了女性在精神病院中所遭遇的一切。

在我写完《女性与疯狂》多年后，杰弗里·L.盖勒（Jeffrey L. Geller）博士和玛克辛·哈里斯（Maxine Harris）博士向我推介了一本非常重要的书，名为《精神病院里的女性：来自墙后的声音，1840—1945》（*Women of the Asylum: Voices From Behind the Walls, 1840–1945*）（1994）。我曾读过并写过一些这方面的故事，但我真没想到居然还存在这么多非凡的目击者的描述。

例如，马萨诸塞州的伊丽莎白·T.斯通（Elizabeth T. Stone，1842）将精神病院描述为"一个比奴隶制更糟糕的系统"；宾夕法尼亚州的阿德里安娜·布林克尔（Adriana Brinckle，1857）将精神病院描述为"人间地狱"，充斥着"镣铐""黑暗""手铐、约束衣、锁链、铁环以及……其他野蛮的遗迹"；蒂尔扎·谢德（Tirzah Shedd，1862）写道："这是一个大规模的屠宰场……与其说是一个治疗场所，不如说是一个惩罚场所。"纽约的克拉丽莎·考德威尔·莱思罗普（Clarissa Caldwell Lathrop，1880）写道："我们看不见入口处镌刻的由不幸的患者用心灵的鲜血写下的隐形铭文，'进此门者必须抛弃所有希望'。"

根据这些美国人的自传中的描述，女患者经常被殴打，被剥夺睡眠、食物、运动、阳光以及与外界的一切联系，有时甚至被谋杀。她们对身体（和精神）疾病的抵抗力往往被击溃。有时，这些女性试图以自

---

[1] 主日学校（Sunday school），星期日免费为在工厂工作的青少年进行宗教、文化教育的学校，最早出现于18世纪末期的英国。——编者注

杀的方式来结束所遭受的折磨。

现在已经很清楚，19世纪或20世纪早期的女患者无论是完全正常，还是经历过产后抑郁或其他抑郁、幻听，或是出现"癔症性"瘫痪；无论她们是受过良好教育的富人，还是目不识丁的穷苦工人；无论她们过着相对优越的生活，还是屡遭殴打、强奸或其他虐待；无论她们接受了自己狭隘的社会角色，还是无法适应这个角色；无论她们是一直无所事事，还是长期辛苦工作、疲惫不堪——她们都很少得到友善或专业的医疗服务。

我还发现，一些相当有成就的女性——雕塑家卡米耶·克洛岱尔（Camille Claudel），作家泽尔达·菲茨杰拉德（Zelda Fitzgerald）、弗吉尼亚·伍尔夫（Virginia Woolf）、拉腊·杰斐逊（Lara Jefferson）和西尔维娅·普拉斯（Sylvia Plath），女演员弗朗西丝·法默（Frances Farmer），以及虚构的名字艾伦·韦斯特（Ellen West）[1]——从精神病学的角度来说，她们都经历过"艰难时刻"。尽管她们拥有美貌、天赋、阶级或肤色的特权，但却没有一个人得到帮助，所有人都被精神病学体制、父权制治疗师和严重虐待的家庭深深伤害。

在一个所谓的后女性主义时代，一些年轻女性开始书写她们在精神病院接受治疗以及陷入"疯狂"的经历。这些作品几乎可以称得上是一种新的文学流派。

例如，女性主义者吉尔·约翰斯顿（Jill Johnston）的《纸女儿》（*Paper Daughter*，1985）、凯特·米利特（Kate Millett）的《疯人院之旅》（*The Loony Bin Trip*，1990）和舒莉·费尔斯通（Shulie Firestone）

---

[1] 艾伦·韦斯特是瑞士精神病学家路德维希·宾斯万格（Ludwig Binswanger）1944年发表的案例报告中的主人公。——译者注

的《窒息空间》（*Airless Spaces*，1998），以及精神病学家凯·雷德菲尔德·杰米森（Kay Redfield Jamison）的《躁郁之心：我与躁郁症共处的30年》（*An Unquiet Mind : A Memoir of Moods and Madness*，1995），都写到了关于精神症状、药物治疗和精神病院的内容。有些人坚持认为，虽然她们幻听、想死、试图自杀、高度焦虑、无法正常工作，但她们没有也从来不曾患上过"精神疾病"。有些人则对发生的事情感到自卑，并承认出了严重的问题。有些人拒绝接受精神药物治疗。有些人则声称是药物拯救了她们的生命。

米利特、约翰斯顿、费尔斯通和杰米森都成长在前女性主义时代。有趣的是，到了20世纪90年代（并一直持续到21世纪），大量出生于1970年之后的年轻女性开始书写自己患上"精神疾病"的经历，比如精神分裂症、抑郁症、焦虑症和精神衰弱。其中包括，玛丽·娜娜－阿玛·丹夸（Mari Nana-Ama Danquah）的《柳树为我哭泣：一个黑人女性的抑郁之旅》（*Willow Weep for Me: A Black Woman's Journey Through Depression*，1999），卡萝尔·赫伯尔德（Carol Hebald）的《压抑太久的心》（*The Heart Too Long Suppressed*，2001），露丝·克莱恩（Ruth Kline）的《还不算太糟：从虐待和精神疾病中幸存》（*It Coulda Been Worse: Surviving a Lifetime of Abuse and Mental Illness*，2003），精神病学家卡萝尔·诺思（Carol North）的《欢迎，沉默：我战胜了精神分裂症》（*Welcome, Silence: My Triumph Over Schizophrenia*，1987），朱莉·格雷戈里（Julie Gregory）的《生病：代理型孟乔森综合征[1]童年回忆录》（*Sickened: The Memoir of a Munchausen by Proxy Childhood*，2003），瑞

---

[1] 代理型孟乔森综合征，指照顾者故意夸大或捏造受照顾者的生理、心理或行为问题，从而满足自己"照顾患者"的病态心理需求。——译者注

秋·赖兰（Rachel Reiland）的《让我离开这里：从边缘型人格障碍中康复》(*Get Me Out of Here: My Recovery from Borderline Personality Disorder*, 2004)，等等。

但还有更多年轻女性讲述了自杀未遂、酗酒、吸毒和自残的经历。我尤其想到了以下作品：苏珊娜·凯森（Susannah Kaysen）的《移魂女郎》(*Girl, Interrupted*, 1993)，玛丽莉·斯特朗（Marilee Strong）的《鲜红的尖叫：自残和痛苦的语言》(*A Bright Red Scream: Self-Mutilation and the Language of Pain*, 1998)，卡罗琳·凯特尔韦尔（Carolyn Kettlewell）的《皮肤游戏：一本回忆录》(*Skin Game: A Memoir*, 2000)，以及伊丽莎白·伍策尔（Elizabeth Wurtzel）的《我的忧郁青春》(*Prozac Nation*, 1994)和《现在还要更多：成瘾回忆录》(*More, Now, Again: A Memoir of Addiction*, 2001)。

关于后女性主义时代饮食失调的描写，目前可能也构成了一种新的文学类型。当然，苏西·奥巴赫（Suzy Orbach）在女性主义时代就以女性主义的声音写下了《肥胖是个女性主义问题》(*Fat is a Feminist Issue*, 1978)，金·切尔宁（Kim Chernin）也写了《痴迷：对苗条暴政的反思》(*The Obsession: Reflections on the Tyranny of Slenderness*, 1982)和《饥饿的自我：女性、饮食和身份》(*The Hungry Self: Women, Eating, and Identity*, 1986)，我在《纽约时报书评》中对后者进行了评论。《饥饿的自我》是一本关于饮食失调的精神分析性的沉思录。虽然奥巴赫和切尔宁都精彩地描写了自己与厌食症的斗争，但她们的呼声相对来说还是孤独的。

这一主题在20世纪90年代真正开始流行起来。例如，1991年，娜奥米·沃尔夫（Naomi Wolf）出版了畅销书《美丽的神话：女性美的形象如何被用来对付女性》(*The Beauty Myth: How Images of Female Beauty are Used against Women*)。她还关注了厌食症以及文化诱发的女性对纤瘦的追求。

1995年，玛丽·皮弗（Mary Pipher）博士出版了《复活奥菲利亚：拯救青春期女孩的自我》(*Reviving Ophelia: Saving the Selves of Adolescent Girls*)。皮弗研究的是青春期女孩以及她们对体重变化的痴迷。皮弗认为，西方文化是一种"毒害女孩"的文化，对年轻女性提出了难以企及和自相矛盾的要求。她们的反应是成为"光鲜亮丽的女孩"。

进入世纪之交时，上大学的萨拉·桑德勒（Sara Shandler）出版了《奥菲利亚发言》(*Ophelia Speaks*，1999)，这是一本青少年回应皮弗著作的文集。此外，玛丽亚·霍恩巴赫（Marya Hornbacher）出版了《荒废：厌食症和贪食症回忆录》(*Wasted: A Memoir of Anorexia and Bulimia*，1999)，卡罗琳·克纳普（Caroline Knapp）出版了《食欲：女人为什么想要》(*Appetites: Why Women Want*，2003)，凯瑟琳·哈里森（Kathryn Harrison）出版了《母亲结》(*The Mother Knot*，2004)。

卡罗琳·克纳普描写了她自己的厌食症经历，但她扩展了讨论的范围，包括了许多其他类型的饥饿感以及对性、偷窃和赌博的痴迷。克纳普试图解释，为什么在后女性主义时代长大的年轻女性可能仍然会被麻痹。实际上，她们仍然生活在一个父权制的时代，没有被悉心教育要去抵制她们所面临的自我贬低和矛盾的选择。年轻女性也会因为选择太多而感到困惑。克纳普建议她们了解自己的"饥饿感"。她写道：

> 女人与饥饿和满足的关系就像一面镜子，反映出她的自我意识以及她在广阔世界中的位置。一个女人允许自己饥饿（各种意义上的饥饿）到什么程度？如何填饱自己？她真正感到自己有多自由，或者说有多压抑？……这是关于自我与文化之间的碰撞，女性的欲

望在一个奇怪的世界中被释放——这个世界对女性的权力仍然深感矛盾,并在同等程度上激起女性的食欲和羞耻感……女人在精神上变得更强大,却被告知要在身体上变得更弱小。

一些心理健康专家认为,那些拒绝进食(或暴食并呕吐)的女性是在进行一种自我毁灭式的抗议,以抵制自相矛盾的文化要求,即要求她们看起来像男孩一样瘦,像时装模特一样苗条,同时又要看起来性感诱人。有人说,控制体重是尝试在生活失控时重新控制自己。

2004年,在《女性主义理论和女性主义心理疗法:起源、主题和多样性》(*Feminist Theories and Feminist Psychotherapies: Origins, Themes, and Diversity*)第二版中,卡罗琳·泽布·恩尼斯(Carolyn Zerbe Ennes)博士回顾了一些文献,其中表明"饮食失调可能是应对成功焦虑症的生存技能。拥有完美的身材可能是高成就女性避免负面刻板印象的一种方式,让自己显得没那么孤独、无情、没有女人味或没有吸引力"。一些理论家还认为,关注"身体上的自我"可能是试图"弥补心理上的自我的不足"。

心理健康专家还认为,当女性更痴迷于改变自己的身体而不是改变历史时,她们就生活在一个非政治(后现代女性主义)的时代,而且作为孤立的个体,她们没有足够的力量来抵抗在文化上遭遇的贬低和色情化、性化。

我同意所有这些理论和观点。而在治疗上,对于特定的个体,什么才是有效的,则又是另外一回事了。

但是,让我们回到我为了创作《女性与疯狂》所做的事情。首先,我采访了真正的专家:曾经身为精神疾病和心理治疗患者的女性。我采访了白人女性和有色人种女性、异性恋女性和同性恋女性、中产阶级女性和靠救济金生活的女性，她们的年龄从 17 岁到 70 岁不等，她们在精神病院和心理治疗中跨越了四分之一个世纪，横贯美国东海岸和西海岸。

我开始记录几千年来父权制的文化和意识是如何塑造人类心理的。我试图描绘女性的心理特征，作为一个社会等级，她们没有控制生产或生育的手段，而且经常在性和其他方面受到羞辱。我试图了解，当女性群体被殖民时，争取自由的斗争在心理上意味着什么。

《女性与疯狂》于1972年10月首次出版后，立即受到其他女性主义者和广大女性的欢迎。这本书获得了数以百计的正面评论，其中一篇登上了《纽约时报书评》的头版，作者是美国当代诗人艾德里安娜·里奇（Adrienne Rich）。多年来，该书销量近 300 万册，并被翻译成包括日语和希伯来语在内的许多语言。我到处接受采访，并收到大量信件和邀请。

虽然这本书受到其他女性主义者和许多女性的普遍欢迎，但我在其中的分析——诊断标签如何被用来污蔑女性，以及为何精神病院里的女性比男性更多——要么被忽视，认为是我的个人错觉，要么被那些专业领域的实权人物严厉批评。

有人说，我的统计数据和理论基础是"错误的"，我"夸大了"对婚姻和精神病学体制的看法，我过度"浪漫化了"原型——尤其是亚马逊人和女神的原型。像之前的许多女性主义者一样，我成了女性主义学术和专业圈子里的"表演者"。但幸运的是，我即将获得一所大学的终身教职；而且，没有父亲、兄弟或丈夫因为我的想法冒犯了他们而想把我关进精神病院。

虽然这是不可思议的、令人愤慨的，但这就是马萨诸塞州的伊丽莎白·T. 斯通和伊利诺伊州的伊丽莎白·帕卡德所遭遇的：她们因表达了激怒自己兄弟或丈夫的观点而被认为是疯子。纽约州的菲比·B. 戴维斯

（Phebe B. Davis，1865）的罪行是她敢于独立思考。戴维斯写道："人们发现我是个疯子已经21年了，这一切都是因为我不能接受每一个流行的庸俗信仰。我永远不会被任何事、任何人牵着鼻子走。"马萨诸塞州的艾德琳·T. P. 伦特（Adeline T. P. Lunt，1871）指出，在精神病院，"女患者必须停止思考或说出任何'独创性表达'"，她必须"学习隐藏（她的）真实性格的艺术……直到你让自己完全适应（机构的）模式，放弃任何希望"。激烈的抗议，或任何形式的不服从，只会招致更严厉的惩罚。

在为精神病患者和已婚女性所做的工作中，伊丽莎白·帕卡德提出了她的第一项改革："任何人都不应该仅仅因为表达意见而被视为精神病患者或偏执狂，无论这些意见在其他人看来多么荒谬。"帕卡德实际上是在代表女性捍卫"美国宪法第一修正案"！帕卡德还指出："允许将改革者视为偏执狂是对人类进步的一种犯罪……如果真理的先驱者因此失去他们的人身自由……谁还敢忠于自己内心神性的启示呢？"菲比·B. 戴维斯则更加直接，她写道："真正灵魂高尚的人在这个世界上很少受到赞赏——他们在死后两三百年才会得到尊重。"

因此，在帕卡德生活、写作和讨伐的一个多世纪后，那些在体制内身居要职的人，要么无视我在书中提出的挑战，要么说任何女性主义著作都是有偏见的、神经质的和歇斯底里的。（是的，我们的批评者将整个运动及其所激发的精神病态化了，就像病态化女性个体一样。）有些人说我的女性主义观点"刺耳"（他们很喜欢这个词）、"仇男"，而且太"愤怒"——这是犯了大忌。

一派胡言。

多年来，我收到了一万多封关于《女性与疯狂》的信件，主要来自女性读者。我至今还保留着它们。大多数信件都证实了我所写的内容。

（亲爱的读者，我很敬佩你们挺过了难关，也很感谢你们的信任。）

自从我写这本书以来，到底发生了什么变化？答案是变化太少了——但也有很多变化。

尽管——或者说正因为——有远见的女性主义运动在这个世界上活跃着，厌女症或被围攻的厌女症仍在继续，有增无减。所谓的反扑，自从我们第一次呼吸第二波女性主义的空气，就发生在我们身上了。是的，在心理健康专业人士中也是如此。

20 世纪 70 年代中期

心理学家保拉·J. 卡普兰（Paula J. Caplan）出版了《女性受虐的谎言》(The Myth of Women's Masochism)和其他许多精彩的书籍，包括《他们说你疯了：世界上最权威的精神病学家如何决定谁是正常人》(They Say You're Crazy: How the World's Most Powerful Psychiatrists Decide Who's Normal)和《精神病诊断中的偏见》(Bias in Psychiatric Diagnosis)。卡普兰是杜克大学的研究生，她在一篇学期论文中"温和地批评了弗洛伊德"。卡普兰写道："我的教授把论文还给了我。他在封面上潦草地写着：'在这个世纪，弗洛伊德因为他对女性的看法受到了多少次攻击？'"此后不久，卡普兰就"被踢出了临床博士项目"。

心理治疗师米丽娅姆·格林斯潘（Miriam Greenspan）出版了《女性与治疗的新路径》(A New Approach to Women and Therapy, 1983)和《治愈黑暗情绪：悲伤、恐惧和绝望的智慧》(Healing Through the Dark Emotions: The Wisdom of Grief, Fear, and Despair, 2003)。格林斯潘的导师告诉她："女性专业人士必须穿文胸，女性过度愤怒是性格障碍的表

现，过度关注性灵问题是精神分裂症的症状，过多的同理心是专业精神的严重缺失，过多的同情心是心理治疗师专业技能的绊脚石。"

在哈佛大学，心理学家卡萝尔·吉利根（Carol Gilligan）开始在研究中"将她的工作和生活联系起来"，这最终促成了《不同的声音》（In a Different Voice，1982）一书出版。吉利根写道："最初，劳伦斯·科尔伯格（Lawrence Kohlberg）非常不屑于我对女性的研究，嘲笑我关于堕胎决策的研究，让他的班级投票赞成堕胎不是道德问题，并在我的研究讨论会上说，我混淆了闲聊话题和学术研究。我知道，科尔伯格为之辩护的研究中没有包括女性。只要他们[科尔伯格和埃里克·埃里克森（Erik Erickson）]能将我的研究纳入他们的理论，或者像拉里常说的那样，将其视为一种有趣的跨文化研究——对另一种叫作女性的文化的研究——那么万事大吉。但如果这意味着要改变他们的理论，那就行不通了。"

20世纪80年代

1979年，精神病学家南妮特·加特雷尔（Nanette Gartrell）在哈佛大学完成了为期三年的精神科住院医师实习。随后，她加入了美国精神医学学会特别工作组，为精神科住院医师项目开发关于女性心理学的课程。加特雷尔写道：

> 两年后（1980—1981年），当我们提交了长达200页的详细提案时，美国精神医学学会的官员被我写的一句话——"同性恋是性表达的一种正常变化"——激怒了。这一强烈的反应令我吃惊。不要忘了，六年前同性恋就已经从《美国精神疾病诊断与统计手册》

（Diagnostic and StatisticalManual，DSM）中被删除了。著名的女性精神病学家向我施压，要求我删除这句话，并警告说，如果我不这样做，我就会断送自己的职业生涯。我因此遭受了长期的诽谤。尽管他们使出了这些手段，但我拒绝屈服。我辞去了工作组的职务，撤回了我对课程的贡献，并将我的名字从作者队伍中删除。许多同事也纷纷效仿。遗憾的是，该课程从未对女性精神科医生公开。对于在精神病学体系内部进行任何改变而不遭遇重大阻力，我完全失去了信心。

精神病学家琼·筱田·博伦（Jean Shinoda Bolen）是《每个女人的女神：一种新的女性心理学》（*Goddesses in Everywoman: A New Psychology of Women*，1984）的作者，也是美国亚裔精神病学家委员会的创始人。当时，美国精神医学学会反对"平等权利修正案"，博伦一马当先，奋起反抗。她写道："当时，美国精神医学学会89%的成员是男性，而三分之二的患者是女性。不平等、歧视和刻板印象影响了女性的自尊并限制了她们的发展；治疗女性的精神科医生不支持'平等权利修正案'是令人震惊的。"

精神病学家特雷沙·贝纳德兹（Teresa Bernardez）在她所在的密歇根州立大学医学院精神病学系陷入了困境。一位新的系主任坚持认为她不是"主流精神病学家"，因为她写道："我不采用药物治疗抑郁症女性，而且我反对非自愿住院。我不得不通过申诉来捍卫自己的立场，我赢了。我的职责是保护那些遭受治疗师虐待的患者，这导致我与一些教员发生了一系列纠纷。"贝纳德兹离开了精神病学系，远离了"他们的晦涩观点和生物还原论"，这"对我来说是有毒的"。

你感到惊讶吗？我们也很惊讶。

20世纪90年代

临床心理学家海伦·鲍尔德斯顿（Helen Bolderston）写道："在两年的研究生学习中，我只上了两个小时关于性别问题的课程，也没有人讲授在童年时期被性虐待对女性的影响。临床心理学培训课程并没有让我为将要从事的女性临床工作做好准备。"

《女性的疯狂：厌女症还是精神疾病》(Women's Madness: Misogyny or Mental Illness)一书作者、心理学家简·厄谢尔（Jane Ussher）写道："在英国，女性仍然比男性更容易被诊断为疯子并接受治疗。在精神病院内外，对女性的性虐待仍然比比皆是。现在可能有更多的女性从事临床心理学工作，但专业话语（仍然）通过对女性'症状'的诊断和分类来呈现精神病学分类法。"

1993—1994年，美国东海岸一所知名大学的一名学生领导了一场校园运动，反对心理服务部门的男性负责人，该负责人最终选择辞职，而不是接受学校要求的审查。这位学生写道，具体而言，他"要么忽视饮食失调，要么鼓励体重正常或有厌食症的学生节食。当女学生的男朋友打她们时，他责备女学生；有时他鼓励她们保持暴力的伙伴关系。他根据自己对学院法律责任的理解，不自觉地让处于危机中的学生退学"。在一个案例中，他极力试图让一名经历过虐待的乱伦受害者非自愿退学，这几乎迫使她重新回到乱伦的家庭。

尽管这位负责人不是医学博士，但他在药物问题上立场强硬，有时甚至是不正确的。虽然他不赞成药物治疗精神病，但他鼓励患抑郁症的女学生服用避孕药。此外，他没有正确地诊断出主要的精神疾病，也没有适当地帮助需要紧急住院治疗的学生。

我在《女性与疯狂》中引用的关于治疗师偏见的早期研究结论，

很不幸地多次得到证实。例如，在1993年，肯尼思·波普（Kenneth Pope）博士和芭芭拉·塔巴奇尼克（Barbara Tabachnik）博士发表了他们的研究结果：治疗师远非"中立"。在随机抽取的285名临床心理学家中，87%的人承认他们"被患者性吸引"，58%的人承认"在患者面前有性冲动"。其中64%到78%的人承认他们曾因为各种原因对患者"生气"；近三分之一的人表示他们"讨厌"某个患者；46%的人说他们有时非常生气，以至于对患者做过一些事后后悔的事情。

很少有治疗师被教导要预见到他们会对患者产生强烈的情绪，以及如何处理这些情绪。

21世纪

2005年，保拉·J. 卡普兰博士和丽莎·科斯格罗夫（Lisa Cosgrove）博士出版了一本优秀的选集，名为《精神病诊断中的偏见》。它证实了我在《女性与疯狂》中首次提出的许多偏见领域，包括性别歧视、种族主义、阶级歧视和恐同症，这些现象仍然存在。并且，这本书还涉及了对老年人、智力障碍者、学习障碍者和饮食失调者的偏见；它还挑战了一些与法律、临床相关的诊断类别，如"创伤后应激障碍""虚假记忆综合征"[1]"父母离间综合征"[2]。该书对《精神障碍诊断与统计手册》的讨论精彩绝伦。

---

1 虚假记忆综合征（false memory syndrome），指个体在经历了一些创伤性事件后，出现了以虚假或误导性记忆为特征的心理症状。——译者注
2 父母离间综合征（parental alienation syndrome），指父母中的一方针对另一方进行的以憎恨为目标的敌对行为，该行为还会利用孩子作为其工具。——译者注

在这本书的一篇文章中，杰弗里·波兰（Jeffrey Poland）博士和保拉·J.卡普兰博士介绍了精神病诊断中的偏见是如何持续的。他们讨论了现实生活中的偏见，例如，必须对患者进行诊断或病理化才能获得保险报销。此外，当医生工作过度劳累且诊疗时间有限时，他们可能会直接得出（错误的）结论。医生可能"倾向于寻找并记录与先前的信念和期望相吻合的信息，而忽略或淡化那些不符合的信息……（医生还）倾向于优先考虑最初得到的信息而不是后来收集到的信息"。

2005年，还是在这本书中，奥特姆·威利（Autumn Wiley）回顾了10本广泛使用的异常心理学大学教材。令人震惊的是，她发现其中竟没有一本包括了对精神病学和诊断实践的女性主义批评；10本书中有7本根本没有提及性别或性别偏见；14位主要的女性主义批评家没有一位的言论在任何一本书中被引用。这些女性主义批评家包括：劳拉·布朗（Laura Brown）、保拉·J.卡普兰、菲利斯·切斯勒（我自己）、贝弗莉·格林（Beverly Greene）、瑞秋·黑尔-马斯廷（Rachel Hare-Mustin）、汉娜·莱尔曼（Hannah Lerman）、林恩·罗斯沃特（Lynn Rosewater）和莉诺·沃克（Lenore Walker）等。

威利总结道："几十年来，女性主义批评对异常心理学教科书作者介绍《精神障碍诊断与统计手册》的方式影响甚微。教科书中没有女性主义批评，并不是因为这种批评不存在，或者没有高质量的批评。"

因此，尽管已经有了巨大的进步，甚至是翻天覆地的变化，但我在1972年首次提到的临床偏见今天仍然存在。许多临床判断仍然被阶级歧视、种族主义、反犹太主义、恐同症、年龄歧视、性别歧视以及文化和反移民的偏见所笼罩。我查阅了数百份至数千份有关婚姻、刑事和民事诉讼的精神病和心理评估报告。仅仅因为母亲是女人就在临床上对她们不信任，仅仅因为父亲是男人就对他们卑躬屈膝，这让人难以理解。这些报告的每一页都充斥着对母亲的指责和对女人的憎恨。如果孩子不怨恨或讨厌母亲，或者不偏爱父亲，母亲就经常在临床上被指责疏远孩子与父亲的关系。

难以置信，是吗？

即使是那些不太可能有性别刻板印象的医生，也会表现出（通常是无意识的）对男性的偏爱。医生的性别歧视可能是复杂而微妙的。有时候，女性医生比男性医生对女性更为苛刻。她们可能觉得自己必须这样做，以让自己与被鄙视的群体保持距离。

例如，1990年的一项研究证实，与1970年相比，如今精神科医生的性别刻板印象有所减少。然而，更多的女性精神科医生认为，女性患者应该多一些男性特质，而更多的男性精神科医生则认为，未分化的、雌雄同体的特质是男性和女性患者的最佳选择。

因此，女性心理健康专家对其他女性的看法不一定比男性同行更客观或更中立。和男性一样，女性也会持有性别歧视的观点。也许这在心理上类似于喜欢浅色皮肤的有色人种，以及内化种族主义观点的人。拒绝承认这样的观点，就不可能抵制它们。

一般来说，女性之间在心理和社交上对彼此很重要，以至于她们往往相互期望过高。女性之间最小的错误、最轻微的失望，往往会被放大，然后彼此怨恨。一个女人可以在一瞬间从仙女教母变成邪恶的后妈。另外，女人害怕指责男人，却不害怕指责其他女人。

例如，许多关于女性的报告说，她们对母亲的愤怒远远超过强奸她们的父亲，对不相信她们被强奸的女性的愤怒远远超过强奸她们的人。正因为女性之间的亲密和同情对女性来说如此重要，所以当女性闺密不能与强奸或乱伦幸存者"同在"时，这是相当令人痛苦的。

根据精神病学家朱迪丝·刘易斯·赫尔曼（Judith Lewis Herman）

和她已故的母亲海伦·布洛克·刘易斯（Helen Block Lewis）的说法，（乱伦）家庭中的女儿会感到被母亲"深深背叛"。这样的女儿觉得她们被"作为祭品来讨好强大的男性，因此她们鄙视自己的母亲"。她们还学会了不指望其他女性的帮助。有些女儿会进行反击或报复——但主要是针对她们的母亲。

因此，持续的临床偏见至少在五个重要领域影响着患者：（1）患有生理疾病的女性——其次是男性——经常被错误地进行精神病诊断和用药；（2）指控强奸、乱伦、殴打、性别歧视或骚扰的女性被要求接受治疗或在审判中被诊断为病态；（3）没有钱、没有保险的女性（和男性）既负担不起治疗费用，也不是总能得到主要是中产阶级的治疗师的尊重和理解；（4）有色人种、移民、闪米特人[1]（包括犹太人）的女性——其次是男性——仍然面临着额外的临床恐惧和敌意；（5）心理治疗师与患者之间的性虐待仍然存在。

对生理疾病的错误精神病诊断

1972年，当我第一次探究精神健康专业人员的性别歧视时，我并没有意识到，当西方医学不理解或无法治愈某种疾病时，它往往首先否认这种疾病是真实的，说它只是一种精神障碍。好像精神疾病不是真的一样。

越来越多患有严重疾病的女性被诊断为精神疾病患者，并服用镇静

---

[1] 闪米特人是由古阿拉伯人、犹太人、迦南人、亚述人、巴比伦人等同源民族构成的群体。——译者注

剂，而不是进行非精神疾病的检测或治疗。就像哮喘和关节炎曾经被视为心身疾病一样，今天，红斑狼疮、多发性硬化症、莱姆病、化学和食物过敏、海湾战争综合征、慢性疲劳免疫功能紊乱综合征，以及某些神经和内分泌系统疾病，仍然被认为主要是精神疾病。心理学家和精神病学家告诉患者——通常是女性——他们的痛苦可能是想象出来的，他们的疾病是自己的幻觉。但通常情况下，事实并非如此。

虽然我也相信心身是一体的，但我知道，病毒、寄生虫、细菌、真菌、性传播疾病和有毒化学物质是真实存在的，它们会导致神经和认知功能障碍。抑郁症也是真实存在的，而且有神经化学基础；然而，抑郁症也可能是慢性疼痛的次要症状。

许多精神病住院患者抱怨身体疼痛，却不被医生相信。直到他们卧床不起或被发现身患绝症，已经回天乏术之时，非精神病医疗护理才会登场。

对报告强奸、骚扰、歧视、殴打和其他虐待行为的女性进行病理诊断

我必须再说一遍：我接受过良好的教育。但是，我从未被告知女性或男性受到了压迫，以及压迫和歧视会使人们受到创伤。

一场妇女解放运动才让我明白了这一点。我们需要倾听并与女性交谈——不是将其当作低人一等的患者，而是当作争取社会正义的姐妹，然后才能了解：大多数女性都没有享受同工同酬，这无疑会造成心理和医学上的后果；当来月经或进入更年期时，她们在身体和心理上确实会遭受痛苦；她们在工作中会受到性骚扰；她们还是家庭暴力的受害者。

经历许多场妇女解放运动后我才明白：最常见的强奸发生在亲密的人之间，而不是陌生人之间；强奸很少被报道，更少被起诉；强奸不再是战争的战利品，而是越来越多地被用作战争武器。

然而，尽管我们了解到了这一切，今天，当女性指控性骚扰或性别歧视时，她们有时仍被怀疑或受到指责；她们经常因为对创伤的正常反应而受到不公正的诊断。有时，当女性指控强奸或性骚扰时，她们就会发生一些莫名其妙的事情。

例如，2005年，美国空军学院两名女性学员指控一名军官对她们实施性侵犯，杰西卡·布雷基（Jessica Brakey）是其中之一。布雷基的心理健康顾问詹妮弗·比尔（Jennifer Bier）被命令交出她的治疗记录。到目前为止，比尔都拒不服从。换句话说，如果一名强奸受害者寻求咨询，她所说的话可能会成为法庭上对她不利的证据。这通常意味着，强奸受害者会被描绘成"疯子"或"荡妇"。

这里有另一个例子。20世纪90年代初，海军律师达琳·西蒙斯（Darlene Simmons）中尉在指控其指挥官性骚扰后，被要求接受精神检查。精神检查？多么荒谬！多么熟悉！

还有，在20世纪80年代末，玛格丽特·詹斯沃尔德（Margaret Jensvold）博士——她本人也是一名精神病学家，曾获得美国国家精神卫生研究院一项声望很高的奖学金——抱怨说，她的导师大卫·鲁比诺（David Rubinow）博士一再剥夺她进行科学研究和发表成果的机会，而她的男性同行则享有这些机会。詹斯沃尔德还指责鲁比诺发表性别歧视言论，从而创造了一个充满敌意的工作环境。詹斯沃尔德被"建议"去看心理治疗师，如果她还希望留在美国国家精神卫生研究院的话。推荐给她的精神科医生也是国家精神卫生研究院的员工，这并不能保证私密性。最终，詹斯沃尔德被解雇了。她向法院提起诉讼。

詹斯沃尔德至少是美国国家精神卫生研究院第二个提出歧视和骚扰指控的女性研究人员。精神病学家琼·汉密尔顿（Jean Hamilton）曾在1986年处理了美国平等就业机会委员会（EEOC）对同一名主管大卫·鲁比诺的投诉。她为詹斯沃尔德做证说，女性研究人员经常被称为女巫、婊子、女郎——还有更亲切的：甜心。

阶级偏见

根据心理治疗师马西娅·希尔（Marcia Hill）的说法，"阶级和阶级歧视就像30年前的性别和性别歧视一样：被否认，被谬见包围，被隐匿"。女性也许构成了一个等级，但如果每个女性实际上就像远离社会福利或无依无靠的男性，那么她们本身属于哪个阶级呢？如果受过教育和有成就的女性的收入远远低于男性同行，并且和其他女性一样容易受到男性暴力的侵害，那么她们在何种意义上属于中产阶级呢？如果一个工人阶级的女性是（唯一的）一家之主，并受到通常只有男性才能享有的尊重，那么她在何种意义上属于工人阶级呢？根据心理治疗师邦妮·查利福斯（Bonnie Chalifoux）的说法，"工人阶级女性生活在一条断层线上，正如莉莲·鲁宾（Lillian Rubin）所描述的那样。她们只差一次危机就会陷入贫困，她们在没有安全保障的情况下行走在断层线上。"

我们不知道这些问题的答案，但在精神病学家和心理治疗师中间，关于阶级的谬见仍然比比皆是。例如，一个富有的女人被宠坏了，她可能只是为了引起注意而假装患了神经症。一个贫穷的女人则承受不起神经症——她必须坚持下去，无论发生什么。当工作负荷、压力、悲伤和灾祸堆积起来，她便会崩溃——就像大多数人在类似情况下一样。许多精神科医生可能会想：除了诊断、用药和把她送进精神病院，别无他法。反正她也负担不起私人治疗。

实际上，在这个年头，很少有人能够做到。

大多数早期的女性主义理论实际上关心的是白人、异性恋、中产阶级、受过教育的女性。根据定义，这一理论将贫穷和富有的女性都视为"异类"。

在我们那个时代，心理治疗师接受的培训是将延迟支付医疗费用的行为"分析"为是对治疗的抵抗。然而，在1996年，马西娅·希尔写道："那些经济资源有限的人有时既避免付款，也避免谈论这个问题。根据我的经验，这种回避更有可能象征着对金钱的无助感（也许还有对治疗费用的不满），而不是对治疗本身的感受。另一方面，许多来自工人阶级或有着贫困背景的人特别认真地支付了费用，因为他们知道因工作而获得报酬的重要性，并为自己有能力支付费用而感到自豪。贫穷的人可能很难接受他们所认为的'施舍'，我有时会发现自己处于一种尴尬的境地，就是很难说服别人少付给我钱。"

种族偏见

我不认为一个女人受的压迫越多，她就越"强大"。这既不公平也不真实。事实上，我在《女性与疯狂》中写道："在一个种族主义和性别歧视的社会中，身为黑人和女性所遭遇的问题是令人震惊的，生活中充斥着暴力、自我毁灭和无端恐惧……精神病学诊断和治疗中的种族主义，往往会受到阶级和性别偏见的进一步干扰。"

尽管我和许多同事不断地挑战对穷人、有色人种、移民和同性恋者的病理化诊断，但这并不意味着这些做法已经消失。双重、三重的诊断和治疗标准仍然存在。原住民、非洲裔、拉丁裔和亚裔美国女性都有充分的理由——而且确确实实——不信任精神卫生保健系统。她们知道，当她们在心理和道德上处于最佳状态时，她们常常被视为低人一等；而当她们悲伤欲绝时，又被称赞为自强自立。

因此，许多有色人种女性对精神病药物和心理治疗深表怀疑。尽管她们比白人女性更有可能遭遇强奸，但她们可能更少向警察报案或告知家人，并且由于各种可怕的后果，也不太可能寻求帮助。如果一个女人很贫穷，或者不会说英语，那么她得到心理援助的机会往往很小。如果她是一个女同性恋者，而且很愤怒——或者实际上是吓坏了——那么比起一个白人异性恋者来说，她可能会被诊断为更严重的精神疾病。

许多拉丁裔天主教徒和亚裔女性可能会羞于报告强奸，她们甚至可能不认为这是"强奸"，而只是"性交"（在文化上，她们在婚姻之外的性是被禁止的，但对男人则不是）。如果这些女性在情绪上崩溃了，她们甚至可能不会将其与被强奸联系起来。如果施暴者是她们自己种族或家族的成员，她们可能不想把施暴者交给种族主义的刑事司法系统处置。

大多数女性被训练成把自己的需要放在第二位，而把任何男人的需求放在第一位，包括那些暴力的男人。

同样重要的是要记住，有色人种女性比白人女性更容易受到威胁。例如，根据一项研究，在纽约市被杀害的女性中，有78%是在家中被丈夫、男友或熟人杀害的。与传统观念相反，这种现象在生活贫困的非裔美国女性中更为普遍。

患者和治疗师之间的性行为

当我第一次探讨患者和治疗师之间的性行为时，我几乎是在孤军奋战；很少有人写过这方面的文章。而现在，已经出现了数以百计的研究和许多书籍记录了这方面权力的滥用。这种现象并没有消失，但至少它被记录了下来，并受到了挑战。患者正在起诉要求赔偿，而我和其他许多专业人士正在为他们做证。

与患者发生性关系是不道德的。普遍的观点认为：一朝是患者，就永远是你的患者；一日为治疗师，终身为治疗师。然而，在20世纪五六十年代，一些杰出的精神分析师与他们最美丽、最忧愁、最聪明、最依恋他们的患者结婚了。有些婚姻幸福美满，有些婚姻则境况惨淡。当时，没有人觉得这有什么不妥。今天，女性主义者对性和权力的分析表明，这种越界类似于心理上的乱伦。

少数治疗师——包括男性和女性，同性恋和异性恋——实际上是心理变态者。他们在自己周围建立邪教，将邪教成员与其家人、朋友隔离开来，教导他们与领袖进行"性接触"既是一种荣誉，也是精神启蒙的机会。这些都是优秀治疗师经常私下谈论的犯罪和变态行为，但出于诸多原因，他们无法揭发或废除之。通常，这些变态的治疗师没有高等学位，也不属于任何专业协会；即使他们行为不轨，我们也很难阻止他们。

我并不是说禁止治疗师爱上患者，或者禁止他们对患者采取行动。这条规则应该也有例外，如果出现这种情况，应该有合乎道德的处理方法。这包括将患者转介到别处，让他们自己接受治疗，并至少在一年内停止治疗师与患者接触，然后——一旦建立了适当的分离——缓慢且谨慎地继续相处。

当然，弗洛伊德及其同事都坚持认为，对"移情"（患者可能投射到治疗师身上的东西）和"反移情"（治疗师可能投射到患者身上的东西）都要进行仔细分析。弗洛伊德说得很清楚：无论如何都要避免"亲吻"。但在维也纳，分析有时会在几个月或一年内完成，分析对象与分析师一起社交和工作，界限模糊不清。弗洛伊德本人也分析了自己的女儿安娜（Anna），并且不出意料，他否认家庭中存在乱伦现象：无论是他的家庭，还是其他人的家庭。

在我看来，弗洛伊德是个天才。他在许多重要的事情上都是正确的：无意识动机确实存在，症状和梦境都可以被解释，"谈话疗法"是有效的。[谈话和倾听的疗法实际上是由弗洛伊德的一位患者安娜·欧（Anna O.）提出的，她原名伯莎·帕彭海姆（Bertha Pappenheim），是一个富有而正统的犹太女孩，后来成为一名女性主义者和反纳粹斗士。]

但弗洛伊德关于女性受虐和阴茎嫉妒的观点是错误的。他对父子关系的看法也是错误的，在犹太教–基督教的文化中，是父亲在身体上和心理上"杀死"儿子，而不是儿子希望父亲死亡。弗洛伊德对母女关系的理解也不如他对母子关系的理解。我们现在明白，天才弗洛伊德并没有超越他那个时代的父权制。有任何人做到了吗？

我不想低估弗洛伊德发现的重要性，也不想低估他对无意识、否认、压抑、投射、释梦等概念的普及。然而，事实上，弗洛伊德的理论可能因为各种各样的原因而变得大受欢迎。以弗洛伊德的名义所做的事情——无论弗洛伊德是否有意如此——有时会支持最不思进取的精神科医生。虽然有一些精神分析的患者——包括男性和女性——学到了关于自己的宝贵知识，但更多的情况是，在美国，弗洛伊德式的精神分析疗法被用来强化教会教义，并逐一抑制每个女性潜在的女性主义政治热情。正如社会工作者和学者恩津加·沙卡·祖拉（Nzinga Shaka Zula）

博士所写的:"治疗师往往是主流文化的软警察(soft police)。"

即使以精神分析的方式来理解一个人的生活可能会迎来解放——我认为这是可能的——但精神分析疗法本身并不能解决创伤或战胜人性。心理治愈也不会孤立地进行。

虽然社会发生了变化,但在某些方面还是老样子。对一些人来说,在过去的 35 年里,家庭生活发生了根本性的变化;一半以上的婚姻以离婚告终;许多母亲(和一些父亲)独自抚养孩子,不管有没有大家庭的支持;许多母亲敢于离开虐待她们和孩子的男人;女同性恋者或男同性恋者正在组建非传统家庭并抚养孩子。

然而,大多数孩子仍然在父亲主导、父亲缺席和(或)母亲受责难的家庭中度过童年。性别角色的刻板印象仍然存在于大多数家庭中,父母虐待儿童的现象也同样存在。乱伦和家庭暴力仍然普遍存在,但越来越多地被去政治化:首先,一些女性认为上电视是一种"治疗"形式;其次,媒体乐于利用这种公开指控和忏悔的娱乐价值;再次,人们很容易误信个体治疗方案的力量,而不相信诉诸集体的法律或社会正义的解决方案。

我并不反对在电视上忏悔或讨论创伤。恰恰相反,这类节目经常能教育那些完全被误导和孤立的女性。在某种意义上,这些电视节目是早期女性主义意识觉醒团体的继承者——但没有政治观点。这个缺失的维度不应被轻视。

被迫过着受限制的生活,其累积效应是有害的。精神上的损害包括焦虑、抑郁、恐惧、自杀企图、饮食失调,以及许多与压力有关的疾病,如成瘾、酗酒、高血压和心脏病。理解和克服这一切需要一个过程,没有什么"驱魔术"能立即完成这项任务。

毫不奇怪,许多女性——无论她们是否受过教育,是否有事业——

仍然表现得像"被殖民了"一样。我们不要忘记，在许多国家，殖民不仅是心理上的，也是身体上的。

女性"被殖民"的形象是很有用的。它解释了以下情况：为什么有些女性依恋她们的殖民者，就像孩子或人质紧紧抓住施虐的父母或绑架者一样；为什么许多女性在遭受虐待时责怪自己（或其他女性）（她真的想要被虐待，她选择了被虐待）；为什么大多数女性会捍卫殖民者占有她们的权利（上帝或对家庭的忠诚要求如此）。

"殖民"存在于以下情况中：当被殖民者拥有宝贵的自然资源，这些资源被用来充实殖民者而不是被殖民者时；当被殖民者从事殖民者的工作，却得不到与殖民者同样的报酬时；当被殖民者试图模仿或取悦殖民者，并真正相信殖民者天生优越，而被殖民者没有殖民者就无法生存时。

许多女性仍然认为，男人比女人优越，女人没有男人就一文不值。

像其他被殖民的人一样，女性往往对自己更苛刻。女人对彼此的期望很高——但很少原谅另一个女人的失败，即使只是轻微的失败。女性在情感上彼此亲密，但倾向于认为这种亲密是理所当然的。

从心理学上讲，许多看似矛盾的事情可能是存在的。（此处感谢弗洛伊德先生）女性与其他女性竞争，女性依赖其他女性；女性通过诽谤、流言和回避来破坏彼此的关系，女性也希望得到其他女性的尊重和支持。

在《女性与疯狂》一书中，我将精神病院描述为危险的父权制机构。这意味着男性和女性工作人员都会虐待女性患者。可悲的是，这样的"蛇窝"在今天的美国仍然存在，患者被错误地治疗，被完全忽视，并受到心理和性方面的虐待。

1997年6月23日，在堪萨斯州诉亨德里克斯案（Kansas v. Hendricks）

中，美国最高法院支持了1994年的《堪萨斯州性暴力犯罪者法案》（Kansas Sexually Violent Predator Act），该法案允许州政府将性犯罪者送入精神病院——也许是无限期的——直到他能证明"他不再危险"，或不再屈服于"不可抗拒的冲动"。该判决强调，这种民事监禁的目的是提供"治疗，而不是惩罚"，而且"监禁的条件并不意味着带有惩罚性的目的……这种对危险的精神病患者的限制，历来被视为合法的非惩罚性目标"。

如果恋童癖者和强奸犯在司法上被认为太过危险，不能在社会的街道上游荡，那么法院认为这些人可能会对精神病院的其他被收容者做些什么呢？特别是对那些在体形或心智上像孩子一样，以及可能被注射镇静剂、穿约束衣、身体残疾、失聪、失明、坐轮椅或被切除额叶的男性或女性收容者？

在许多州，包括加利福尼亚州、路易斯安那州、密歇根州、纽约州、俄亥俄州和俄勒冈州，在精神病院被强暴的患者已经提起民事诉讼，要求赔偿。

1997年，内布拉斯加州联邦地区法院将一起案件认定为集体诉讼案。其中有四名原告，年龄从19岁到62岁不等，被诊断为不同的精神疾病或发育障碍。她们起诉了该州公共事业部门的最高级别官员。从1991年7月到1994年7月，四名原告分别被内布拉斯加州黑斯廷斯区域中心（HRC）的三名男性患者多次强奸。她们每个人都报告了遭遇强奸和殴打。这些女性要求获得经济赔偿，并要求对黑斯廷斯区域中心进行机构性改革。

在童年时期被多次强奸的女性——通常是被家族中的权威人物强奸——会受到严重的精神创伤，因此她们经常被诊断为边缘型人格。如果她们被送入精神病院，她们很少会被当作真正的酷刑受害者。恰恰相反。在监禁的情况下，女性再次被强奸的可能性更大，而不是更小（而且每一次的创伤都更大，而不是更小）。大多数精神病院的工作人员——精神病学家、心理学家、护士和护理人员——都没有接受过培训来理解这一点，他们不相信强奸受害者，也不认为强奸是一种终身创伤。

没有任何理由让 21 世纪的精神病住院患者遭受 19 世纪那样令人生畏的对待。在这里，我指的是单独监禁、限制自由、无休止的身体和心理虐待、过度工作或负责施行惩戒的员工肆无忌惮的犯罪行为。

精神病院体制可能让我们失望，但疯狂仍然存在。我在 1972 年曾这样说过——大多数女性并不是疯子，只是被视为疯子而已。许多关于精神病院的历史记录表明：精神病院里的大多数女性并没有疯癫；在医生领导、护士服务和政府管理的精神病院里得不到帮助；所谓的疯狂，也可能是由家庭和社会中的不公正和残忍所引起或加剧的；自由、彻底的法律改革、政治斗争和善良仁慈对人们的精神健康至关重要。

某些经常意见不一的团体承认机构式虐待确实存在。一些反精神病学团体坚持认为，精神疾病要么不存在，要么不是一种医学疾病；精神科医生与神经科或心脏科医生完全不同；精神病药物通常是有害的，毫无帮助；精神科医生仍然在实施休克疗法和精神外科手术——即使它们是有害的或无效的；人们仍然在违背自己意愿或不知情、未同意的情况下被送入精神病院。

大卫·科恩（David Cohen）博士是一名副教授，也是《心理与行为》（*Mind and Behavior*）杂志的编辑，他引用的一些研究成果表明，尽管存在去机构化运动，但现在的非自愿监禁和以前一样多。他说："许多人受到非正式但有效的胁迫，被威胁所胁迫，不了解自己的法律地位。"在科恩看来，试图将无家可归者当作精神病患者重新收置，"类似于一个世纪前知名人士呼吁隔离美国日益增长的危险阶层，或 25 年前将海洛因成瘾者关进劳工营,并强迫他们服用美沙酮。这样的改革会使系统中最弱小者的境况变得更糟"。

据一位在精神病院遭受过虐待的幸存者说:"我从童年虐待中幸存下来,这使我开始接触精神卫生系统,并经历了在五家医院接受治疗的再次创伤。我被单独监禁了两个星期,没有衣服穿,只有橡胶床垫和毯子。我经历了四点式束缚,同样没穿衣服,还被迫服下了可怕的药物。"

同样,另一位幸存者说:"我遭受了强制电击,以及数周的单独监禁和限制自由。大剂量的强制抗精神病药物使我癫痫发作。我被关了好几个月。"

根据《存在主义心理学与精神病学评论》(Review of Existential Psychology and Psychiatry)编辑基思·赫勒(Keith Hoeller)博士的说法,"美国最危险的政治运动就是心理健康运动。

家庭成员冒充所谓精神疾病患者的诉讼代理人,并得到制药公司的部分资助(仅1995年就有100万美元)。美国精神疾病患者联盟(National Alliance for the Mentally Ill,NAMI)成功地扩展了若干国家法规,这样,无辜的公民就可以因为对自己和他人的危险以外的原因而被监禁"。

另一方面,精神分裂症或抑郁症患者的家人和朋友都知道,他们的某位亲友出了很严重的"问题",他不吃东西、不睡觉、幻听、不能工作、不敢离开家、有自杀倾向、在言语和身体上有攻击性,甚至有杀人倾向。人们看到自己的家人遭受痛苦,知道自己无法帮助他们,甚至无法继续与他们生活在一起。

精神病患者的家属经常看到精神病药物治疗和心理治疗的重大改善,事实上,他们更关心患者获得治疗的权利。

所有这些群体都很重要。在使体制生活和非体制生活人性化的斗争中，消费者教育[1]和法律行动仍然至关重要。

通常，那些谴责精神病院、精神药物、休克疗法——任何一种有偿疗法——的人，并不觉得自己对父权制下的女性受害者负有责任。这样的批评者，即使是善意的，也可能混淆了一个事实，即将所有想要获得优质精神卫生保健的人未能如愿以偿，与是否存在优质的精神卫生保健混为一谈。

那么，我说在过去的25年里发生了相当多的变化，是什么意思呢？首先，我们对精神疾病的遗传和化学基础有了更多了解。我们了解到：正确的药物和正确的剂量通常对躁郁症、惊恐症、双相情感障碍或精神分裂症患者是有帮助的；所有的药物都有副作用；我们不应该给每个人开同样的药物，尤其是在没有持续监测副作用的情况下；如果没有这些药物，言语或其他支持性疗法往往是不可能有效的。

尽管生物精神病学取得了进步，但女性和男性仍然受困于有着不同收费标准的精神病学家和精神药理学家错误地或过度地用药——或得不到适当的药物治疗。精神科的工作人员为了方便，经常对住院的患者过度用药，这些工作人员并不总是以同情心或专业知识来对待可能出现的副作用。

尽管许多精神病院都很糟糕，但放任精神病患者自流，让他们流落街头，并不是解决办法；这是另一种不可接受的方案。人们有权利接受治疗，如果这种治疗存在的话。我意识到这种说法在今天几乎是可笑的，因为保险公司和制药公司、管理式医疗和政府开支削减已经使大多数人完全无法获得高质量的心理治疗。这意味着，就在我们知

---

[1] 消费者教育指有目的、有计划地对消费者传播消费知识，目的在于引导消费者进行正确的、健康的消费，并在消费过程中保护消费者应有的权利。——译者注

道该为创伤受害者做些什么的时候，很少有教学医院和诊所以女性主义的方式对待贫困女性。

药物治疗本身是远远不够的。临床上患有抑郁症或焦虑症的女性还需要获得女性主义的知识和支持。

女性主义治疗师的工作有什么不同？女性主义治疗师会尝试相信女性所说的话。鉴于精神病学和精神分析学的历史，这本身就是一种激进的行为。当一个女人开始回忆童年被性骚扰的经历时，女性主义者不会断定这个女人的闪回或歇斯底里皆因撒谎或发疯。

女性主义治疗师认为，女人需要被告知：她没有发疯；她对工作过度、工资过低、不被关爱感到悲伤或愤怒，是正常的；当别人的需求（年迈的父母、依赖的丈夫、淘气的孩子）威胁到她时，她产生逃跑的想法是合理的。

女性主义治疗师认为，女人在被告知女性"爱得太多"之前，需要先听到男性"爱得不够"。此外，她还需听到：父亲对孩子的问题负有同样的责任；除了她自己，没有人可以拯救一个女人——即使是所谓的女性主义救星；自爱是爱他人的基础；挣脱父权制是很难的；挣脱父权制的斗争既像一场奇迹，也是持续终身的；我们当中很少人知道，如何支持女性逃离内化的自我憎恶或与其斗争。

女性主义治疗师试图以尊重的态度倾听女性，而不是以一种带着优越感或轻蔑的方式。女性主义治疗师不会试图淡化女性受伤害的程度。尽管如此，女性主义治疗师仍然坚定地持乐观态度。没有一个女人——无论她受到多大的伤害——是人类社会和同情心所不能及的。

女性主义治疗师不会给一个女人贴上精神疾病的标签——仅仅因为她表达了强烈的情感，或言行与其女性角色不符。女性主义者不会因为女性在婚姻之外从事性、生殖、经济或智力活动而将其视为患有精神疾病。女性主义者不会把以下这些女性视为病态：有全职工作、女同性恋、拒绝结婚、出轨、想离婚、选择独身、堕胎、避孕、选择非婚生子、违背专家建议选择母乳喂养、期望男性承担一半的育儿任务和家务。女性正是由于这些原因失去了对孩子的监护权——法庭上的精神病学家、心理学家或社会工作者认为她们不能胜任。

一些女性主义理论家和治疗师已经被《女性与疯狂》中激进的解放心理学（liberation psychology）所打动。他们同意，女性控制自己的身体实际上与控制性快感一样重要，而且我们必须坚持"我的身体我做主"，以抵御暴力或不必要的侵犯，比如强奸、殴打、意外怀孕或被迫绝育。

正如女性主义临床医生珍妮特·萨里（Janet Surrey）所说："女性主义治疗师的工作是整合我们的思想和身体、我们自己和他人，以及人类社会和其他生命。我对我们这个行业对女性主义的恐惧感到不解。我拒绝在没有女性主义解放神学（feminist liberation theology）的情况下研究心理学。"

在《创伤与复原》（*Trauma and Recovery*）中，精神病学家朱迪丝·刘易斯·赫尔曼为治疗和人际关系树立了一个新的愿景，在这个愿景中，我们被要求"见证罪行"，并"与受害者团结一致"。赫尔曼心中理想的治疗师不能在道德上保持中立，而是必须做出合作性承诺，并与受创伤者进行"存在主义接触"。这样的治疗师必须真正地倾听，严肃而不急躁地倾听暴行的事实和情感的细节，不逃避或否认，不责备受害者，不认同侵犯者，也不在一次治疗后就成为"诊断"撒旦仪式虐待的侦探，并且不"利用他对患者的权力来满足个人需要"。

虽然亲人、朋友的爱和理解以及政治运动是必要的，但它们并不能代替受害者在训练有素的专业人士帮助下进行艰苦的心理康复；事实上，即使像赫尔曼这样开明的专业人士，如果没有自己强大的支持系统，他们也无法承担这项工作。

心理治疗师米丽娅姆·格林斯潘的工作是另一个很好的例子，她用女性主义精神－政治方法来处理人类的痛苦。格林斯潘的著作《治愈黑暗情绪：悲伤、恐惧和绝望的智慧》示范了一个治疗师的灵性之旅。格林斯潘描述了巨大的悲伤和恐惧——她自己的，也是全世界的——并解释了何谓向恐惧臣服，何谓直面恐惧，何谓"顺其自然"，这是通往理智、正确的作为和无为，以及繁荣和自由的康庄大道。

格林斯潘虽然看到了人类境遇的悲剧性，但却以一种勇敢的治病救人和安慰的方式拥抱它。她的价值观包括了犹太教、佛教、女性主义和人道主义。她还运用了幽默的方式。格林斯潘对"恐惧之炼金术"和佛教的"自他交换"[1]（tonglen）进行了精彩讨论：无为、作为、臣服。

现在，想象一下朱迪丝·刘易斯·赫尔曼和米丽娅姆·格林斯潘在以色列工作——周围是从世界各大洲移民而来的阿拉伯人和犹太人，想象一下她们在澳大利亚、爱尔兰、意大利、日本、墨西哥、美国和前南斯拉夫工作，你就会对克莱尔·洛·拉宾（Claire Low Rabin）在2005年出版的选集《理解助人过程中的性别和文化：实践者的全球视角叙事》（*Understanding Gender and Culture in the Helping Process: Practitioners' Narratives From Global Perspectives*）中所涉及的内容有所体会。

赫尔曼和格林斯潘可能没有考虑她们的思想和技术如何"转化"到不同的文化中，但拉宾等人做了考虑。因此，除了性别暴力本身，拉宾和她的同事还研究了不同文化背景下的女性如何应对这种暴力。

---

[1] "自他交换"，也称"施受法"：吸气时，观想你吸入众生的痛苦和焦虑；吐气时，观想你将所有的快乐、喜悦、慈爱与智慧，都给予众生。——译者注

拉宾认为，文化和性别一样重要，如果从事心理健康工作的专业人员想要帮助任何人，尤其是在非西方或乡村文化中长大的人，他就必须考虑到这一点。拉宾及其同事做的完全正确。在他们看来，性别、阶级、种族、出生地、世代、宗族、部落、宗教、移民身份，这些因素在理解任何人时都必须予以考虑，尤其是处于困境和痛苦中的人。

西方的精神分析和心理治疗倾向于将个人视为其自身问题的根源；在我看来，这并非完全错误。拉宾等人拒绝一种关注病理而非力量的医学模式，这种模式没有关注长者或社区帮助自己人的力量。这本书对"边界"和"积极参与"提出了不同的理解。

依靠非西方传统的长者作为调解者和冲突解决者，以及采用整体和本土的治疗方法的建议，既令人兴奋且又实用。然而，我怀疑某些国家的厌女长者或各大洲的宗教原教旨主义者是否会维护妇女个人的自由权利。

与传统的、非西方的民族一起工作，可能需要非传统的（以及古老的社会工作）方法。例如，助人者可能需要在客户的家里而不是在办公室见面，叫醒客户参加工作面试，并陪同他们。当这些女性在家做饭或照顾孩子时，助人者可能需要在家中与她们交谈。

拉宾这本书的作者们明白，通过帮助的行为，助人者也可以参与"社会抗议"。允许暴力幸存者做证——创造使做证成为可能的"倾听"条件——也是采取道德立场反对人权暴行的一种方式。"社会不公"也可以通过"理解"来对抗。仔细倾听可以让"沉默的人"发出声音。

毫无疑问：女性主义者已经知道什么是有效的，什么是必须做的。我们有了非凡的发现。然而，最重要的女性主义作品在研究生院和医学院的典籍中已经"消失"（或从未进入过）。考虑到当代从事心理健康工作的专业人员不是从研究生院或医学院的教科书中了解到乱伦、强奸、性骚扰、殴打妻子或虐待儿童，而是从女性主义意识的提升和研究以及草根运动中了解到这一点的，这确实令人震惊。我们都从受害者身上学到了东西，她们不是通过精神分析，而是通过女性主义解放才得以发声的。

正如《沉默的阴谋：乱伦创伤》（Conspiracy of Silence: The Trauma of Incest）一书作者、心理治疗师桑德拉·巴特勒（Sandra Butler）所写的那样："性侵受害者所需要的一切都不存在，所以我们必须创造它。我们做到了。"

1970年，当我第一次开始写《女性与疯狂》时，几乎没有女性主义心理学理论，几乎也没有女性主义治疗师。而现在，我们遍布各个角落。女性主义者创办了期刊、转介网络、会议和工作坊——这些项目既有精神分析方向的，也有反精神分析方向的。我们为乱伦和强奸幸存者、受虐女性、虐妻者、精神病患者和无家可归的女性、难民、酗酒者、吸毒者、残疾人、老年人提供服务，并且相互帮助。女性主义者还出版了许多优秀的书籍，发表了许多文章。

用心理治疗师瑞秋·约瑟夫威茨·西格尔（Rachel Josefowitz Siegel）的话来说，它们构成了"阅读疗法"。

今天，有女性主义的精神药理学家、法医专家、女同性恋治疗师、性治疗师、家庭治疗师、记忆恢复专家、种族问题专家、民族问题专家——还有，也许是女性主义到来的最真实的标志：倡导女性主义疗法的女性主义批评家！

我们的影响是国际性的。在南美、欧洲、中东、非洲和亚洲，都有女性主义治疗和危机咨询中心。最近，北美和欧洲的女性主义治疗师和律师与波斯尼亚的同行合作，一起为被强奸的女性和其他酷刑、种族灭绝的受害者工作。如果联合国法庭审理波斯尼亚问题，我（和其他北美和欧洲的女性主义者）将会向他们证明强奸创伤综合征的存在。

多年来，我在加拿大、欧洲、中东（特别是以色列）、澳大利亚和亚洲与同事们一起讲课和工作。1990年，我应邀去东京演讲，庆祝我的同事川野清美（Kiyomi Kawano）创建的第一家女性主义诊所成立十周年。我们没有语言障碍，所言皆"女性主义"。这次访问令人振奋。

尽管取得了这样的进展，但是大多数心理健康领域的女性主义者仍然感到沮丧。这表明了我们的雄心壮志：我们知道还有很多事情要做。但我们已经取得了长足的进步。

我们现在明白，无论女性和男性，在面对创伤时都会出现创伤后综合征，包括失眠、记忆闪回、恐惧症、惊恐发作、焦虑、抑郁、解离、麻木、失忆、羞耻、内疚、自我厌恶、自残和社交退缩，这并不是他们"疯狂"或"有毛病"。创伤受害者可能会试图用酒精、药物、暴食或极端的节食来掩盖这些症状。

我们现在对创伤及其影响有了更多的了解。我们知道，长期、隐蔽的家庭暴力实际上比陌生人或战争中敌人的突发暴力更具创伤性。我们知道，即使只遭受了一次虐待，不再需要额外的暴力，也可以使受害者处于持续的恐惧状态，依赖她的劫持者和折磨者。

我们知道，强奸与爱甚至与欲望无关，而是通过强迫的性行为来羞辱另一个人。强奸的预期效果总是相同的：击垮受害者的精神，让她（或他）身不由己，精神失常，无力抵抗。在战争中和被敌方囚禁时的恐怖对男性的影响，与女性在家中被暴力"囚禁"所遭受的创伤类似。

强奸，被每个阶层和种族的男性系统地进行利用，以摧毁他们自己的女人以及敌人的女人。这种恐怖主义策略，加上童年时期的性虐待和羞辱，是神通广大的。大多数女性不会反抗、逃跑，也不会出于自卫而杀死强奸者。当女性试图反抗或者举报强奸时，她们往往被强奸者杀害，或被长期监禁，或者在某些国家由政府或家庭处决——这就是所谓的"荣誉谋杀"。

那些采访并试图帮助波斯尼亚被强奸女性的人发现，这些女性心神分散、担惊受怕、孤僻、情绪化、饱受噩梦、失眠、抑郁、恐慌的折磨，有自杀倾向。根据亚历山德拉·施蒂格尔迈尔（Alexandra Stiglymayer）的说法，"强奸受害者已然崩溃，没有想过复仇，因为强奸和驱逐的恐惧已经夺走了她们可能拥有的任何抵抗力量"。除了这些典型的和平时期强奸创伤综合征，来自萨格勒布（Zagreb）的精神病学家维拉·福尔涅戈维奇-斯马尔克（Vera Folnegovic-Smalc）还指出，受害者会"焦虑、内心激动、冷漠、丧失自信、厌恶性行为。强奸是最严重的虐待行为之一，其后果是持续终身的"。

一些女性主义者说，女性的权力微不足道，即使她们持有性别歧视的观点，也不如男性的性别歧视那样影响重大。我不同意这一点。举个例子，对女性强奸受害者来说，有机会接触到有同情心的——或者至少是客观的——女警官、心理健康专家、医生和急诊室护士是多么重要。（我无意贬低有同情心或客观的男性的重要性，但少数善良或无性别歧视的男性毕竟独木难支。）

作为女性主义者，我们还知道，女性和男性可以从很多事情中幸存下来——如果他们被相信，如果有人为他们感到愤怒，如果有人谴责并试图阻止虐待。因此，强奸和其他酷刑的受害者对好人的不作为比对坏人的罪行更加感到不安。正如阿根廷政治上的"无名之囚"和酷刑受害者雅可布·齐默尔曼（Jacobo Timerman）掷地有声地说道："人们理解大屠杀，与其说是由于受害者的数量，不如说是沉默的程度。最让我困扰的是无止境的沉默。"

在心理体验上，不作为之罪通常比作恶之罪更为可怕。在女儿或儿子被乱伦虐待时，袖手旁观的母亲甚至比施虐者本人更令人憎恨。

那么，暴力受害者需要什么来确保他们的生存并维护他们的尊严呢？

见证是重要的；这样做能得到支持而不是受到惩罚，尤其是得到其他女性的支持，也很重要。通过教育和支持其他受害者去利用自己的痛苦是很重要的；起草、通过和执行法律很重要。然而，正如朱迪丝·赫尔曼所写的："对心理创伤的系统研究依赖于政治运动的支持。在没有强有力的人权政治运动的情况下，积极的见证过程不可避免地要让位于积极的遗忘过程。"

在我看来，除了治疗和政治运动，我们还需要对年轻女孩进行自尊、反色情、反欺凌和预防强奸的教育。这可能包括自卫和军事训练。我们还需要迅速有效地起诉强奸犯；除了刑事诉讼，还要有民事赔偿诉讼。也许最重要的是，我们需要支持那些回击施暴者和强奸犯的女性，她们因为勇于拯救自己而在监狱里日渐消瘦。她们是政治犯，应该得到这样的尊重——而不是被视为病态的受虐狂，她们并非"选择"留下直至"选择"杀人。

与许多精神病患者解放计划的成员不同，他们有自己值得关注的议程，我相信我们所说的"疯狂"确实存在；它有时可能是由暴力和某些社会和环境条件引起或加剧的；被它控制的人非常痛苦；它并不总是永远存在——尽管文化上强加的污名和耻辱似乎是永恒的；那些"帮助人"的职业对人既有帮助，又远非真正的帮助。

我不同意对精神病的药物治疗和住院治疗实行全面的政治反对。精神病药物治疗有时有帮助，有时有害处，有时没有效果。谈话疗法也是如此，包括"女性主义"疗法，有时有帮助，有时有害处，有时没有任何效果。政治和法律斗争（以及全面革命）亦然，有时有帮助，有时有害处，有时没有任何影响。

然而，尽管我早期对主要面向高收入客户的私人父权制治疗持批评态度，但现在我开始相信女性可以从良好的治疗中受益，而且事实确实如此。一些女性主义者（也包括反女性主义者）质疑任何治疗——包括女性主义治疗——是否可取。她们正确地指出，"治疗主义"可能确实会分散政治行动者的精力。她们说的没错，但受到严重创伤的女性很难挺身而出采取政治行动。

例如，一个失眠或恐慌的乱伦幸存者通常无法在房间里静坐，以提升自己的意识程度；一个厌食或肥胖的女性，如果痴迷于减肥，可能无法长期关注别人，从而参与募捐；一个站在窗台上或醉醺醺的女人，可能无法平静地从女性主义的角度来分析自己的命运。

受到创伤并不一定会使一个人成为高尚或有作为的人。有些女性能够超越它，有些则不能。一些父权制暴力的受害者希望得到女性主义者的支持和建议，有些人则不希望。一些女性希望得到拯救，有些人则因为受到的伤害太大而无法参与自己的救赎。

正如女性主义作家贝尔·胡克斯（bell hooks）[1]所写的那样，"很明显，遭受心理痛苦的黑人女性并没有准备好站出来领导女性主义革命。在与女性，尤其是与黑人女性一起工作中，我发现我们当中的许多人都愿意承认性别歧视的邪恶，承认它伤害了我们每个人，但不愿意转变为女性主义思想，因为这需要在生存习惯上做出实质性的改变"。这一情况适用于任何肤色的女性。

正如女性主义临床医生 E. 基奇·蔡尔兹（E. Kitch Childs）所说：

---

[1] 原名格洛丽亚·琼·沃特金（Gloria Jean Watkins，1952—2021），美国作家、教授、女性主义者和社会活动家，以笔名"贝尔·胡克斯"（bell hooks）而为人所知。这个笔名取自她非常敬佩的外曾祖母贝尔·布莱尔·胡克斯（Bell Blair Hooks），为了与外曾祖母区分，她的笔名全部使用小写字母。——译者注

"我们有照顾好自己的道德责任。有色人种女性不是'少数群体'。我们在世界范围内占大多数。美国的黑人女性没有照顾好自己。我们需要建立全新的意识提升团体和关系网络。我们必须学会相互倾诉彼此的痛苦。这将释放我们的能量,让我们继续共同创造。"

通常,那些谴责精神病学体制、弗洛伊德精神分析、草根女性庇护所和女性主义治疗的人——所有这些人加在一起——并不觉得自己对父权制造成的女性伤亡负有个人、专业或政治上的责任,也不知道如何倾听他人的声音——尤其是女性的声音。这些批评者即使是善意的,也很难理解在一个充满爱和"拥抱"技巧的环境中倾听是多么治愈;也不知道女性、男性或政治活跃人士在心理上受到过多大的创伤。

这些批评者还可能混淆了一个事实,希望得到优质心理健康护理的人并非都能如愿是一回事,而优质心理健康护理是否存在是另一回事。

我们需要地方性和全球性的女性主义心理健康研究机构;需要建立贯穿我们一生的学习性社区;需要非父权制的临床培训项目;需要知识、政治和法律议程相结合的健康和精神静修;需要有女性主义者可以聚集在一起的地方,以启发、严谨、人道和治愈的方式进行学习和教学。

从《女性与疯狂》诞生的那一刻起,我就想创建这样一个研究机构。在20世纪70年代早期,珍妮特·兰金(Jeanette Rankin,1880—1973)[1]竟然说要给我一栋位于佐治亚州雅典市的实体建筑,让我开始这项工作。遗憾的是,我没有接受她慷慨的提议。我有太多的书要写,有太多的活动要组织。但有人开始了这项工作。

例如,1984年,玛丽·哈维(Mary Harvey)博士和朱迪丝·赫

---

[1] 美国国会第一位女议员。她把为美国妇女代言看作自己"特殊的责任",协助起草了有利于妇女和儿童的法律,并支持给予妇女选举权的宪法修正案。——译者注

尔曼博士在马萨诸塞州共同创建了剑桥医院暴力受害者（Victims of Violence，简称 VOV）项目。它为"强奸、乱伦、儿童性虐待、家庭暴力、身体虐待或攻击的幸存者"提供危机干预、支持性治疗和团体支持。一个多学科的团队负责制订计划，举办研讨会，并进行在职培训。VOV 项目组织了创伤信息小组、有创伤史的母亲育儿小组、有时限性的强奸幸存者小组、童年创伤男性幸存者小组等。

我们需要在全世界的每个城市、每个社区开展这样的项目。

《女性与疯狂》中的观点，宣告并预示了女性主义理论和实践的许多后续步骤，包括我自己随后探索的许多主题。

例如，在第二波女性主义作品中，《女性与疯狂》可能是第一部讨论母女关系的。包括了乱伦和强奸的心理学，女性榜样的重要性，女性英雄主义的本质，以及母亲和女战神在女性集体无意识中的持久作用。（她们是榜样——这正是我 1969 年发表在《科学》杂志上的博士论文《猫和小猫观察学习中的母性影响》的主题。无意识总是以相当明显的方式进行活动。）

除了分析对精神病患者的虐待和精神卫生保健中的性别歧视，我还写了关于女性在心理上成为母亲或被剥夺母性意味着什么。我还分析了大多数男女关系在本质上的乱伦模式，也就是说，大多数男女的配对是越来越年轻的像女儿一样的女人和更年长的像父亲一样的男人之间的配对。

我在《女性与疯狂》中首次提出的重要主题，在我后来的 15 本书中逐一展开，并在无数的演讲、文章、新闻发布会、国会听证会、诉讼以及教育、政治和法律运动中得到延续。

1976 年，在《女人、金钱和权力》（*Women, Money, and Power*）一

书中，我分析了女性与金钱及权力的心理关系。尽管女性取得了巨大的成就，但这种心理关系仍然一如从前。我还写过"女性美的心理经济学"的文章。很早的时候，我就谈到了女性痴迷于苗条、年轻和美丽的危险，但我也将其归因于广告和色情制品日益强大的力量。在这本书中，我的合著者从法律的角度探讨了经济现实。

我的许多观点主要是基于我在写作《女性与疯狂》时所做的研究。它仍然是一部具有里程碑意义的作品，我仍然拥护它——但我在理论上也有所进步。我改变了我的关注点，也改变了我的一些想法。例如，我对母性及其在女性心理中所扮演的重要角色有了更深刻的欣赏和理解。年轻时亚马逊式的自己，拒绝在父权制环境下做母亲，因为这对一个知识斗士来说太难了。随着年龄的增长，我选择了怀孕，选择了生育，选择了做母亲。显然，我的观点是变化的。

后来，我至少在五本书中写到了母性。例如，1978年，在《关于男人》(About Men)一书中，我写了男性子宫嫉妒的所有表现形式：心理上的、经济上的、宗教上的和技术上的。当时，我也想要了解男人。举个例子，如果男性作为一个性别等级，比女性更强大，那我们该如何解释他们对其他男人的俯首帖耳，以及对女性的完全依赖，同时还鄙视这些女性？

为了纠正那些指责母亲的作品，我还讨论了父亲是如何"杀死"儿子的——在心理上、在象征意义上，甚至是字面意义上；以及男性对于没有得到其他强者的爱和保护的愤怒和痛苦，是如何转移到女性和孩子身上的。我探讨了兄弟情谊、手足相残和母子关系。最终，我将其中一些主题与父权制对死亡的崇拜联系起来。

1979年，在《有了孩子：母亲日记》(With Child: A Diary of Motherhood)一书中，我选择用一种文学的方式来表达怀孕、分娩和初为人母等伟大的存在主义主题。我提出,一个心理意义上的英雄也可以是一个正在分娩的女性,或者一个正在出生的孩子,或者一个协助这个过程的助产士。多年后,当我心爱的儿子阿里尔(Ariel)21岁时,他为这本书写了一篇精彩的新引言。

1986年,我出版了《受审的母亲:为孩子和监护权而战》(*Mothers on Trial: The Battle for Children and Custody*)。1987年,我出版了《神圣的纽带:婴儿M的遗产》(*Sacred Bond: The Legacy of Baby M*)。

在父权制下,母亲没有权利,只有义务。母亲是女性,因此,在地球上的许多国家,她们从来没有对子女的监护权。这种情况在20世纪初的美国开始慢慢改变,但变化并不大。当父亲争夺监护权时,即使是对婴儿的监护权,"足够好"的母亲也会因为莫须有的精神疾病或性滥交的指控而失去孩子。

大多数人,包括许多第二拨女性主义者(他们对生理怀孕和父权制下的母性有着巨大的心理矛盾),错误地认为母亲会通过不公正地将孩子的监护权丢给从未担任过孩子主要监护人的父亲的方式,从而在某种程度上赢得自由。许多女性主义者还认为,父亲对孩子的监护权(即使父亲有暴力倾向或疏于照顾)仍然是女性主义进步的一个标志。

在我看来,从某种意义上说,监护权争夺问题类似于堕胎争议——只不过是在孩子出生后。因此,《受审的母亲》探究了在父亲或政府争夺监护权时,母亲失去孩子监护权的历史和意义。我还研究了在监护权问题围困下的母亲如何抗争。她们试图以英勇的非暴力方式进行斗争。在《神圣的纽带》一书中,我研究了有关收养以及代孕的精神病学文献。

1985年,杰出的女性主义历史学家和理论家黛尔·斯彭德(Dale Spender)在一篇关于《女性与疯狂》的论文中,指出了我对女性主义者和普通女性之间缺乏姐妹情谊的担忧。虽然没有其他人注意到这一点（甚至我也没有强调），但她是对的，书中已初见端倪。2002年，在断断续续地工作了近20年后，我终于出版了《女性的负面》（*Woman Inhumanity to Woman*）一书，其中有三章讨论了母女关系。

这本书的起源无疑是《女性与疯狂》。在《女性的负面》中，我研究了得墨忒耳－珀耳塞福涅之间关系的"阴暗面"，这在克吕泰涅斯特拉－厄勒克特拉的关系中也有所预示。

从心理上讲，我们都是厄勒克特拉（希腊神话中密谋杀害母亲的女儿）；当然，我们都是厄勒克特拉的女儿。我们也参与了心理上的弑母，因此也不信任我们自己的女儿。

这个素材是相当具有爆炸性的。1990年，当我在一次女性主义治疗师会议上首次提出这些观点时，现场一片哗然。治疗师们站起来否认自己有弑母冲动；她们还强烈否认女性主义者内化了任何性别歧视的信念，也否认彼此之间存在竞争或攻击。

而这些人都是女性主义治疗师。

我最新的作品也延续了《女性与疯狂》中首次提出的主题。例如，我组建了一个专家"梦之队"，为最终在佛罗里达州被处决的所谓第一个女性连环杀手[1]做证。我想把受虐妇女的辩护范围扩大到包括卖淫妇女。我就这个案件发表了几篇法律评论文章，目前还在撰写一篇尚未发表的稿子。

在《墙边的女人：在犹太教圣地夺取圣地》（*Women of the Wall: Claiming Sacred Ground at Judaism's Holy Site*，2002）一书中，我讨

---

[1] 这个女性连环杀手指"女魔头"艾琳·乌尔诺斯（Aileen Wuornos）。她长期通过搭顺风车的方式卖淫，并于1989年到1990年在佛罗里达州先后犯下七桩谋杀案。——译者注

论了充分和公开参与宗教仪式也可以增强女性的自尊和权威。在《新反犹太主义：当前的危机及应对措施》（*The New Antisemitism: The Current Crisis and What Must be Done About It*）一书中，我继续我的反种族主义工作，这里涉及了西方知识分子（包括女性主义者在内）对犹太人的仇恨。

19世纪精神病院里的女性以勇敢和正直的态度写作。她们有道德感、处乱不惊，通常还信仰宗教。她们的参考系和使用的语言是浪漫的——是基督教式和维多利亚式的。她们像废奴主义者、超验主义者、妇女参政论者那样写作。20世纪的女性是人性和精神病院虐待现象的敏锐观察者——但她们没有普遍适用的参考框架。她们独自面对"疯狂"和机构式虐待，没有上帝、意识形态，也没有姐妹情谊。那么，是什么或者谁帮助了这些女性？朋友、邻居和儿子有时会救助她们，法律的改变亦然。

此外，还有什么被证明是有用的呢？

菲比·B. 戴维斯写道："善良是我唯一的良药。"伊利诺伊州的凯特·李（Kate Lee，1902）提议建立"和平之家"（Houses of Peace），女性可以在那里学一门手艺并存一些钱，然后她们可以"被允许或被要求离开"。凯特·李建议，这样的"和平之家""就像一个寻找新的落脚点的中间平台……从而让每个囚犯可以有一个新的开始，这在许多情况下将完全消除精神错乱的症状"。玛格丽特·伊莎贝尔·威尔逊（Margaret Isabel Wilson，1931）写道："大自然是她的医生。"离开精神病院拯救了玛格丽特。她写道：

> 我花了几个月的时间才摆脱监禁的影响……通过陪伴，我的

食欲恢复了；我可以安心地睡觉，没有人打扰我。没有疯狂的尖叫让我颤抖；没有护理人员大声发号施令；没有护士给我药物或物理治疗；没有医生来吓唬我……在精神病院期间，我深刻想念这些东西：①自由；②我的投票权；③隐私；④正常的陪伴；⑤私人信件和未经审查的回信；⑥有价值的职业；⑦游戏；⑧与智者相处；⑨画、风景、书籍、有质量的谈话；⑩开胃的食物。

我完全同意她们的说法。

因此，自由和正义对一个人的心理健康有奇效。所以，若要回答我尊敬的老兄西格蒙德·弗洛伊德那个臭名昭著的问题：女人想要什么？答案是（排名不分先后）：自由、食物、自然、住所、休闲、免于暴力、正义、音乐、诗歌、支持自己的家庭和社区、在慢性或重大疾病期间以及临终时富有同情心的鼓励、独立、书籍、身体和性方面的愉悦、教育、独处、保护自己的能力、爱情、合乎道德的友谊、艺术、健康、有尊严和有价值的工作、政治友谊。

Part 1

疯 狂

MADNESS

重访得墨忒耳和克吕泰涅斯特拉

起初,如果有这样一个时代的话,生命女神得墨忒耳生下了四个女儿,取名为珀耳塞福涅、普绪喀(Psyche)、雅典娜(Athena)和阿耳忒弥斯(Artemis)。世界上的第一批孩子并没有特别快乐。为了取悦她们都深爱的母亲,她们发明了语言、音乐、欢笑,以及许多更有用和热闹的活动。

一天清晨,珀耳塞福涅来了月经。下午,得墨忒耳的女儿们采集鲜花来庆祝这个可爱的时刻。一辆战车轰隆隆地驶向她们中间。那是冥王哈得斯(Hades),已入中年的死神,他来强暴珀耳塞福涅,把她掳走做他的王后,让她在地下无生命的王国里与他并肩而坐。哈得斯犯下了地球上孩子们所知的第一项暴力罪行。

其他三姐妹一致认为,冥王老得可以当珀耳塞福涅的父亲了。也许他就是,不然他还能是谁呢?她们都不知道自己的父亲是谁……因此,她们每个人都发现,童年在耻辱和悲伤中结束了,没有什么是一成不变的。

珀耳塞福涅没有和姐妹们一起回家。得墨忒耳听闻此事,愤怒至极,放声哭泣。她的骨骼似乎萎缩了,脸颊布满皱纹。她束起头发,四处游荡,却在人间任何地方都找不到她的大女儿。最后,太阳神发话了,他告诉得墨忒耳发生了什么事,她的女儿已经出嫁,成了冥后。他劝告她:

"为什么要哀悼女儿的自然命运?她必然要离开母亲的家,失去童贞,结婚,生子。"

得墨忒耳伤心欲绝,想起神谕中关于分散和流放的预言,她对太阳神说:

"是的,如果这是我女儿的自然命运,那就让全人类灭亡吧。如果这个女儿没有回到我身边,就不会再有庄稼,不会再有粮食,不会再有谷物。"

得墨忒耳是一位强大的女神,她的愿望就是命令,珀耳塞福涅也回来了。虽然珀耳塞福涅每年仍必须去看望丈夫一次(在庄稼不能生长的冬天),但她与丈夫的结合是没有结果的。珀耳塞福涅没有孩子。没有丈夫或孩子,也没有新来者,将她据为己有。珀耳塞福涅属于她的母亲。这是得墨忒耳送给自己的礼物。(在那个时代,女神仍然可以实现"不选择"的神迹。她们既是处女又是母亲,既是凡人又是天神,永远那样又永远变化。)

但是,珀耳塞福涅的姐妹们目睹了一切之后,叹息声连绵不绝:少女无助地遭遇强暴,年轻的新娘没有子女,母亲承受着巨大痛苦——这一切呈现出可怕的简单与重复。

"没错,"她们在谈论少女和母亲时说,"没错,她统治着大地上下,但她不能把我们再留在这里了。"

普绪喀第一个开口:"我很漂亮,有人说我比所有的姐妹都漂亮,但仍没有男人娶我为妻。(实际上,普绪喀和珀耳塞福涅长得很像,你很难把她们区分开来。)姐妹们!我渴望爱情。我在母亲家中既孤独又害怕。我希望有个丈夫——眼睛炯炯有神的——我还想有个孩子。"

雅典娜接着说道:"我并不美丽,也不在乎这些东西。(实际上,她美得惊人,个子也很高,即使对女神的女儿们而言。)姐妹们!我的童年结束了,必须重新来过。我希望重生,重生为男人。我希望策划远方英雄的战争,身披最精良的盔甲,得到最智慧的启示。我希望获得自己的完整,而不是孩子或丈夫。"

阿耳忒弥斯最后发言。(她个子也很高,肤色也比其他姐妹更深。)"姐妹们,也许我的愿望不可能实现,为了寻找它,我必须比我们的母亲走得更远。我想要英雄的战争和伟大的事迹,但我也想要爱情和孩子。我的脑海中浮现出刀剑、祭坛、绚烂的城市和美丽的少女。我的耳边响起了对母亲的家来说新奇的音乐。"

好吧,既然这次谈话是女生间的老生常谈,我们便知道每个姐妹为自己做了什么打算。

普绪喀回家后祈求得到一个丈夫。得墨忒耳和珀耳塞福涅被这个奇怪的愿望震惊了,但她们知道必须满足这个愿望。因为这种事从未发生过,所以普绪喀秘密地嫁给了厄洛斯(Eros)——爱神本尊,也就是阿佛洛狄忒(Aphrodite)的儿子(罗马神话称为丘比特,Cupid)。普绪喀独自住在一座华丽的宫殿里,宫殿建在一座无名的山上。悄无声息的仆人送来她想要的一切。到了晚上,也只有在晚上,爱神才会来看望她:普绪喀的丈夫现身,但她不知道他是谁,也不知道他长什么样。爱神警告她,永远不要看他,只能在黑暗中爱他。一天午夜,当他入睡后,普绪喀点燃了一盏油灯,心虚地看了他一眼,爱神被惊醒了,逃出了宫殿。普绪喀既痛苦又害怕,她出发去寻找他。在经历无数次险象环生的失败之后，爱神最终出现，解救了他不幸的妻子。他把她带到了神界，住进了一座更华丽的宫殿。在那里，在众神的簇拥下，普绪喀、爱神和他们的女儿"快乐"（Pleasure）永远幸福地生活在一起，这就是神界第一个神圣的家庭。

雅典娜再也没有回母亲家。相反，她直接去找众神之神宙斯（Zeus），并提出了一个很符合他虚荣心的交易：从他这里重生。雅典娜请求宙斯成为她的母亲。就这样，雅典娜重生了，第二次由男人所生。她从宙斯的脑袋里钻出来，穿着她梦寐以求的盔甲。和珀耳塞福涅一样，雅典娜也没有孩子，她对父（母）亲非常忠诚。与珀耳塞福涅不同的是，雅典娜从未被强奸、诱拐、成为国王不情愿的王后。她不需要被拯救。如果需要拯救，雅典娜会自己去做。事实上，她拯救过许多男性英雄，帮助他们杀死可怕的怪物，夺取难以获得的战利品，赢得伟大的战争，并摧毁古老的城市。这位庄严的得墨忒耳之女，似乎对自己的尘世和女性出身毫无记忆。她始终不明白，为什么有些人在播种前和收获后向她献祭。她暗自笑了笑。难道他们不知道，这是对一个选择了自己父母，并因此停止重复轮回的人的奇怪祭祀吗？

阿耳忒弥斯，得墨忒耳最小的女儿，回到了她母亲的家。首先，她让得墨忒耳将她献给月亮，这样无论她走得多远，她都不会忘记，也不会背叛自己的出身。之后，阿耳忒弥斯很快就掌握了狩猎、骑马、作战、植物疗愈和助产的技巧。然后，在月亮的指引下她离开了，去建立一座城市——不，是一个部落；不，是一种文化，一种世界上从未有过的东西。在那里，每个女人都是战士，也是母亲，眼泪和勇敢一样寻常，婚姻被鄙视，强奸是不可想象的，即使是最坚强的战争老兵也会在诗中赞美少女的爱情。阿耳忒弥斯有很多女情人，也有很多女儿，她们各自在非洲、南美、亚洲的其他地方建立了亚马逊城市。

女神们永远不会死。她们世世代代穿梭于世间的城市，进出我们的梦境，使用不同的名字，穿着不同的服装，甚至可能乔装打扮，可能赋闲无职，她们的官方祭坛被遗弃，她们的神庙让人畏惧，或者干脆被遗忘。那么，得墨忒耳和她的四个女儿呢？

生命女神得墨忒耳和她那幽灵般、幼稚的少女珀耳塞福涅，长久以来都是由古代人中最精明的人通过精心设计的秘密仪式来纪念，其他人则更公开地纪念她们。但不知何故（没有人知道真正的原因），对她们母女的纪念活动戛然而止。过去的事物不再受到崇拜。激进的先知宣布对过去实行戒严，更激进的先知宣告对现在实行戒严。一神教改变了凡人和众神的命运。

然而，并非一切都改变了。母性崇拜从得墨忒耳微妙而敏锐地转向了她的女儿普绪喀。温柔的普绪喀——爱上了爱神，爱上了婚姻，很快就被奉为温柔的圣母马利亚，而她的女儿快乐变成了一个名叫耶稣的儿子。事情发生得如此之快。得墨忒耳被剥夺了神力，失去了她的纯洁，作为一个悲惨、惶恐的流浪者被放逐到历史长河中。她不再是一个母神。现在，得墨忒耳只能以继母的形象出现，通常是一个残忍的继母，或者是一个邪恶的女巫，经常出现在孩子们的童话故事和噩梦中。孩子们一见到她就哭，他们的父亲多次在火刑柱上折磨并烧死她。

那么，珀耳塞福涅、普绪喀和圣母马利亚呢？为什么她们变成了灰姑娘、白雪公主和睡美人，被得墨忒耳变成的继母默默地囚禁在家中？她们都寄希望于白马王子，将自己从这种令人费解的局面中解救出来。

在我们这个时代，普绪喀有三个孩子，但她非常抑郁。最近，她从不在中午之前起床。圣母马利亚是个酒鬼，躲在窗帘后面。珀耳塞福涅则性冷淡，并为此忧心忡忡。灰姑娘焦虑不安，来回踱步，曾两次尝试自杀。

在我们这个时代，继母仍然在流亡，对过去的一切毫无记忆。众所周知，得墨忒耳会诅咒过往的飞机，穿着难看的丧服，自言自语，胡说八道……如今，当得墨忒耳生下一个孩子时，她常常当场抛弃孩子，把自己的脸转向医院的墙壁。有时，在恍惚中，得墨忒耳试图把女儿永远留在家里。

阿耳忒弥斯和雅典娜呢？有人说，阿耳忒弥斯和她的女儿们在洪水中溺亡了，或者像天使一样，在她们的工作完成之前就悲伤地离开了人间。有人说，在输掉一场大战之后，她们自杀了。还有人声称，听说她们决定撤退、分开，等待更好的时机。即使是雅典娜，这位最杰出的女性，最终也不得不收起她的盾牌和盔甲，拿起书本、念珠、编织针，参与闲聊，偶尔也会戴上王冠或在大学谋得一个职位。

如今，阿耳忒弥斯和雅典娜越来越多地陷入暴力，因激情、贪婪甚至名誉而犯罪。大多数情况下，她们会做任何要求她们做的事，这两个孤独而骄傲的人，把工作做得太好了。有时是雅典娜，有时是阿耳忒弥斯，因为某些成就而闻名，被嫉妒、被羡慕、被误解，直到她打开煤气毒死自己，或者溺水身亡，一切再次结束。

得墨忒耳只是多面伟大母亲原型中的一面。而且，珀耳塞福涅并不总是愿意顺从地与母亲融合，重复母亲的生活。许多女性可能想要，但也可能害怕与强大的、（过度）保护的母亲建立关系。得墨忒耳和珀耳塞福涅的重逢需要母女双方的转变：得墨忒耳必须克服她的愤怒和悲伤，珀耳塞福涅必须回归——虽然有所不同，但本质未变。

古典学者埃利希·诺伊曼（Erich Neumann）认为，"永恒的女性"从不放弃任何事物，用他的话说，它"倾向于紧紧抓住一切源自它的东西，并将其当作永恒之物包裹起来"。因此，母女的结合和重逢充满了危险，需要每个女人在心理上表现出极大的宽容。

然而，大多数女儿都渴望母亲的爱、赞许、支持、智慧和保护。母亲的缺席比母亲的虐待更让人痛苦。按照英国精神分析学家尼尼·赫尔曼（Nini Herman）的说法，母亲始终是女儿"最深的激情"之对象。尼尼·赫尔曼认为，一个"有安全感""满足的"母亲可以让女儿在智力和性方面都得到成长。但是，如果她嫉妒这个"年轻的竞争者"，她的女儿可能会：

> 停留在需要取悦的阶段，以确保她的破坏性幻想和敌对冲动没有（对母亲）造成持久的伤害。然后，她可能会过度专注于让自己变得美丽，因为美丽的身体被认为是内心一切都好的证明。

母性命运的重复让许多当代女性感到恐惧，她们也想重演父亲英雄般的命运。女儿需要将自己和母亲区分开来，但即使是最小的差异，也经常被母女双方视为深刻的背叛。母女之间的差异令人抓狂，但相似之处也是如此。

有些得墨忒耳式的母亲拒绝让女儿离开。她们用母性的嫉妒、不认可、愤怒、不安全感和抑郁将女儿捆绑住，双方在四面楚歌的关系中融合在一起。

重要的是，不要妖魔化母亲，也不要否认母女相虐的事实。为了避免被母亲融合或毁灭的危险，女儿可能不得不"杀了"母亲。这正是神话中克吕泰涅斯特拉王后的女儿厄勒克特拉所做的。

在希腊神话和戏剧中，克吕泰涅斯特拉王后膝下有三个孩子：伊菲革尼亚（Iphigenia）、厄勒克特拉和俄瑞斯忒斯（Orestes）。克吕泰涅斯特拉也是阿伽门农（Agamemnon）的妻子，特洛伊的海伦（Helen）的姐姐。海伦嫁给了阿伽门农的弟弟墨涅拉奥斯（Menelaus），后来和特洛伊王子帕里斯（Paris）私奔。两兄弟踏上远征之途，表面是为了夺回海伦,其实也是为了得到特洛伊的财富。在长达十年的时间里,这对勇士兄弟一直围攻特洛伊(有人说特洛伊属于早期的母系文明)。

阿伽门农哄骗克吕泰涅斯特拉,让他们的女儿伊菲革尼亚来看他,说准备把她许配给一位伟大的王子。然而,这位父亲却在众目睽睽之下将她作为祭品献给了神灵。阿伽门农占领并摧毁了特洛伊,杀戮并奴役了特洛伊人民,然后启航回家。他带着他的奴隶情妇、特洛伊的预言家和公主卡桑德拉(Cassandra)一起回国。而被他冷落的王后克吕泰涅斯特拉已经有了情人埃癸斯托斯(Aegisthus)。厄勒克特拉怒火中烧,悲痛欲绝。在她看来,母亲夺走了她的一切:父亲、王室婚姻、体面。克吕泰涅斯特拉残忍地坚持自己是唯一有性欲的女人,而厄勒克特拉觉得自己注定要坚守忠贞、没有子女。

克吕泰涅斯特拉拒绝屈服于她女儿不可避免的性欲高涨。厄勒克特拉是我们最早的父权制女英雄之一。她是一个不认同母亲的女儿,她憎恨自己的母亲。厄勒克特拉是典型的"爸爸的女儿"。有其母必有其女。以不同的方式,这两个女人都更喜欢男人,而不是女人。这恰恰是她们最反对彼此的地方。

但是,厄勒克特拉不仅与她的母亲竞争同一个男人——她的父亲,她还与她的父亲、兄弟姐妹、母亲的男情人争夺同一个女人——她的母亲。

厄勒克特拉密谋杀死她的母亲,因为她的母亲谋杀了阿伽门农。厄勒克特拉策划了弑母行动,俄瑞斯忒斯实施了弑母行为。厄勒克特拉"间接"杀害了她的母亲,严格来说,她的双手是清白的。俄瑞斯忒斯被复仇女神纠缠和追捕。备受折磨的俄瑞斯忒斯要求并得到了一个神圣的陪审团。众神陷入僵局。雅典娜,一位认同男性的女神,投下了有利于俄瑞斯忒斯的决定性一票。此后,谋杀丈夫被认为是比弑母更严重的罪行。复仇女神没有追捕厄勒克特拉。她在"弑母"后是否遭受痛苦,我们也不得而知。

为了逃脱被母亲吞噬的命运，许多女性在心理上扮演了神话中的厄勒克特拉的角色：她们在心理上谋杀自己的母亲，以取代她，成为她，站在她的位置上。这些原始的心理剧发生在无意识的剧场中。就像女人都是珀耳塞福涅，是被融合的；她们也都是厄勒克特拉，是反叛的和会谋杀的。当然，女人也都是珀耳塞福涅和厄勒克特拉的女儿。就像厄勒克特拉一样，女人不一定被复仇女神纠缠。克吕泰涅斯特拉和厄勒克特拉之间的问题就在于她们所象征的东西：堕落，对（童年）母权的终结。

我在这里和其他书中提到这些神话，是因为它们体现了禁忌的、无意识的和正常的心理过程，还因为我需要找到一种方法来突破许多女性的健忘症，她们在谈论母女关系以及一般女性关系之间的"阴暗面"时，并没有想到这些神话。

尼尼·赫尔曼认为，在某种程度上，"活跃在母女关系核心"的悬而未决的问题，在心理上阻碍了女性的发展，也解释了女性无意识地与父权法令共谋的原因。我同意这一点。赫尔曼认为，未经审视的母女关系让女性"顽固地消磨时间"，而不是向自由前进。

这是一本关于女性心理的书，或者说，它讨论了得墨忒耳和她的四个女儿的多面性。这本书还论及了克吕泰涅斯特拉和她的女儿厄勒克特拉，以及她们在 20 世纪和 21 世纪的遭遇，还有精神病院是如何对待她们的。某些神话揭示了当代女性人格的起源和模式。当我描述女性状况和我们所谓的疯狂之间的关系时，我经常引用这些神话；实际上，疯狂是一种神圣的威胁行为，经常提出无可回避和令人疲惫的要求，而社会只能通过"理性"和武力来保护自己。

本书描述了越来越多的美国女性，无论来自哪个阶层和种族，都被人们视为（或自认为是）"神经症"或"精神病"，她们寻求心理治疗或被送进精神病院。本书还讲述了这种求助行为的许多"原因"，讲述了"什么行为"会被体验和视为需要帮助的，以及这些女性"如何"得到或没有得到帮助。

本书第1章和第10章讨论了我们的文化中女性人格的基本心理层面。第1章根据自传、传记和病例材料，介绍了女性的生活和精神病史。我从女性在家庭中成长意味着什么，来审视这些女性以及普遍的现代女性。我分析了母女关系，以及神话或历史中的女英雄（如圣母马利亚或圣女贞德）在女性的"正常"和"异常"经历中所扮演的角色。第1章描述了女性生殖生物学、父权文化和现代父（母）女关系如何结合在一起，从而导致了这些典型的女性行为和榜样，如自我牺牲、受虐、生殖自恋、富有同情心的"母性"、依赖、性羞怯、性冷淡和滥交，对父亲的崇拜，以及对女性的极度厌恶和贬低。

第2章和第3章将精神病院和私人治疗视为女性在家庭中经历的重演或镜像。临床医生常常把他们的患者，其中大多数是女性，视为"妻子"或"女儿"，而不是作为人来对待：就好像从生物学角度来说，女性的痛苦不属于人类的范畴。心理健康和人性的双重标准——一种适用于女性，另一种适用于男性，似乎善意但不科学地主导着大多数心理学理论和治疗实践。第3章回顾了传统和当代的临床理论和实践。第2章提出了一种新的定义，或者更确切地说，提出了一种不同的方式来理解女性"精神病"症状（如抑郁或性冷淡）、男性"精神病"症状（如酗酒、药物成瘾或反社会人格），以及我们所说的疯狂（或精神分裂症）。在美国，住院治疗的行为类型还与种姓（性别和种族）、年龄、阶级和婚姻状况有关。

第4章分析了美国的"精神疾病"统计数据。这些数据记录了女性在"职业"精神病患者中所占的比例超过了男性，并且超过了她们在一般人口中的预测数量：这些女性抑郁、焦虑、广场恐怖症、"精神崩溃"、哭闹、易怒、偏执妄想；这些女性试图自杀、节食或暴食、服用数量不明的药物以缓解焦虑、敌意、野心、恐慌、性冷淡以及幻觉。

第4章到第9章描述了我访谈过的女性的精神病"生涯"，她们讲述了自己在精神病院、私人机构或门诊治疗中的经历。与我交谈过的有欧裔、拉丁裔和非裔的美国女性，年龄从17岁到70岁不等。她们在性、婚姻、母性和政治方面的参与也同样广泛。在这些女性中，只有少数人经历了真正的疯狂状态。大多数人只是以典型的（和被认可的）女性方式表现不幸和自毁。她们的经历让我清楚地认识到，在我们的文化中，寻求帮助或需要帮助的行为并不被特别重视或理解。求助者会遭遇怜悯、不信任、打镇静剂、殴打、电休克治疗、欺骗、责骂，最终被忽视，而这一切都是"为了她们好"。在美国州立精神病院，许多女性参与了性别角色定型的奴役劳动，即她们充当家庭用人，没有报酬或只有象征性的报酬。许多人还受到医疗虐待或忽视；受到性压抑或性剥削；受到家庭和专业机构的嘲弄和遗弃；而且很少得到"治疗"，无论是通过言语还是其他方式。许多足够幸运或富有的女性可以购买治疗师所能提供的最好的言语治疗，但她们并不总是或经常得到理解或帮助。

我从来没有想过把疯狂浪漫化，或者把它与政治或文化的革命混为一谈：这当然是因为我们对疯狂的误解所带来的痛苦，也因为疯狂本身可能包含的痛苦。（这种痛苦应该得到理解和尊重，但绝不应该被浪漫化。）大多数哭泣、抑郁的女性，大多数焦虑和恐惧的女性，既没打算掌握生产和生殖的手段，也不会比其他人类更有创造性地参与软弱、邪恶和爱的问题。

在这本书中，我以不同的身份说话：一个心理学研究者、理论家和临床医生，一个文学和哲学人士，一个诗歌和神话的爱好者。

在给你们带来这本书的过程中，我感觉自己就像一个穿越时空的信使，一个带来坏消息的送信人。我不知道你会如何接受它，也不知道你会做些什么。

我第一次探讨得墨忒耳和珀耳塞福涅是在 1972 年。（直到 20 世纪 80 年代中期，我才开始讨论克吕泰涅斯特拉和厄勒克特拉。）我确实被许多人视为"坏消息的使者"，但更多人认为我是一个有远见的人，一个揭示真相的人。女性和一些男性对这项工作的反应不尽相同。一些人立刻辞去了精神科住院医生的工作；我知道，他们告诉过我。另一些人自己签字离开了精神病院，放弃了心理治疗，起诉了压迫他们的雇主，摆脱了虐待他们的婚姻；还有一些人开始接受"女性主义"导向的治疗。

许多女性加入了女性主义团体，开始明白她们的许多个人问题可归因于集体政治现实。一些女性发现自己是女同性恋，或是独身主义者，或者真心爱着现在的丈夫。一些读者离开了女性主义团体，因为女性之间的敌意和欺凌，我们当中的一些人讨论过这种情况并称之为"互毁"。

我的大多数读者后来成了医生、律师、法官、女牧师、心理健康专业人员。他们做研究、展示并发表他们的探究成果。他们挽救了许多人的生命，并提高了他们的生活质量。许多人继续在各自的领域与根深蒂固的父权偏见做斗争。

当我多年来第一次重读这本书时，我震惊它仍然如此有意义。我非常喜欢我的受访者，她们的话语仍在耳边回响，历久弥新，令人难忘。正如你所看到的，我在某种程度上扩展和更新了每一章。现在，我站在后来者的肩膀上，他们继续着这项工作，我也是如此。

我在想，关于这本书的 50 周年纪念版，我又有多少话要说呢？

为什么疯狂
Why Madness?

01

雅典娜：
因为我没有生我养我的母亲。
不，我全心全意赞美男性。
——埃斯库罗斯（Aeschylus）：《俄瑞斯忒亚》（*The Oresteia*）

别再叹息了，女士们
时代是男性的
他的酒杯向美人献殷勤。
茫然之中，我们听到
我们的平庸被过度赞赏，
懒惰被解读为自我克制，
混乱的思维被称作直觉，
每个过失都会得到宽恕，我们的罪行
只是引起了过多的关注
或者只是打破了常规。
为此，我们被单独监禁，

催泪瓦斯，持续的炮击。

想要这份荣誉的人寥寥无几。

——艾德里安娜·里奇（Adrienne Rich）[1]

夏洛蒂·科黛[1]：

现在我明白了

当头离开身体

是什么感觉……

在我位于卡昂（Caen）的房间里

窗下的桌子上

摊开着

《朱迪丝记》[2]。

她穿着传说中的漂亮衣服

走进敌人的帐篷

只用一击，

便杀死了他。

——彼得·魏斯（Peter Weiss）[2]

莉莲对朱娜（Djuna）说："我第一次被男孩伤害是在学校，我不记得他做了什么，但我哭了。他还嘲笑我。你知道接下来我做了什么吗？我回到家，穿上哥哥的衣服，试着去体会那个男孩的感

---

1 夏洛蒂·科黛（Charlotte Corday，1768—1793），又译"夏洛特·科黛"，法国大革命时刺杀民主派革命家马拉的女刺客。——译者注

2 《朱迪丝记》（Book of Judith）是天主教《圣经》中一篇，另译《友弟德传》，传说中朱迪丝是一个古代犹太女英雄。——译者注

受。很自然地，当我穿上这套衣服时，我觉得穿上了一套有力量的服装……我想，做男孩就意味着不受折磨，作为一个女孩就要受苦……还有一件事……我发现了一种自我宽慰的办法，那就是行动……我觉得只要我能加入战争，参与其中，我就不会感到痛苦或恐惧……要是他们让我做圣女贞德就好了。圣女贞德穿着盔甲，骑在马上，和男人们并肩作战。她一定是获得了他们的力量。"

——阿娜伊斯·宁（Anais Nin）[3]

得墨忒耳神话中令人惊讶的地方……是她对（被强暴和绑架的）女儿（珀耳塞福涅）的不懈寻找……一位伟大的女神可以……在一个既是母亲又是女儿的形象中……表现出所有母女身上反复出现的主题。

——卡尔·凯雷尼（Carl Kerenyi）[1][4]

也许，精神病院里那些愤怒和哭泣的女人是许多个世纪后重返人间的亚马逊女战士，她们每个人都在隐秘地寻找记忆模糊的祖国——我们称之为疯狂的寻找。又或者，她们是失败的女神母亲，得墨忒耳们，永远无法找到她们的女儿或她们的力量。

（我自己的一个浪漫想法）

我没有什么问题——只是我出生太晚了，至少晚了两千年。亚马逊体形的女人和狂暴战士倾向的女人已经过时了，在这个该死的文明世界里没有立足之地……我坐在这里，疯疯癫癫，无事

1　卡尔·凯雷尼（1897—1973），匈牙利神话学者。——译者注

可做，要么变得越来越疯，要么恢复足够的理智，回到让我发疯的生活中去。

——拉腊·杰斐逊[5]

精神病院里的女性：四种人生

伊丽莎白·帕卡德夫人（1816—约 1890）

艾伦·韦斯特夫人（约 1890—约 1926）

泽尔达·菲茨杰拉德夫人（Zelda Fitzgerald，1900—1948）

西尔维娅·普拉斯·休斯夫人（Sylvia Plath Hughes，1932—1963）

美国女性在过去是如何进精神病院的？答案是：违背她们的意愿，没有事先通知。事情是这样的：一个完全正常的女人可能会突然间发现自己被警长逮捕了，在黎明时分从床上被带走，或者光天化日之下在街头被"合法绑架"。或者，她的父亲或丈夫可能请她陪同去见一位朋友，以帮助自己处理法律事务。在毫无戒备的情况下，这个女人可能会发现自己出现在法官或医生面前，而他们会根据她丈夫的说法认定她"精神失常"。为什么会发生这种事？

家暴、醉酒的丈夫把妻子关进精神病院，作为继续虐待她的一种方式；为了和其他女人一起生活或者结婚，他们也会把妻子关进监狱。

伊利诺伊州的埃达·梅特卡夫（Ada Metcalf，1876）写道："现在，把一个人说成疯子是一件非常时髦和容易的事情。如果一个男人厌倦了他的妻子，又迷上了别的女人，那么把妻子弄进精神病院并不是什么难事。颠茄和氯仿会使她看起来疯疯癫癫，等精神病院的大门在她身后关上，再见了，美丽的世界和所有的家庭联系。"

32 岁时，宾夕法尼亚州未婚的阿德里安娜·布林克尔自己做了一笔买卖：她卖掉了一些家具。但她因出售未全部付清货款的家具而受到指控。这让布林克尔那身为医生的父亲觉得她有辱"家族荣誉感"，他让他的法官朋友判处她在精神病院待了 28 年。

1861 年，苏珊·B. 安东尼（Susan B. Anthony）和伊丽莎白·卡迪·斯坦顿（Elizabeth Cady Stanton）写道："如果那些精神病院的黑暗秘密揭露出来……我们会震惊地发现，每年有无数叛逆的妻子、姐妹和女儿成为错误的习俗和传统，以及男人为女人制定的野蛮法律的牺牲品。"

精神病院里的大多数女人并没有发疯。按照艾德琳·T. P. 伦特（Adeline T. P. Lunt，1871）的说法："通过对这些患者进行仔细、认真的研究和亲密接触，发现她们无论在语言、举止还是态度上，都没有任何异常、古怪或特殊之处，这些情况在任何一个女性群体中都可能遇到，她们只是想在最极端和最对立的环境下努力好好活着。"

然而，被送进精神病院的女性有理由担心，她们可能会被精神病院本身的残暴，以及她们作为女性和囚犯缺乏合法权利所逼疯。就像阿德里安娜·布林克尔所写的："精神病院，制造疯癫之地。"索菲·奥尔森（Sophie Olsen，1862）写道："啊，我太累了，太累了，我渴望从'精神病院'得到一些庇护！"

19 世纪和 20 世纪的四位女性——伊丽莎白·帕卡德、艾伦·韦斯特、泽尔达·菲茨杰拉德、西尔维娅·普拉斯，都曾因为不同的精神病"症状"而住院治疗。她们都非常固执、有才华、有进取心。她们中有几位在社交上变得孤僻，她们不再关心自己的"外貌"，拒绝进食，对丈夫性冷淡。一个女人开始幻听，另两个女人多次试图自杀。最终，艾伦·韦斯特和西尔维娅·普拉斯在三十岁出头时自杀身亡。泽尔达·菲茨杰拉德死于精神病院的一场大火。伊丽莎白·帕卡德在伊利诺伊州的一家精神病院待了三年后成功逃脱；她出版了一本讲述自己住院经历的书，并为精神病患者和已婚女性的合法权利而斗争。

这些女性对自己的独特性有着致命的忠诚。多年来，她们自我否认了——或者说被否认了——天赋带来的特权和回报。像许多女人一样，她们把自己的命运埋葬在浪漫奢华的婚姻里，埋葬在母亲的身份里，埋葬在被批准的女性快乐里。然而，她们被压抑的能量最终挣脱了束缚，她们为迟来的觉醒付出了更为沉重的代价：对婚姻和母性的"不忠"、社会的排斥、监禁、疯狂和死亡。

伊丽莎白·帕卡德和其他女人相比至少有一个重要的区别。帕卡德是基督教和母性的虔诚信徒。浪漫的激情、怀疑、创造性的利己主义和痛苦，要么被完美地压制了，要么从未成为她宏大的实际情感的一部分。她的个性原罪与宗教自由有关。帕卡德的丈夫禁止她就神学问题表达意见，她的良心则不允许自己服从他的命令。与帕卡德不同的是，菲茨杰拉德、韦斯特和普拉斯都不常去教堂，她们是不切实际的浪漫主义者；和帕卡德还有一点不同，这三个女人都与古希腊神话中的爱神厄洛斯危险地结合在一起，为爱而生，就像厄洛斯的第一任妻子普绪喀一样。

根据神话传说，尽管（或因为）普绪喀非常美丽，但她一直未婚。最后，她的父母在绝望中求助于神谕。有人建议他们将女儿遗弃在山崖上。从象征意义上说，他们将她置于不可避免的破处的境地（即婚姻），让她面对一个未知的、可能是野兽般的丈夫。但普绪喀的丈夫不是别人，正是阿佛洛狄忒之子厄洛斯（阿莫尔[1]）。普绪喀欣喜若狂，但她也

1　阿莫尔（Amor），即古法语"爱"的意思，又名丘比特。——译者注

非常孤独。她的丈夫只在夜幕笼罩下才来看她，而且她被警告不能"看到"他。当普绪喀最终违反了这个做妻子的禁忌时，厄洛斯逃走了。之后，普绪喀必须完成一系列"英雄"任务，才能和厄洛斯团聚，生儿育女，在天堂组建神圣的家庭。[6]

和普绪喀一样，帕卡德、菲茨杰拉德、韦斯特和普拉斯的婚姻也是在黑暗中缔结的。然而，与普绪喀不同的是，她们没有——或者说拒绝——完成少女通往神圣婚姻和母性的朝圣之旅。普拉斯的自传体小说《钟形罩》（*The Bell Jar*）中的女主角埃丝特·格林伍德（Esther Greenwood）说道：

> 这就是我从未想过结婚的原因之一。我最不想要的就是亲密无间的安全感，以及成为射箭的出发点[1]。我想要改变，想要刺激，想要自己飞向四面八方……问题是，我讨厌以任何方式为男人服务。我想口授我自己激动人心的信件……也许（结婚生子）就跟被人洗脑了一样，然后你就麻木了，就像某个与世隔绝的极权国家的奴隶一样……[7]

艾伦·韦斯特是一个富有、敏感、有自杀倾向的年轻已婚女性，她对吃东西异常恐惧，以至于最后拒绝吃任何东西。（这种症状在精神病学上被解释为害怕怀孕。她的"人类学病例史学家"路德维希·宾斯万格记录了她的生活和精神病史。[8]）韦斯特在16岁之前都喜欢"裤子"和"活泼、男孩子气"的游戏。她童年的座右铭是："要么成为恺撒，要么一无所有。"在17岁时写的一首诗中，她表达了"成为一名战士，

1　意思是女人是男人追求目标的起点和支持者。——译者注

无惧敌人,手握利剑,战死沙场"的愿望。她成了一名热情的女骑手、日记作者和诗人。在狂热而出色地完成了各项被认可的女性活动(与孩子们一起做志愿者工作,参加不拿学位的大学课程,认真谈恋爱)后,她产生了自杀倾向,并且停止了进食。她说道:

> 我内心的某些东西在抗拒变胖。抗拒变得健康,变得丰满红润,变成一个简单、健壮的女人,而这符合我的真实本性。……大自然赋予我健康和野心的目的是什么?……我必须把所有这些力量和行动的冲动转化为不为人知的言语(在她的日记中),而不是有力的行动,这实在是可悲。……我21岁了,应该像木偶一样保持沉默和微笑。但我不是木偶,我是一个热血沸腾、心在颤抖的女人。……哦,我该怎么办,我该怎么做呢?……我想的不是灵魂的解放,我指的是将人民从压迫者的枷锁中真正、切实地解放出来。……我想要一场革命,一场遍及全世界的伟大起义,推翻整个社会秩序。我想像俄国虚无主义者一样抛弃家庭和父母,生活在最穷的穷人中间,为伟大的事业摇旗呐喊。不是因为我喜欢冒险!不是的!不是的!这是一种未满足的行为冲动……[9]

泽尔达·菲茨杰拉德的丈夫斯科特·菲茨杰拉德(Scott Fitzgerald)是一位著名作家(或许正因为如此),他无法理解和支持妻子的才华。他认为泽尔达的舞蹈课既愚蠢又可悲。南希·米尔福德(Nancy Milford)在她出色的《泽尔达·菲茨杰拉德传》(Zelda: A Biography)[10]中,引用了斯科特写给泽尔达的精神科医生福瑞尔(Forel)的信,斯科特在信中抱怨说,在过去的6个月里,泽尔达对他们的孩子毫无兴趣。福瑞尔指出,在泽尔达"献身于"芭蕾舞之前,她全身心投入妻子和母亲的工作。他认为，泽尔达越来越沉迷于舞蹈、舞者和她自己，说她自私得令人痛苦、令人乏味。斯科特用泽尔达日益增长的个性和"疯狂"来解释自己的酗酒。他对医生说，他必须用酒精来忍受一个与自己品味不同或"背道而驰"的女人。尽管他形容她的行为——或对他的影响——是令人尴尬和"疯狂"的，但他仍然承认泽尔达的行为诚实而大胆。在描述泽尔达时，斯科特的语气中既有自怜和对泽尔达顽固孩子气的不耐烦，也有一种真正的失落感和对她的关心。

斯科特对泽尔达非凡的文学才华非常嫉妒，并感到了威胁。在斯科特写完自己的小说之前，泽尔达就完成了一本自传体小说——关于她的生活和精神监禁的"故事"，斯科特因此勃然大怒。在写给泽尔达的另一名男性精神科医生迈耶（Meyer）的信中，斯科特承认，如果他们从没有相遇，泽尔达或许会成为一名天才。但事实是，他们相遇并结婚了，而她对作家事业的坚持伤害了斯科特和他们的女儿。泽尔达被成功和获得赞誉的梦想所迷惑，实际上是"着了魔"——就像斯科特的梦想一样危险。泽尔达的"天才"，一个不成熟的、恶魔般的麻烦，伤害了斯科特和他们的婚姻。

当然，泽尔达也经历了这场冲突，并因此崩溃。米尔福德引用了泽尔达、斯科特、泽尔达的精神科医生雷尼（Rennie）在1933年一次谈话的速记记录。斯科特相当歇斯底里地指责泽尔达是一个"才华有限的作家"，并让她注意他在全世界的文学声誉。米尔福德指出："斯科特对一个女性在婚姻中的地位有非常固执的想法。"斯科特认为自己是掌控者，就像一个规划航线的领航员。他坚持要泽尔达停止写小说。（当猴子和侍女都开始写作时，欧墨尼得斯[1]还会远吗？）泽尔达说无论是经

1　欧墨尼得斯（Eumenides），希腊神话和罗马神话中专司复仇的三位女神。——译者注

济上还是心理上,她都不想依赖斯科特。她想成为一名"有创造力的艺术家":她想要"工作"。只有她"工作出色",才能免受斯科特的轻视。她说,她已经厌倦了被迫接受斯科特对所有事情的意见和决定。事实上,她受够了他,她宁愿住院治疗以避开他。她觉得他们的婚姻从一开始就是一场斗争。斯科特回应说,他们是世人艳羡的夫妻。泽尔达则说他们只是演了一出好戏。

杰茜·伯纳德(Jessie Bernard)在题为《幸福婚姻的悖论》(The Paradox of the Happy Marriage)的文章中指出,一般来说,男性对婚姻的看法与妻子不同(男性更积极)。许多丈夫对婚姻的期望比妻子低,但在家务和性生活的便利以及情感支持方面却获得了更多。[11]

1860年,伊丽莎白·帕卡德的丈夫因她敢于进行"自由的宗教探究"而将她关进精神病院。[12]她坚持在她的《圣经》课上教导学生,人类生来是"善良"而非"邪恶"的。

帕卡德的丈夫是一名牧师,他违背她的意愿绑架了她(尽管他这样做在当时是合法的),并将她转移到伊利诺伊州杰克逊维尔的一家精神病院。他禁止她的孩子们(从18个月到18岁)与她交流或谈论她。他把她(继承的)收入据为己有,抢走了她的衣物、书籍和私人文件,并向她的父母谎报了她的情况。精神病院的管理者安德鲁·麦克法兰(Andrew MacFarland)医生扣留了她寄出的信件,没收了她仅有的几本书和偷偷带进来的信纸。

尽管发生了这些事情,帕卡德夫人却从未失去"理智"。她一直将精神病院当作"监狱",而非"医院"。她开始写一本秘密日记,记录精神病院发生的事情,并帮助其他同伴,她将她们大多数人视为父权制下一同受害的姐妹。然而,她仍然相信婚姻和男性的骑士精神,她从未想过离婚,全心全意爱着孩子和(男性的)上帝。她"宽恕"了麦克法兰医生的"罪"——直到他差点一怒之下掐死她平时温顺的室友布丽奇特（Bridget）。（布丽奇特拒绝为医生做一些家务脏活，激怒了医生。）此后，帕卡德夫人——

> 从替罪羔羊的神学错误中转变过来。此后，我再没有请求天父让我替其他弟兄姊妹承受罪孽，那是他们应得的惩罚；我也没有要求任何其他人替我受罪，那是我应受的惩罚。

她对精神病院虐待的描述清晰明了，有时甚至精彩绝伦。她说，许多女性在精神病院自杀，是因为不断受到骚扰、孤独和绝望。她谴责对那些她认为真正"无智"女性的"折磨"。伊丽莎白·帕卡德是第一个将精神病院与宗教裁判所相提并论的人。

在基督教时代，女性也曾被谋杀，她们不仅被视为"女巫"，还被视为"宗教异端"，因为她们比男性信奉更多关于性的和慈悲的教义。例如，16世纪，在英格兰亨利八世（王室蓝胡子）统治时期，安妮·艾斯丘（Anne Askew）被指控为异端，并被判处死刑。她提醒大法官，按照《圣经》，基督及其门徒从未处死过任何人。被送上绞刑架后，她仍就宗教教义争辩了两个小时，并于当年晚些时候被烧死。在17世纪的美洲，安妮·哈钦森（Anne Hutchinson）[1]被逐出教会，并被逐出波士顿，只因她是一个强大的"女传教士"。有趣的是，在她的一生中，她比男性清教徒统治者更强调爱、温柔、仁慈及和平。安妮·耶尔（Anne Yale）夫人、黛博拉·穆迪（Deborah Moody）女士、金（King）夫人、

1　安妮·哈钦森，新英格兰宗教领袖，曾被教会视为异端，并处以放逐。——译者注

蒂尔顿（Tilton）夫人都因公开反对"婴儿洗礼"（男性教会的母性）[1]而在纽黑文被逐出教会。玛丽·戴尔（Mary Dyer）被逐出波士顿，最终因贵格会教义被绞死，她支持过安妮·哈钦森。[13]

一些被送进精神病院的女性相信自己真的有问题。才华横溢、人脉广泛的凯瑟琳·比彻（Catharine Beecher，1855）和女性主义作家夏洛特·帕金斯·吉尔曼（Charlotte Perkins Gilman，1886）都希望得到"帮助"，以解决她们不堪重负的疲劳和抑郁。比彻在做了多年繁重的家务后，吉尔曼在分娩后，都发现自己成了家里的废人。吉尔曼无法照顾尚在襁褓中的女儿，比彻再也无法缝补、叠衣服、做饭、打扫、服侍或招待客人。比彻写道：

> （我的性别）被训练去想象尘世最高的幸福（家庭生活），结果却只是忧虑、失望和悲伤（心痛）的开始，而且常常导致精神和身体上的极端痛苦……整个国家的女性健康状况都在严重恶化。

然而，这两位女性都很自责，她们都不认为自己的症状可能是（无意识地）抵抗或抗议传统的"主妇"工作（或过度工作）的唯一途径。比彻和吉尔曼描述了她们如何没有得到帮助，或者各种精神治疗如何进一步伤害了她们。用吉尔曼的话说，S. 米切尔·韦尔（S. Mitchell Weir）医生命令她：

> 尽可能过家庭生活。让你的孩子一直和你在一起。（要知道，

---

1 婴儿洗礼是某些文化中迎接一个人进入教会的圣事。有人反对婴儿洗礼，认为这样会妨碍孩子的自由。"男性教会的母性"应是作者的一种反讽。——译者注

给孩子穿衣服我都会不停地颤抖和哭泣,这绝不是健康的陪伴,更别提对我自己的影响。)每顿饭后躺一小时,一天只要两小时的智力活动。只要你活着,永远不要碰钢笔、画笔和铅笔。

这种方式只会让事情变得更糟。绝望的吉尔曼决定离开丈夫和孩子,去朋友家过冬。讽刺的是,她写道:"从轮子开始转动、火车开动的那一刻起,我感觉好多了。"

西尔维娅·普拉斯的生平通过她自己的作品、各种传记材料,以及越来越多地通过最近"死亡崇拜"的流行带来的新的事实和作品而为我们所知。当然,普拉斯的许多当代崇拜者都是女性,她们的赞赏源于对她的优美诗歌的认可,尤其是她对女性境况的贴切描述。普拉斯也是一个极好的基督形象:女人和男人一样,可以毫不费力地崇拜被"她们"毁掉的受害者,或者具体地说,在一个天才女性死后"原谅"她的才华。

在马萨诸塞州长大的普拉斯,很小的时候就开始写诗歌和小说。她的诗歌和自传体小说《钟形罩》,描述了她作为一名女性艺术家与女性处境的斗争——一场她并不一定从女性主义角度来看待的斗争。30岁之前,普拉斯曾试图自杀,住过精神病院,完成大学学业,发表作品,结婚,搬到英国并成为两个孩子的母亲。A. 阿尔瓦雷斯(A. Alvarez)在一本关于普拉斯的回忆录中写道:

在(英国的)那些日子里,西尔维娅似乎被忘却了:诗人的身份退居其次,成为一名年轻的母亲和家庭主妇……考虑到她的工作环境,她的效率是惊人的。她是一位全职母亲,有一个两岁的女儿、一个10个月大的婴儿,还要打理一栋房子。到晚上孩子们上床睡觉时，她已经疲惫不堪，除了"音乐、白兰地和水"，无法做任何更费力的事情。所以她每天很早就起床，一直工作到孩子们醒来……在那些昼夜交替的寂静时刻，她能够安静地、与世隔绝地沉浸在自己的世界中，仿佛是在重拾被生活控制之前的天真和自由。这时，她可以安心地写作。在这一天剩下的时间里，她和其他家庭主妇一样，忙着照顾孩子、做家务、买东西，高效、忙碌、疲惫。[14]

当然，"做家务"和"做母亲"并不一定比每天在办公室、工厂或煤矿工作 15 个小时更累人或更丢脸。但是，大多数男性诗人并不会在煤矿工作，也不会工作那么长时间。不知为何，一旦得到承认，他们就会被男性文学兄弟会认可，无论多么低俗、多么贫乏。但普拉斯不是这样。阿尔瓦雷斯说，他对西尔维娅·普拉斯竟然是西尔维娅·休斯夫人感到震惊，他对她的反应就像对一个"聪明、年轻的家庭主妇"。尽管他非常尊重她的作品，但他成了特德·休斯（Ted Hughes）而不是西尔维娅的酒友和偶尔的朋友。他诚实地重述了自己一开始对《爸爸》（*Daddy*）和《女拉撒路》（*Lady Lazarus*）等强烈的女性主义诗歌的反应："第一次听到的时候，震惊了，这些似乎不是诗歌，而是攻击和殴打。"后来的许多评论家，包括女性评论家，都有同样的感受。普拉斯是孤独寂寞的。她的天赋没有为她赢得男性艺术家所享有的宽容和舒适。没有人，尤其是有文化的男性，觉得自己对她的困境"负有责任"，或者觉得有责任通过"拯救"这个女人以尊敬这位诗人。与丈夫分居后，普拉斯继续写作，为孩子们打理家务。1963 年 2 月 10 日晚，或是 2 月 11 日凌晨，她自杀身亡。

我们这些喜欢普拉斯诗歌的人，读过普拉斯关于她和母亲的关系以及她因精神病住院治疗的文字的人，往往会同情地看待普拉斯。许多人将她视为女性主义的殉道者,被困在20世纪50年代,被风流的丈夫残忍地抛弃。然而,普拉斯也有另一面。传记作家安妮·史蒂文森(Anne Stevenson)在《痛苦的名声:西尔维娅·普拉斯的一生》(*Bitter Fame: A Life of Sylvia Plath*)一书中这样描述普拉斯:

> 首先,她向所有人展示的是一张灿烂、微笑的面具,然后,透过这张面具,她是一个坚定、固执、偏执、没有耐心的人,如果事情不如她所愿,她就会暴跳如雷。普拉斯写道:"如果有人乱动我的东西,我就会觉得自己受到了侮辱。"事实上,当一个朋友在她从普拉斯那儿借来的一本书上用铅笔做了一些笔记时,"她招致了复仇天使的怒火"。

克里斯蒂娜·安·劳森(Christine Ann Lawson)博士在《超越让你备受折磨的母女关系》(*Understanding the Borderline Mother*)一书中指出,普拉斯以及其他"边缘型隐居母亲"可能会把自杀视为一种"成就",一种"自由意志的最终行动"。劳森引用了史蒂文森、休斯和麦卡洛(McCullough)关于普拉斯的传记,认为普拉斯是冷漠、神秘、不合群的,"守着她的教案,好像里面有机密信息似的",而且"嫉妒心极强"。根据劳森的说法,早在普拉斯的丈夫——诗人特德·休斯对她不忠之前,普拉斯就认为他出轨了。有一次,当休斯参加一个商业会议时,普拉斯"变得歇斯底里,毁掉了他的手稿,以及他最喜欢的《莎士比亚全集》,表现出肆无忌惮的愤怒、毫无理性的嫉妒和偏执。休斯后来向一位朋友透露,这件事是他们婚姻的转折点"。

几乎没有女性主义的支持者,包括我自己,会停下来承认,受害者普拉斯也可能是加害者。事实上,这正是代际病态模式的运作方式。在普拉斯看来，母亲奥里莉亚（Aurelia）通过牺牲来控制她的子女。普拉斯写道：

> 孩子们是她的救赎。她把他们放在第一位。她自己赤身露体地被绑在铁轨上，一列名叫"生活"的火车皱着眉头，从拐弯处呼啸而来。作为救赎的孩子们不堪重负，太不公平了。我对她怀有永恒的敌意，该拿她怎么办呢？她是个杀手。小心点，她是致命的。

这四名女性都接受了男性精神病医生的治疗或监禁，毫不夸张地说，其中的大多数都是她们丈夫"意志"的代言人。帕卡德的精神病医生兼狱卒提出在她的精神错乱听证会上为她的丈夫做证。麦克法兰医生知道，帕卡德并不是"精神病患者"。在对她性骚扰并遭到拒绝后，他将她遗弃在"偏僻病房"过着暗无天日的生活。她清楚地看到，麦克法兰医生的"治疗方法"就是"让妻子服从丈夫的意志"。她得到的"治疗"包括被监禁和为其他女性做家务。她给她们洗澡，与她们一同祈祷，安慰她们，并试图保护她们不受殴打。她还自由"选择"参加奴隶般的劳动。

> 作为被囚禁的奴隶，通过为国家做针线活，我可以换取半天的特权，将病房里腐臭、令人作呕的空气换成缝纫室里更健康、更纯净的空气。（男囚犯可以选择在麦克法兰医生的私人农场工作。）

在美国农村的公立精神病院里，这样的奴隶式劳动仍然存在：这些工作按照性别角色被整齐划一地分配。

按照其传记作者芭芭拉·萨平斯利（Barbara Sapinsley）所述，伊丽莎白·帕卡德"自己也曾被关进屏蔽室（单独监禁），因为她试图帮助一个患者，这个患者在之前的惩罚中受伤，因疼痛而尖叫，因此被穿上拘束衣。负责此事的护士最终因虐待患者被解雇，6个月后，她自己也以患者的身份出现了"。伊丽莎白毫不畏惧地"接管了"第八病室。她照顾被奴役的姐妹们，每天给她们洗澡、清洗她们的房间，安慰她们，和她们一起祈祷。她试图保护她们免于殴打和自杀。尽管困难重重，但伊丽莎白从未失去她的"智慧"。

在长达三年半的时间里，伊丽莎白不被允许与她未成年的孩子们见面。她最终说服了疯人院的受托人——让他们相信她敬畏上帝、头脑清醒。42个月后，伊丽莎白被释放，与她刚满21岁的大儿子团聚，但这违背了她的意愿。当然，伊丽莎白不愿意回到西奥菲勒斯的监护下，因为他有权再次送她去其他地方。（很快他就尝试这么做了。）

西奥菲勒斯失业了，整天待在家。房子是脏的，孩子们衣衫不整。西奥菲勒斯禁止孩子们和妈妈说话，他还拦截伊丽莎白的信件，禁止她离开家，将她锁在卧室里。在家中被囚禁6周后，伊丽莎白偷偷送出了一张字条。她的朋友们把这张字条交给了一位曾签发人身保护令的法官。在西奥菲勒斯计划再次将伊丽莎白送进精神病院（这次是在马萨诸塞州）之前，他必须先向伊利诺伊州坎卡基县的陪审团证明，伊丽莎白确实"精神错乱"。这次审判轰动一时。当地的女士们都出来支持伊丽莎白。1864年，一个由12人组成的陪审团宣告伊丽莎白并没有精神错乱。她胜利而归，却发现西奥菲勒斯已经抵押了用她嫁妆买下的房子，带着未成年的孩子逃到了马萨诸塞州。伊丽莎白无家可归，而且身无分文。

于是，她开始以每本10美分的价格向路人出售她关于精神病院的著作。从1864年开始，伊丽莎白靠出售自传《现代迫害：揭秘疯人院》（*Modern Persecution, or, Insane Asylums Unveiled*）（第1卷）和《已婚妇女的债务》（*Married Women's Liabilities*）（第2卷）维持生计。她代表已婚妇女起草法案，支持她们有权保留自己的工资，并在被送往精神病患者院之前有权接受陪审团或法官的听证。她还捍卫精神病患者收发信件的权利。

1865年，伊利诺伊州通过了著名的"帕卡德夫人个人自由法案"。伊丽莎白被诽谤为"疯子"、"灵性主义"和"女神崇拜"的追随者、"荡妇"、"伤风败俗者"。伊丽莎白明白，为自己讨回公道，也意味着为和她处境相同的人伸张正义。伊丽莎白头脑精明，目光远大，她要确保西奥菲勒斯在法律上无权再将她送进精神病院，无法没收她的收入或不动产，无权剥夺她的探视权或对未成年孩子的监护权。她奇迹般地获胜了。

用南希·米尔福德的话来说，泽尔达·菲茨杰拉德的精神科医生试图"重新训练她接受斯科特妻子的角色"。当泽尔达说她想成为一名艺术家时，她的男性精神病医生问她，对她来说，成为一名著名的作家是否比她和斯科特的生活更重要。他描画着衰老和无爱的幽灵，问她等过了60岁，这样的生活对她来说是否足够。泽尔达所有的精神科医生都向斯科特咨询了他妻子的"病情"，以及什么对她是"好的"。1931年，当泽尔达经过一年零三个月的治疗出院时，她的"病情"被总结为自卑情结——尤其是面对斯科特时的自卑。精神病医生宣称她的野心是自欺欺人，这深深影响了他们的婚姻。多年来，尽管泽尔达可怜巴巴地乞求自由，顺从地忏悔自责，并承诺"好好表现"，但最终还是由男人们来决定她是否以及何时可以走出精神病院"度假"。

泽尔达告诉斯科特，她非常不开心，宁愿待在精神病院。斯科特的回答冰冷而充满戒备：他不愿意听到这种话。泽尔达以英勇和悲剧的自我毁灭的方式看到，住院和结婚之间没什么区别。她更想坦然面对这件事，更想停止社会上的谎言。她要让人们看到她的依赖、无助、被抛弃和不幸的事实。当然，只要泽尔达愿意与世隔绝，承认自己"有病"或

"不正常",她就仍然是斯科特的经济和心理负累。然而,无论是"疯狂"还是精神病院,都没有为她提供"庇护"或"自由"。

普拉斯的自传体小说《钟形罩》的女主人公埃丝特·格林伍德一直未婚,但却被送到了一位名叫戈登(Gordon)的男性精神病医生那里。他高高兴兴地坐在锃亮的办公桌前,周围摆满了书籍和家庭照片。埃丝特很纳闷:

> 这位戈登医生有漂亮的妻子和漂亮的孩子,还有一条漂亮的狗,他们就像圣诞贺卡上的天使一样围着他转,他怎么可能帮到我呢?

戈登说着标准的用语:"你可以试着告诉我,你觉得哪里不对劲。"而埃丝特——

> 狐疑地揣摩着这句话,就像被海水打磨得圆溜溜的鹅卵石,可能会突然伸出一只爪子,变成别的什么东西。我觉得哪里不对劲?我就是觉得不对劲。

戈登医生建议对她进行电休克疗法。普拉斯对这种针对"躁狂抑郁症患者"(其中大部分是女性)的治疗方法描述如下:

> 戈登医生在我的头两侧安装了两块金属板。他用皮带把它们扣好,皮带嵌入我的前额,然后再让我咬住一根电线。
> 我闭上了眼睛。
> 一阵短暂的安静,就像深吸了一口气。然后,有什么东西弯下腰抓住了我,摇晃着我,如同世界末日来临。"呜—咿—咿—咿",

它尖声叫着，在空中发出噼啪作响的蓝光，每一次闪光都让我感到一阵剧烈的震动。我觉得我的骨头都要断了，汁液从我身体里四溅出来，就像一株裂开的植物。

我不知道我到底犯了什么滔天大罪。

艾伦·韦斯特的精神病医生认为她正在好转，因为——

夏天的时候，她丑得要命，但从那以后，她变得越来越有女人味，甚至是漂亮了。

在一次住院期间，她和埃丝特·格林伍德一样，产生了一种"同性恋"感情——当然，这是不被鼓励的。韦斯特服毒自杀前的最后一封信，就是写给这个女人的。

菲茨杰拉德、普拉斯和韦斯特都拼命反抗她们被定义的女性角色。她们试图通过"发疯"来逃离半死不活的状态。普拉斯形容精神病院里的患者"像死婴一样茫然、呆滞"。在那里，作为"无助"和"自我毁灭"的孩子，她们表面上摆脱了作为妻子和母亲的女性角色。普拉斯准确地看到了——

贝尔赛思（Belsize）楼[1]里的我们，与我将要返回的大学里那些打桥牌、闲聊的女孩并没有什么不同。那些女孩也生活在某种钟形罩下。

---

[1] 贝尔赛思楼是医院里最好的大楼，离开贝尔赛思的人就可以重回工作岗位，重回学校，重回家庭。——译者注

令人惊讶的是，艾伦·韦斯特也把自己的处境称为在一个"玻璃球"里：

> 我觉得自己被排除在所有现实生活之外。我与世隔绝。我坐在一个玻璃球里。我通过玻璃球看到人们，他们的声音低沉地向我传来……我向他们伸出双臂，但我的手只是拍打在玻璃球的球壁上。

这四名女性都生活在"钟形罩"下——在精神病院内外都是如此。对她们来说，疯狂和禁闭既是女性无能为力的表现，也是拒绝和克服这种状态的失败尝试。疯狂和精神病院通常是女性经历的镜像，是对作为"女性"的惩罚，也是对渴望或者不敢成为"女性"的惩罚。如果这种挑战足够深刻或戏剧性，死亡（通过缓慢或快速的自杀）就会随之而来。艾萨克·巴什维斯·辛格（Isaac Bashevis Singer）在《已故提琴手》(*The Dead Fiddler*)中描绘了这一现象，讲述了一个小女孩被恶魔附身的故事。[15]女孩利伯·燕特尔（Liebe Yentl）在一个正统的犹太家庭中长大，父亲"很少关注她，只祈祷上帝给她一个合适的丈夫"。尽管如此，她大部分时间都是独自一人读书。她"抱怨镇上的女孩庸俗而落后：一旦结婚，她们就变得马虎和邋遢"。她被包办了一桩婚事，但新郎在婚礼前就死了。第二桩婚姻也没达成，因为利伯·燕特尔被一个男声的"恶灵"入侵了。这个恶灵是一个喧闹的冒险家——一个需要酒精的小提琴手，他用单调的韵律戏弄镇上的居民，引用并且嘲弄《摩西五经》(*Torah*)。很快，这个小提琴手就让全村的人都在利伯·燕特尔的卧室里跳起了舞，这时他（她）——

> 告诉每个人他到底是什么人：守财奴或骗子，马屁精或乞丐，

懒汉或势利鬼……大多数时候，他把泥巴和灰烬撒在受人尊敬的社区领袖及其妻子身上……他的笑话引起了人们的惊讶和笑声。

突然，利伯·燕特尔又被第二个女性恶灵入侵，她是一个酒吧女招待和妓女。她的名字是贝尔·茨洛夫（Beyle Tslove），唱着"下流的歌曲和士兵的小调"。她称利伯·燕特尔的父亲是"矮个子星期五，除了骨头和胡子什么都没有"。

利伯·燕特尔通过她的"疯狂"来躲避不想要的丈夫，这是她唯一能做到的。只有在"疯狂"中，她才能对父母施以暴击，激发人们的恐惧和尊重，"说出"她所看到的事实，批评社会的虚伪，并做出一些非常"不女性化"的行为：喝酒、吹牛、讲黄色笑话。值得注意的是，她没有成为拉比（rabbi）[1]或公路上的女强盗；她仍然保持着女性化的斜倚姿态。在两个恶灵离开她的身体后，利伯·燕特尔仍然拒绝嫁给父母为她挑选的新郎。孤独、贫穷、被忽视和死亡是她的宿命。有一天，人们发现她死了：

在垃圾堆中，穿着宽松的连衣裙，赤着脚，红头发披散着。很明显，她已经离开人世很多天了。

母亲和女儿：对生活的神话学评论

在现代犹太教-基督教社会中，女性是没有母亲的孩子。在基督

---

[1] 拉比，犹太学者，或在犹太教中负责执行教规、律法并主持宗教仪式的人。——译者注

教的世界里，一幅又一幅的画作，一尊又一尊的雕塑都在描绘圣母安慰和宠爱自己襁褓中的儿子。天主教神话象征着女性被迫分裂为母亲或妓女，她们都养育并最终崇拜一个死去的男人或一个"神圣的"男婴。异教徒得墨忒耳（大地之母）和女儿珀耳塞福涅（未婚处女）之间那种强烈的爱、延续和骄傲的纽带，在天主教神话或文化中并不存在。

得墨忒耳是掌管生命或谷物的女神。正如我们所看到的，她的女儿珀耳塞福涅在罂粟田里玩耍时，被冥王普鲁托（Pluto）（哈得斯）[1][或者是宙斯或狄俄尼索斯（Dionysius），其中任何一个都可能是珀耳塞福涅的父亲]诱拐、强奸并强娶。得墨忒耳四处寻找女儿，伤心欲绝。最后她愤怒地表示，如果珀耳塞福涅不回到她身边，她就不让任何农作物生长。最终，双方达成了妥协：珀耳塞福涅在一年中的大部分时间（春、夏、秋）和母亲在一起，在冬天（没有种子或庄稼生长的季节）和丈夫在一起。这个故事包含了母系社会和早期农业社会的许多特征，也包含了厄琉息斯秘仪（Eleusinian mysteries）[2]的核心内容，即希腊社会中后来出现的母女宗教，以及父权制。[16]

在犹太教–基督教时代，母亲既没有土地也没有金钱可以给女儿。她们的遗产是屈服、依赖或苦役。例如，在美国，贫穷和有色人种的母亲可能会在外工作，但作为苦力，她们的劳动并不能带来经济、军事或政治权力。中产阶级和上层阶级的母亲如果不在外工作，或者她们的工作是"无足轻重的"或无偿的，那么她们也无法为女儿留下尊严和自我的遗产。诚然，在"男性"和"女性"角色被明确界定和隔离的地方，如西方世界的传统的、乡村的、贫民区的、移民的亚文化中，一些

---

1 罗马神话中称冥王为普鲁托，希腊神话中称哈得斯。——译者注
2 厄琉息斯秘仪，古希腊位于厄琉息斯的一个秘密教派的年度入会仪式，这个教派崇拜得墨忒耳和珀耳塞福涅。——译者注

女性之间会更加合作和相互同情。然而，这种合作是建立在无差别的统一性、不满和无力感之上的。无论是母亲还是女儿，都无法将对方从某些残酷的现实中拯救出来，这些现实将女性定义为生物学父权（biopatriarchal）统治下的"母亲"和"失败者"。正如我们将要看到的，虽然得墨忒耳和珀耳塞福涅也是如此，但她们处在一个母性和生物性比今天更受重视的时代。

女孩确实渴望结婚：不是为了婚姻，而是为了身体上的养育，以及从同性别成年人（"母亲"）那里继承权力和尊严。大多数母亲都重男轻女，在身体上和家庭生活上更倾向于养育儿子[17]。现代社会中，女性的"依赖"和"乱伦"人格很可能源于她们没有被母亲（和父亲）视为"神圣的"。由于对母性养育的需求得不到满足，大多数女性被困在婴儿期，甚至可能陷入某种形式的疯狂。我之所以说"母性"，是因为在大多数家庭中，对婴幼儿每时每刻的照料都是托付给女性的，很少有男性来分担。当然，也可以说，男婴由于被剥夺了父亲的"母性"（酒神）养育和母亲的"父性"（日神）养育，因而在情感上受到了创伤。也许，男性对女性的恐惧和仇恨，以及男性的暴力和贪婪，都源于性别角色刻板的家庭；也许，这源于男人的本性——以及文化对这种本性的强化。

我对"养育"这个词的使用有些宽泛。我指的是童年时期始终如一、随时可得的身体上、家庭生活上和情感上的支持，以及成年后的同情和尊重。"养育"，或者从神话角度说，"保护""引导"和"干预"，最常见于异教诸神帮助凡人踏上英雄之旅的描述：雅典娜帮助奥德修斯（Odysseus）和珀尔修斯（Perseus）摆脱或杀死以喀耳刻（Circe）和美杜莎（Medusa）为代表的女性力量。有趣的是，作为异教徒文化中为数不多的凡人女英雄之一，普绪喀在通往本质上"女性化"的命运之旅中，只得到了非人类客体的帮助。没有任何智慧或强大的神（除了她的丈夫厄洛斯）为她出谋划策。她的"保护者"是蚂蚁、芦苇、水、鹰和塔。

女孩向她们的父亲寻求身体上的关爱、养育或愉悦的情绪，成年男性将这种转向体验为"与性相关的"，正因为它的前提是女性（他的女儿）的天真、无助、年轻以及对一夫一妻制的过度依赖。这种本质上色情和乱伦的性模式几乎是普遍的。它反映在婚姻法和婚姻习俗中，也反映在强奸犯、猥亵儿童者和嫖娼者很少被起诉的事实中。这种性行为模式起源于神话中的奥林匹斯山：宙斯，这位父亲习惯于引诱、强奸并使尽可能多的处女怀孕。天主教圣父显然也更喜欢处女来孕育他神圣的后代。

女儿不向母亲寻求"性"启蒙，或者正如弗洛伊德所说的（但无法解释），她们出于种种原因特意远离母亲。母亲习惯于不喜欢女性或女性的身体。她们对女同性恋感到恐惧；她们嫉妒女儿的青春，因为她们自己越来越衰老。此外，母亲必须严厉地训练女儿成为女人，学会伺候人以求生存。传统上，父亲也会严厉地把儿子训练成为男人。任何一个带有性别角色刻板印象的社会，都意味着同性的成人和儿童之间往往存在着令人窒息的苛刻。然而，在精神上和实际上，父权制文化本质上仍然是一种男同性恋文化；既不是女同性恋，也不是双性恋。

女孩长大的方式，或者学习如何不成长的方式，是由女性或养育者的身影在其生活中早期退出或相对缺席引起的。养育缺失和性虐待可能是导致女孩从小就接受"服从"训练的两个最重要因素。女孩从一个由同性成员主宰的童年，进入一个由异性成员主宰的陌生的"成人"世界；男孩则从一个由异性成员主宰或统治的童年，进入一个由同性成员主宰的"成人"世界。与女性不同的是，他们可以通过娶妻再次安全地回家，妻子将履行母性、家务和情感养育的仪式，但通常比他们更年轻、更贫穷、更柔弱。

在父权制社会中，基本的乱伦禁忌（母子之间、父女之间）在心理上是由男性而非女性遵守的。在西方文化中，有四分之一到三分之一的女童遭到过父亲或成年男性亲属的强奸或猥亵；母子乱伦的情况则非常少见。在心理上，女性没有成年礼来帮她们打破乱伦关系。虽然大多数女性不会和生父乱伦，但是父权制婚姻、卖淫和大量的"浪漫"爱情，在心理上都是以女儿和父亲形象的性结合为基础的。从心理学角度讲，在母系社会或亚马逊社会中，乱伦禁忌完全是出于另一个目的而设定的，女性不会违反这一禁忌。禁忌的作用是让儿子和丈夫远离女儿——女儿将是母亲唯一的继承人。这种特殊的距离正是被父权制所打破的，这种打破立即告诉我们哪种性别占主导地位，即哪种性别控制着生产和繁衍的手段。

如果女性不触犯乱伦禁忌，不自愿嫁给父亲般的人物，不被他们所引诱或强奸，那么女性的性行为会是怎样的？女人将如何体会快乐、爱情和经济保障？如果她们希望繁衍后代，又该如何繁衍后代？她们将如何抚养子女？

婚姻制度使女性成为寄生虫，成为绝对的依赖者。它使女性丧失了与生活斗争的能力，泯灭了她的社会意识，麻痹了她的想象力，然后强加给她仁慈的保护，而这种保护实际上是一个陷阱，是对人类品质的一种嘲弄……如果母亲身份是女性天性的最高成就，那么除了爱和自由，它还需要什么保护呢？婚姻只会玷污、侮辱和破坏她的成就。难道它不是跟女人说"只有你跟从我，你才能孕育生命"吗？如果她拒绝通过出卖自己来换取做母亲的权利，难道它不会让她受尽折磨，不会让她受辱蒙羞吗？婚姻不是母亲身份的唯一认可，即使是在仇恨和强迫中孕育的？然而，如果做母亲是出于自由选择，出于爱，出于狂喜，出于不顾一切的激情，它岂不是把荆棘的冠冕戴在一个无辜者的头上，用血字刻下可怕的绰号——私生子？如果婚姻包含了它宣称的所有美德，那么它对母亲身份所犯下的罪行会将它永远排除在爱的领域之外。

埃玛·戈德曼（Emma Goldman）[18]

女性的生理机能显然包括性快感、体能和生育能力。生育是否构成女性"最大的快乐"，[19] 它是一种"自然的"还是"习得的"活动，这些都无关紧要。[20] 最重要的是，现代女性被迫为这种快乐付出代价，以及她们极度缺乏其他可享受的快乐和特权。女性被迫在生育和（异性恋）性快感、生育和体能、生育和世俗或精神力量之间做出选择。

今天，女性选择生育仍然出于传统的原因：为了经济上和心理上的生存，因为对大多数女性来说，避孕和堕胎仍然是不便利的、非法的、昂贵的、危险的，并且越来越受到道德谴责。20 世纪的浪漫爱情现象也说明或证明了传统上不可避免的女性命运，即围绕婚姻和孩子。当代女性是"自由"的奴隶：她们为"爱"选择了被奴役。[21] 女人被训练成那种被情感冲昏头脑而无法清晰思考的生物。冥王（宙斯，狄俄尼索斯）必然会将少女珀耳塞福涅从她母亲得墨忒耳身边带走；几个世纪以来，各家各户都会为女儿安排这样的送别仪式；如今，当代女性沿着同样的道路走向冥界。

古往今来，人们对母性既赞美又畏惧，将其作为人类对死亡这一事实最有力、最有效的回应。母亲被歌颂（我谨慎地使用这个词），比国王和士兵更有力量，他们在演讲中捍卫母性，却在战斗中摧毁母亲的劳动。诗人、科学家、哲学家为男性成就的短暂虚荣而叹息，并继续埋头于他们的创造性工作。

现代商人渴望女性母性的"出走"——往往到了病态的地步——但他们仍然致力于金钱的积累和流通，而这种活动最好在没有孩子的情况下完成。尽管男人试图以各种方式模仿或取代生物学母性的光辉（并因此贬低或惩罚女性的母性），但男人，尤其是在犹太教-基督教中，对他们的孩子、妻子、情妇、妓女、秘书、管家——或彼此之间——并不具有多少"母性"。

在父权制文化中，被天主教圣母神化的母亲，与被异教徒雅典娜神化的女儿一样，远离了（异性恋）性快感。雅典娜是没有母亲的女儿的原型：宙斯的前额就是她的"母亲"。[有趣的是，迫害普绪喀的女神阿佛洛狄忒也没有母亲。根据神话传说，她是"从乌拉诺斯（Uranus）落入大海的断裂的阳具中诞生出来的"。][22] 雅典娜为俄瑞斯忒斯投下了决定性的一票，并宣布弑母不如弑父严重。俄瑞斯忒斯的母亲杀死了丈夫阿伽门农，因为他牺牲了他们的女儿伊菲革尼亚。俄瑞斯忒斯为父报仇杀死了母亲，并被无罪释放。在埃斯库罗斯的三部曲中，雅典娜说：

> 我的任务是做出最后的裁决，
> 我为俄瑞斯忒斯投下这一票，
> 因为我没有生我养我的母亲；
> 不，我全心全意赞美男性，
> 愿俄瑞斯忒斯能赢得胜利。

抛开雅典娜好战的外表，她是一个天生的"爸爸的女孩"：她不与男人或女人发生性关系。她通过放弃生殖性欲和（异性恋）性快感来换取她的智慧和力量。耶稣的母亲马利亚为了获得母性，几乎完全放弃了自己的身体：她既放弃了（异性恋）性快感（基督的出生是处女和"精神"

所诞生），也放弃了身体的力量。她没有直接的世俗权力，但就像她被钉在十字架上的儿子一样，她很容易被许多人，尤其是女人，视为一个无力的形象。马利亚象征着通过接受、同情和子宫而获得的权力。（有意识地向宇宙展示"接受"的态度并没有什么错；相反，这是非常可取的，并且应该包括对许多事物的"接受"，而不仅限于神圣的精子和苦难。）

对天主教的圣母生育，当然有一种更女性主义（或者说，母权主义）的解释：它象征着女性怀孕生子的独特而"神奇"的能力。生育——肉体和精神的结合战胜了死亡——属于女性原则。无论在社会学上还是生物学上，男人都无法进入这一领域。因此，这就像我们儿时所想的那样：所有母亲都完美地孕育了我们，我们都是神圣的。

在许多异教和天主教的"堕落"神话中，男神通常被剥夺了全部权力送到"人间"，而女神则被送到"天上"。例如，波塞冬（Poseidon）被送入大海，普鲁托（冥王）和犹太教-基督教的路西法（Lucifer）一起被送到地下。在神话中，男性失去权力的表现之一就是回到大地，回到实在之地。对女性来说，失去权力的表现通常是离开大地，或者远离她们（异性恋）的身体。雅典娜、狄安娜（阿耳忒弥斯）[1]或天主教圣母等女神都是处女：要么未婚，要么无子女；要么对（异性恋）性行为无感，要么在性方面"无知"。

从心理学角度讲，在亚马逊社会，"处女"并不意味着贞洁，而是指未婚；在天主教神话中，"处女"是已婚且贞洁的。异教徒阿耳忒弥斯，这位处女猎手，并非没有母亲。她和弟弟阿波罗一起长大；与雅典娜不同，她可能是源于亚马逊的同性恋女神。她请求并从宙斯那里得到了60个海洋女神和20个河流女神作为同伴。根据神话传说，她将伊菲

---

[1] 希腊神话中称阿耳忒弥斯，罗马神话中称狄安娜（Diana）。——译者注

革尼亚从她父亲阿伽门农的献祭中解救出来。另一个神话说,她的情人之一是女人卡利斯托(Callisto),阿耳忒弥斯的父亲宙斯通过变成女儿的模样来引诱卡里斯托。[23]

贞洁,作为身心分裂的一种形式,是女性为了保持其他"可怕的"力量(生育、智慧、狩猎、母性同情)而付出的代价。当然,通过异性强奸而使女性失去童贞,同样是令人疯狂地破坏女性的身心统一性。

女英雄和疯狂:圣女贞德和圣母马利亚

雅典娜或天主教圣母等神话人物,或圣女贞德这样历史上的女英雄,与我们所说的疯狂有什么关系呢?在某种程度上,毫无关系。(神话可以看作是现代历史上的心理学。它似乎代表了人性和早期文化的互动,正如历史代表了人性和后期文化的互动。神话也可能涉及真实的历史事件或人物。)许多被贴上精神病标签、私下接受治疗或公开住院的女性并没有疯。就像普拉斯、韦斯特、菲茨杰拉德和帕卡德,她们可能极度不快乐、自我破坏、贫穷、性冷淡——但作为女性,她们被期望如此。

在我们的文化中,很少有真正(或完全)疯狂的女性。社会普遍将这种疯狂经历排除在理解和尊重之外,也排除在众人的视野之外。疯狂被拒之门外,被羞辱,被残害,被否认,被畏惧,被投药。当代的民众、政治、科学——理性模式本身——不谈论也不触及非理性,也就是,不理会无意识事件或集体历史的意义。

这种疯狂最好放在神话的语境中来理解。例如,在我们的文化中,一些疯女人会经历自我的某些转变,或具备了某种女英雄的意义,如圣女贞德和天主教圣母。有些女性也将自己视为女基督或女狄俄尼索斯。酒神狄俄尼索斯本质上是雌雄同体的，但经常被描绘为男性。男性狄俄尼索斯是珀耳塞福涅或被动少女献祭的镜像。狄俄尼索斯是被女人杀死的——被他逼疯的女人。

菲利普·E. 斯莱特（Phillip E. Slater）在《赫拉的荣耀》(*The Glory of Hera*)中把狄俄尼索斯视作一个男孩，被他那被残酷监禁、跛足的母亲永远嫉妒、爱、恨和引诱着。在谈到对狄俄尼索斯的理解时，他还说道："关于狄俄尼索斯由蛇所生的神话，象征了他的越界者特征——C. 凯雷尼称这个神话非常古老 [也参见《欧里庇得斯：酒神的伴侣》(*Euripides: The Bacchae*)]。据说得墨忒耳将珀耳塞福涅藏在西西里岛的一个山洞里，由两条大蛇看守。当这位少女在编织时，宙斯化身为蛇来到她身边，与她交媾，狄俄尼索斯就是这次结合的产物（C. 凯雷尼，1960）。因此，他打破认知界限的能力是与生俱来的，不依赖于任何外部力量。事实上，他生来就具有这种能力——正是孩子本身的存在让母亲发疯。就像孩子因受孕和出生两次侵犯了母亲的身体界限一样，也因为他不再是母亲心理上的一部分而促使母亲疯狂杀婴。在有关狄俄尼索斯的弑子神话中，人们不难看出一些产后精神病的潜在思想。"[24]

圣女贞德和天主教圣母都涉及为了男性的复兴而献祭少女[珀耳塞福涅－科莱（Kore）[1]]。在圣母的故事中，复兴是通过典型的父权制强奸－乱伦来实现的；在贞德的故事中，首先是通过军事胜利，然后是父权制的刑罚以及成圣－赎罪来实现的。

圣女贞德是近代史上唯一一个没有被父亲——无论是生父或神圣的父亲——强奸或导致怀孕的"珀耳塞福涅－科莱"少女；她很可能是被

---

1 珀耳塞福涅和科莱是冥后的不同称谓，后者本身就有"少女"之意。——译者注

英国俘虏者强奸了。贞德依然是一个"女儿"形象。因此，她是基督教对亚马逊文化的主要记忆之一。与雅典娜等早期神话中的女英雄一样，贞德也是一位帮助男人的处女战士。然而，重要的是，贞德本人在她的审判中说："当我们向敌人进攻时，我高举旗帜以避免杀人。我没有杀过任何人。"[25]

尽管像所有的少女一样，贞德也是男性复兴的源泉，但她是通过军事胜利以及随后的政治和性迫害来实现这一点的。因此，她的身份对女性来说至关重要。虽然她注定要失败（女性可能仅凭这一点就认同她），但她在身体和精神上都很勇敢，她是男人的领袖，她没有成为母亲。她既避免了得墨忒耳–母亲的命运，也避免了珀耳塞福涅–女儿的命运。因此，她开始完全超越父权制文化的范畴。为此，她在自己的有生之年被杀害——有时，那些疯狂地想要"走出"父权制文化的女性也会有此遭遇。

雷吉娜·佩尔努（Regine Pernoud）引用了埃涅阿斯·西尔维厄斯·皮科洛米尼（Aeneas Sylvius Piccolomini，即后来的教皇庇护二世）关于贞德被囚禁的描述，读起来令人毛骨悚然："众所周知，在战争中被俘的贞德以一万金克朗的价格被卖给了英国人，然后被送到法国鲁昂。在那里，她受到了严格的检查，以查明她是否借助了咒语或恶魔的帮助，或者她是否在宗教信仰上有任何错误。除了她穿的男性服装，在她身上找不到什么值得谴责的地方。但这并不构成处以极刑的理由。她被带回监狱，被威胁说如果她继续穿男人的衣服就会被处死……看守她的狱卒只给她拿来了男人的衣服。"[26] 父权制神话中的女战士必然会被剥夺包括母性在内的部分性特征，这既是悲剧，也是不可避免的。这始终意味着对自己没有生而为男性的悲伤——因为身为女性意味着从小到大养育的缺失。

菲利普·斯莱特在描述神话中的阿塔兰忒（Atalanta）时，说道：

像阿耳忒弥斯一样，阿塔兰忒是一个处女猎手，她会用残忍的死亡来惩罚那些想要追求她的人。此外，她自身的经历也揭示了这种态度的起源，据说[阿波罗多洛斯,《希腊神话》第3卷第9章第2节（Apollodorus: iii 9.2）]，她父亲想要一个男孩，于是把她遗弃在山顶，女神派来一只熊帮她，给她喂奶。阿塔兰忒拒绝结婚，她与男性竞争（在赛跑和摔跤中击败他们），举止充满男子气概——她既遵从了父亲的愿望，又表达了对父亲愿望的怨恨。[27]

当女性在心理上、无意识中全盘地领会了圣女贞德的意义和局限性后，她们从天主教的圣母马利亚那里寻求庇护和救赎，马利亚是一位具有同情心和力量的母亲。但不幸的是，玛利亚不是得墨忒耳，天主教神话没有赋予玛利亚一个女儿，也没有赋予她得墨忒耳那般与人或神讨价还价的权力。然而，疯狂的女人希望重新诞下世界（和她们自己）。她们希望避免贞德的苦难，而只有成为圣母才能做到这一点。她们也希望成为自己所需要的母亲。与我交谈过的有过"圣母生育"经验的女性都生了儿子。然而，有些人同时也经历了自己的重生。

玛利亚避免了被钉死在十字架上，但她注定要承受无性和悲凉的生活。

贞德和玛利亚的故事，对那些在心理上接受了她们意义的女性来说，是非常痛苦的经历。她们是异教徒得墨忒耳和女儿珀耳塞福涅在基督教中的变体（以及悲剧）。然而，贞德和玛利亚在时间和生物学上是分开的。与珀耳塞福涅不同，贞德没有被绑架；与得墨忒耳不同，玛利亚生的是儿子不是女儿。这两个基督教人物都没有产生或象征母女教（Mother-Daughter religion）。瑞士心理学家卡尔·古斯塔夫·荣格

（Carl Gustav Jung）深知这一点的影响，他说道：

> 心理学家很快就会明白，得墨忒耳崇拜对女性的心灵产生了怎样的宣泄作用，同时又产生了怎样的提振作用，而我们的文化又是多么缺乏精神卫生，因为它已经不再了解厄琉息斯情感所提供的那种健康体验。[28]

然而，重要的是应该认识到，"厄琉息斯情感"根植于对自然和生物学至高无上的认可。在得墨忒耳的世界里，尽管女性具有生育能力，但她们不会主动与男性或女性发生性接触。只有异性恋强奸存在，而且只为了生育的目的。得墨忒耳或珀耳塞福涅都没有主动的行动。她们只是对强奸、失去女儿或童贞做出反应。得墨忒耳和珀耳塞福涅不是亚马逊人物。她们的崇拜本质上是对大地母亲的崇拜：母亲繁衍更多的母亲，以她们神奇的生物天赋——庄稼和女儿——来养育和延续人类。在大多数社会中，生物学要求女性不可避免地牺牲自我，这是得墨忒耳式神话的核心。即使如此，或正因为如此，被剥夺了母性养育和尊严的现代女性，会从厄琉息斯仪式中得到极大的安慰：毕竟，在我们所处的文化中，科学和基督教越来越贬低女性的生物学价值，它们还没有摆脱仅仅从生物学角度来定义女性。

虽然得墨忒耳确实将孤立于男性世界中的珀耳塞福涅解救了出来，但她也将珀耳塞福涅推向了司空见惯的女性命运：与她母亲的身份没什么不同。正如凯雷尼所言：

> 得墨忒耳的形象意味着被掠夺、被强奸、不被理解、愤怒和悲伤，但随后又能失而复得，获得新生。除了认识到生命的普遍准

则，即一切凡人终将死亡的命运，这一切又意味着什么？珀耳塞福涅的形象又意味着什么？毋庸置疑，除了无休止地重复着生与死的戏码，就只有构成生物结构的东西，即个体的独特性及其对非存在的迷恋。[29]

这种"独特性"和"英雄主义"，正是珀耳塞福涅在男性神话中的对应物——神圣的男孩和成年男性英雄。

珀耳塞福涅并不希望被强奸，大多数当代女性也不一定希望重拾母亲的身份。但是，现代的珀耳塞福涅除了结婚和成为母亲，仍然无处可去。她的父亲（普通男性）仍然遵循强奸-乱伦的性行为模式。她的母亲也没有教她如何成为一名战士，让她欣然地走上艰难的道路，前往未知而独特的目的地。她的父母既没有为她安排这项任务，也没有为她的成功感到高兴。无论是她作为战士（如圣女贞德）还是母亲（圣母马利亚），他们都没有在她受难时为她哀悼或给她安慰。

> 在16世纪，任何一个生来有天赋的女性肯定会发疯，开枪自杀，或者在村外某个孤零零的小屋里度过余生，半像女巫，半像疯子，令人畏惧且遭人嘲笑。不需要什么心理学的技巧就可以断定，一个极具天赋的女孩，如果尝试利用自己的天赋写诗，必定会受到他人的阻挠和妨碍，被自己对立的本能折磨得四分五裂，最后必然会失去健康和理智。
>
> 弗吉尼亚·伍尔夫（Virginia Woolf）[30]

弗吉尼亚·伍尔夫本人也是童年性侵的受害者，并最终自杀身亡。她是否在告诉我们，她自身的"黑暗魔咒"是由于她的天赋受到挫败？

泽尔达·菲茨杰拉德、西尔维娅·普拉斯和艾伦·韦斯特，都渴望并需要母爱，但不是以"独特性"或荣耀为代价的。她们可能因为生活中缺少母性而发疯，就像她们会因为母性最终限制其自由而发疯一样。养育的匮乏和对其独特性和英雄主义的限制结合在一起是致命的。她们不能仅仅作为"女人"而生存，她们也不被允许作为人类或有创造力的人而存在；而男性的创造力常常被如此重视，以至于他们的古怪、残忍、情感幼稚、酗酒、滥交，甚至疯狂，通常都被忽视、原谅或被定性为"意料之中"。

所有生儿育女的女性，无论是从字面上还是从象征意义上讲，都是在为物种的延续做出流血的牺牲。在这个意义上，父权制和前科学文化中的女性牺牲都根植于女性生物学。人类生物学和文化的相互作用产生了塑造我们个性的神话，因此，女性的牺牲（以及心理上的自我牺牲）也将继续存在。

女性被钉在自我牺牲的十字架上。与男人不同，她们被断然剥夺了文化优势和个性的体验。一些女性被这一事实以不同的方式逼疯了。她们的疯狂被视为另一种形式的自我牺牲。从某种意义上说，这种疯狂是女性对在性别和文化上被阉割的强烈体验，是一种注定失败的对潜能的追寻。这种追寻往往涉及身体攻击、高贵的身份、性欲和情感的展示或"妄想"。这些特征在支持女性或者女性主导的文化中可能更容易被接受，但在父权制的精神病院中，女性的这些特征则会受到恐吓和惩罚。

精神病院
Asylums

02

> 疯狂的整个存在，在当今为之准备的世界中，被笼罩在一种我们可以称之为"家长情结"的东西中。父权制的威望围绕着疯狂而复活……从此以后……非理性的话语……将与家庭辩证法联系在一起，疯子仍然是未成年人，在很长一段时间内父亲仍将是理性的代表……他（精神病学家图克[1]）分离出资产阶级家庭的社会结构，在精神病院里象征性地将其重组，并让它在历史中漂泊。
>
> 米歇尔·福柯（Michel Foucault）[1]

精神病院

早在 16 世纪，女人就被她们的丈夫"关进了"精神病院（以及皇家塔楼）。[2] 到了 17 世纪，法国第一家精神病院萨尔佩特里尔（Salpêtrière）

1　图克（William Tuke，1732—1822），英国贵格会教徒、精神病学家、精神病院改革者。——译者注

医院，为妓女、孕妇、贫穷女性和年轻女孩保留了专门的病房。[3]

这些贫穷和卖淫的女性一定是长期遭受性暴力和身体暴力的受害者。她们最终的崩溃并不被理解为人类对迫害和创伤的正常反应。事实上，被布罗伊尔（Breuer）医生催眠的许多歇斯底里症患者都是妓女，她们的生活岌岌可危。

在19世纪末和整个20世纪，精神病学家和小说家所描绘的疯狂人物形象，主要是女性。

今天，寻求精神病学帮助的女性比历史上任何时期都要多。当然我们不应忘记：（1）男性患者也越来越多；（2）临床医生数量和治疗承诺也有所增加。

一些评论家坚信"治疗主义"，即相信人类的病症可以由有偿的治疗师"治愈"，使得无论男女都变得越来越被动；这些评论家更倾向于自我满足，喜欢用宗教、道德和理性认知来解决人类问题。其他评论家则坚持认为，只有"谈话疗法"才能帮助人们理解自己，掌控自己的生活。

然而，很明显，女性比男性更愿意寻求"帮助"，也更愿意向富有同情心的专家谈论自己的感受和问题。越来越多的女孩和妇女希望摆脱虐待，寻找救赎。

这种增长，不仅可以从女性角色的"求助"性质或者女性客观上受压迫的角度来理解，而且至少可以从最近的三种社会趋势来理解。传统上，大多数女性在家中更隐蔽地进行着疯狂和分娩的仪式，尽管她们在家里时常流着泪并进行反抗，但她们仍然被需要和挽留。虽然女性比以往任何时候都活得更长，而且比男性更长，但在她们唯一的"归属地"（家庭），她们的用处越来越少，甚至没有立足之地。许多近来价值感缺乏的女性，越来越公开地表现出抑郁、焦虑、恐惧或患上了饮食失调症。

米歇尔·福柯、托马斯·萨兹（Thomas Szasz）[4]、欧文·戈夫曼

(Erving Goffman)和托马斯·J. 谢弗（Thomas J. Scheff）都记载过精神病院的父权本质。[5] 记者、社会学家、小说家对于美国公共精神病院、监狱和医院中普遍存在的人满为患、人手不足和残暴行为，都曾有过描述、谴责和哲学思考。很明显，州立精神病院过去是、现在仍然是美国未被定罪的穷人、老人、黑人、拉丁裔和女性的"印第安人保留地"。同样明显的是，州立医院就像是旧时的贫民区或感化院一样，起着警示幽灵的作用，特别是对那些很早或频繁踏上精神病患者"生涯"的女性而言。

精神病院很少提供庇护。他们精心策划和随意的暴行，都反映了"外部"社会的残暴。媒体上不时曝光的关于精神病院的"丑闻"，就像所有的暴行一样，只是日常事件的放大。疯狂，作为一种标签或现实，并不被认为是神圣的、预言性的或是有用的。它被视为（而且往往被进一步塑造成）一种耻辱的、危险的疾病，社会必须受到保护，以免受其恶毒和令人耗竭的蛊惑。在最好的情况下，精神病院是美国白人和富人的特殊旅馆或类似大学宿舍，在那里，暂时陷入"不真实"（或清醒）的人被赋予了乐观的尊严、短暂的住院以及相对认真的照料。在最糟糕的情况下，精神病院是官僚化的家庭：生身父母的孩子（患者、女人）在陌生父母的匿名怀抱中，经历了自我的贬低和权利的剥夺，这个怀抱是匿名的因此也是无罪的。

一般而言，在精神病院和州立医院，接受"治疗"、保护隐私和自己做主的机会都是微乎其微或被禁止的。在这样的环境中，我听闻过患者合理而可怜地请求抽烟或要零花钱，或者抱怨过度用药，以及实习精神科医生、心理学家、社会工作者、护士和护工从心理动力学角度"解读"的令人不安的医疗问题。实验性的或者传统的药物治疗、手术、电击疗法、胰岛素昏迷疗法、隔离、身体暴力和性暴力、医疗疏忽和奴役劳动都是例行公事。精神病患者在某种程度上不如其他患者或罪犯有"人性尊严"。他们毕竟是"疯子",他们被自己的家庭抛弃了(或放弃了与之对话)。因此,他们束手无策,也没有人去"告诉"他们到底发生了什么。

在精神病院住院非常接近女性而非男性在家庭中的经历。这也许是欧文·戈夫曼在《精神病院》(Asylums)中认为精神病住院治疗比刑事监禁更能摧毁自我的原因之一。像大多数人一样,他主要考虑的是被当作女人(无助、依赖、无性行为、不可理喻,就像"疯子"一样)对男人产生的削弱影响。但当你是一个女人时,你被当作女人对待又会产生什么影响呢?也许这个女人已经对这种待遇感到了矛盾或愤怒?

对"女性"角色的适应是衡量女性心理健康和精神病学进展的标准。美国人艾德琳·T. P. 伦特写道,患者必须"抑制自然流露的情绪或谈吐……(她必须)穿着淑女的服装,在椅子上正襟危坐,面前放着一本书或忙点别的什么,'恪守美德',这样做的结果是,她会被赞美地拍拍头,被宣布'好多了'"。马里兰州的玛格丽特·斯塔尔(Margaret Starr, 1904)写道:"我在努力争取被放出去。我很温顺,我努力做到勤奋。"

一些女性认为,她们在精神病院里得到了帮助,之后也得到了私人医生的帮助。例如,莉诺·麦考尔(Lenore McCall, 1937—1942)写到,她的康复得益于胰岛素昏迷疗法。她还将自己的康复归功于一位护士,这位护士"非常善解人意,有坚定的耐心,唯一关心的就是患者的健康"。简·希利尔(Jane Hillyer, 1919—1923)从精神病院出院后,咨询了一位私人医生,她觉得是这位医生救了她,让她再也不用回到精神病院。希利尔写道:

> 我从一开始，就知道我已经得到庇护。我把所有的责任都交给了他……我无须再独自前行。我立刻感觉到他的理解力有多么敏锐……他后来说，他觉得自己好像童话故事里的樵夫，在黑暗的魔法森林里找到了失踪的修补匠的女儿……我相信，良好护理工作的必要性再怎么强调也不为过……我如释重负的心情难以言表。如果有一个人深入到最荒凉的地方，带回另一个迷失而挣扎的灵魂，那么这个人就是樵夫。

麦考尔和希利尔只是少数。大多数被精神病院收治的女性都留下过这样的记录：权力一贯被滥用，父亲、兄弟、丈夫、法官、精神病院的医生和护理人员做尽了我们（人民）允许他们逃脱惩罚的事情；一个多世纪以来，女性在家庭和国家机构中受尽压迫的现象在美国持续存在。

也许，女性比男性更多地投身于"精神病事业"的原因之一，是她们觉得与男人一起待在"家里"非常可怕。此外，某种程度上所有女性在童年时都没有得到良好的养育，成年后又被男性拒绝提供"母亲般的呵护"，因此她们可能渴望或者至少愿意作为"患者"去接受阶段性的、伪装的"母亲般的呵护"。那些对女性角色持矛盾或拒绝态度的女性，往往渴望因为这种危险而大胆的行为受到惩罚，以便最终得到拯救。许多精神病院的程序确实会威胁、惩罚或误解这些女性，使她们真正屈服或假装屈服。一些女性对这种惩罚（或产生依赖的环境）的反应是，愤怒和性别角色异化的程度越来越高。如果这种愤怒或攻击性持续存在，这些女性会被隔离、穿上拘束衣、注射镇静剂、给予休克疗法。她们当然不会被海军陆战队或奥林匹克委员会招募。四名男性专业人士在《神经症与精神疾病杂志》(*Journal of Nervous and Mental Diseases*)上发表的一项研究，描述了他们如何试图减少一名31岁"精神分裂症"女性的攻击行为——每当她"控诉自己受到迫害和虐待,进行口头威胁或做出攻击行为"时,他们就用"电牛棒"电击她。[6]他们将这种治疗称为"惩罚计划",并指出"该程序的实施违背了患者的明确意愿"。

禁欲是精神病院的官方秩序。患者被安排生活在永恒的美国青春期,在那里,性欲和攻击性就像在家庭中一样,受到恐吓、嘲笑和惩罚。传统上,精神病院的病房是性别隔离的;男同性恋、女同性恋和自慰都是被瞧不起的。

然而,工作人员和其他患者对女性或弱势男性患者的性侵犯非常猖獗,同时自由选择的性关系仍然不被鼓励。

精神病院的女性"主导"氛围意味着,无论男女都要(可耻地)回到童年时代。然而,性压抑对女患者的影响可能与男患者不同。我们必须记住,在公立医院中,大约50%的男性患者是吸毒者和酗酒者——出于各种原因(缺钱、不想承担家庭"责任"、被动、焦虑、生理机能不全、厌女等),他们已经在一定程度上远离了异性恋活动。女人在性方面一直受到痛苦而彻底的压抑,许多女性可能会通过"发疯",来应对或试图逃离这种压抑以及它所象征的无力感。许多男性患者可能通过"发疯"来逃避强迫性和攻击性的异性恋需求,它的缺失可能不像在女性身上那样,造成心理或生理上毁灭性的打击。

女性患者就像女童一样,受到其他女性(护士、陪护人员)的密切监督,这些女性和她们的母亲一样,在医院的等级制度中是相对没有权力的;而且和她们的母亲一样,也并不太喜欢自己(任性)的女儿。然而,这样的监督并不能保护作为患者(孩子)的女性免受卖淫、被强奸、怀孕以及因此而来的责难,就像在"现实"世界中,无论在家庭内外,类似的母亲的监督并不能保护女孩一样。多年来,报纸上有大量关于女性精神病病患者被专业和非专业工作人员以及男性患者强迫卖淫、强奸和致其怀孕的报道。这么多年来，我曾为很多这样的女性出庭做证。

女性的社会角色和精神症状：抑郁、性冷淡和自杀企图

为什么女性会精神"失常"并被送进医院？她们为什么会寻求私人治疗？当代女性的精神分裂症或精神疾病是什么样的？

两位研究人员指出，男人实际上和女人一样有"心理困扰"：

> 并不存在哪个性别所承受的社会压力更大的情况。相反，（每种性别）都倾向于学会用一种与众不同的方式，去应对任何导致心理障碍的事实。[8]

与其说我不同意这一说法，不如说我在几个重要方面对它进行了限定。许多男性都有严重的心理障碍，但他们的症状形式要么不被视为神经症，要么不会被精神病院监禁治疗。从理论上讲，所有的男性，尤其是白人、富人、老年男性，均比女性更容易表现出许多不正常（和正常）的冲动。与女性相比，男性可被接受行为的范围通常更广。可以说，精神病住院治疗或精神病标签与社会认为不可接受的行为有关。因此，由于女性被允许的总体行为比男性更少，而且比男性更严格地被限制在自己的角色范围内，故而女性会比男性做出更多被视为病态或不可接受的行为。

社会对女性寻求帮助的行为或情绪困扰的表现有更大的容忍度，但这并不意味着这种受规训的行为会受到重视或善待。恰恰相反，无论是丈夫还是临床医生，都将女性的这种行为体验判断为恼人的、不便的、

固执的、幼稚的和专横的。超过一定程度后，她们的这种行为就会"被管理"，而不是被奖励：随之而来的将是怀疑和怜悯、情感疏远、身体虐待、经济和性剥夺、药物、休克疗法和精神疾病的诊断。

考虑到精神病院的监护性质和大多数临床医生对女性的偏见，寻求帮助或有症状的女性实际上是在为其受规训的和社会认可的自我毁灭行为而接受惩罚。通常情况下，女性和男性的症状都出现在生命早期。对儿童行为问题的研究表明，男孩最常因攻击性、破坏性（反社会）和竞争性的行为而被送到儿童指导诊所；女孩被转诊（如果她们被转诊的话）则是因为性格问题，如过度恐惧和担忧、害羞、胆怯、缺乏自信和自卑。自毁行为或"失败者"行为，从自杀企图到生活经验的狭隘化，只有在女性长大后才会受到完全的惩罚。女孩常常因为顺从、听话和不爱冒险的成熟表现而受到表扬。[9] 成人也存在类似的性别类型症状：

> 男性的症状更有可能反映出对他人的破坏性敌意，以及病态的自我放纵……另一方面，女性的症状则表现出一种严厉的、自我批判的、自我剥夺的且经常是自我毁灭的态度。[10]

齐格勒（E. Zigler）和菲利普斯（L. Phillips）的一项研究比较了男性和女性精神病患者的症状，发现男性患者的攻击性明显高于女性，更容易以"抢劫、强奸、酗酒和同性恋"等偏离社会规范的方式放纵自己的冲动。[11] 女性患者则通常表现为"自我贬低、抑郁、困惑、有自杀念头或有实际的自杀尝试"。

这可能仍然是事实。然而，越来越多的女性青少年和成人开始酗酒、吸毒和对他人进行身体攻击。但总的来说，大多数女性所表现的是"女性"精神症状，如抑郁、性冷淡、妄想、自杀企图、恐慌、焦虑和饮食障碍；男性则表现出"男性"疾病，如性成瘾、酗酒、吸毒、人格障碍、反社会人格和脑部疾病。因"男性"疾病住院的男性仍然少于因"女性"疾病住院的女性。典型的女性症状都有一个共同点，那就是"对幸福的恐惧"——这是托马斯·萨兹创造的一个短语，用来描述"奴隶心理"特征的"间接交流形式"。他写道：

> 一般来说，只有在相对受压迫的情况下（例如，受苦的妻子面对霸道的丈夫），人们才会害怕公开承认满足感。满足感（欢乐、满意）的体验被压抑，以免增加自己的负担……害怕承认满足感是奴隶心理的一个特征。"被完全剥削"的奴隶被迫劳动，直到他表现出疲劳或者筋疲力尽的迹象。完成任务并不意味着他的工作已经结束，他可以休息了；同时，即使他的任务尚未完成，如果他表现出即将崩溃的迹象（这些迹象可能是真实的，也可能是假装的），也可能会使主人不再驱赶他，让他休息。一个人表现出疲劳或筋疲力尽的迹象，无论是真实的还是假装的（如，对老板"罢工"），都有可能会使他真的感觉精疲力尽。我相信，这就是绝大多数所谓慢性疲劳状态的产生机制。其中大多数以前被称为"神经衰弱"，现在这个词已经很少使用了。但在临床实践中，慢性疲劳或没有生气、筋疲力尽的感觉仍然经常出现。
>
> 在精神分析学上，这些被认为是"性格症状"。这些患者中有许多人会无意识地"罢工"，反对与他们关系密切的（实际的或内在的）人，对他们进行无休止的、徒劳的隐秘反抗。[12]

"奴隶"和"女人"之间的类比绝非完美。然而，将女性或性别－种姓制度视为后来所有阶级和种族奴隶制的原型，还是有一定理论依据的。[13] 女性可能是人类中第一个被另一个群体奴役的群体。在某种意义上，"女性的工作"或女性的心理特征在于表现出奴隶制的迹象和"症状"，而不仅仅是在厨房、育儿室、卧室和工厂里夜以继日地工作。[14]

抑 郁

早在更年期化学反应成为对抑郁的标准解释之前，女性就已经"郁郁寡欢"了。统计数据和研究均表明，在各个年龄段，女性比男性患抑郁症或躁郁症的比例都高得多。[15] 也许随着年龄的增长，会有越来越多的女性变得"抑郁"——她们在性、情感和智力等方面的发展机会本来就有限，现在又进一步减少了。波林·巴特（Pauline Bart）博士研究了中年女性的抑郁症，发现这些女性已经完全接受了自己的"女性"角色——她们之所以抑郁，是因为这个角色不再可能实现或不再被需要了。[16]

传统上，抑郁被认为是对失去的反应（或表达），失去的是一个既爱又恨的人，是"理想的"自我，或是人生的"意义"。本应或可以向外表达的对失去的敌意却转向了自身。女性对失望或失去的反应是"抑郁"而不是"攻击"。这些观点的研究和临床证据都存在争议。我们可能注意到，大多数女性已经"失去"——或者从未真正"拥有"——她们的母亲；她们的母性客体也没有被丈夫或情人所取代。很少有女性能发展出强大的社会认可的"理想"自我。很少有女性被允许，更不用说被鼓励去关注人生的"意义"。（虽然这对很多男性来说可能也是存在的，但对大多数女人来说肯定是千真万确的。）女性失去的是作为"女性"的工作，而不是对人生意义的任何存在主义的把握。从某种意义上说，女性无法"失去"她们从未拥有的东西。此外，正如我将在本书第

10章中讨论的，女性习惯于为了"赢"而"输"。

女性总是处于哀悼状态——为她们从未拥有或短暂拥有的东西，为她们目前无法拥有的东西，无论是白马王子还是直接的世俗权力。对大多数女性来说，要用性、身体或智力活动来缓解、消磨或哲学化悲哀是不容易的。不幸的是，当女性的抑郁发展至临床程度的时候，它并不能起到一种释放或缓解的作用。有时，"抑郁"女性在言语上的"敌意"和"攻击性"甚至比不抑郁的女性更少；她们的"抑郁"可能是对自己"女性化"角色的一种死守。[18] 实际上，"抑郁"患者的言语敌意比"正常"对照组患者更少，而且随着她们"病情改善"，即根据临床和自我评价，变得不那么"抑郁"了，她们的言语敌意和"怨恨"会进一步减少。

阿尔弗雷德·弗里德曼（Alfred Friedman）博士的一项经典研究包括了534名在费城住院的白人患者。71%的患者是女性，平均年龄42岁，她们上过高中但没有完成学业；89%的女性患者已婚或结过婚。（抑郁的男性患者比女性患者在言语上更具敌意。）弗里德曼博士对这一发现的解释如下：他假设"抑郁症患者"通常很少表达言语上（或其他形式）的敌意；只有在"通常的防御崩溃"时，他们才会变得"抑郁"：

> 他们（抑郁症患者）无法在适当的时候自发地向他们感到敌意的人表达敌意，可能正是他们容易抑郁的部分原因。倾向于否认重要他人的"坏"，并选择性地感知他们，从而使自己不会有意识地愤怒或抑郁，这可能是抵御不安或抑郁反应的方法之一。

值得注意的是，"抑郁"女性（与普通女性一样）只是在言语上有敌意；与大多数男人不同的是，她们不会用身体表达敌意——无论是直接向生活中"重要他人"表达敌意，还是通过身体和运动能力间接表达。对女性来说,"抑郁"比身体暴力更安全。践行身体暴力的女性通常会在与男性伴侣的肢体冲突中败下阵来,被他们视为"疯子"和"没有女人味"而抛弃,经常被送进精神病院或(较少情况下)监狱。此外,身强力壮或有潜在攻击倾向的女性比"抑郁"女性获得的次级奖励[1]更少;她们的家庭会害怕、憎恨和抛弃她们,而不是可怜、同情或"保护"她们。精神科医生和精神病院也会采取类似的做法:可以理解,那些受压迫和无权力的、带有敌意或潜在暴力倾向的女性(以及男性),几乎不会受到他人在道德或法律上的善待。

正如我之前提到的,现在出现了许多新的诊断类别(和治疗方法)。例如,强奸创伤综合征、受虐妇女综合征、创伤后应激障碍(PTSD)等等。被强奸、乱伦或殴打的女性所遭受的暴力和仇恨,往往会导致她们产生情境性抑郁,甚至是终生抑郁。

1974年,我参与创建了美国女性健康网,该网至今仍存在。我们最初关注的是药物对女性的伤害,尤其是避孕药。随着时间的推移,其他问题也显现了,如月经、怀孕和更年期的医学化。

最初,女性主义者并不希望女性的身体或正常的生命周期被进一步病理化或接受精神诊断。然而,我越来越清楚地认识到,"情绪波动"、愤怒和抑郁确实常常和一些女性的月经周期、更年期相关,并且可以通过各种草药或药物来缓解。此外,怀孕后的抑郁真实存在,绝非想象,如果不被承认和治疗,可能产生潜在的危险后果。

2003年,密歇根大学的研究人员希拉·马库斯(Sheila Marcus)博士发现,每五位准妈妈中就有一位会感到抑郁,而这些抑郁大多得

---

[1] 次级奖励(secondary rewards)是相对于主要奖励(与生存直接相关的奖励,比如食物、安全)而言,比如友爱、同情、关心。——译者注

不到治疗，更不用说心理治疗。这里可能涉及很多因素，包括性激素变化、经济和人际关系压力、以前的创伤以及抑郁的遗传倾向。一些医生不愿意给孕妇用药；另一些医生则发现，抗抑郁药物对胎儿发育没有负面影响。

根据麻省总医院女性心理健康中心的数据，大概85%的女性会经历某种类型的"情绪紊乱"或产后抑郁（PPD）。症状大概在分娩后48至72小时内出现。这种形式的"抑郁"大多是短暂的，并且是正常的。新手妈妈可能感到悲伤、内疚、疲惫，无法集中注意力；她们可能会经历情绪波动、饮食失调、焦虑、哭泣和易怒；她们还可能会出现睡眠障碍和自杀念头。这种情况通常会在几周内消失。有趣的是，许多表现出这些症状的女性也受到另一些危险因素的影响。例如，她们在过去有过抑郁经历，可能是上一次怀孕时，也可能是平时；她们最近压力很大；或者她们正遭受婚姻不和谐以及缺乏社会支持的困扰。

10%到15%的女性会出现更严重的"抑郁或者焦虑症状"，持续时间也更长。大概每1 000名女性中就有1到2人罹患产后精神病，她们会出现幻觉，比如听到让她们杀死自己或婴儿的声音。短期治疗可能对产后抑郁有帮助，但对产后精神病无效。这两种情况都需要正确的药物治疗。

性冷淡

凡妻子必隐藏着性不满。

琼·迪迪翁（Joan Didion）[19]

关于女性性冷淡的政治基础，现在流传着大量的信息；女性在性方面受到父权制的压抑，这种体制使人们对女性的性和生殖器官感到恐惧、厌恶和困惑。阴茎崇拜在神话、绘画、雕塑和现代卧室装饰中都有很好的体现，但阴蒂崇拜或对非生殖性阴道的崇拜则很少见。我不想在此重复或评述这些信息，只希望尽可能简要地做一下介绍。

临床病例、心理学、社会学调查与研究，以及我们自己的生活，都记录了20世纪女性运动之前的大多数女性在某种程度上没有性高潮，或是没有"正确的"性高潮，或是不经常、不容易达到任何一种性高潮，或是只有在浪漫的一夫一妻制、合法卖淫或自我堕落的情况下才有性高潮，或是只有在经过大量有目的的"学习"之后才能达到性高潮。[20]精神分析师玛丽·鲁宾逊（Marie Robinson）将女性真正的高潮描述为，女性可能会在长达3分钟的时间内处于无意识状态。女巫猎手和现代科学家一直认为，女性在性方面"贪得无厌"；她们也被认为并不真正"需要"性高潮，而是需要爱情、母性和精致的银器。[21]尽管如此，精神分析传统（加上人们越来越沉迷于即时快感）仍然认为"神经症"甚至"精神病"源于性压抑。因此，大多数临床医生都竭力帮助女性患者"达到"异性恋高潮，通常是通过劝导她们愉悦地或在哲学上接受男性所设想和强加的女性角色：作为圣母-主妇和母亲，或作为从良的大地女神（Magdalene Earth Goddess）。即使是性解放先驱，如威廉·赖希（Wilhelm Reich），也认为阴道性欲至上，并将双性恋和女同性恋视为"倒退"或"幼稚"。

大多数临床医生都没有深入思考过女性在性方面的自我定义，或成为主体所必需的社会政治或心理条件。只要男人还控制着生产和繁衍的手段，女人就永远不可能在性方面实现自我。女性不得不用她们的性欲（或她们的性快感能力）来换取经济生存和母亲身份。只有停止这种交换，我们所知的女性性冷淡才会消失。只要存在卖淫、强奸和父权制婚姻，以及随之而来的"非法"怀孕、强制生育、"非母性"亲权和"年老"女性的性剥夺等观念和做法，大多数女性就不可能有"性欲"。从心理学的角度来看，当女孩被非性冷淡的成年女性包围并能够观察她们时，女性的性冷淡就会消失。

自从我第一次谈论这些以来，有些事情已经发生了变化。越来越多的离婚是由女性提出的，她们希望自己和孩子远离暴力，希望有亲密的伴侣，包括亲密的性关系。

在历史上，皇室和统治阶级的女性以及一些贫穷女性都有过婚外性行为或娱乐性行为。今天，越来越多的中产阶级女性也同样如此。她们更加了解前戏的重要性以及阴蒂在达到性高潮中的作用。此外，女性主义和后女性主义时代的女性还尝试过同性恋、双性恋、多名异性恋伴侣，以及与更年轻的男性或女性发生性关系。

与此同时，在美国和一些第三世界国家，许多男性，包括艾滋病病毒呈阳性的男性，坚持与越来越年轻的女性发生没有保护措施的性行为，并将致命的艾滋病病毒传染给他们的性伴侣。

男性的欲望和贪婪持续推动着全球范围内贩卖女童和妇女的罪恶行径。强奸（包括公开轮奸和录像轮奸）成为战争武器。这意味着轮奸等同于严重的肉体酷刑，它还可能造成严重的医疗后果。

基督徒宗教团体继续宣扬禁欲、独身和婚内性行为。尽管犹太宗教团体在近千年前就取缔了一夫多妻制，但并不惩罚经常招妓或有多个女朋友的男人。信奉宗教的犹太女性可能会因为有外遇，甚至只是因为被指控有外遇而遭遇离婚，失去对子女的监护权，并遭到社区的排斥。

虽然对同性恋的偏见仍然存在，但在我写下《女性与疯狂》一书 30 年后，心理健康专家认定男同性恋、双性恋、女同性恋并非精神疾病，在某些情况下，变性手术可能会减轻人们的痛苦。他们对乱伦、强奸和恋童癖有了更深的了解，这些都是目前无法治愈的。他们还了解到，许多男性性侵者本身在童年时期就遭受过身体和性方面的创伤，主要是由父亲造成的。

少女仍然难以达到性高潮，一些成年女性也是如此。遭受性创伤的女性（尤其在战乱地区）和遭受恐怖迫害的女性，常常会选择自杀。

自杀企图

我又尝试了一次。
每十年总有一年，
我会尝试一次——
……
死亡，
是一门艺术，像其他一切事物一样。
我干这个非常在行。

我这样做感觉像在地狱。
我这样做感觉无比真实。
我想你可以说我使命在身。

在小屋里自杀很容易。
做过之后保持不动很容易。
在光天化日之下，

戏剧性地归来。

西尔维娅·普拉斯[22]

在过去，男人采取行动，女人做出姿态。两种性别都被各自的词汇所禁锢。男性"果断勇敢地"在身体上杀死自己或他人。女性试图自杀的次数远多于男性，而失败的次数也更多。自杀并非是无关政治的行为：种姓（性别和种族）政治塑造了美国的自杀模式。一项研究发现，在美国69%的自杀未遂者是女性；相反，70%的自杀完成者是男性。[23]他们还发现，在"自杀未遂和自杀身亡"的人群中，家庭主妇所占比例最大；此外，寡妇完成自杀约是自杀未遂的五倍（20%对4%），鳏夫完成自杀是自杀未遂的两倍（6%对3%）。美国政府出版的一本名为《青年自杀》(Suicide Among Youth)的小册子记载，学生中女孩有自杀企图的比例远高于男孩，但男孩完成自杀的比例更高。[24]非白人男性中，15岁到25岁的自杀率最高。

对女性来说，身体上的行动是非常困难的，即使是极其私密的自杀行为。女性的行为更倾向于心理和情感上的自我毁灭，并且这种行为模式也定义了她们。女人习惯于在他人面前或在男性的手中感受自己的身体——无论是暴力的、破坏性的还是愉悦的——而不是独自一人或在（她们自己的）女性手中去感受。女性的自杀企图与其说是现实的"求助"或敌意地给他人带来不便，不如说是无力地暴露自己的咽喉，是自我牺牲仪式准备就绪的信号。就像女性的眼泪一样，女性的自杀企图也是一种无可奈何的表现——只有这样，她们才能获得暂时的解脱或次级奖励。然而，正如我们注意到的，试图自杀的女性不一定会得到善待。尝试自杀是"女性气质"的盛大仪式，也就是说，在理想情况下，女性应该为了"赢"而"输"。自杀成功的女性是在超越或拒绝自己的"女性"角色，不幸的是，唯一可能的代价就是死亡。

精神分裂症的三项研究

我们必须认识到，女性的精神分裂症或疯狂与她们的抑郁或焦虑等症状有很大不同。精神分裂症，无论男女，不仅涉及同性表现，而且涉及异性表现。例如，女性精神分裂症患者比女性"抑郁症患者"更具公开的敌意或暴力，或更明显地关注性快感（包括双性恋性快感）。这两类女性仍有许多共同的"女性"特征，比如不信任自己的感觉、自卑、无助和依赖。正如精神分裂症不是女性获得权力的途径一样，抑郁、滥交、妄想、饮食失调、自残、惊恐发作、自杀企图等"女性"疾病也不是。这些"失调症"，无论是否住院治疗，都构成了大多数女性扮演的角色仪式。正如我们将看到的，这些仪式是否能得到以及得到什么样的"治疗"，是由年龄、阶层和种族等因素决定的。

三四十年前，心理学家以一种非常有趣的方式讨论了"精神分裂症"，即性别角色的异化或性别角色的排斥。雪莉·安格里斯特（Shirley Angrist）博士比较了重新入院的女性精神病患者和未再次入院的女性精神病康复者。[25] 她发现，重新入院的女性拒绝在清洁、烹饪、照料孩子和购物等方面发挥"家庭"功能。但在参加"休闲"活动（如旅行、社交或享乐）方面，她们和精神病康复者没什么不同。用安格里斯特的话说，重新入院的女性比"未再次入院的女性更多是中产阶级，而且更多是已婚"。此外，重新接纳妻子的丈夫对其整体功能的期望明显更低。他们似乎更愿意容忍妻子极其幼稚和依赖的行为，比如无休止的抱怨和语无伦次——只要盘子洗干净就行了。这些丈夫也对妻子的"脏话""咒骂"和潜在的"大发脾气"表达了极大的震惊和不满。

安格里斯特博士出版了一本名为《治疗后的女性》（Women After Treatment）的书，在这本书中，她将早期和晚期"重新入院"的女性与"正常"女性或家庭主妇对照组进行了比较。[26] 心理健康的双重标准，解释了将"正常"女性定义为"失业"家庭主妇等方法论和意识形态的做法。安格里斯特发现，重新入院和未再次入院的女性在家庭表现方面的原有差异已经完全消失。与"正常"家庭主妇相比，所有"重新入院"的女性相比女性精神病康复者的家务表现都更差。在进一步完善数据时，她限制了教育水平、年龄、种族、社会和婚姻状况的影响，从而消除了这些在家庭表现上的差异。精神病康复者和"正常"家庭主妇的差异现在属于"心理"领域，至少安格里斯特的信息观察员是这么认为的。精神病康复者，无论是否再次入院，都会更频繁地咒骂、尝试攻击行为、酗酒、不想"见"人以及"性行为不端"，这些行为被认为更"男性化"，而不是"女性化"。然而，这些精神病康复者也表现出许多"女性化"行为，例如疲劳、失眠、服药和普遍的"不活跃"。

有趣的是，康复者和家庭主妇都表现出了某些相似的行为，这些行为被认为是消极的。安格里斯特指出：

> （令人惊讶的是）据报告，许多对照组（正常家庭主妇）表现出与精神病康复者相似的行为。46% 的人被描述为躁动不安，59% 的人被描述为精疲力竭，60% 的人被描述为紧张焦虑，57% 的人被描述为"满腹牢骚"。

这两个对照组女性的丈夫和母亲都这样形容她们：

说话语无伦次，走路、坐着或站着都很别扭，慌张不安地走来走去，说自己听到了某些声音，企图自杀或自残，穿衣需要帮助，脾气暴躁，不知道周围发生了什么，说自己看到了不存在的人。

弗朗西丝·奇克（Frances Cheek）博士发表了一篇引入注目的论文，题为《偶然的发现：性别角色与精神分裂症》（A Serendipitous Finding: Sex Role and Schizophrenia）。[27]她将年龄在15岁到26岁之间的男性和女性"精神分裂症患者"与"正常"同龄人进行了比较，希望发现精神分裂症患者在行为上被动、退缩和情感约束的典型特征。奇克博士主要观察了患者与父母之间的言语互动，并对其进行了评定。被奇克博士评定为"支配性"或"攻击性"的任务行为，涉及发表意见或澄清正在讨论的话题。她发现，女性精神分裂患者比正常男女或男性精神分裂患者对父母更具支配性和攻击性。（这一信息是在一次私人交流中获得的。）男性精神分裂症患者则比女性精神分裂症患者和正常男性表现出更"女性化"（或精神分裂）的被动模式。

值得注意的是，男性精神分裂症患者在表达消极的社会情绪行为方面，如表达敌意和分歧，仍然和正常男性非常相似。例如，参加各种"精神病患者解放计划"的男性精神病康复者都能意识到自己对女性过度敌视或冷漠，并为此感到困扰。与正常男女或男性精神分裂症患者相比，女性精神分裂症患者在情感上没有那么"消极"。然而，女性精神分裂症患者的父母认为，她们是所有群体中"最不合群"的。在父母的记忆中，她们在童年时期异常"活跃"（对女孩来说？）。这种"活跃"可能不是指身体或攻击性行为，而是指知觉、智力或语言的行为。也许正是这种对女性角色某一方面的特定排斥引起了家庭冲突，并最终导致了精神病学层面的标签和监禁。

奇克博士提到 M. 勒塔耶尔（M. Letailleur）早期做的一项研究，后者在研究中指出，"过度活跃的主导型女性和不活跃的被动型男性可以归属于文化异常现象，因此需要住院治疗"。[28] "被动型"女性精神分裂症患者可能不会像"主动型"男性精神分裂症患者一样，在那么小的年龄就住院治疗。勒塔耶尔认为，"角色反转"是疾病进程的一种功能。我认为，奇克所说的角色"反转"或"排斥"就是所谓的"疯狂"，或者说，在一定程度上，这正是疾病的本质。不过，我认为"角色排斥"这个词并不恰当。男性精神分裂症患者在很多方面和正常男性相似；女性精神分裂症患者和"正常"女性相似，甚至更"女性化"。性别角色异化（Sex-role alienation）可能是一个更好的说法，这也是大卫·麦克莱兰（David McClelland）博士和诺曼·瓦特（Norman Watt）博士在他们的研究中所使用的确切措辞。[29]

麦克莱兰和瓦特将年龄在 20 岁到 50 岁之间的住院精神分裂症患者（20 名男性，20 名女性）和一些"正常"对照组进行了比较，这些对照组包括"就业"的男女以及"失业"的家庭主妇。这项研究测量了人们有意识的态度和偏好：对自己身体的态度、幻想和讲故事的模式以及对抽象几何图形的偏好。（这些测量之前大多在"正常"人群中进行过标准化，并显示出明显的性别差异。）研究人员发现，一个普遍的模式是，女性精神分裂症患者的测试行为更"男性化"，而男性精神分裂症患者的测试行为更"女性化"。

这项研究在方法论上有许多值得批评的地方，但我认为研究结果基本上是正确的。例如，女性精神分裂症患者明显偏好"突兀的"和"尖锐的"抽象几何图形，而这通常是正常男性更喜欢的；女性精神分裂症患者的"养育性"和"亲和性"明显低于正常女性对照组，但在这方面，她们和正常男性或男性精神分裂症患者没有什么不同；女性精神分裂症患者会在虚构的游戏中选择"男性"角色：她们更喜欢扮演"恶魔"而非"女巫"、"警察"而非"秘书"、"公牛"而非"奶牛"。不幸的是，麦克莱兰并没有强调这样一个事实：在很大程度上，家庭主妇对照组也更喜欢在这种虚构游戏中扮演异性角色。当看到斗牛场里一头公牛的图片后，女性精神分裂症患者会表现出"正常"男性反应，她们说要杀死这头牛；男性精神分裂症患者则表现出"正常"女性的反应，表示他们会逃离斗牛场。

也许这项研究最重要的发现是关于被试者对身体不同部位的满意度，例如嘴唇、脸、肘部、体毛、手等等。与正常女性或男性精神分裂症患者相比，女性精神分裂症患者对自己"女性化"的外表明显不那么敏感。（正如我们将在本书第 3 章看到的那样，这种缺乏关注对女性精神病患者造成了可怕的后果，使她们无法走出精神病院。）事实上，69% 的女性精神分裂症患者对她们男性化或"强壮"的身体部位感到"满意"，而正常男性的这一比例为 50%。这应该和奇克的发现作比较，即女性精神分裂症患者比起正常男性更具有"支配性"（语言上）。麦克莱兰和瓦特并不总是将女性精神分裂症患者的表现和正常男性的表现作比较。因此，很难评估女性精神分裂症患者的"威胁性"有多大，因为她们不仅放弃了某些"女性"角色，而且比正常男性更大胆地接受了某些"男性"角色。值得注意的是，男性精神分裂症患者和正常男性一样，对自己的男性化身体部位感到"满意"：他们只是比正常男性更"满意"自己女性化的身体部位或外表。女性精神分裂症患者与自己身体的关系——至少在语言上、在幻想中或在测试中——更明显地表现为"男性"的方式。麦克莱兰和瓦特认为，对身体的关注是一种"主要的和无意识的身份表达方式"，它早于更次要的性别角色反转的行为，例如女性雇佣劳动者的"就业"或"智力自信"。

让研究人员感到困惑的是，女性精神分裂症患者比男性更"漠视"自己身体的各个部位。

这种漠视本身可能是由于长期住院造成的，但这无法解释男性精神分裂症患者的不同结果。我们似乎可以得出这样的结论：在女性精神分裂症患者无意识的自我形象中，有一部分是不敏感的、更男性化的；而在男性精神分裂症患者的自我形象中，有一部分是敏感的、更女性化的。至于这种差异是否在他们入院之前就存在，此问题有待于进一步研究。

大多数女性虽然病态地关注自己的"外表"，但实际上在"满意度""自信"或"活力"方面与自己的身体关系极小。在女性精神分裂症患者中发现这种现象并不奇怪，毕竟她们是"女性"。然而，更重要的是，从某种意义上说，精神病监禁本质上是针对女性的，这让女性比男性更愤怒，因为她们已经经历过这种监禁并被"逼疯"了。如果你被送进精神病院是因为你的性别角色异化，那你最好尽可能地将这种异化表现出来，因为没有其他地方可以让你这样做。因此，女性精神病房通常比男性病房"更吵闹"[30]，比"冷漠的"男性病房更"容易激动"[31]，有更多的情绪波动、更好战、更专横、更糟糕的人际关系[32]，由此带来更多潜在的"暴力"倾向[33]也就不足为奇了。然而，我们必须记住的是，这种"男性化的抗议"既无效，还会受到惩罚，最终会自我毁灭。女性病房的患者也被描述为通常不能做出有效的决定，或无法进行抽象推理，并被认为明显缺乏"自我力量"。[34]这些特征通常是长期精神病患者的特征，实际上也可能是住院治疗的作用。

今天，许多精神分裂症患者都是非住院的，在外流浪或住在家里。

药物（如果服用）通常可以控制"幻听"、噩梦、失眠、极端攻击性、自杀和杀人的念头。通常，药物会产生极其令人不快和羞辱性的副作用。患者往往会停止服药，然后再次陷入精神分裂症或双相障碍之中。

在我看来，短期住院，如果不是虐待性的，而是为了调整或更换药物，或者为了戒除毒瘾，通常是必要的。

一个理论建议

不论是真正的疯女人，还是因为受规训的女性行为而住院的女人，都不是强大的革命者。她们的洞察力和行为既深刻又令人沮丧（出于社会原因）。这些女性独自行动，遵循毫无"意义"的规则，与我们的文化背道而驰。她们的行为是"疯狂的"，因为它代表了一个没有社会权力的个体尝试将身体和感受联结起来。例如，《人渣宣言》（*The Scum Manifesto*）的作者瓦莱丽·索拉纳斯（Valerie Solanas），她枪击了电影制片人安迪·沃霍尔（Andy Warhol），被认为既是"疯子"也是"罪犯"，因为她实施了许多人仅仅满足于"点名"和口头指责的事情：父权文化中存在的厌女症，以及在她的例子中，对女性才能的剥削。

也许我们所认为的"疯狂"，无论出现在女性身上还是男性身上，要么是被贬低的女性角色的宣泄，要么是对自己性别角色定型的完全或部分拒绝。在临床上，完全表现出女性角色的女性被视为"神经质"或"精神病"。当她们被送进医院时，主要是因为一些女性化行为，例如"抑郁"、"自杀企图"、"焦虑神经症"、"妄想症"、饮食障碍、自残或"滥交"。拒绝接受或对女性角色感到矛盾的女性既害怕自己，也害怕社会，以至于她们很早就开始了自我放逐和自我毁灭。这样的女性也肯定会被贴上"精神病"的标签，如果她们被送进医院，则是因为不那么"女性化"的行为，例如"精神分裂症"、"女同性恋"或"滥交"。"滥交"就像"性冷淡"，既是"女性化"的特征，也是"非女性化"的特征：既可以是逃往"女性气质"，也可以是逃离"女性气质"。

扮演女性角色的男性，例如"依赖"、"被动"、在性和身体方面"害怕"或"不活跃"的男性，或者像女人一样选择男性作为性伴侣的男性，会被视为"神经症"或"精神病"。如果他们被送进医院，通常会被贴上"精神分裂"或"同性恋"的标签。然而，值得注意的是，与女性相比，男性总体上仍然能够拒绝更多的性别角色定型，而不会认为自己"有病"，也不会因此接受精神病学诊断或住院治疗。女性习惯于需要男性或为男性服务，以至于她们更愿意照顾一个"被动的""依赖的""失业的"男性；而男性却不太愿意与一个"强势的""独立的"或者"就业的"女性相处，更不用说照顾她们了。这意味着，临床上"抑郁"或"有自杀倾向"的女性，如果不愿为男性（或者丈夫）服务，往往会遭到他们的拒绝，从而陷入相对贫困的境地，或从事非法的、威胁生命的卖淫活动，临床上"精神分裂"或"有敌意"的女性也是一样。与已婚女性和单身男性相比，已婚男性更少寻求精神病治疗的帮助，在精神病院待的时间也更短。[35] 男同性恋尽管曾被贴上精神病的"标签"，在法律上也受到过迫害，但他们寻求帮助的次数比女同性恋更少，而且像男性精神分裂症患者一样，他们仍然比女同性恋或女性精神分裂症患者表现出更少的（被贬低的）女性特征。[36]

那些扮演男性角色的男性，如果他们太年轻、太贫困或不是白人，通常会被当作"罪犯"或"反社会分子"关进监狱，而不是当作"精神分裂症患者"或"神经症患者"。为了成为"男人"，在我们的社会中，相对无权的男人不得不"偷"更有权力的男人能"买"到的东西。（而他们也会因此受到惩罚。)被认为是"犯罪"或"精神疾病"的行为是按性别分类的。这些行为也是按种族和阶级划分的,每种性别都会受到相应的规训。精神病学分类本身也是按性别划分的。对于我们所归类的"精神病",表现出症状、寻求帮助和住院治疗的女性比男性多得多。重要的是,要知道这些精神病患者接受哪种类型的临床治疗、有多少临床医生、他们所依据的理论是什么,以及这些精神科医生和心理学家是如何看待患者的。

临床医生
The Clinicians

03

1939年10月，威廉·赖希抵达美国后不久，我就遇到了他。我成了他的妻子、秘书、实验室助理、会计、管家和家务总管，不久之后，我在1944年又成了他儿子的母亲……我不得不继续我的工作，在当时，我的工作主要是为赖希的手稿打字。我还得照顾孩子。我清楚地记得，我一边打字，一边用一只脚来回推婴儿车，让孩子安静下来，因为赖希不能忍受他的哭声。下午晚些时候，赖希可能会非常亲切地告诉我，让我暂时离开一会儿，去湖边钓鱼，由他来照顾孩子，然而半个小时后，他又急忙向我招手，因为孩子需要换尿布，这是他无法面对的折磨。

伊尔丝·奥伦多夫·赖希（Ilse Ollendorf Reich）[1]

在家里，（弗洛伊德的）家人都围绕着他和他的工作……他不止一次地承认："恐怕我确实有专制的倾向。"……与他成功收养（学术上的）女儿不同，弗洛伊德在精神分析学上与他所有的"儿子"都有麻烦。尤其对男性而言，为这样一位天才工作可能会非常令人沮丧：这势必会冒犯一个男人的自主意识……[海伦妮·多伊奇（Helene Deutsch）的]职业生涯似乎与她在书中阐述的弗洛伊德女性理论相矛盾。作为一名精神科医生，她既积极又独立，绝不依赖和依附，但对于弗洛伊德和他的概念，她做了很多努力使之流行，始终保持着被动和接受的态度……（弗洛伊德对多伊奇的"俄狄浦斯处境"进行了精神分析，并让她继续"认同"她的父亲和他自己）。

保罗·罗赞（Paul Roazan）[2]

弗洛伊德只是女性主义宣称要治愈的疾病的诊断医生……用女性主义的术语对弗洛伊德进行彻底的重述将会是一本很有价值的书。

舒拉米斯·费尔斯通（Shulamith Firestone）[3]

当我们有一门可以利用、探索、批评、修正的科学时，妇女解放运动就不能再沉湎于关于女性的糟糕诗歌了。因为精神分析，就像所有的科学一样，是开放的，而不是封闭的。

朱丽叶·米切尔（Juliet Mitchell）[4]

近乎悲剧的讽刺是，一位伟大先驱（弗洛伊德）的发现——他关于无意识和婴儿性欲理论是对人类理解能力的重大贡献——现在却被用来支持一种本质上保守的观点……弗洛伊德、他的追随者以及他的推广者的著作所产生的影响是，使两性之间不平等的关系合理化，认可传统角色，并确认性情差异……尽管庸俗弗洛伊德主义最不幸的影响远远超过了弗洛伊德的本意，但它的反女性主义在弗洛伊德本人的作品中并非毫无根据。

凯特·米利特[5]

心理学家和精神病学家并不比政客、战士、诗人、物理学家或酒保更厌恶女性。然而，他们也好不到哪里去，尽管他们对女性个体有着相当特殊的关注和影响力。我们对女性"歇斯底里"的熟悉，以及我们认为这种行为是普遍"正常"还是普遍"反常"的矛盾心理，都要归功于这些科学之父和科学之母。我并不认为任何一个社会或专业团体"有责任"或能够改变整个社会现实的结构，尽管在某一特定时刻，每个团体或个人都在社会现实的结构中穿行。我相信，个别例外是存在的，也是有价值的，但是仅限于相关个人。对于理解他们所反对的规则或力量而言，这些个别例外也无关紧要。

在这一章，我想介绍一些关于临床医生的普遍事实：

（1）在美国，精神病学和心理学专业人士在数量上以男性为主。

（2）当代大多数女性和男性临床医生，无论他们是否是某一精神分析或者心理学理论的信徒，目前都认同并遵循关于"异常"、性别角色定型和女性劣等的传统神话。

（3）大多数传统的精神分析和治疗的理论与实践延续了某些厌恶女性的观点，以及将性别角色定型视为"科学"或"治疗"的观点。

（4）现代和传统的意识形态在私人治疗机构中发挥着作用，私人治疗机构与精神病院一样，是父权制文化中女性遭遇的一面镜子。

美国有多少临床医生？

临床医生，就如同贫民窟学校的老师，不会轻易或频繁研究自己或宣传自己的动机、个性和价值观，就像他们对神经症患者或"文化贫瘠"的学生所做的那样。大多数临床医生都太忙、太不情愿或太"重要"，以至于无法填写临床问卷或成为实验对象。精神病学家和心理学家通常很少回复问卷调查，他们不愿意也没时间成为实验对象。[6] 尽管如此，一些主要的专业组织还是公布了会员名单，政府研究机构也公开了精神病医院人员的配置模式，心理学家和精神科医生发表了关于其职业态度、行为和"个人"生活方式的研究，精神分析理论家和临床医生也发表了他们的案例和理论，这些人的信徒也经常出版关于他们的传记。

过去，美国精神医学学会的成员总数为 11 083 人，其中男性 10 100 人，女性 983 人。随着时间的推移，其成员人数增加到 17 298 人，其中男性 14 267 人，女性 1 691 人。（会员名单上有 1 340 名成员性别不详。）因此，在 20 世纪六七十年代，90% 的精神科医生都是男性。重要的是要记住，就声望、金钱和对精神病学领域政策的"最终"控制而言，无论在私人诊所还是在精神病院，精神病学都是最有影响力的心理疾病专业。精神科医生在医学和法律上都可以决定谁疯了以及为什么疯了，对这些人应该做些什么，何时以及是否应该结束治疗。（正如我们将看到的，医学训练和法律责任使大多数精神科医生倾向于到处诊断"精神异常"——甚至，或者说特别是在非专业人士看不到的地方。）

我在上文中强调了"最终"一词，因为尽管精神科医生力量很强大，但他们的人数实在太少，不足以每时每刻都在所有的精神病房里执行他们的意见。例如，多年前，美国国家精神卫生研究所对过渡性精神卫生机构的人员配置模式进行了一项调查。[7] 根据抽样调查，他们记录了精神科医生在全体员工中所占的比例不超过 5%，而且他们当中的大多数人是兼职的。在这些机构中，68% 的全职员工和 37% 的兼职员工是"非专业人士"。社会工作者在全体员工中占 10%，心理学家约占 2%。在社区精神卫生机构中，精神科医生在参与咨询和教育的工作人员中占 14%。[8]

在精神病院里，大多数精神科医生都是拿着高薪的管理者，人数极少，地位显赫，给人一种科学和律法效率的家长风范。即使他们不在，他们的意志也会得到贯彻。非专业人员受到机构中"专家"观点的影响，毕竟，这些观点与社工、护士、营养师和护理员所谓不那么开明的观点和做法没有太大区别。(此外，由于医院里声望较低的专业人员主要是女性，因此在男性精神科医生做出判断之前，她们就会有一种习惯性的、被强化的倾向去服务、取悦和揣测他。)

过去，美国心理学会共有 18 215 名成员，现在已增加到 30 839 名。该学会没有公布其成员的准确性别比例，但据一封私人通信的估算，有 25% 是女性。[来自美国心理学会会员办公室简·希尔德雷思 (Jane Hildreth) 女士的私人通信]。这意味着，在 20 世纪 60 年代和 70 年代，大约有 4 580 名女性和 7 500 名女性成为各级心理学"专家"。我们必须记住，并非所有的心理学家都是临床医生。他们中的许多人专门从事教学或研究工作。(大多数精神科医生将他们的研究或教学与医院和私人机构的临床职责相结合。)在任何情况下，无论有多少临床心理学家，他们的地位都比精神科医生更低，尤其是处在医院的等级制度中。据我估计，女性占所有临床心理学家的 15%，加上女性精神科医生，她们在美国最有影响力的两个临床专业中所占比例不超过 12%。

如今，正如我在 2005 年版引言中提到的，越来越多的女性加入了精神病学和心理学的行列；其中许多人是女性主义者，也有许多人不是。但也正如我在这篇新的引言中提到的，与男性心理健康专家一样，一些女性也内化了性别歧视的观点，而且她们还并不总能意识到这一点。

女性主义的思想影响了许多临床医生，但更多的临床医生对女性主义思想保持免疫，或者对其感到恐惧。

当然，美国的临床医生无论男女，都比美国精神医学学会和美国心理学会的成员更多。在过去的几十年里,"级别"较低的临床医生的数量急剧增加,包括有学位和无学位的社会工作者、无医学资格的心理分析师、行为治疗师、传统和反传统的或会心团体[1]的专家、婚姻和家庭咨询师、学校和职业咨询师,以及参与社区心理健康和戒毒项目的"受训"和"未受训"的辅助专业人员。所有这些临床医生都从属于精神科医生和心理学家,并接受他们的指导。在其中一些职业中,男女比例可能更加均衡,但正面效益却不明显。可以预见的是,这些女性在行业中从事不同比例的"女性工作":她们主要负责照看儿童和女性。"麻烦的"男性青少年通常会被转介给男性治疗师,以期望后者为前者树立父亲的榜样;而成年男性和女性都更喜欢男性治疗师。[9]

今天,是否有更多的女性或女性主义倾向的临床医生并不重要,重要的是医疗保险是否能支付治疗费用,包括心理治疗、药物治疗,以及贫困或低收入患者的住院治疗。医院病房人满为患,床位永远不够,有需要的人要么不被接收入院,要么很快就出院了。在病房里,很少有患者能得到高质量的治疗或任何专家的关注。

不久前,威廉·斯科菲尔德(William Schofield)博士向随机抽取的美国精神医学学会、美国心理学会以及全国社会工作者协会的从业人员发送了基本信息调查问卷。[10] 从140名精神科医生、149名精神科社会工作者和88名临床心理学家那里获得了完整的答卷。他发现,临床心理学家以男性为主,男女比例是2∶1;90%的精神科医生是男性;社会工作者(三个专业群体中声望和薪资最少的)主要是女性,男女比例是1∶2。他还发现,精神科医生和心理学家年龄相仿(平均44岁),而

---

1 会心团体(encounter group),指一组人聚集在一起,通过互相分享个人经历、情感以及观点,从而增进彼此之间的理解和自我意识。——译者注

且都已婚。(2% 的精神科医生和 10% 的心理学家离过婚。)精神科医生和心理学家的背景都被斯科菲尔德描述为包含"向上社会流动[1]的压力"。此外，在那些对"理想"患者的性别有偏好的精神科医生和心理学家中，大多数人"偏爱"年轻的、有魅力的女性患者——学历不超过大学本科。也许这种偏好是有道理的。一位男性治疗师（他的"男子气概"已经因为从事"柔软"和"乐于助人"的职业而在某种程度上受到了削弱）可能会从他的女患者那里得到真正的心理"服务"：即控制一个女性生命并感到自己比她优越的体验，他把自己许多被禁止的对依赖、情感性和主观性的渴望投射到了这个女性生命身上，而且，作为一位高级专家，作为一位医生，他从这个女性生命身上得到了保护，这是他从母亲、妻子或女朋友那里无法得到的。这种偏好还有其他原因，我将在后面讨论。

很明显，在美国，以女性为主的精神病患者（见本书第 2 章和第 4 章）是由男性为主的专业人群进行诊断、精神分析、研究和住院治疗的。尽管临床医生之间存在个体差异，但大多数人在专业和文化上都深受当代和传统父权制意识形态的影响，他们在父权制机构（如私人治疗机构或者精神病院）中将这些意识形态付诸实践。

在回顾一些关于性别角色、女性的传统心理学和精神分析理论及实践之前，我想回顾一些关于临床医生的经典观点和实践的研究，不管他们可能被灌输了什么样的传统意识形态。

---

[1] 向上社会流动（upward social mobility），是指社会个体或群体由社会地位较低的阶层转入另一个社会地位较高的阶层。——译者注

当代临床思想

大多数当代专业人士（就像大多数非专业人士一样）不假思索地认为，发生在男性身上的事情在某种程度上比发生在女性身上的事情更重要。尽管男性比女性更少被诊断出疾病，但男性的精神疾病或"缺陷"被认为比女性疾病更能"致残"。女性的可牺牲性和"局外人"的幽灵，几乎萦绕在精神病学和心理学期刊的每一页，即使文章的主题是女性疾病。人们对女性的（男性化）"美德"期望更少：当她们表现出欠缺美德时，这并不是灾难性的，甚至并不令人惊讶——尽管这种欠缺既被社会贬低，也被精神病学诊断为神经症或精神病。

在20世纪六七十年代，女性作为研究对象，仍然是许多心理学实验的"局外人"，特别是在学习或成就动机方面，因为女性的表现极不稳定或"微不足道"，不足以产生人们所追求的男性化的或值得著书立说的现象。[11]女性，即使是大学二年级的研究对象，也会被认为是构成麻烦的"误差"或"噪声"因素，必须被排除在外。不幸的是，正是此类实验的结果被视为正常学习或"表现"的标准，而根据定义，女性无法达到这些标准。

请允许我提醒大家，其中一些情况已经发生了变化。（参见本书2005年版引言。）正如我所说的，在过去的30～35年里，对女性心理的研究越来越多。然而，正如我们所看到的，这些研究并不总是能进入本科生、研究生、医学、法学和神学院的课程。学术界和文化界对女性主义心理健康的研究方法普遍感到恐惧，尤其在最顶尖的大学里。

因此，传播先进的、重要的、常常能拯救生命或改善生活的女性主义研究和临床实践导致的斗争仍在继续。

经典的临床研究文献记录了大多数临床医生所共有的某些偏见，同时也挑战了这些偏见并表达了负罪感。我想讨论五种主要的偏见，所有这些都是我作为心理学家接受培训时直接或间接"学到"的。

1. 人人都"有病"

一般来说，大多数临床理论家接受的训练都是到处去寻找"精神异常"：在女性、儿童、男性身上，在各个国家，乃至在整个历史时代。这是很危险的，因为这样做的时候，我们就将善恶的概念从人类责任的舞台上驱逐出去了。攻击这种偏见比避免它更容易，我在这里就不长篇大论了。莫里斯·K. 特默林（Maurice K. Temerlin）博士描述了在俄克拉荷马州进行的一项实验，证明了精神科医生和心理学家在多大程度上会倾向于诊断"精神异常"（无论他们看到什么，明显比非专业人士更苛刻），以及权威的声望在多大程度上决定了医院环境中做出的诊断。[12]

特默林要求一群精神科医生、临床心理学家和临床心理学研究生观看一段电视采访录像，在此基础上，他们将做出"精神病""神经症"或"健康"的诊断。（受访者是一名男演员，他已经背熟了根据对"正常"和"健康"的共识判断而准备的剧本。）在观看表演之前，三个专业小组中的每一组都被各自领域内一位"德高望重"的人士告知，这位受访者"非常有趣，因为他看起很神经质，但实际上很像精神病"。60%的精神科医生、28%的临床心理学家以及11%的临床心理学研究生将他诊断为"精神病"。其中一个控制组（或对照组）则由没有接受到任何权威暗示的专业人士组成，该组没人对受访者做出精神病的诊断。也许最重要的是，由非专业人士组成的控制组（他们是从陪审团中随机挑选的，并被要求在县法院观看录像）一致认为这个人"神智健全"。（他们被告知，法院正在试验新的"神智健全"听证程序。）特默林对这些现象的解释是，医学训练使人倾向于诊断出"疾病"（尤其在存疑的时候），而且人们倾向于与有声望的人做出一致性的诊断。其中一位精神科医生接受"询问"后，仍然为自己的诊断辩护："当然，他看起来很健康，但见鬼，大多数人都有点神经质，谁又能仅凭外表判断呢？"

2. 只有男性心理健康

许多临床医生认为他们的患者"疯了"（功能失调、自我毁灭、情绪不稳定），但他们认为女性患者"更疯"。在心理健康和治疗方面存在着许多双重标准：一个针对有色人种，一个针对白人；一个针对穷人，一个针对富人；一个针对本地人，一个针对移民；当然，还有一个针对女性，另一个针对男性。英奇·K. 布罗韦曼（Inge K. Broverman）博士等人所做的一项研究表明，当代临床医生仍然像弗洛伊德那样看待他们的女性患者，并且仍然坚持心理健康的双重标准。[13]（虽然这项研究是35年前完成的，但在我看来，其结果仍然具有现实意义。）79名临床医生（46名男性和33名女性精神科医生、心理学家和社会工作者）完成了一份关于性别角色刻板印象的问卷。该问卷由122个两极项目组成，每个项目都描述了一种特定的行为或特征。例如：

非常主观　　　　非常客观
一点不激进　　　很激进

临床医生被要求勾选那些代表健康男性、健康女性或健康成年人（性别不详）的行为特征。结果如下：

（1）临床医生对健康成年男性、健康成年女性、健康成年人（性别不详）的特征有高度一致的看法。

（2）男女临床医生之间没有差异。

（3）临床医生认为男性和女性的健康标准不同。他们对健康成年男性和健康成年人的概念没有显著差异，但是他们对健康成年女性和健康男性及健康成年人的概念有显著不同。临床医生可能认为，女性与健康男性的不同之处在于：她们更顺从、更不独立、更缺乏冒险精神、更容易受影响、更缺乏攻击性、更缺乏竞争性、遇到小事更容易激动、更容易受伤、更情绪化、对自己的外表更自负、更不客观、对数学和科学更不感兴趣。

很显然，一个女性想要健康，就必须"适应"并接受其性别的行为规范，即使这些行为通常被认为是不太受社会欢迎的。正如布罗韦曼等人所说的，"这些行为似乎是描述任何成熟、健康个体的最不寻常的方式"。在我们的文化中，心理健康的伦理是男性化的。这种关于性别心理健康的双重标准与人类心理健康单一的男性标准并存，被社会和临床医生共同执行。虽然大多数女性有限的"自我资源"、无限的"依赖性"和恐惧被社会及其代理人（临床医生）所怜悯、厌烦和"诊断"，但女性的任何其他行为都是不可接受的！女孩令人不安的"顺从""害羞"和"娇气"从来没有被视为问题，而是被视为女孩比男孩"成长"更快（进入永恒童年）的证据。男孩"攻击性"行为被视为问题的唯一原因是，父权制希望男性青年等到长大后才被授予实践"男性气概"的许可。

我们必须指出，传统的性别刻板印象遮掩了女孩和成年女性，使其无法被准确地观察。因此，学校老师、社工或心理学家很少"看到"女孩之间的虐待（欺凌、嘲弄、排斥、诽谤）。

同样，成年女性之间的攻击和竞争也很少被讨论，部分原因是女性之间的暴力远没有男性暴力那么引人注目和致命，部分原因是没人关心女性对彼此做了什么；人们（包括心理健康专业人士在内）关心的是女性对男孩和男人的攻击行为。

尽管如此，女性（青少年和成年）如果坚持从事"男性"活动，就会面临严重的风险。当然，反之亦然。她们的父母和丈夫会因此排斥她们，并将她们送进精神病院——精神科医生会把她们留在医院，直到她们表现出"女性气质"。

受教育程度更低、更有"魅力"的女性可能更早或更容易从公立医院或私人治疗机构出院；她们在医院里可能也更频繁地受到性挑逗（是福是祸，取决于你的观点）。[14] 当然，"女性"的家务劳动——相对于"男性工作"——是女性在公立精神病院里选择的奴隶般的劳动。

在内森·里克尔（Nathan Rickel）博士一项名为"愤怒女人综合征"的研究中，那些"容忍"中年妻子"愤怒"和男性化行为的丈夫被描述为患有"工作情结"。[15] 作者指出，尽管经常可以看到相反的情况，即"男性是愤怒的主角，而女性是被动的接受者……但我们的社会已经具备高度的适应性，以至于很容易接受这种情况，认为这只是预料之中的男性化的女性角色的放大"。里克尔所研究的"愤怒"女性在职业上都非常成功，她们之所以"神经质"，是因为她们表现出了"男性"行为，例如：

不能忍受批评或竞争；不能控制脾气的爆发；污言秽语；占有欲或嫉妒心强；酗酒或吸毒；与接受此类行为的同伴交往。

与安格里斯特和麦克莱兰描述的女性精神分裂症患者（见本书第2章）一样，"愤怒"女性也表现出许多女性行为，比如自杀威胁、自杀企图，以及"对轻微怠慢的良好记忆"。如果说这些"男性化"女性的行为是"神经质的"或"自毁的",那么无论男女都应该被这样看待。(当然,当女人和男人做同样的事情时,其含义和后果总是完全不同的:即使在这种情况下,寻求治疗的也是妻子,而遭受着"女性"般痛苦的丈夫却没有。)

回首过去,我惊讶地发现,里克尔和其他许多研究人员完全没有关注男性家庭暴力。显然,无论是研究、临床实践,还是法律和诉讼,这一领域现在都发生了很大变化。的确,受虐女性在收容所仍然没有足够的床位,她们在教育、就业、住房和医疗保健(包括心理健康保健)方面也没有足够的资助项目;但世界已然不同。

在精神卫生保健方面,受虐女性仍然经常受到指责——她们选择了施虐者,她们拒绝离开施虐者,或者她们"知道"施虐者被抛弃后会变得更加危险却仍然选择离开他们。挨打并不会让一个女人变得可爱。你可以把她想象成一个高度警惕的退伍老兵,失眠、记忆闪回、酗酒、惊恐发作、脾气暴躁。

在过去,每当性别角色定型的界限被跨越时,临床医生就会执行心理健康的双重标准。例如,一份报告讲述了男性精神科医生赫伯特·莫德林(Herbert Modlin)如何"管理"一群"偏执"的女性,让她们恢复"女性"健康:帮助她们重新建立与丈夫的关系。[16]这位医生的治疗方法和他的目标一样应受到谴责。他认为,"偏执"患者,无论在婚姻中还是在医院里,都需要由"强有力的"男性控制。莫德林指出,这些女性的丈夫大多数过于"被动和顺从",因此,他"向男性展示妻子对他的需要,并帮他针对妻子采取更强硬的立场"。在医院里,精神科医生被要求态度强硬、独断专行,怀疑并警惕女性出现"根据自己扭曲的认知来解释、回应和操纵(她们的)环境的倾向"。

在富兰克林·克拉夫(Franklin Klaf)博士的另一项研究中,大多数偏执的女性患者报告说男性在"迫害"她们。当然,她们的看法可能根本没有扭曲,这可能是对现实的一种适当的恐慌反应。例如,莫德林指出,所有"偏执狂"病例的"诱发因素"都是夫妻关系的实际改变,这通常会导致性生活的减少或停止。许多丈夫忙于工作,这对他们来说比婚姻更重要,他们不仅乐于长时间不在家,即使在家也不过夫妻生活。这些女性不仅被剥夺了性权利,而且大多数没有工作。她们的"偏执"既是一种自我满足的方式,也是一种逃避的方式,因为她们害怕并预见了这样的后果:心理和经济上的失业。

莫德林医生可能倾听了他的患者的倾诉,但他并没有明白她们在说什么。他巧妙地避开了"与魔鬼对话"此类"妄想"的含义,这是由一个"偏执的"、性权利被剥夺的、可能是一夫一妻制的患者所报告的。"魔鬼"正在说服她变成一名"妓女"——在我们的文化中,唯一与性有关的女性形象就是妓女,而她(患者)希望有性关系。她们对丈夫"不忠"的指控也被认为是"妄想症",就像莫德林医生的一位女患者所抱怨的,"之前 21 次电击疗法"已经"毁了她的大脑"。(它们可能确实毁了她的大脑。)里克尔也有些低估(但并没有忽视)一个事实,即他的一位患者(就像弗洛伊德的朵拉一样)是作为"俘虏"接受治疗的。他说:

> 她不断地表达她的恐惧,这种恐惧是有根据的,那就是她的母亲和哥哥希望看到她被关起来。事实上,她哥哥打电话给我时就是这么想的。

另一位心理学家在一项关于女性心理的研究中,对那些女大学生的洞察力一笔带过——她们用所谓的"无意识的卖淫恐惧"来解释自己的

"性冷淡"。[17] 这种恐惧并不是完全无意识的，也不是扭曲的。几千年来，父权制社会以及最近的精神病学和心理学期刊都允许男性将爱和性分开，并谴责、禁止和惩罚女性的情欲和主动性。

传统的父权制主题，如同噩梦，在许多关于女性心理和性欲的出版物中重复出现，比如玛丽·简·雪非（Mary Jane Sherfey）在其关于女性性行为的经典专著结尾处得出结论："文明"的最佳状态将受到女性性解放的破坏。[18] 朱迪丝·巴德威克（Judith Bardwick）博士撰写了美国第二波女性主义运动后第一部关于女性心理学的学术著作。[19] 巴德威克对各种研究进行了合理、深思熟虑和全面的评述，并且欺骗性地宣称自己是客观和政治中立的。尽管她清楚地认识到，美国女性从未发展出"自我"或"独立"，但她仍然是一个"忠实的父权制女儿"，是海伦妮·多伊奇－埃丝特·哈丁（Helene Deutsch-Esther Harding）传统中最优秀的代表。她显然接受了心理健康的双重标准，赞赏女性的"女性美德"，对男性则不然。虽然她批评了弗洛伊德对女性的看法，但她也和弗洛伊德一样，对"解剖决定命运"的偏见不以为意。和卡伦·霍尼（Karen Horney）一样，她的版本是"我的阴道比你的阴茎大"。她的许多"专业"观点听起来与传统观点非常相似。她宣称，女孩的性发育比男孩更晚，因为阴蒂在解剖学上非常小，女孩不会自慰或"遭受"性挫折，也不会在青春期前体验阴道的感觉；男孩比女孩遭受更严酷的社会化；女性较之男性更多地将性与爱联系在一起；女人最基本的快乐是母性的快乐；阴道高潮存在于"心理上"，并且"涉及与所爱之人的融合"。

我并不质疑女性报告过或经历过不同强度的性高潮。我不确定的是，这种女性性活动的图景到底是由生理因素决定的，还是由经济或文化因素决定的。然而，霍尼提出了一个有趣的观点：女性更依赖于男性而不是其他女性，因为"她们与母亲和女性朋友的关系是冷淡的（或敌对的)"。她完全没有从女性主义的角度来解释这一点。这些都是我们熟悉的且"无法证明"的观点，然而，它们至少比与之相反的且同样"无法证明"的观点更有价值。

3. "真正的"女人都是母亲——但一旦你成为母亲，一切都是你的错

临床理论家们仍然相信，女性需要成为母亲，而孩子需要女性的悉心照顾，这样双方才能心理"健康"。这种信念的绝对性可与这样一种信念相提并论，即母亲普遍"不快乐"、做事效率低下，而且是导致孩子神经症、精神病和犯罪的罪魁祸首。儿童成长教科书中充斥着这些观点，关于"引发精神分裂症"的母亲的研究文献也是如此；这些母亲生下"淫乱"的女儿、"同性恋"的儿子、"犯罪"或"神经质"的孩子。

约瑟夫·莱因戈尔德（Joseph Rheingold）在他的《母亲、焦虑和死亡》(*The Mother, Anxiety and Death*) 一书中声称，他"被许多女性所震惊，她们几乎冷漠地承认自己想要虐待、强奸、残害或杀死一个孩子（任何孩子）。[20]但我却从没见过一个男人对孩子有这么冷血的敌意"。

虽然确实存在母亲虐待儿童的现象，而且贫穷、吸毒、失业和单亲母亲不堪重负加剧了这种现象，但是大多数母亲不会性虐待或身体虐待、忽视、遗弃或者杀害她们的孩子。大多数女人都是"足够好"的母亲。一些研究证实，与女性相比，许多父亲或同居男友对婴儿和孩子的耐心更少，他们更经常与孩子竞争，殴打、遗弃甚至杀死孩子。

另一方面，在过去的30到35年间，越来越多的西方男性在婚姻期间、离婚或配偶去世后，参与共同的育儿活动或亲力亲为养育子女。同性恋伴侣和单身男性也会领养孩子，并且为建立跨代家庭的权利而斗争。没有暴力倾向的父亲也争取并赢得了单独监护权。

父亲通常不会像母亲那样养育孩子，但在大多数情况下，他们确实在尽父亲的职责。

4. 女同性恋和男同性恋都是疾病

大多数临床医生都曾将女同性恋和男同性恋视为"病态"，或者充其量是"次一等"的。异性恋，而非双性恋，才是常态。很少有临床医生区分（男）同性恋（homosexuals）和（女）同性恋（lesbians）。

正如我所指出的，男同性恋和女同性恋现在已不再被认为是精神疾病。一些研究人员认为，性取向是由基因先天决定的。

然而，同性恋恐惧作为一种临床和父权制文化的偏见仍然存在。青少年被原教旨主义的父母带到治疗师那里，他们认为"女性化"的男孩和"男性化"的女孩是不自然和不可接受的。青少年有时会被送到惩罚性的军事院校或类似邪教的"重新改造"中心，以改变他们的男同性恋、双性恋或女同性恋倾向。

5. 某些怀孕是非法的，某些女性是滥交的

临床理论家们曾经接受了父权制的观念："非法"怀孕、女性"滥交"、女性"魅惑"，同时女性又自相矛盾地"性冷淡"。[21] 他们以相当有力的方式践行这些观点：让女人相信这些观点是正确的；或者以"滥交"为由，对女性尤其是对妻女进行精神监禁。在一次私人交谈中，一位执业精神科医生告诉我，20世纪50年代，一位美国中年妇女被她的丈夫和精神科医生送进精神病院，原因是她有一个情人；10年后，她死在了精神病院。

一位律师告诉我这样一个故事：一个30多岁的女人被丈夫私自送进了医院。1969年，她在精神病院和一个比她年轻的男人开始了一段性爱关系。两人似乎都快乐了许多。但精神病院决策者强行将他们分开，导致两人都"旧病复发"。据她的律师所知，他们仍在住院。被父亲强奸的女孩被认为是"有诱惑力的"，或者母亲被指责没有阻止乱伦强奸，或是母亲暗中"促成"此事。[22] 无论如何，人们的语气都是"反正也没有造成多大的伤害"。少数新闻报道中母亲诱奸和乱伦的案例，都被认为是导致男孩最终"精神分裂"的原因。[23] 职业卖淫在临床上被视为女性的"复仇"和"攻击"，而不是女性的牺牲和受害。[24]

虽然也有例外，但我们现在明白，大多数妓女都属于蓝领工薪阶层，她们老得快，死得早。大多数人虽然逃离了乱伦和虐待的家庭，但她们酗酒、吸毒，忍受生活中一再遭受的严重的心理、身体和性方面的暴力。

此外，男性与未成年人发生性行为的需求已经发展成价值数十亿美元的产业，其中包括性旅游、将自己的孩子卖到妓院做契约奴隶，以及以虚假借口绑架和引诱女孩进入性产业。

在世界范围内，只有为数不多的庇护所或项目，专门为那些希望摆脱奴役的卖淫妇女提供帮助。

这五种主要的临床观点或偏见，可能来自阅读传统理论学家的著作，也可能来自受过的专业训练。无论如何，这些观点和其他类似的偏见无疑反映了传统临床文献中的许多主题。

传统的临床思想

尽管在我们的社会中，心理健康的伦理体系和参照物是男性化的，但大多数精神分析理论家的著作主要是关于女性的。这种选择是否仅仅反映了女性患者的数量更多或更愿意合作，以及男性想要"拯救"和塑造她们的愿望，目前尚不清楚。我认为，在20世纪，有更深层次的东西一直在诱惑和刺激着男性精神病学家去书写"发疯"的永恒女性（Eternal Feminine）。对他们来说，这样做既安全又对女性有"治疗作用"。在女性身上，他们可以毫无顾忌地研究疯狂。他们不会被变成石头或猪——瓦莱丽·索拉纳斯（射杀安迪·沃霍尔的女人）不是美杜莎，泽尔达·菲茨杰拉德不是喀耳刻，疯女人没有神力。

我并不是说美杜莎或喀耳刻疯了。恰恰相反，正因为这些女性拥有权力，她们才成为人们鄙视和恐惧的形象。此外，虽然很多"疯"女人充满敌意，难以捉摸，但她们毕竟是女性，不会像男性那么危险。（当然，有些女性确实也很危险，令人恐惧。）更重要的是，从事科学（和艺术）研究的男性，除了一时的浪漫情怀（这样做是安全的），并不能强烈地认同他们的女性研究对象。他们个人的理智只能牢牢地保持在两腿之间。

在精神分析文献中，女性这一主题通常会引发最多愁善感却又最权威的论述，所有这些论述都暗示、接受并期望一种关于心理健康或正常的双重标准。

西格蒙德·弗洛伊德：
（女性）拒绝接受被阉割的事实，并希望有一天获得阴茎，尽管如此……我无法回避这样一种观念（尽管我很犹豫该不该表达出来），即对女性来说，道德上的正常水平与男性是不同的。我们不能因为女性主义者的否定而偏离这样的结论，她们急于迫使我们认为两性在地位和价值上完全平等。[25]

我们还可以说，女性的社会兴趣弱于男性，她们将自己的兴趣升华的能力也较弱……通向女性气质的艰难发展（似乎）耗尽了个人的所有可能性。[26]

埃里克·埃里克森：

对于发展心理的研究者和精神分析的实践者来说，理解女性身份至关重要的阶段就是从青年到成熟的阶段。在这个阶段，年轻女性放弃了来自父母家庭的关爱和教育机构的关照，将自己托付给一个陌生人，并竭力照顾他的后代……年轻女性经常会问，在知道自己会嫁给谁，为谁建立家庭之前，她们是否能有"一个身份"。诚然，年轻女性的身份中有某种东西必须保持开放，以适应将要结婚的男人和将要抚养的孩子的特殊性，但我认为，一个年轻女性的身份在很大程度上已经在她的吸引力中，在她对男人（或男人们）的选择中确定下来了。[27]

布鲁诺·贝特尔海姆（Bruno Bettelheim）：

尽管女性非常想成为优秀的科学家和工程师，但她们首先想成为男性的温柔伴侣，成为母亲。[28]

约瑟夫·莱因戈尔德：

女人是养育之本……解剖学构造决定了女人的一生……当女性在成长过程中不惧怕自己的生理功能，不被女性主义理论所颠覆，并因此带着成就感和利他主义情怀去做母亲时，我们将实现美好生活和安全世界的目标。[29]

卡尔·荣格：

但是没有人能回避这样一个事实，即女性在从事男性的职业，以男性的方式学习和工作时，女性的所作所为即使没有直接伤害到她的天性，也不完全符合她的女性本质……（女性）心理学建立在性爱的原则上，性爱是伟大的黏合剂和拯救者；而古老的智慧将理性作为人类的统治原则。[30]

M. 埃丝特·哈丁（M. Esther Harding）：

有了个人动机，女性就可以完成几乎无限量的单调工作，而不会有丧失灵魂的危险。例如，如果是为家里某个特别的地方而刺绣，她就可以绣无数针；或者她可以为丈夫和孩子们无止尽地织毛衣和袜子……女性真正的目标是创造与男性在精神或心理上联系的可能性……当成功女性发现自己不能再直视男人的眼睛时，这是她与男人关系的一个重要转折点，因为这意味着她可能不会公开表露的真实感情已经开始涌动……一个年长的女人对比她年轻得多的男人感兴趣，其中一个因素在于她自己情感上的不成熟。这样的女性把所有的精力和注意力都放在发展个人和提高职业素养上，却很少发掘自己的女性价值……只要她自己的情感天性还不成熟，她就会继续通过让别人依赖她来寻求满足，她内心的孩子气就会在她所吸引的男人身上得到投射或反映。[31]

这些都是人们熟悉的、约定俗成的，因此也是极具诱惑力的关于女性的观点。专家们的肯定间接地强化了男性的这种观点，更直接地对女性施以压迫：诸如结婚和分娩这样的事件，在过去几个世纪里，是不可避免、司空见惯、毫无浪漫色彩的，而在这里却被专家们吹捧为女性必须为之奋斗的精神奢侈品。过去那些未经选择的必需品（也许与贫穷、疾病或早逝没有什么不同）被主要的精神分析理论家复活，作为拯救20世纪女性的救赎神话。美国中产阶级女性也被心理治疗机构和"专家"意见的暴政所"怂恿和抛弃"，这些意见都强调母亲对儿童健康成长的重要性（和唯一责任）。大多数关于儿童成长的研究，就像大多数节育研究一样，都是以女性而不是男性为中心的——因为这是"女性的工作"，完全由她负责，"从来没有完成过"；而且在雇佣劳动经济中，她从未直接获得报酬。她这样做是为了爱，并且得到了充分的回报——在弗洛伊德等人的著作里。

女性理论家，如弗洛伊德的分析对象和门徒——海伦妮·多伊奇、玛丽·波拿巴（Marie Bonaparte）、玛丽·鲁宾逊（Marie Robinson）、玫琳妮娅·法纳姆（Marynia Farnham），以及男性理论家弗雷德里克·伦德伯格（Frederick Lundberg）、埃里克·埃里克森、布鲁诺·贝特尔海姆、约瑟夫·莱因戈尔德等人，往往浪漫而虔诚地接受了弗洛伊德的观点和他自称的对女性的困惑。荣格和他的弟子埃丝特·哈丁对弗洛伊德的观点给予了更微妙的支持，他们研究人类心理的方法比弗洛伊德更偏"精神性"和人类学；然而，他们的女性理想在本质上仍是母性-女性的理想。

女性在生理上与男人不同，因此在心理上也不同；这种差异值得赞美！女性真正的问题源于她们抗拒自己独特而光荣的能力，拒绝过一种充满爱、感情和母性的生活。当然，现代社会贬低这样的生活，但这实在是一种遗憾。女性，尤其是受过良好教育和富有的女性，就像荣格的女弟子一样，应该作为个体超越这种贬低。

"弗洛伊德学派"的观点认为，女性本质上是"生育者和承担者"，是潜在的温情生物，但更多时候，她们是有子宫的古怪孩子，永远为失去男性器官和男性身份而哀悼。弗洛伊德准确地记录了许多女性患者的头痛、疲劳、慢性抑郁、性冷淡、偏执和强烈的自卑感，但这些症状很少被准确地解释。女性的"症状"当然没被弗洛伊德视为奴隶心理所特有的间接交流。相反，这些症状被认为是"歇斯底里"和神经症的产物，是怨恨、自怜、通常不讨人喜欢的女性所制造的暗地里的家庭暴政。这些女性不能作为女人而快乐，是源于未解决的阴茎嫉妒、未解决的厄勒克特拉 [恋父（或女性仇母）] 情结，或是源于普遍的、顽固的、神秘的女性固执。

重读弗洛伊德早期关于女性"歇斯底里症"的案例，尤其是他的"朵拉病例"，最吸引人的不是他的才华，也不是他对女性"歇斯底里症"的相对同情，而是他的语气：冷静、理智、侦探式的、控制欲强的和维多利亚式的性道德。[32] 他真的不喜欢他那个"聪明"的18岁患者。例如，他说：

> 一连几天，她都用轻微的症状和古怪的举止来把自己和母亲联系在一起，这让她有机会展现出一些引人注目的、令人难以容忍的行为。

这位看不见的母亲被弗洛伊德诊断为"家庭主妇精神病"。

伦纳德·西蒙（Leonard Simon）博士回顾了朵拉的困境，她的父亲带她来治疗各种维多利亚式的"症状"。[33] 他指出，弗洛伊德的案例研究：

本来可以作为一个典范，如果不是因为一个与朵拉现实生活有关的重大问题。因为在对朵拉的无意识状态进行治疗性检查的过程中，弗洛伊德也知道她是她父亲制造的一桩畸形性交易的诱饵。这个男人在他生命的早期感染了梅毒，并且显然传染给了他的妻子……现在他又与K先生的妻子有染。有确切的证据表明，朵拉的父亲利用她来安抚K先生，弗洛伊德也心知肚明……弗洛伊德曾说过："她的父亲要对她目前的危险负部分责任，因为他为了自己的风流韵事，把她交给了这个陌生的男人。"但是，尽管现实如此，尽管弗洛伊德完全了解她父亲的偏好，他还是坚持从严格的内在心理视角来审视朵拉的困难，而忽略了她父亲利用她的方式，并否认她对情况的准确感知是恰当的……弗洛伊德似乎完全接受了这些男人对周围女性进行性剥削的意愿。

尽管弗洛伊德最终承认（但不是对朵拉），朵拉对家庭状况的洞察是正确的，但他仍然得出结论，这些洞察不会让她"幸福"。弗洛伊德自己的见解是——基于自我谴责，而不是基于朵拉对周围人的责备——将有希望帮助她去适应，或者至少接受她生活中唯一的选择：家庭主妇的精神病。如果朵拉没有停止治疗（弗洛伊德认为这是一种报复行为），她的治愈可能会包括（经历绝望和自我催眠）重新对父亲产生感激之情；爱他，或许在未来的岁月里为他服务；或者结婚，为丈夫或代理家长履行这些职责。

弗洛伊德并不是唯一不喜欢朵拉的人。24年后，42岁的已婚妇女朵拉因为"歇斯底里"的症状被转诊给另一名精神科医生费利克斯·多伊奇（Felix Deutsch）。请允许我引用他对她的描述：

然后，患者开始喋喋不休地抱怨丈夫对她的奉献漠不关心，以及她的婚姻生活是多么不幸……这让她谈到自己失意的爱情生活和性冷淡……她愤恨地表示，她确定丈夫已经对她不忠……她含泪谴责男人都是自私的、苛刻的、不付出的……她回忆说，她的父亲对母亲不忠，谈到她不快乐的童年，因为她母亲有洁癖……以及对她缺乏感情……她最后自豪地谈到她哥哥的事业，但她对儿子能继承他的事业不抱什么希望……自从我治疗朵拉以来，已经过去30多年了……通过一位知情人士，我了解到关于朵拉命运的其他相关事实……她紧紧抓住儿子不放，就像对丈夫一样责备求全，而丈夫却因病去世了——她近乎偏执的行为使他备受煎熬，奇怪的是，他宁愿死……也不愿意与她离婚。毫无疑问，只有这类男人才会被朵拉选为丈夫。在接受精神分析治疗时，她曾明确表示："男人都是如此可恶，我宁愿不结婚。这就是我的报复！"因此，她的婚姻只是为了掩盖她对男人的厌恶。[34]

托马斯·萨兹评论了布鲁尔和弗洛伊德的另一位女性患者安娜·欧（Anna O.）的"歇斯底里"症状，她在照顾父亲时"生病了"。[35]

因此，安娜·欧从一种令人厌恶的顺从立场开始玩一种歇斯底里的游戏：她扮演一个受压迫的、无报酬的、生病的护士……在弗洛伊德的时代，年轻的中产阶级女性认为照顾生病的父亲是她们的责任……请注意，这与许多当代女性所处的困境是多么相似。不过，她们发现自己面对的不是父亲，而是她们年幼的孩子。今天，已婚女性通常被期望照顾自己的孩子，她们不应该把这项任务委派给别人。

然而,对布鲁尔和弗洛伊德来说,安娜"巨大的悲伤"是她不再"被允许继续照顾患者"。1953年,欧内斯特·琼斯(Ernest Jones)首次披露了安娜·欧的真实身份。她就是伯莎·帕彭海姆,一位为未婚母亲、私生子和妓女争取权利的正统犹太女性主义者。

在我看来,伯莎·帕彭海姆确实遭遇了精神崩溃,不得不断断续续地住院多年。她看到和听到了不存在的东西,说着胡话和方言。她长期处在精神错乱的状态。

然而,她正是那个创造了"谈话疗法"的患者,并继续完成了伟大的事业。梅琳达·吉文·古特曼(Melinda Given Guttmann)为这位杰出的女性写了第一部长篇传记:《不可思议的安娜·欧:伯莎·帕彭海姆传》(The Enigma of Anna O.: A Biography of Bertha Pappenheim)。这本传记也相当精彩。

许多女性理论家对弗洛伊德关于女性的全部或部分观点进行了广泛的评论、批评和否定,她们包括卡伦·霍尼、克拉拉·汤普森(Clara Thompson)、玛格丽特·米德(Margaret Mead),以及最近的西蒙娜·德·波伏娃(Simone de Beauvoir)、贝蒂·弗里丹(Betty Friedan)、凯特·米利特、舒拉米斯·费尔斯通、伊娃·菲格斯(Eva Figes)和杰梅茵·格里尔(Germaine Greer)。布罗尼斯拉夫·马利诺夫斯基(Bronislaw Malinowski)、阿尔弗雷德·阿德勒(Alfred Adler)、哈里·斯塔克·沙利文(Harry S. Sullivan)、威廉·赖希、罗纳德·D.莱恩(Ronald D. Laing)、大卫·库珀(David Cooper)和托马斯·萨兹等男性理论家也对他进行了批驳,但不一定或主要是因为他对女性的看法。

1926年,卡伦·霍尼在题为《逃离女性气质》(The Flight from Womanhood)的文章中说道:

目前对女性发展的分析图景（无论这种图景正确与否），与男孩对女孩的典型观点没有丝毫差别。

我们熟悉男孩的想法。因此，我将用几句简练的话来概括它们，为了便于比较，我将把我们对女性发展的看法放在下面。

男孩的想法

天真地认为女孩和男孩一样拥有阴茎

意识到女孩阴茎的缺失

认为女孩是被阉割、残缺不全的男孩

相信女孩受到了惩罚，这也威胁到了他

女孩被视为低人一等的

男孩无法想象女孩如何才能克服这种失落或嫉妒

男孩怕女孩的嫉妒

我们对女性发展的精神分析观点

对两性来说只有男性生殖器起作用

可悲的发现是，阴茎不见了

女孩相信她曾经拥有一根阴茎，但被阉割掉了

阉割被认为是一种惩罚

女孩认为自己低人一等

阴茎嫉妒

女孩永远无法克服不足感和自卑感，必须不断反复控制自己成为男人的愿望

女孩终其一生都渴望向男人复仇，因为男人拥有她所缺少的东西 [36]

1931年，弗洛伊德在题为《女性性欲》（Female Sexuality）的文章中做了如下间接反驳：

> 可以预见，具有女性主义情感的男性分析师以及我们的女性分析师一定会提出反对意见，认为这些观念源于男人的"男性情结"，意在从理论上为男人贬低和压制女性的天生倾向辩护。但是，这种精神分析式的论证让我们想起了陀思妥耶夫斯基所说的"双刃剑"，就像它经常做的那样。反对这种观点的人认为，女性拒绝接受一种似乎否定她们渴望的男女平等的观念，是完全可以理解的。把分析作为引起争议的武器，不会导致任何决定的产生。[37]

在此，我想谈谈弗洛伊德的四位批评者的观点，他们被认为是"革命性的"理论家，或者是极具创新精神的临床医生。早期的理论家，如卡伦·霍尼、梅兰妮·克莱因（Melanie Klein）、克拉拉·汤普森，她们自然就弗洛伊德对女性的看法提出了批评。然而，她们并没有被普遍认为是"激进的"理论家或临床医生，而且从广义上来说，她们也不是"激进的"。她们不是政治或社会的远见卓识者，也没有为女性和男性制定统一的心理健康标准。我认为，如果仔细阅读这些理论家以及其他理论家，如梅兰妮·克莱因、安娜·弗洛伊德、伊迪丝·雅各布森等人的著作，可能会对她们的"激进"程度感到惊讶。我对她们的作品还不够熟悉，不足以在这里进行评论。*

我关注的是，一位理论家对"人"的定义是否以女性为参照系。我认为，任何不关注或反对这种关注的临床理论或实践，在哲学上都是有局限性的，而在社会上对男性和女性都是具有压迫性的。

这些理论家都是男性精神病学家：威廉·赖希、罗纳德·D.莱恩、大卫·库珀和托马斯·萨兹。本书第8章"第三世界女性"中将讨论弗朗茨·法农（Frantz Fanon）。前四位理论家不仅关注异常也关注正常，不仅关注人格也关注社会。这些都是"重要的"：赖希对性自由和政治自由的愿景；莱恩对精神分裂症的描述以及他在临床上的呼吁；库珀试图驱逐家庭中的恶魔，以及他对女性主义的同情；萨兹对权力关系的心理描写，以及他对道德和法律的敏感。我不会根据他们所有的作品来衡量、总结或比较他们，我将仅仅从他们的部分著作出发，与大家分享我对每位理论家的看法。

威廉·赖希

我当然知道他的嫉妒心，但那时我发现他有一种说教的态度，就像他经常攻击别人那样。在他的攻击中，性行为的双重标准非常明显。在那段时间里，我不被允许去质疑他对我的忠诚，但我很确定，他对自己的要求与对我的要求不一样。事实上，我知道他有外遇，尽管他没告诉我。

在奥斯陆，我和格蕾特（Grethe）进行了促膝长谈，她是这一时期与赖希共同生活的女人。我和赖希在一起的最后三年里经历的许多痛苦，在她的经历中重演。在他们共同生活的最后一个月里，双方的关系已经恶化，出现了对不忠的指控（有趣的是，对我进行指控的一些男人竟然也出现在对格蕾特的指控中），他们之间对坦白的要求，还经常会有醉醺醺和令人恐惧的时刻……

哈夫勒沃尔（Havrevold）博士……曾经想把一位非常优秀的专业人士推荐去赖希那里接受培训，但当赖希听说此人是同性恋时，他不仅拒绝了这个人，而且说："Ich will mit solchen Schweinereien nichts zu tun haben."（我不想和这种肮脏的人打交道。）

伊尔丝·奥伦多夫·赖希 [38]

作为一名理论家，威廉·赖希是一个女性主义者。[39] 他一贯谴责父权制家庭，认为它是性压迫和政治压迫的主要机构，尤其是奴役女性的主要场所。他强烈反对卖淫、"强迫婚姻"和异化劳动。他为女性和男性寻找一种统一的（泛性别的）心理健康标准。而且，尽管他以临床医生的眼光看待患者在性心理健康方面的个人"突破"，但他仍然坚信，如果不消除贫困和对女性的压迫，心理健康就永远不可能存在。理想的心理健康就像自由一样，只有当它为所有人而存在时，才会为某一个人存在。他强调"预防性社会措施"的重要性，以使人们摆脱"精神瘟疫"。他开设了免费的性教育诊所，并强调为穷人治疗的重要性，而当时他的同事们正努力变得体面，以吸引中产阶级客户。他很少将压迫的心理状态浪漫化：

> 富裕的公民有尊严地携带着他的神经症，以这样或那样的方式生活；在工人阶级身上，神经症展现出了它真正的怪诞悲剧。

他对贫穷女性常常过早地、以被伤害的方式、残忍地接触性生活很敏感，就像他对中产阶级女性终生无法接触性生活一样敏感。

赖希关于"性高潮能力"（或"健康"性高潮）的性质和意义的观点，很容易被误解为"好的性爱会让你自由"的"证据"。赖希反复阐述性高潮以及何为"健康"性高潮，确实很像一种坚定而歇斯底里的宗教教义，像一种固执的观念，常常以诡异而尖锐的方式渗入他对法西斯主义、贫困、家庭和疯狂的分析之中。弗洛伊德关于婴儿性行为、压抑和死亡的观点,以及斯金纳(Skinner)关于条件学习的观点也是如此。

赖希关于"性高潮能力"的定义是:

> 能够无拘无束地顺从于生物能量的流动,通过身体不自主的愉悦收缩,将所有被压抑的性兴奋完全释放出来。

赖希当然明白,为什么古往今来的女性主义者、"女学者"、大多数女性和男性"道德家"都不能容忍男性提出的"性自由"或性解放的概念。他描述了(有点过于天真)在临床实践中,他是如何发现性行为被普通人视为一种低俗和堕落的活动,在这种活动中,男人的权力和掌控必须得到表达。赖希描述了他的男性患者的色情和施虐性的手淫及其他性幻想,以及女性患者普遍的受虐和被动的性幻想。无论是过去还是现在,男性的幻想都是将阴茎视为"杀人武器",一种"证明"性能力的手段,这就像强迫性的唐璜式"射精,然后是厌恶的反应"。赖希认为,无论达到多少次性高潮,这样的性行为都是反常的。

> 这种性行为是对自然之爱的病态夸张。对性的通常评价是指它的夸张行为,这种谴责是合理的。因此,任何支持或反对性的争论都毫无意义,也不会有任何结果。在这样的争论中,道德家会赢,也应该赢。不应该容忍对性行为的夸张。妓院里的性行为令人作呕。

赖希声称,一旦他的男患者有了"性高潮能力",他们就会:

> 再也不会去找妓女了……而妻子们,一旦有了性高潮能力,就

再也不会顺从于她们不爱的丈夫,也不会顺从于她们没有性冲动的丈夫。

与弗洛伊德不同的是,赖希没有建议我们为了"文明"而"升华"我们的性欲。恰恰相反,赖希声称,一旦他的患者宣称拥有健康的生殖力,他们就会努力在工作和爱中寻找更有意义的关系。他声称(证据不比弗洛伊德更少,也不比弗洛伊德更多),如果他能够深入洞察的话,他就能在每个患者身上发现"正派的天性"。"性经济调节"[1]总能带来一种自然道德,这种道德优于强迫性的道德。

像所有希望理解和"支持"精神病患者的人一样,赖希也陷入了两难境地:一方面,他说"从人性的角度来看,一些精神病患者的深刻性使他们比那些怀着民族主义理想的巴比特之流[2]更有价值";但另一方面,他也认为精神病患者"表现出"了我们所有人的"错误"和"压抑",而且往往是怪诞的、自杀性的,还承受着巨大的痛苦。精神病患者既是英雄,也是受害者,既勇敢,也注定要失败。当然,注定失败在很大程度上是源于正常人对待他们的方式。

在赖希看来,精神分裂症患者之所以会精神分裂,是因为她被焦虑压垮了(就像她受到的规训压垮她一样),当愉悦的生殖和身体感觉"突破"界限时,她还没有习惯去感受这些感觉,因此这种突破相当神秘。赖希强调,身体在疯狂中的重要性是完全正确的。事实上,我认

---

[1] 性经济调节(sex-economy regulation),指个体对自身生物能量的调节,如抑制生物能量的程度和在性高潮时释放生物能量的程度。这种性经济调节既不同于压抑性活动的性道德,也不同于淫荡的性混乱,而是性活动的自然合理的形式。——译者注

[2] 源自辛克莱·刘易斯(Sinclair Lewis,1885—1951)的小说《巴比特》(*Babbitt*)中主人公的名字。"巴比特之流"指满足于一套狭隘的价值观,只关心财富和赚钱的人们。——译者注

为，当一个人用身体表现出她的想法和感受时，她自己和别人都会认为她疯了。当一个人在没有任何群体支持或共识的情况下这样做时，她就被认为是"疯了"。正如我在其他地方指出的，瓦莱丽·索拉纳斯之所以是"疯子"（以及"罪犯"），是因为她付诸行动了，而许多人只满足于思考或文字批评；她瞄准了由一个具体男人所体现出的严重的厌女症。传统上，厌女症或仇视女性是如此普遍，以此于人们几乎视而不见；而当它清晰可见时，它又被认为是可以理解和接受的。

与弗洛伊德一样，赖希发现性压抑是所有神经症和精神病的核心诱因。其目的，是使个人最终完全服从于家庭、国家和工作。正是性压抑，始于幼儿期的性压抑，导致了人们对家庭的"固着"（在其余生中必须重建类似家庭的关系）。我们始终不清楚，赖希是否真的建议我们打破乱伦禁忌，如果是的话，又以何种方式打破？也就是说，父权制社会中的女性已经被鼓励打破乱伦禁忌，但其方式对她们是不利的。赖希也不清楚幼儿性欲的类型和阶段，以及幼儿性欲是如何被压抑的。对青春期性行为的禁止，使如今受到两次性压抑的孩子变得"顺从"，并接受"强迫性的婚姻"。

赖希认为性能量作用于全身，而不仅仅是生殖器。他仔细辨认了变态和健康的性行为，以及性行为和生殖之间的区别。他不轻视、不肤浅地看待女性终生没有性愉悦的结果。他非常关心身体的作用，以及我们在身心合一方面的困难。他认为，在"健康的"异性恋性交中，"自然的屈服"对男女双方来说都是必不可少的。

然而，在父权制文化中，过多地谈论女性在异性恋性交中的"屈服"，过多地谈论女性性愉悦的重要性，而不谈论女性权力的重要性，是一种破坏性的浪漫。性行为就像吸毒一样，可以作为一种强迫性的安抚剂，尤其对那些没有能力定义自己的人来说。

赖希热衷于创造一个泛性的、正常的心理学（并对男性极具同情心），但他未能强调男女在"屈服"和"一夫一妻制"的质量和数量上存在着巨大差异。家庭确实对男孩和女孩都有压抑，但对女孩的压抑更甚。我们可能要考虑这样一种可能性，即赖希所说的性行为的"夸张"实际上是男人的性行为。因此，男性在性方面可能不像女性那样得不到满足，也不像女性那样愿意为了性愉悦而做出一些改变。（男性可能对女性主导的对性愉悦的定义没那么感兴趣。）

赖希宣称女孩存在一种原初阴道性欲，他认为这种性欲被"社会化"所抑制了。他的这一观点，再加上他对阴蒂在女性性欲中的重要性只字不提，令人十分不安；而作为性解放的先驱，他还宣称所有的双性恋和同性恋是"不健康的"和"倒退的"，实在令人震惊。（当然，他没有明确区分男同性恋和女同性恋。）

当赖希或他的信徒将人类的性行为浪漫化而排斥其他人类活动时，或者当他们天真地假设自我、自己、和平与爱会像孩子一样，简单而"自然地"追随性高潮的魔笛手时，赖希是危险的，或者说肯定是有局限性的。"性愉悦"的权利可能存在于最先进的技术至上的国家。

罗纳德·D. 莱恩

下面是他的原话，他是这样说的：

> 我们所谓的"正常"，是压抑、否认、分裂、投射、内摄的产物，以及其他形式的对经验的破坏性作用的产物……它从根本上脱离了存在的结构……如果我们的经验被破坏了，我们的行为也将是破坏性的。
>
> 杰克可能会以许多种方式影响吉尔。他可以让吉尔因为"耿耿

于怀"而感到内疚。他可以使她的经验无效。这可以通过不同程度的方式来完成。他可以仅仅是暗示这件事微不足道,而这件事对她来说却很重要。更进一步,他可以将她的经历从记忆转变为想象:"一切都是你的想象。"再进一步,他可以使其内容无效:"这件事从来就没有发生过。"最后,他不仅可以否定其内容、形式和意义,还可以否定她的记忆能力,并让她为此感到内疚。

这并不罕见。人们一直在对彼此做这样的事情。然而,为了让这种超个人的无效化起作用,最好给它披上一层神秘的外衣。例如,否认一个人正在做的事情,并进一步使其任何感知都无效,比如对他说"你怎么能这么想?""你一定有妄想症。"等等。

有一些突然的、显然无法解释的自杀行为,必须被理解为希望的曙光;它是如此可怕而令人痛心,以至于让人无法忍受。

在我们对存在的"正常"疏离中,那些对我们所认为的存在(关于生与死等问题特有的幻觉中的伪欲望、伪价值、伪现实等)的非存在性具有敏锐意识的个体,在这个时代带来了我们既轻视又渴望的创造行为。

从出生的那一刻起,当石器时代的婴儿面对20世纪的母亲时,婴儿就受到了这些被称为爱的暴力的影响,就像他的父母、祖父母和曾祖父母一样。这些力量的主要目的是摧毁婴儿的大部分潜力,总体而言,这项事业是成功的。

我们实际上是在用伪装成爱的暴力毁灭我们自己。

罗纳德·D. 莱恩

在《理智、疯狂和家庭》(*Sanity, Madness and the Family*)一书中,莱恩和之前的弗洛伊德一样,选择了女性作为研究对象。[40] 与弗洛伊德一样,他对英国女性"精神分裂症"的研究对象充满"同情"。他的临床和新闻访谈法非常成功。然而,和弗洛伊德一样,虽然莱恩准确地描述了这个现象,但他并没有完全理解其意义。在整本书中,他始终没有意识到对女性普遍而客观的压迫,以及这种压迫与女性疯狂之间的特殊关系。

莱恩所描述的大多数"引发精神分裂症的"家庭,在对待女儿的方式上是很典型的。所有这些家庭都涉及:(1)对女儿的性压抑和智力压抑;(2)隐蔽和公开的父权专制和乱伦模式;(3)母亲和女儿之间的深刻隔阂,其特点是,母亲执着地"管教"女儿,对女儿缺乏身体上的关爱,而母亲和女儿都偏爱家中的丈夫-父亲,为了家庭稳定或暂时的幸福而牺牲彼此。

(1)在莱恩深入访谈的 11 个家庭中,都存在这种压抑现象。其中一位名叫鲁比·伊登(Ruby Eden)的女性在 17 岁时怀孕了。她的母亲和姨妈们称她是"荡妇",指责她把自己搞得"一团糟""丢人现眼",并让她遭受了各种家庭折磨,以诱使她堕胎——这就是在男权社会中对母性的物化。我们真的应该发问:女性如何应对自己身体遭受的残酷排斥?另一位名叫露西·布莱尔(Lucie Blair)的女性在生下一名女婴后被施以绝育。她的家人和精神科医生都认为她"生性放荡"。她的父亲说,他希望她成为一个纯洁无瑕的"老处女"。玛雅·阿博特(Maya Abbott)的家人痴迷于她的"干净和整洁",黑兹尔·金(Hazel King)的母亲则完全(典型的)对性一无所知。莱恩说,金太太:

> 不知道自己是否有性高潮,不知道与丈夫性交是否"正常",不知道丈夫是否使用避孕措施,不知道他是在自己体内还是体外射精。

这位金太太"几乎从未在没有父母陪伴的情况下走出过家门"——即使在她结婚后。

在这 11 个家庭中，女儿（和妻子）在智力和艺术上被压抑得相当彻底。在接受采访的女儿当中，只有露丝·戈尔德（Ruth Gold）想成为一名艺术家，但她与哥哥的待遇不同，她因此受到了打击和惩罚。事实上，她努力尝试这样的工作，这让她的家人认为她"精神异常"。大多数家庭都表现得就像他们的女儿永远不需要在外部世界做卑微的工作，更别说更高层次的自我发展了。露西·布莱尔说：

我父亲不相信妇女解放运动。他不认为女人应该自己养活自己。

她还告诉采访者，她"想做什么都得不到支持"。莱恩有一个问题是："你是否觉得你必须同意你周围大多数人的观点？"想成为艺术家的露丝·戈尔德回答说："嗯，如果我不同意，我通常会被送进医院。"女性通常因为拒绝亲近的人所定义的"女性气质"而被送进精神病院；而当她们重新获得"女性气质"时，就会被释放或被认为"有所改善"。

（2）露西·布莱尔的父亲对女儿有典型而疯狂的（性）占有欲。他经常告诉女儿，如果她独自出门，就会被"强奸或谋杀"。露西的"私生子"（叫"私生子"是因为露西的父亲不承认他）在家里永远不能被提起。另一个女儿阿格尼丝·劳森（Agnes Lawson）每天晚上都坐在父亲（而不是母亲）的腿上，听父亲讲故事，直到她 14 岁。

（3）莱恩所有的研究对象都有极其"女性化"的母亲：心理上缺乏安全感、性压抑、受教育程度低、经济依赖性强——在"家"被贬值的时代，她们是"家"的囚犯和看守。她们的女儿能从谁那里学会既做女人又做人呢？据莱恩所说，布莱尔夫人"认为自己是丈夫长达 40 年的迫害对象",她说没有离开他,是因为外面的世界同样充满了迫害,甚至可能更严重……唯一的解决办法就是接受自己处于被迫害的位置,别无他法。

布莱尔夫人的精神状态是如此畸形,诱使我们(以及莱恩)以为她也有"精神疾病"。但让我们稍作停顿:布莱尔夫人对事态的分析基本上是正确的。她选择了家庭内部的迫害,而不是在精神病院或"外部"世界遭受迫害。最后,尽管存在父权暴政,大多数女儿还是更喜欢父亲而不是母亲,至少在某些时候如此。事实上,报告中唯一一起近乎暴力的行为,是其中一个女儿玛雅·阿博特拿刀刺向自己的母亲。

如果说大多数被莱恩研究的家庭在对待女性方面是具有代表性的,那么问题仍然存在:为什么这11个女儿会住进医院或患上"精神分裂症"?可以说,大多数家庭中存在的情况以一种极端的形式存在于精神分裂症的家庭中。也许疯狂只是"大同小异"。也可以说,或许母亲在婚姻中"住院",就像她们的女儿在精神病院中一样。还可以说,大多数女性迟早会变成疯子,被认为疯了或自认为疯了。如果莱恩使用"正常"(未住院)对照组,他也会发现同样的模式。如果他长期跟踪"正常"对照组,他甚至会发现对照组的"女儿们"最终也会走上"职业"精神病患者的道路。

总的来说,莱恩将精神分裂症的发展置于社会背景中是正确的,将我们社会固执坚持的(疯狂)无意义本质"变得有意义"也是正确的。在理想情况下,这是所有精神科医生都应该做的。然而,他的"心理健康"标准就像弗洛伊德的标准一样模糊或欠缺;他偶尔并且越来越多地把疯狂与群众政治革命或艺术形式等同起来,这是混乱和不准确的。

虽然疯狂和艺术可能都是对压迫形式的抗议和逃避,虽然这两种经验都涉及痛苦和被歧视,但我想我仍然会"区别对待"完全个人化的、无形的疯狂模式和潜在的、公开的、有形的艺术模式。

莱恩是他自己最好的评论家。在《理智、疯狂和家庭》的最新版导言中，他说"家庭病理学"的概念是一个"混乱"的概念。

> 它将个体行为的不清晰扩展到群体行为的不清晰。这是生物学上的类比，现在不是应用于一个人，而是应用于许多人……（这是一种）"泛临床主义"……在这种情况下，整个社会都需要心理上的"治愈"。

这种泛临床主义的危险，在于其可怕的乐观主义。托马斯·萨兹称之为"精神病学扩张主义"。虽然社会可能确实需要"治愈"，但传统的精神分析方法——无论是否具有洞察力——基于个人自由的幻觉，无法达成这样的"治愈"；尤其是主要的社会体制仍然"未被治愈"，尤其是"患者"已经不得不忍受他们的社会化很多年。

大卫·库珀

> （偏执是）对家庭和他人入侵的诗意抗议……这种诗意不被社会欣赏，如果声音太大，还会受到精神病学方面的治疗……（偏执）不是一种可以解决的幻想……我们必须利用而不是消除我们的迫害焦虑。
>
> 大卫·库珀

大卫·库珀在他的《家庭之死》（*The Death of the Family*）一书中，对赖希和莱恩关于核心家庭和性压抑的谴责，以及社会对疯狂的误解和残暴进行了诗意的总结。[41] 他对女性的社会化做了一些很好的阐述，比如：

> 一个小女孩，在她能够照顾自己之前，就被给予各种玩具娃娃（越"完美"的娃娃越昂贵），这样她可以学会忘记自己出生和童年的经历，不是变得能照顾自己，而是变得像孩子一样；这样，如果以后她想回到这里，她就可以变得幼稚（退行、歇斯底里，等等）……她被教育成为像她母亲一样的母亲，就像所有其他母亲一样——她们不是被教育成为自己，而是成为"像母亲一样的人"。

然而，即使有如此强烈的女性主义意识，库珀仍然系统地将他理想化的"非正式"领导者和治疗师–先知称为"他"，而不是"她"。只有在提及患者或儿童时，他才开始像使用"他"一样频繁地使用代词"她"。可以肯定的是，他在语言学上比其他理论家更先进，因此在心理学上也更先进。此外，虽然他没有将家庭影响的罪恶归咎于母亲，但他更多地谈论母子关系而不是父子关系——在我看来，这意味着他认可了女性作为文明中唯一的母性媒介并将其浪漫化了。

库珀在写作时经常把自己当成精神病学界的魔笛手：他是一个能说会道的小丑，一个自称为"神圣白痴"的人，一个为（白人）男性的性放纵和文化放纵而预言的先知。他告诉男人，放弃深刻的或一夫一妻制的承诺并不是什么革命之举：很少有男人忠于爱的伦理或性的一夫一妻制。大多数女性无法摆脱这些伦理和习俗，只要婚姻和卖淫仍然是女性心理和经济生存的主要方式，只要她们仍然不能掌控生育手段。他告诉白人男性，在文化上"准备好"迎接世界上棕色、黑色和黄色人种将为他们完成的结构性革命（用他们的鲜血和身体），这很难说是"革命性的"。库珀在这里也是自相矛盾的：他推崇某些暴君和杀人狂魔，认为他们是"领导原则"的"化身"——但这些人将自身置于他们的原则之上；与疯子和神圣白痴不同，在他们的一生中，他们"赢得了"战斗。

问题在于库珀无法接受生物学，无法接受身体。他当然不是唯一的失败者。例如，他（错误地）将"第一世界"的精神饥饿和"第三世界"的身体饥饿相提并论；他强调同性关系的可取性，但就像赖希一样，他相当紧张而圆滑地坚持认为，我们是否和同性做爱"无关紧要"。他对身体角色的误解是极其危险的，尤其是在女性受压迫的情况下，而这正是他试图表现得最有同情心的地方。让我举两个例子。

首先，库珀有一种典型的男性贪婪，他渴望吸收经验，尤其是对"女性原则"的占有和"体现"。女人习惯于回避经验或冒险，因为这会破坏她们的客体自我；男人则习惯于积累经验，以发展他们的客体自我。从自由主义的角度来看，他对"存在"（属于"女性"）和"行动"（属于"男性"）都很感兴趣，这一点值得称赞。他宣称，男人必须体验"女人""孩子"以及"智慧的老人"的现实。然而，男人根本无法体验女性的现实，因为顾名思义，女人无法选择去体验女性的现实，而是注定要如此。

为了体验女性原则，库珀必须放弃男性原则的特权和心理，但这是不可能的。也许，库珀能够渴望或体验"女性特征"，只是因为他已经有了"男性特征"（字面意思）。库珀对男同性恋的回避并非偶然，尽管从某种意义上说，男同性恋是厌女症的极端表现，但在我们的文化中，它也是一些男性最接近"女性现实"的体验，即其他男性对他们的轻视和残暴。

库珀感兴趣的是他所设想的女性的"精神"层面，而不是女性的现实。他所暗示的，与无数男性母性的神话（宙斯是雅典娜的母亲，亚当是夏娃的母亲,教会是我们所有人的母亲)所暗示的,即贬低或扭曲女性在这一活动中的价值,又有多大不同?

只有当女人能"行动"的时候,男人才可以"存在":或许只有基于男女生物学差异的文化歧视被改变或消除之后,两性才可以既"存在"又"行动"。此外,文化变革中"存在胜于行动"的格言将女性置于一个相当熟悉(和不利)的位置:现在,她们赤脚、怀孕、心理依赖、被遗弃在社区而不是郊区。至于"智慧的老人"原则,只有当女性的生理衰老受到重视和奖励(通过性权力和政治权力),就像某些(或理想的)男性衰老一样,只有到那时,库珀提出的建议才有意义。

当库珀建议"我们必须学会与痛苦博弈"以及"讽刺是最具革命性的情感"时,我想起了契诃夫在《第六病室》(Ward Six)中描写的拉金医生(Dr. Ragin)。拉金医生对作为精神病患者的痛苦进行了充满哲理的思考,直到他自己也成为其中的一员。然后,在监禁中,他被恐怖、绝望、愤怒和完全的无能为力所笼罩。被殴打之后,他因为非常不哲学的愤怒而"发疯",第二天就死了。

库珀严重误解身体在女性压迫中的角色,还体现在他将传统治疗师与妓女相提并论("按小时收费",为"任何人提供一切")。但在妓女和男性治疗师之间有一个明显和重要的区别。妓女受到社会的贬低和惩罚,她们的身体受到羞辱,她们的身体被购买了。诚然,在雇佣劳动和发达的资本主义社会中,人们被鼓励或被迫"出售"大多数东西,包括他们的时间、技能、体力劳动等。然而,女性的卖淫可能在某种程度上与其他"出售"自我的行为有所不同。

心理治疗师(至少某些圈子里)是我们社会的牧师。他们的患者不会因为羞辱他们而付费。即使治疗师确实和女患者发生了性关系,其心理动力也从未涉及性别角色的反转。

库珀支持赖希的许多观点以及"反文化"的神话，或者更现实地说是希望：（1）与弗洛伊德的悲观主义因而也是资产阶级的观念相反，我们有无限可支配的能量；（2）我们可以"爱"很多人；（3）人们自发形成的"群体"比一夫一妻制的核心家庭更好、更不同，而且与其他任何社会体制不同，它们不会成为核心家庭的镜像，也不会对个人自由施以类似家庭或国家的暴政；（4）有魅力的反领导者（anti-leader）不是领导者，或者反过来说，"领导力"本质上是邪恶的；（5）"疯狂"在某种程度上是"革命性的"，而事实上，在我们的文化中，"疯狂"是一种无力的呐喊，是一种会受到无情惩罚的疾病。

托马斯·萨兹：女巫与疯狂

下面是他的原话，他是这样说的：

> 人类生活中最根本的冲突不是观念的对立——一种观念是正确的，另一种是错误的——而是权力的冲突，一方掌握权力并利用它压迫他人，另一方被权力压迫并寻求摆脱。
>
> 女巫和精神病患者实际上是在压迫者和被压迫者的社会互动中产生的。如果旁观者同情压迫者，那么女巫就是"疯子"；如果旁观者同情受害者，那么压迫者就是"疯子"。这两种阐述都绕过、掩盖、宽恕和解释了一个极其简单但却十分重要的事实，那就是人类对人类（我补充：对女人）的不人道……穿着盔甲的骑士形象象征着行动力，黑女巫则是堕落的象征，体现了对女性的性仇恨……（因为）在（中世纪和现代）所有的童话故事和神话中，骑士总是男性，而巫师总是女性。
>
> 精神病院中不可能有虐待，因为精神病学体制，顾名思义，就

是一种虐待。

任何形式的社会压迫,其表现形式都是多种多样的,其中包括……贫穷……种族、宗教或性别歧视……因此,必须将其视为各种直接交流(例如癔症)的主要决定因素。

托马斯·萨兹

托马斯·萨兹一直关注"政治"在多大程度上产生了精神病学上"无法治愈"的医学和伦理后果。在《精神疾病的神话》(The Myth of Mental Illness)中,他认为(女性)"癔症"的心理是一种"奴隶状态",并批判了弗洛伊德的父权主义和权威主义的理论和实践。在《法律、自由和精神病学》(Law, Liberty and Psychiatry)一书中,他谴责了对"精神病患者"的法律和宪法权利的肆意侵犯,揭示了出于人道主义目的的精神病辩护的荒谬,以及贫穷和精神病监禁之间普遍存在的关联。在《制造疯狂》(The Manufacture of Madness)一书中,他进一步发展了伊丽莎白·帕卡德对于精神病学机构与宗教法庭之间的类比:他将女巫迫害贴上了"性谋杀"的标签,并将她们的待遇和精神病患者的治疗进行了比较。[42]

我们对女巫的了解充其量只是推测。她们的病历由社会上更有权势的男性迫害者保存,就像医院的病历是由精神科医生和心理学家保存,而不是由精神病患者自己保存一样。女巫真的是文化和政治的革命者、女族长、与教会作战的亚马逊女战士吗?她们是有钱有势、财产被人觊觎的女性吗?她们是美丽性感、让人恐惧又渴望的女性吗?也许都是,也许皆否。朱尔斯·米舍莱(Jules Michelet)在《撒旦崇拜和巫术:中世纪迷信研究》(Satanism and Witchcraft: A Study in Medieval Superstition)[43]中指出,许多女巫其实是助产士和治疗师,她们关于止痛药、堕胎、草药或"信仰治疗"的知识，威胁着教会反科学、反性和反女性的教义。萨兹认为，"通过帮助弱者，白女巫往往会破坏既有的统治等级——牧师对于忏悔者，地主对于农民，男人对于女人——而这正是女巫的主要威胁所在，也是教会要消灭她的原因"。将女巫划分为（好的）"白女巫"和（坏的）"黑女巫"，再次表明了基督教文化中根深蒂固的种族主义——它早于美国的奴隶制和工业化。

尤娜·斯坦纳德（Una Stannard）在一篇题为《男性的母性本能》（The Male Maternal Instinct）的文章中，描述了教会既成功夺取了女性的生育权（教会通过洗礼真正地"生"了孩子），又贬低了女性的生育功能（基督是处女所生）。[44] 男性"灵魂"可以进入女性的"容器"，播下他们神圣或邪恶的种子。因此，女性确实可以被"占有"；或者更糟的是，通过避孕措施，她们可以控制自己是否以及被谁"占有"。

约翰·帕特南·迪莫斯（John Putnam Demos）、卡萝尔·F. 卡尔森（Carol F. Karlsen）等人认为，女巫也是独居的女性，她们拥有不受任何男人控制的财富，而这正是被教会所觊觎的。一些历史学家认为，一些被指控的女巫实际上是被虐待的女性。

米舍莱还认为，封建不平等和天主教的结合使妇女遭受了残酷的对待，以至于有些女性变得"奇怪"：她们独自生活，或与女伴同居，不受丈夫的约束。他还进一步指出，女巫受到迫害，是因为她们被假定（或实际）的性行为仪式，包括乱伦、女同性恋和异教徒群体性行为。在欢庆教会所禁止的行为时——无论如何，这些确实发生了——女巫崇拜构成了一种强烈的对立面，或者说是一种补充性宗教。萨兹指出：

> 女巫，就像非自愿的精神病患者一样，在违背自己意愿的情况下被赋予一种堕落和异类的角色；接受某些诊断程序，以确定自己

是否是女巫；最后被剥夺自由，甚至生命，表面上却是为了她好。

当然，许多女巫和一些女精神病患者，不再希望忍受痛苦或过着贫贱的生活。萨兹引用了一个英国女巫的话，当她被带到火刑柱前，她告诉人们不要责怪法官：

> 我想要死。我的家人躲着我，我的丈夫嫌弃我。如果我活着，我只会成为朋友的耻辱。我渴望死亡，我撒谎以求达到目的。

女巫或精神病患者的角色，通常和自杀一样，是生为女性的唯一解决途径（"治愈"）。精神病学家和宗教审判官对女性－女巫的看法是一致的：因为她们不是男人，所以她们很神秘，因此也很危险；她们是真正的次等生物，但却拥有隐蔽的力量；她们要为男性的性侵犯负责，因为她们有"罪恶的"诱惑天性。但女人有"权力"并不是因为她们是撒旦的代理人，而是因为精神科医生的母亲是女性——她曾经（现在仍然）对他拥有"权力"。猎巫者通常认为自慰是"巫术"的证据；19世纪的精神科医生认为自慰会导致"精神错乱"，有时会通过阴蒂切除术来治愈它。

萨兹描述了宗教审判官对受害者的性幻想和性行为有着精神病学般的、永不满足的好奇心。隔离、社会排斥、水疗、体罚、休克疗法，所有这些精神病治疗方法都是猎巫者最先使用的。虽然拘束衣、单独监禁、脑部手术和系统的身体暴力是传统的精神病"治疗方法"，但现在它们正在被镇静剂、抗抑郁药、休克疗法取代。我们不再需要宗教裁判所那种更明显的暴力手段来让女性屈服，让她们相信自己的卑贱和罪恶；然而，我们也不应该把长期服用标准精神药物所带来的负面影响视为是非暴力的。

20 世纪的精神病患者不会被绑在火刑柱上烧死，也不会遭受"水刑"（如果女巫溺亡了，她就是"清白的"）。许多精神病患者受到性侵犯和身体侵犯，她们的赚钱能力（作为妻子或其他身份）甚至比刑事罪犯受到更严重的损害；当她们被宣布为"精神失常或行为无能"时，她们的财产将会被移交给丈夫或子女；就像女巫一样，她们会受到公开和持续的羞辱，并被迫"承认"她们在性和其他方面的不道德。虽然她们不会为了寻找"恶魔的记号"而被剃掉所有的体毛，但许多（男性）精神病患者的体毛都被剃得很短，而且男性和女性患者都留着短发，穿着医院病房统一的服装，看起来"毫无特点"。

萨兹指出，宗教审判官和精神病学家对女巫和精神病患者的追捕和分类（或诊断）有着相似的热情。（我很少听说有心理学家根据投射测试的结果来诊断"正常"或"健康"，我更少听说有精神科医生在医院员工会议上展示"健康"个案史。）圣父（宗教审判官）和科学之父（精神科医生）都对拯救女性灵魂感兴趣，因为他们对疾病和罪恶有着可怕的认识。他们的方法是：坦白、悔改和惩罚。当然，现代精神病学家不会认为，"帮助"一个"不快乐"的女人接受她的女性角色，与"帮助"女巫回归基督教有什么相似之处。

萨兹是一位具有煽动性的政治思想家，他坚定地致力于公民自由，并具有高度的道德感。我不同意他的这一观点，即私人治疗是非常"私人的"，或者说不会受到各种社会弊端的影响。我也不相信疯狂是不存在的。我同意可以从压迫和规训的角度来理解疯狂，但我不确定，仅凭这点理解是否足以在当事人有生之年改变压迫所造成的后果。萨兹得出结论说，我们对待"疯狂"的方式本身就是不道德的、压迫性的，这当然是正确的。然而，我认为他低估了女性在行动上和心理上自我牺牲的根深蒂固的"服从"。许多女性精神病患者认为自己是"患者"或"坏人",并自愿把自己交给精神病院或私人精神病医生。对经济、身体和性方面的剥夺或惩罚的恐惧,教会了女性高度重视自己的牺牲,以至于她们相当"自然"地做出牺牲。如果对这种自然的自我牺牲的愤怒使她们"发疯",那么精神病院的做法还是会迫使她们做出牺牲。

到目前为止,我所讨论的"革命"、当代和传统的意识形态与实践,都认同了心理健康的双重标准和许多关于"女性特质"的父权神话。正如我之前提到的,并不是每个美国临床医生都秉持所有这些观念,也不是每个美国临床医生都按照这些观念行事。然而,他们可能秉持其中大部分。此外,所有临床医生都涉及了私人治疗体制——这种体制像精神病院一样,在结构上是以婚姻和父权家庭为蓝本的。

私人治疗体制

关于心理治疗中隐秘或公开的父权制、专制和胁迫性的价值观和技术,已经有大量的论述。弗洛伊德认为,精神分析师和患者之间必须是"上下级"的关系。[45] 无论是批评者还是患者,都将心理治疗师视为代理的父母、救世主、情人、专家和老师,所有这些角色都会助长患者的顺从、依赖和幼稚:这些角色暗示着治疗师的全能、仁慈的优越感和患者的自卑感。托马斯·萨兹曾指出,这种角色对患者的价值是可疑的,而对助人者的价值是"不可否认的"。[46] 心理治疗师受到的批评包括:他们将不快乐视为一种疾病(只要它伴随着大量的言语和经济输出);他们表现得好像心理治疗的哲学或方法可以治愈伦理和政治问题;他们教导人们,不快乐(或神经症)可以通过个人而非集体的努力来缓解(或无法缓解,因为人类的处境是"悲剧性的");他们鼓励道德上不负责任和消极被动的倾向，并使之合理化；他们阻止了情感被剥夺的人"在更正常、更易获得的友谊渠道中寻求接纳、依赖和安全感"。[47]心理治疗体制也可以被视为一种社会和政治控制形式，它为那些有能力付费的人提供暂时的解脱、自由的幻觉和放纵的自我认知；它还会惩罚那些无法为这种幻觉付费的人，迫使他们将自己的不快乐贴上精神病或危险的标签，从而帮助社会将他们送进精神病院。

私人治疗体制是一种父权制体系，无论临床医生是女性还是男性。在我们的文化中，大多数临床医生并不比其他人更受神的启发或更能触及自己的情感。无论是工程师还是灵魂治疗师，我们的文化对于"专家"的标准都是一样的：客观、理智、冷静。除了极少数令人恐惧的例外，临床医生并不是圣人、女祭司、先知或部落萨满。他们不会替代患者与未知或无意识进行交涉。作为科学家，他们可能并不相信"未知"，或者说即使相信，也希望能征服它。如果临床医生不容易亲近、不带个人感情，他们会更容易得到老师、同事和患者的尊重和信任。不幸的是，一些赞同这一评价的男性临床医生有时会对患者倾诉衷肠，与其发生"亲密接触"或性行为。在我们的文化中，这种行为对女性患者尤其具有侮辱性。

传统上，对私人治疗和精神病院的任何分析或比较都是基于阶级的。穷人住院，中产阶级和上层阶级的人不用住院，或者私下住院的时间较短，或者有机会得到私人治疗。尽管如此，随着精神病门诊、社区心理健康中心的覆盖面越来越广，以及社会机构和学校中以"治疗"为导向的个案工作的增加，穷人和有色人种，尤其是女性，正在更多地接触到私人治疗的一些做法和理念。无论是作为私人治疗还是门诊治疗的患者，女性参与的数量都比男性多得多。

对于大多数女性（以中产阶级为主）来说，心理治疗只是不平等关系的又一个例子,只是又一个因表达痛苦而获得奖励的机会,以及通过被(专家)引导或支配而获得"帮助"的机会。心理治疗和白人或中产阶级的婚姻都将女性彼此隔离,两者都强调以个人而非集体的方式解决女性的不快乐,两者都基于女性的无助和对更强大的男性权威人物的依赖。而事实上,两者都可以被看作父权制社会中小女孩与父亲关系的重演,两者都对女性进行着类似的控制和压迫——但与此同时,它们又是中产阶级女性在这个几乎没有任何选择的社会中最安全(最认可和熟悉)的两个避风港。

心理治疗和婚姻都使女性将愤怒体验为一种情绪疾病,并将其转化为歇斯底里的症状——性冷淡、慢性抑郁、恐惧、焦虑、饮食失调、惊恐发作等,从而表达和化解她们的愤怒。作为患者,每个女性都认为这些症状是独特的,是她自己的错:她是"神经质的"。她想从心理治疗师那里得到她本应从丈夫那里得到的(但往往得不到的)东西:关注、理解、仁慈的救助、个人的解决方案——在完美的丈夫的怀里,在完美的治疗师的沙发上。治疗体制和婚姻制度不仅相互映照,而且相互支持。这可能不是巧合,而是体现了美国经济体系对地理和心理灵活性的需要,也就是说,年轻的、向上流动的"夫妻"要"生存",在一连串陌生的、匿名的城市中保持或多或少的完整性,同时履行养家糊口和教育子女的职能。大多数治疗师在经济上和心理上都是核心家庭至高无上的既得利益者。大多数丈夫都希望自己的妻子"温顺贤良",或者至少不要干涉男性的烦恼、男性的快乐或男性的良心。

许多女性可能会通过心理治疗机构来维持一段糟糕的婚姻,或者结束它以重建一段美好的婚姻。一些女性,尤其是年轻的单身女性,可能会把心理治疗作为一种学习途径,与男性治疗师一起练习如何吸引丈夫。在治疗过程中,女性可能会花更多的时间来谈论她们的丈夫或男朋友，或者谈论她们身边为什么没有丈夫或男朋友，而不是谈论自己缺乏独立的身份或与其他女性的关系。

然而，就像男性患者一样，女性通常也会首先谈论母亲，很长一段时间后才会谈论父亲。而且，随着女性进入职场，收入水平越来越高，她们会遇到女性雇主、雇员、医生、法官、律师、精神科心理咨询师等，她们在治疗过程中也会越来越多地谈论这些女性。

中产阶级的心理治疗和婚姻制度都鼓励女性多说话——常常没完没了地说——而不是行动（除了社会上预先安排的被动的女性或患者的角色）。在婚姻中，谈话通常是间接的、含蓄的。对于孤立无援和经济依附的女性来说，公开表达愤怒既危险又无效。大多数情况下，这样的"厨房"宣言以眼泪和自责而告终，丈夫也会欣然同意妻子的说法，即她"失控了"。对大多数妻子来说，当有几个男人（包括她们的丈夫）在场时，控制一场简单但严肃的谈话通常是不可能的。妻子-女人们互相交谈，或者在男人谈话时静静地听着。男人很少会静静地听一群女人谈话（如果有的话），即使有许多女人在谈话，而只有一个男人在场，男人也会询问女人（也许有耐心也许没有耐心），但总是为了最终以高高在上的姿态来控制谈话。

在心理治疗中，女患者被鼓励（实际上是被引导）去谈话，而治疗师至少被期望或被认为是优越或客观的。传统的治疗师通过一种奖励（关注、解释等）或不奖励的微妙系统来最终控制患者的谈话内容——但归根结底，他是在控制，他试图让患者接受女性角色。也就是说，他希望她承认、接受并"解决"她对爱的需求。然而，当女性已经是文化中的"接受者"，而男性是文化中的"拒绝者"时，这种对于人类对他人或对爱的需求的接受，就意味着非常不同的东西了。女性对"爱"的需求的经济性质，进一步混淆了这种接受。

传统上，心理治疗师忽视了女性受压迫的客观事实。因此，在任何意义上，无论是与她的丈夫还是治疗师，女患者都没有进行过一次"真正的"谈话。怎么可能与那些从对她的压迫中直接获益的人进行"真正的"谈话呢？她会被嘲笑，被视为傻子或疯子；如果她坚持这样做，就可能会被"解雇"——无论是作为秘书还是妻子，甚至是作为私人治疗的患者。

心理治疗的谈话是间接的，因为它不会立即使女性与自我发生任何基于现实的对抗，甚至最终也不会。它的间接性还在于，获得许可的是言语（任何言语），只要完全避免某些有后果的行为——比如不支付账单。

私人精神分析或心理治疗仍然是一种商品，只提供给那些有能力购买的女性，也就是说，那些有父亲、丈夫或男友可以帮忙支付费用的女性。就像加尔文教派的选民一样，那些付得起治疗费用的女性已经"被救赎"。即使她们从不快乐，从不自由，她们也不会轻易反抗自己在心理上和经济上对男人的依赖。只要看一眼处境不那么优越（贫困、黑肤色、年长、未婚）的姐妹，就足以让她们保持沉默，或多或少心存感激地安分守己。特权较少的女性没有现实或心理上的"绸衣"来掩盖她们的不幸，她们没有"可比的"阶级。当她们面对工厂、办公室、妓院、贫民区公寓和精神病院的墙壁时，她们至少可以得出结论："幸福"在美国是有售价的，但她们负担不起。她们是穷人。

鉴于有关女性的传统和当代的心理意识形态，以及践行这些意识形态的机构的父权制本质，女性应以何种方式与这些意识形态或机构建立联系呢？治疗能在哪些方面"帮助"女性？女性治疗师能否以不同于男性治疗师的方式"帮助"女性患者？女性主义者或"激进的"治疗师能否以某种特殊或快速的方式"帮助"女性患者？基于移情或解决俄狄浦斯冲突的技术，即将强奸－乱伦－生殖的性模式浪漫化，能让女性远离这种性模式吗？女性主义对人类心理的分析会产生哪些新的"治疗"技术？

有许多当代临床医生希望"帮助"女性。（本书第9章将讨论当代临床医生对女性主义的看法。）在这个职业和我们的文化中，许多人仍然对女性主义抱有偏见，或者对女性主义真正感到矛盾和困惑。许多这样的临床医生正试图形成新的观点，从而发展出新的技术。还有许多临床医生试图回到弗洛伊德精神分析最初的革命性含义。而许多女性，无论是坚定的女性主义者还是反女性主义者，仍在寻求某种形式的"帮助"。我想与患者及临床医生分享几点想法。

首先，与那些歇斯底里的诋毁者的想法相反，这些临床医生并不是头脑发热的虚无主义极端分子。作为一个群体，他们主要是年轻人、白人、男性和中产阶级。他们深受"社会改良主义"和个人重要性的熏陶。（这些都不是坏事。）作为一个群体，他们没有什么权力，因此行事往往过于草率或不切实际。他们在意识形态上往往与建制派一样缺乏灵活性。如果更为巨大的社会力量（临床医生几乎无法控制）不改变，治疗社区和"精神失常"中心等激进项目可能会昙花一现，充其量只是治标不治本。激进主义疗法以及其他任何大规模精神病学项目的另一个悖论或危险在于，它们将人类对安全和交流的基本需求视为"治疗"，而不是关注正常的人类需求和权利。

洞察力在改变行为和情感方面所起的作用，就像思想对历史的影响一样，更多是通过信仰和经验来完成的，而不是科学证明。在政治上洞察自己所受的压迫，并不是通往人间天堂的必由之路，就像个人洞察并不是个人幸福的保证一样。群体定义和实现的洞察或"替代性"的工作和生活安排，可能并不比个人解决方案更能抵御早期规训或周围社

129

会力量的影响。不幸的是，无论是悲剧性的意识形态（如弗洛伊德式、基督教或自由主义的神话），还是乐观主义的意识形态（如赖希式或异教徒的神话），都无法轻易地抓住现实，也无法轻易地逃避现实。人和社会结构的变化即使会发生，也是缓慢的。更多的人只是继承而不是经历革命性的变化。在神话成为新秩序的合理形象之前，很少有人会被它改变。大多数人只是听从新的神话，就像他们不可避免地听从旧神话一样。

激进或女性主义心理疗法的理念和另类结构，既让我兴奋又让我不安。然而，将个人的意识形态转化为治疗行动的困难仍然横亘在临床医生和大众面前，无论是传统的还是女性主义取向的。例如，即使在最好的同伴群体结构中，即使治疗师与患者之间，或群体与个体之间签订了最谨慎的"契约"，童年时发生在我们身上的事情可能也很难从心理上遵从我们的"意愿"而消失。

女性的精神病生涯   04
The Female Career As A Psychiatric Patient

> 坚持认为女性气质是由受挫的男性气质演变而来的,这使女性气质成了一种"正常的病态"。
>
> 朱迪丝·巴德威克[1]

由于临床医生、研究人员以及他们的患者和研究对象,都遵循男性的心理健康标准,因此,无论她们是否接受自己的女性角色,女性都会被视为精神异常,仅仅因为她们是女性。考虑到这一事实,许多研究报告中无论国籍、婚姻、年龄、种族或社会阶层状况如何,女性"神经症"或"精神病"的发病率都高于男性也就不足为奇了。心理学家和社会学家一直认为,女性是其丈夫和父亲所属的社会阶层的一部分。无论从心理学还是经济学的角度来看,这都不是一个合理的分类。

过去,女性认为自己是"有问题的"或"不安分的"。她们的亲属和心理健康专家也是这样认为的。三四十年前,在美国、英国、加拿大和瑞典,女性被认为比男性更容易"焦虑不安",而且她们也是这样看待自己的。美国卫生、教育和福利部(U. S. Department of Health,

Education, and Welfare）发布的一项研究结果表明，在美国的黑人和白人中，女性都比男性更多地报告称自己神经衰弱、感觉即将精神崩溃、心理迟钝和头晕。[2]无论是黑人女性还是白人女性，她们出现以下症状的比例都高于男性：紧张、失眠、手抖、噩梦、昏厥和头痛。

未婚白人女性比已婚或分居的白人女性报告的症状更少。这些发现与精神疾病与健康联合委员会（Joint Commission on Mental Illness and Health）发表的一项早期研究结果基本一致。[3]该委员会披露了关于美国非住院成年人的如下信息：

（1）在所有的适应性方面，女性报告的痛苦和"症状"都比男性更多。女性在总体适应、自我感知、婚姻和育儿功能方面显示出更多的障碍。这种性别差异在较小的年龄段上表现得更为显著。

（2）离婚和分居的女性比其他任何性别群体都更频繁地报告了即将崩溃的感觉。

（3）非婚者（无论是单身、分居、离异还是丧偶）比已婚者更容易产生心理困扰。这是一个非常有争议的话题。例如，在一项关于曼哈顿社区精神"健康"的研究中发现，单身男性比单身女性更容易出现精神"障碍"；而在已婚人群中，两性精神"障碍"的比例没有差异。[4]美国卫生、教育和福利部的报告还记录了一个事实，即在普通人群中，单身白人女性比已婚或分居的白人女性报告的"心理困扰"更少。奥勒·杭内尔（Olle Hagnell）博士在对瑞典人群的研究中发现，已婚女性患精神障碍的概率高于单身女性。也许在某些方面，单身和有工作的女性比已婚女性表现得更像男性；因此，她们被视为"健康的"——但仅限于一定程度上。

（4）虽然两性在报告"不快乐"的频率上没有差异，但女性报告了更多的担忧、对崩溃的恐惧，以及对帮助的需求。

多萝西·莱顿（Dorothy Leighton）博士等人[5]在一项针对讲英语和法语的加拿大人的研究中发现，几乎在所有年龄段（20～70岁）中，女性患"精神疾病"的风险都高于男性，而且"症状"会随着年龄的增长而增加。奥勒·杭内尔博士发现，瑞典女性的"精神障碍"发病率高于男性。[6]

从1960年到2005年，我越来越清楚地认识到，男性（而非女性）会因为表现异常、精神错乱和反社会行为而入狱，但不一定会因此被诊断为精神病态；男性罪犯，包括吸毒者和酗酒者，并不一定认为自己"精神有问题"，其他人也不会这样看待他们。

在同一时期，由于毒品和攻击而入狱的女性人数比以往任何时候都多，但她们通常被视为"精神不正常"，而不是职业犯罪分子。许多被监禁的女性在童年时遭到殴打和强奸，成年后遭受虐待或被迫卖淫；她们常常发现，在监狱中她们第一次过上了相对没有暴力的生活。她们通常非常渴望加入狱中的治疗小组。

2000年，伊丽莎白·A.克劳夫（Elizabeth A. Klonoff）、霍普·兰德里（Hope Landrine）和罗宾·坎贝尔（Robin Campbell）发现，女性比男性更容易出现"抑郁、焦虑和躯体症状"，因为女性"承受着一个男性所没有的有害压力源：性别歧视"。事实上，那些经历过"频繁（或暴力）的性别歧视"（强奸、殴打）的女性，比男性或其他性别歧视经历较少的女性，有"更明显的症状"。因此，在他们看来，"性别特有的压力源"在"女性的精神病学症状"中发挥了作用，也可以解释"这些症状中众所周知的性别差异"。

换句话说，性别暴力会导致痛苦和可诊断的精神病学症状。因此，尽管各种版本的《精神障碍诊断与统计手册》在实际诊断方面有很多值得批评的地方，但压迫和暴力，尤其是性别暴力，显然会导致各种"精神障碍",因此女性确实在遭受痛苦,并且也以各种方式被诊断出来。

2000—2001年,世界卫生组织(WHO)发现,在世界范围内,女性比男性会更多地遭受性别暴力,并因此患上特定类型的"精神疾病"。世界卫生组织还将女性的各种症状与"性别特定的风险因素联系起来,例如基于性别的角色、压力源、负面生活经历……基于性别的暴力、社会经济劣势、低收入和收入不平等……以及持续照顾他人的责任"。报告还指出,全世界女性遭受性暴力的比例非常高,并且女性患有"创伤后应激障碍的比例也相应较高"。世界卫生组织估计,"针对女性的暴力行为在女性一生中的发生率为16%~50%",并且"五分之一的女性遭受过强奸或强奸未遂"。

2001年,美国国家精神卫生研究所报告说,22%的美国人(或5 000万人)患有可诊断的精神障碍;在美国和其他发达国家中,十大致残原因中有四个是"精神障碍",例如抑郁症、双相障碍、强迫症、焦虑症、进食障碍、创伤后应激障碍等。根据美国国家精神卫生研究所的统计数据,每年约有1 880万美国人受到抑郁症的困扰。有趣的是,虽然美国国家精神卫生研究所指出进食障碍主要是女性问题,但它并没有提供这种最常见疾病的性别分布。

此外,在2003年,巴德里·里基(Badri Rickhi)博士等人的一项研究发现,在加拿大,女性比男性更多地出于各种原因会寻求"补充疗法"(complementary therapy)[1]。

心理健康的双重标准——当然,还有厌女症以及女性寻求帮助与报告痛苦的角色——对女性的影响,远比对她们进行相对不讨人喜欢的学

---

[1] 这里的补充疗法是指传统医学治疗之外可以使患者获得健康的各种治疗方法。——译者注

术研究要严重得多。在上述研究中，只有部分研究关注了这些有着"心理困扰"的女性有多少同时在接受各种精神和心理治疗。

我们已经讨论过许多因素，这些因素暗示或预测大量女性将会进入精神病院。例如，对女性的真正压迫，这会导致真正的痛苦和不快乐；女性受规训的寻求帮助和报告痛苦的角色，这自然导致了女性的精神病"生涯"，以及对这种被贬低的行为公然或隐晦的惩罚；大多数临床医生使用的双重或男性心理健康标准，这会导致将痛苦的（或任何）女性视为"病态"，无论她接受还是拒绝女性角色的关键方面。如果男性完全扮演男性角色，通常不会被视为"病态"——当然，除非他们无力表现所谓的"男子气概"。当女性扮演女性角色时（变得抑郁、无能、冷淡和焦虑），以及当她们拒绝女性角色时（变得敌对、成功和性活跃——尤其是与其他女性），她们就会被视为"病态"。

女性在精神病医疗机构中人数众多，还因为社会对女性"不可接受的"行为的容忍度相对有限，这导致了相对较大的社会和精神压力，要求女性做出调整，否则就会被判定为神经症或精神病。女性需要从女性角色中获得某种休憩，但这种休憩必须能满足她们对依赖和养育的需求。

最后，心理治疗和医院制度的女性本质，导致了女性比男性更容易接受它们。其他一些事实也预测了女性精神病患者人数会越来越多。例如，女性的长寿，加上育儿的时间相对缩短（以及对年轻女性的重视），使得许多女性很早就"失业"了；就像公共就业领域对女性的歧视以及缺乏就业培训和机会，使得大多数女性在各年龄段都"失业"一样，她们除了家庭生活，几乎没有其他选择。

数据表明，在美国，接受精神病学和心理治疗的女性人数一直居高不下，而且自1964年以来，女性患者的人数一直在急剧增加。在20世纪60年代，成年女性在私人心理治疗患者中占大多数，在普通精神科病房、私立医院、公立门诊和社区心理健康中心的患者中也占大多数，远远超过了成年男性。[7]

频繁和反复住院以及长期住院的模式，似乎刻画了女性的精神病"生涯"。[8]有证据表明，在同样的精神疾病诊断下，女性住院的时间比男性更长，死亡时间也更早，而且长期"住院"患者的人格特征本质上是"女性化的"。[9]虽然州立和县立医院收治的男性多于女性，但女性住院的时间更长，尤其是35岁以上的女性。

在美国，女性的精神病"生涯"似乎遵循着某种模式，与年龄、婚姻状况、社会阶层、种族以及"吸引力"有关——当然，最后一点很难被记录下来。重要的是要记住，因"精神疾病"住院的人数比因"智力障碍"住院的人数要多得多——后者基本上是一种遗传和生物学现象，作为生物学事件，它表现出相对稳定的患病率。而"精神疾病"主要是一种文化现象，在不同的年代或增或减。此外，在美国，因"精神疾病"而被监禁或被诊断和治疗的人，可能比因刑事犯罪而被监禁的人更多。

三四十年前，门诊患者中的女性大多集中在20到34岁。卡杜申（Kadushin）指出，在他调查的所有私人治疗患者中，"年轻家庭主妇的抱怨最多"。[10]就年龄而言，20到34岁是女性的最佳育龄，也是"最美"的年华。即使她们"不快乐"或功能低下，她们抚养子女的责任和年轻的外表也会使她们留在父权体制的"外围"，如步入婚姻和接受私人心理治疗。在综合医院和私立医院（以女性精神病患者居多的机构）中，女性主要集中在35岁到44岁。男性的情况也是如此，但在这个年龄段因精神疾病而住院的患者中，男性仍然明显少于女性。私立医院中的白人或富有的女性、普通精神病房中的有色人种或贫困的女性，都对过度劳累做出了反应，而且矛盾的是，她们对性和母性"消耗性"的信号也做出了反应。医院为她们提供了警告疗法（通过药物、休克治疗和羞辱），让她们尽可能不对这种状况提出抗议。如果她们对这种状况持续感到"抑郁"，或者做出"敌意"反应，等待她们的将是在私立和公立医院中反复或更长时间的监禁。州立和县立精神病院将是"老年"女性的最终归宿。

对女性精神病"生涯"的研究，需要比统计数据或小样本研究更深入、更细致的分析。因此，我想和女性谈谈她们作为患者的经历。我很想知道，国家统计数据所显示的精神病患者"生涯"，在多大程度上也存在于草根阶层。我还想看看，我的"疯狂"理论能在多大程度上描述女性精神病患者住院或治疗的情况。我想知道，"天真的"女性会自发地报告多少我在本书第 3 章中概述的临床偏见。

对女性精神病患者的访谈

作为女性，我们与男性在一起的大部分生活是表演性和戏剧性的。我们做女人时如同"表演"；我们装扮得像妈妈——因为爸爸的缘故；我们总是在舞台上，努力成为另一个女人——一个"美丽的"女人，一个"快乐的"女人，一个收入丰厚的女人。

我们与女性在一起的生活通常没有那么戏剧化。不管怎样，这场"戏"早已结束。我们与女性在一起谈得更多。男人没有时间，没有兴趣，也没有能力参与"女人的谈话"——这种谈话似乎永远不会"去往"任何地方，而且往往没有任何"意义"。因此，女性之间的对话、言语、访谈，比测试结果或统计数据更能揭示女性的状况。

我采访了60位女性，年龄从17岁到70岁不等，她们向我讲述了在私人治疗和精神病院中的经历。总的来说，她们的经历跨越了四分之一个世纪和整个美国（从罗得岛到加利福尼亚）。其中两名女性曾在英格兰接受私人治疗和精神病院治疗。其他大部分人的经历发生在纽约州、新泽西州、伊利诺伊州和加利福尼亚州的大城市。

访谈过程非常轻松，在我们当中任何一个人的家中进行，一边访谈，一边喝着咖啡，而且往往交谈数次。访谈会被录音——只要它不干扰自发性或融洽的氛围。我鼓励她们提出关于我自己的任何问题，以及询问我为什么要"采访"她们。我确实有一份标准的问卷调查表，但它通常不会被认真填写（不论是我还是受访女性）。我们倾向于把细节"说明白"。我在谈话中非常积极，并会在一个小时之内表达出自己的观点。

我遇到了一些志同道合的人，但也有一些不太合拍的人；我在半夜打了很多电话，也接到了很多电话，其中一些令人筋疲力尽、忧愁沮丧。希望常常与幽默相随：例如，有人会非常惊讶地喊道，她"告诉了我一些她永远不会告诉治疗师的事情"。当不同的女性跟我谈论同一个治疗师或同一家医院时，我就像一个业余侦探一样兴奋。不知不觉中，她们的经历相互重复、相互印证，帮助我重现了某位治疗师或某家医院几年来的治疗状况。更让我振奋的是，几位起初甚至不愿私下与我交谈的女性，大约4个月后，参加了在纽约市举行的精神病学和心理学专业会议，她们在会上对自己的经历直言不讳、愤怒不已、思绪万千。

更多的时候，我们的访谈过程伴随着悲伤、愤怒、无助和内疚。我记得曾与一个人争论她是否"疯了"：经过6年的治疗和两次住院，她认为自己疯了，但我不赞同。慢慢地，一些记忆中的恐惧使她沉默。慢慢地，同时也是非常坚决地，她开始同意我的看法——当然，也是切斯勒博士的看法。（这种"实验者效应"有可能贯穿整个访谈过程，而我并没有意识到。就像任何科学或艺术报告一样，我的访谈报告将在我的感知、诚实和基本前提允许的范围内尽可能"真实"。）我帮助一位孤独的未婚女性避免了不必要的精神病住院治疗。后来，可以理解的是，她想和我一起住"一段时间"。我为她提供了钱和其他临时住所，但她都拒绝了。后来我再也没有见过她。不断有人让我帮忙找律师、医生、雇主、房东、治疗师和保姆，但我经常无法满足这些要求。我并不是一个"社会工作者"。我的缺点和优点都更像知识分子和艺术家，而不是"危机干预者"或组织者。然而，对于这些发出请求的女性，她们需要的不是"社会工作"，而是一个女性主义地铁的站点。

我从未想过对这些已经被"过度分类"的女性进行分类。然而，我最初确实是根据五种经历来挑选她们的。这些女性构成了一个非随机的样本，因为她们有一些特定的经历：（1）与治疗师发生性关系的女性；（2）住过精神病院的女性；（3）女同性恋者（"女同性恋"这个词是有问题的：它和"女性"这个词一样，严格地从性行为的角度来识别女性。不幸的是，这个词在历史上也有负面评价。然而，许多女同性恋者认为这是一个非常"可敬"的词，而那些持相反意见的人则认为应该更频繁、更积极地使用这个词，以使它成为一个受人尊敬的词）；（4）第三世界的女性；（5）接受治疗的女性主义者。这个分类并不简单。例如，在与某位女同性恋者谈论她在私人治疗中的经历时，我有时会发现她曾在精神病院住院治疗，后来成为一名女性主义者。一些第三世界的女性、女性主义者以及与治疗师发生性关系的女性，也曾在精神病院住院治疗过。当然，因为她们都是女性，所以她们的"精神病生涯"往往相当广泛。

表1比较了这五组女性精神病患者生涯的某些方面。表中列出了54名女性。在最初接受访谈的60名女性中，有5名女性曾被她们的治疗师性挑逗，但她们回绝了对方。这里没有包括她们。还有一名黑人女性，她也是女同性恋者，但没有接受过私人治疗，也不包括在内。如表1所示，每个类别中某个变量的平均值是基于不同数量的女性得出的。并不是所有与治疗师发生性关系的女性都曾住过精神病院（只有4位，而住过精神病院的女性有11位），并不是任何一个类别中的所有女性都见过女性治疗师，等等。因此，就某一特定类别的平均值进行比较的女性，数量通常并不相等，而且往往很少。出于这个原因——还有一个更重要的原因，那就是我决定不进行任何统计检验。那些重要的趋势在你我眼中都是显而易见的。与国家统计数据相呼应的趋势，可以通过对个体访谈的睿智讨论来更好地理解，而不仅仅是通过一份统计学的"健康"数据。此外，这54位女性中的每个人都有一个自己的经验世界——任何其他女性都无法栖居的世界。发生在这个群体身上的事情是绝对真实的。她们的经历似乎与前面提到的研究和统计数据并行不悖，并且使这些研究和数据更合乎人性。

由于种族歧视和性别歧视一样，是美国社会中一个根深蒂固、复杂且邪恶的因素，因此我决定将表1中的第三世界女性视为一个单独的组别，而无论她们的阶级出身、教育背景、政治信仰、性偏好和精神病经历的类型有何不同。出于类似的原因，我也将表1中的所有（白人）女同性恋者单独分组，无论她们在阶级出身、政治信仰、精神病经历的类型等方面有任何差异。这两个决定是我事先做出的，完全是出于意识形态的考虑，但却是卓有成效的。

表1 54名女性：关于精神病院住院和私人心理治疗经历的比较信息（1945—1971）

	与治疗师发生过性行为 N - 11	女同性恋者 N - 9	住过精神病院 N - 11	第三世界 N - 9	女性主义者 N - 14
首次住院的平均年龄	N – 4 AV. – 25	N – 6 AV. – 21	N – 11 AV. – 29	N – 3 AV. – 26	N – 0 AV. – 0
总平均住院时间（天）	N – 4 AV. – 103	N – 6 AV. – 320	N – 11 AV. – 476	N – 3 AV. – 428	
私人医院（天）	N – 2 AV. – 131	N – 4 AV. – 245	N – 6 AV. – 60	N – 0	
综合与州立医院（天）	N – 2 AV. – 75	N – 4 AV. – 190	N – 9 AV. – 550	N – 3 AV. – 428	
州立医院（天）	N – 1 90	N – 1 730	N – 6 AV. – 722	N – 2 AV. – 575	
见过的治疗师数量	N – 11 TOT. – 35 MODE – 3.0	N – 8 TOT. – 21 MODE – 3.0	N – 8 TOT. – 29 MODE – 4.0	N – 7 TOT. – 18 MODE – 3.0	N – 14 TOT. – 33 MODE – 2.0
见过的男性治疗师数量	N – 11 TOT. – 23 MODE – 2.0	N – 5 TOT. – 9 MODE – 2.0	N – 5 TOT. – 21 MODE – 3.0	N – 6 TOT. – 10 MODE – 2.0	N – 10 TOT. – 15 MODE – 2.0
见过的女性治疗师数量	N – 8 TOT. – 12 MODE – 2.0	N – 7 TOT. – 12 MODE – 2.0	N – 8 TOT. – 29 MODE – 4.0	N – 3 TOT. – 8 MODE – 2.0	N – 10 TOT. – 15 MODE – 2.0
心理治疗的总时间（月）	N – 11 AV. – 51	N – 9 AV. – 44	N – 8 AV. – 40	N – 7 AV. – 25	N – 14 AV. – 39
和男性治疗师的总时间（月）	N – 11 AV. – 40	N – 5 AV. – 39	N – 8 AV. – 35	N – 6 AV. – 17	N – 10 AV. – 30
和女性治疗师的总时间（月）	N – 8 AV. – 14	N – 7 AV. – 21	N – 5 AV. – 8	N – 3 AV. – 24	N – 10 AV. – 19

N = 女性人数　　Mode = 众数

AV. = 平均数　　Tot. = 治疗师总数

从表1可以看出，这54名女性显然是"精神疾病"行业的专家。近一半的女性（N=26）至少拥有过一次合法婚姻。其中近五分之一（N=12）有子女。在非女性主义类别的40名女性中，有12名表达了一些女性主义意识或将自己定义为女性主义者（其中1人与治疗师发生过性关系，7人是女同性恋者，2人住过精神病院，2人是第三世界女性）。她们总共见过136位治疗师，每人"平均"（按类别）有3到4位治疗师。按类别划分，她们接受私人治疗的时间从2年左右到4年多不等。她们也是精神病院方面的专家：有24名女性至少住过一次精神病院，其中10名自杀未遂，5名是抑郁症。作为一个类别，她们的平均住院时间最短是约4个月，最长约16个月。所有24名住院女性的平均住院时间约为1年。然而，她们个体间差异非常大。有些女性只住过一次院，时间相对较短（2个或3个月）；有些女性则住过几次院，时间很长（5年或更久）。按类别，这些女性在私立医院（白人中产阶级和上层阶级的集聚地）住院的时间最短约2个月，最长约8个月；在综合精神病病房和州立医院住院的时间最短约2.5个月，最多约10个月；仅仅在州立医院住院的时间最短为3个月，最长近2年。

在私人治疗方面，所有女性见过的女性治疗师和男性治疗师人数相当。然而，除了一个重要的特例，她们见男性治疗师的时间至少是女性治疗师的2倍或3倍。这个重要的特例就是第三世界女性，她们见女性治疗师的时间比男性治疗师更长，而且她们接受治疗的总时间比任何其他群体都要短。在白人女性中，女同性恋者见女性治疗师的平均时间最长（21个月）。女性主义者见女性治疗师的平均时间为19个月。然而，女同性恋者和女性主义者见男性治疗师的时间仍然是见女性治疗师的2倍。

可以根据我关于女性精神病生涯的概念来分析表1的内容——这种生涯的形态受到以下因素的影响：女性接受或拒绝"女性化"角色的程

度，女性的年龄（或"可消耗性"）、种族、阶级和婚姻状况。例如，让我们来看看这些女性第一次被送进精神病院时的年龄。在所有群体中，女同性恋者被送进精神病院时的年龄最小（21岁）。在我们的社会中，对自身"女性化"角色极端排斥的行为，是所有女性过错中压力最大和惩罚最严厉的一种。让我们来比较一下最不"女性化"的女性（女同性恋者）和最"女性化"的女性（与治疗师发生性关系的女性）的"精神病患者生涯"。（我对"女性化"的定义主要是指对男人的依赖程度。）

与治疗师发生性关系的女性犯下了戏剧性的"父女乱伦"——这是父权制社会中"女性特质"的必要条件。11名与治疗师发生性关系的女性中有9名在接受治疗前至少结过一次婚，而9名女同性恋者中只有1人有过异性恋婚姻。与治疗师发生性关系的女性的精神病生涯从几个方面反映了她们的"女性特质"：

（1）她们接受治疗（一种类似婚姻的体制）的时间比任何其他组别都长（平均51个月，比女同性恋者长7个月）。对于与治疗师发生性关系的女性来说，接受治疗既反映了她们在"女性"角色方面遇到的问题，又为她们提供了另一种扮演"女性"角色的方式。在所有组别中，女同性恋者接受治疗的时间第二长（平均为44个月）。这一事实凸显了治疗在某种程度上是一种文化，对于接受"女性"角色和拒绝"女性"角色的女性来说都是如此，这两类女性的社会化程度非常相似。

（2）与治疗师发生性关系的女性很少被送进精神病医院；11名与治疗师发生性关系的女性中只有4名（不到三分之一）曾住过院，而9名女同性恋者中就有6名（或三分之二）曾住过院。值得注意的是，在4名与治疗师发生性关系的女性中，有2名是在她们与治疗师"偷情"后被送进医院的，有1名是在"偷情"期间被送进医院的。在这里，我们可以回顾一下，在精神病学和社会环境中，临床和社会偏见会如何奖励

"女性特质"（到一定程度为止），只要这位女性年轻、有吸引力。最有吸引力的"女性化"女性通常不会被送进精神病院。（她可能仍然"抑郁"或"焦虑"，但不会因此被关进精神病院。）

（3）女同性恋者不仅被送进精神病院的年龄较早，而且她们住院的总平均时间是与治疗师发生性关系的女性的三倍多（女同性恋者平均320天，与治疗师发生性关系的女性平均103天）。

也许有人会说，表1只是"捕捉"到了与治疗师发生性关系的女性"精神病生涯"的早期阶段。她们年纪更大后，她们的患者生涯可能与住过精神病院的女性相似，甚至可能比女同性恋者的住院时间更长。与治疗师发生性关系的女性可能会变得非常"忧郁"或"焦虑"，以至于她必须为这些极端的"女性特质"表现进行治疗。然而，我认为事实并非如此。例如，在我访谈与治疗师发生性关系的女性时，她们的年龄从25岁到50岁不等；而住过精神病院的女性的年龄从19岁到70岁不等。我认为我们面对的是两种不同类型的女性。与治疗师发生性关系的女性可能"不快乐"，但她们终其一生都致力于"女性化"的理想。因此，她们不像女同性恋者那样，因精神病住院治疗的事实和意义而受到压迫或惩罚。反过来，由于种种原因，女同性恋者也不会像住过精神病院的女性那样陷入精神病生涯。在这里，我们不妨回顾一下那些发现单身女性比已婚女性更加"心理健康"的各种研究。当然，通常被判定为"心理健康"的是男性特质——其中一些特质在经济独立的女性（或独立于男性的女性）身上比经济上依赖他人的女性表现得更明显。

表1的所有组别中，住过精神病院的女性首次住院的平均年龄最大（在她们29岁时）。这11名女性可能反映了美国范围内30岁时开始住进综合医院、州立医院和私立医院精神病房的女性情况。她们在二十多岁时就已经在私人治疗或门诊治疗中开始了患者生涯。现在，她们不再

"年轻"，并且更加绝望，也更加"可有可无"。到了这个年龄，要么面临结婚生子的压力，要么面临未婚无子的压力。11名住过精神病院的女性中有4人已婚，其中2人有孩子。在住院时间最长的2名女性中，一名是单身白人妇女，另一名是已婚的波多黎各母亲。她们认为住进精神病院是对绝望、不快乐的逃避，也是她们应有的惩罚。

在所有组别中，第三世界女性接受私人治疗的时间最短，平均为25个月。她们也是唯一见女性治疗师的时间比见男性治疗师更长的组别。对这两个事实最简单的解释就是贫穷。第三世界女性无法轻易负担白人中产阶级"女性化"的父亲崇拜的奢侈。这并不是说她们不想见男性治疗师，或不愿意接受更长时间的治疗。接受访谈的9名第三世界女性中，有6名见过（并想见）男性治疗师；只有1名只见了女性治疗师；有2名既见了男性治疗师也见了女性治疗师。这3名见过女性治疗师的女性，见到的是机构或医院的社会工作者或博士在读的心理学家。她们可以承受的价格是：免费。除了"贫穷"，对第三世界女性接受治疗的时间相对较短的解释还包括：无论好坏，第三世界女性都没有像白人女性一样接受过精神病患者生涯的"训练"（尽管她们比第三世界男性受过更好的"训练"）；她们不信任、害怕并且无法轻易进入这个专业世界，它通常具有威胁性、缺乏同情心且无法"治愈"她们；事实上，她们对于家庭和友谊的一些需求在贫民窟文化中得到了满足——只要她们愿意按照它的条件留在其中。

在我访谈的第三世界女性中，只有3名住过院——人数太少，无法说明种族和性别对住院频率或时间长短的比较影响。女性的精神病生涯可能主要是白人和中产阶级中存在的现象。第三世界女性以许多其他方式被送进医院、被控制和自杀：在监狱里；在医学实验中被虐待和忽视；在注定失败的争取"白人"待遇的尝试中。我将在本书第8章更全面地讨论这个问题。

表1似乎表明，女性主义者从来没有住过精神病院，或者就像舒拉米斯·费尔斯通在《性的辩证法》(*The Dialectics of Sex*)中所说的，女性主义是治疗弗洛伊德所描述的所有女性失调症的良药。实际上，24名女性主义者中有6名曾住过院：其中5名是女同性恋者，她们在住院治疗后成了女性主义者。她们在表1中没有被列为女性主义者。14名未住院的（白人）女性主义者的年龄从20岁到45岁不等，主要接受的是私人治疗。她们接受治疗的时间平均超过3年。在白人女性中，女性主义者见女性治疗师的时间第二长，平均为19个月。

从表1的信息中还可以得出许多其他推论。但我在这里不做任何推论。相反，我想更深入地讨论每一个访谈，首先从最具"女性化"特征的女性开始，就是那些与治疗师发生性关系的女性。

图 1 "得墨忒耳"(*Demeter*)。希腊克尼多斯(Cnidos)得墨忒耳神庙的大理石雕像。约公元前 350—前 340 年

图 2 "普鲁托和普洛塞庇娜"(*Pluto and Proserpina*)。贝尔尼尼(Bernini),1621—1622 年

现代女性在心理上渴望养育和榜样,即女性英雄和守护女神。值得注意的是,在犹太-基督教神话中,母亲和女儿被轻视或完全排除在主要人物之外。得墨忒耳和珀耳塞福涅是古希腊母女宗教——厄琉息斯秘仪——的核心人物。得墨忒耳是掌管生命或谷物的女神。她的女儿珀耳塞福涅(得墨忒耳的童贞自我)被冥王普鲁托(也可能是宙斯或狄俄尼索斯,根据神话,他们任何一个都可能是珀耳塞福涅的父亲)绑架并强奸。得墨忒耳悲愤交加,拒绝让任何庄稼生长,直到她的女儿回到她身边。最后,珀耳塞福涅被允许在一年中的大部分时间(春、夏、秋三季)与她的母亲在一起,而在没有庄稼生长的冬季与她的丈夫在一起。虽然得墨忒耳保护并"拯救"了她的女儿,但珀耳塞福涅仍然被剥夺了独特性和个体性。这两位女性仍然象征着生物学和文化要求女性做出自我牺牲,她们都代表了一种强奸-乱伦-生育的性模式。

147

图 3 "圣女贞德和朱迪丝"(*Joan of Arc and Judith*)。来自马丁·勒弗朗(Martin leFranc)于 1451 年在阿拉斯(Arras)完成的手稿——《女杰》(Le Champion des Dames)

　　一些处于疯狂状态的女性会认同圣女贞德（不那么传奇的奥尔良少女），以及天主教圣母马利亚。这两个人物是异教女神得墨忒耳和她的女儿珀耳塞福涅在基督教中的变体。贞德是唯一没有被绑架结婚或受孕的珀耳塞福涅。她从未成为母亲。她避免了得墨忒耳-母亲和珀耳塞福涅-女儿的命运。她是我们对亚马逊文化的唯一记忆。然而，贞德仍然作为男性复兴的源泉被献祭，不是通过怀孕和做母亲，而是通过她为男性君主赢得的军事胜利，以及随后的政治迫害——再被追封为圣徒。由于贞德并不生活在亚马逊社会，因此她注定要领导一支男性而非女性的军队。

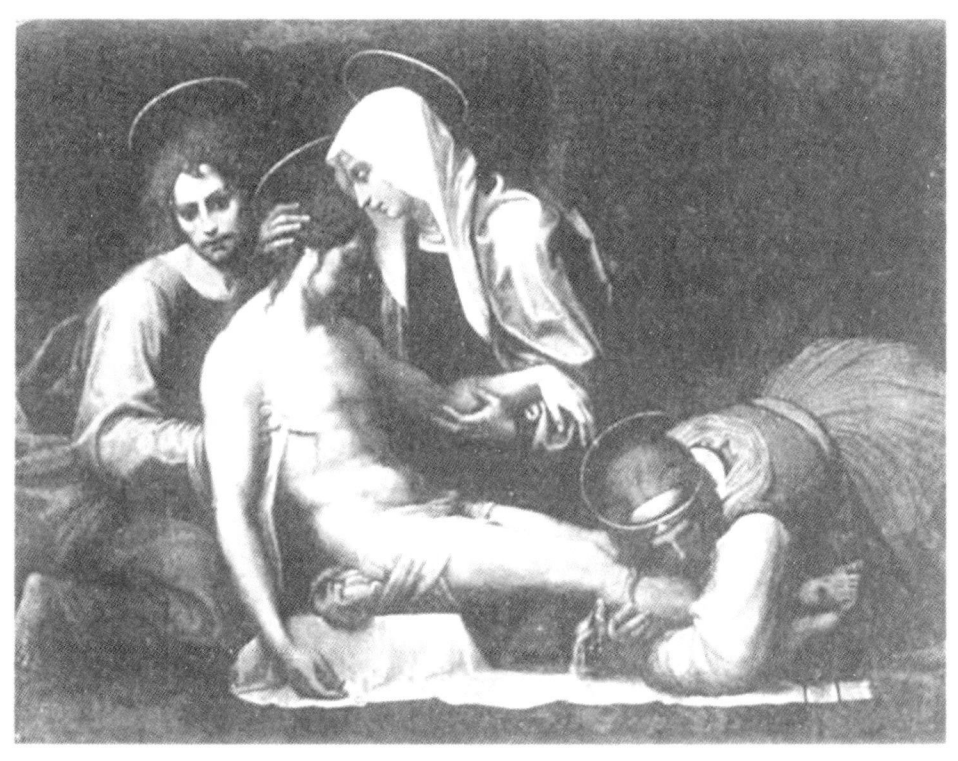

图 4　圣母怜子图《(*The Entombment*)，弗拉·巴托洛梅奥（Fra Bartolommeo）

　　与得墨忒耳不同，天主教的玛利亚没有女儿。她与神性的唯一联系是通过她对男人的"服务"：无论是圣父还是她自己的儿子。正如弗拉·巴托洛梅奥的画作所展示的，天主教神话象征着女性被迫成为母亲或妓女——她们都养育、崇拜并最终哀悼死去的男人或神赐的男婴。像许多女性一样，玛利亚为了成为母亲，放弃了性愉悦、体力、经济权力和智力。弗洛伊德曾说过："母亲只有通过与儿子的关系才能获得无限的满足；那是所有人际关系中最完美、最没有矛盾的关系。"

图 5 "圣母领报"(*The Annunciation*), D. G. 罗赛蒂(D. G. Rossetti)

图 6 "阿尔巴圣母"(*The Alba Madonna*),拉斐尔(Raphael)

罗赛蒂画过一个非常年轻的玛利亚——一个有点惊恐、受困、性别特征不明显的女孩,她的悲伤、自我牺牲和服务的十字架始于她即将怀有圣子的消息。与异教的得墨忒耳、雅典娜或狄安娜不同,圣母马利亚通常被描绘成身体发育不完全但有母性之"美"的形象——只有在男性恋母的眼光中,她才是安然自得、和蔼可亲、稍显成熟的母亲(如拉斐尔的"阿尔巴圣母")。有趣的是,随着儿子的长大,圣母马利亚常常变得更年轻,直到在米开朗基罗的罗马"哀悼基督"(Pietà)雕塑中,她被理想化为永恒的圣母,看起来年轻到足以成为儿子的新娘。圣母马利亚是基督教文化的主要榜样。

图 7　精神病院：纽约疯人院的拥挤病房。布莱克威尔岛（Blackwell），1868 年

伊丽莎白·帕卡德（见本书第 1 章）于 1860 年被丈夫强行送进一家私立精神病院。当时的情况看起来大概是这样的——有暴力倾向的女人、惊恐万分的女人、有自杀倾向的女人、被医院逼疯的女人，全都挤在一个身心受辱的环境中。在私立医院的患者中，女性可能一直占据大多数。美国记者内莉·布莱（Nelly Bly）于 1887 年潜入了布莱克威尔岛的精神病院，并撰写了一篇曝光文章，刊登在《纽约世界报》（New York World）上。虽然美国报纸上不时会出现揭露精神病院和刑事监狱的报道，但这两个机构（就像它们所效仿的家庭机构一样）都没有消失，也没有得到实质性的改革。

图 8 法国最古老的精神病院——萨尔佩特里尔医院,为老年妇女、贫困妇女、妓女、孕妇和年轻女孩保留了专门病房。虽然公立精神病院的男女患者总数稳步下降(原因是药物治疗、门诊医院和养老院使用率的提升),但公立精神病院中"老年"女性患者的比例却在稳步上升。与"老年"男性相比,"老年"女性是一种更加无用的"东西",是人们轻蔑、嘲弄、怜悯和忽视的对象。

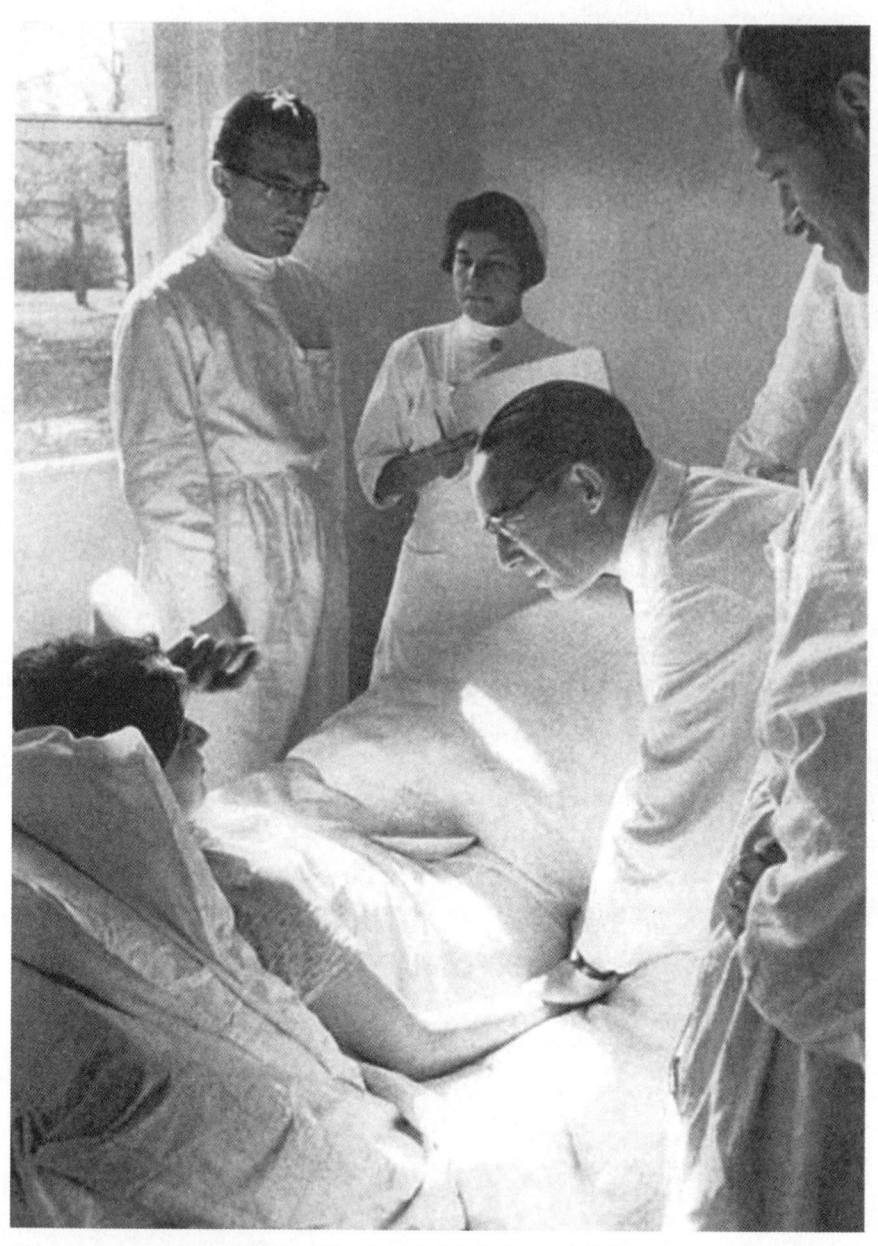

图 9 这张照片拍摄于一家精神病院。照片中的角色与女巫审判的场景一样古老：冷漠、居高临下、或许仁慈但全能的男医生 - 审判官；顺从的女护士 - 侍女；以及被不快乐、无力感和依赖"附身"的女患者 - 女巫。

图 10 "阿耳忒弥斯和伊菲革尼亚"(Artemis and Iphigenia)。由施图德尼奇卡(Studniczka)重建

阿耳忒弥斯,即处女猎手狄安娜,是阿波罗的孪生姐妹。与雅典娜或阿佛洛狄忒不同,她的"母亲"不是男人,而是女人。据传闻,阿耳忒弥斯总是有60名海洋女神和20名河流女神为伴。根据一个神话,阿耳忒弥斯拯救了伊菲革尼亚,使其免于被父亲阿伽门农献祭。阿耳忒弥斯是亚马逊血统的女同性恋形象。她的父亲宙斯只有变成阿耳忒弥斯的样子,才能引诱她的女情人卡利斯托。

155

图 11 "对话"(*The Conversation*)。雕塑家不详

这两个女人充满情欲,彼此亲密,但并不是特别迎合男性(或女性)的色情幻想。她们似乎是为了彼此而存在,而不是为了平息男性对阳痿或身陷囹圄的恐惧,也不是为了激发男性的强奸欲望。

图 12

    在美国，各个年龄段的非白人女性患病和过早死亡的人数都多于白人女性。非白人的婴儿死亡率和青少年自杀率明显高于白人。许多第三世界的女性必须独自抚养子女，要么福利津贴严重不足，要么工资明显低于黑人、拉丁裔和白人男性。美国女子监狱关押的主要是第三世界女性，她们犯下轻微的经济罪，或是被殴打后出于自卫杀死了施虐者。

图13和图14 在热带非洲，虽然出生率很高，但产妇的死亡率惊人，部分地区婴儿死亡率高达150‰~400‰。虽然非洲的大多数女性一直都在遵照传统生育和抚养孩子，从事农业或商业方面的工作，但她们并不像男性那样经常担任政治、军事或宗教领袖，一妻多夫也不像一夫多妻那样常见。然而，非洲也曾有许多女王和女战士，就像南美、亚洲和欧洲的女王和女战士一样，被人们遗忘了。迄今为止，大多数非洲革命政治领袖、军事家、法官和牧师都是男性，而不是女性。在某些非洲国家，女性割礼的现象仍然存在。

今天，艾滋病在非洲有一张女性面孔。大规模轮奸是部落和种族战争的特征。

图 15 雅典红纹式陶器。公元前 450 年

女战士在与男性的肉搏战中获胜，或者在与自然力量或政治对手的斗争中获胜，这些场景令大多数女性感到震撼和惊奇。（军事或史诗般浪漫的暴力也是其他决定性行动的隐喻。）在希腊艺术中，传统上胜利者是从左到右移动（或者说从"阴"到"阳"）。这是一个获胜的亚马逊骑士，向右骑行，准备用长矛刺向一个倒下的希腊人。戴着头盔的希腊人正准备用长矛刺向另一个亚马逊人，后者转身要用她的斧头来保护自己，她那极其优雅和肌肉发达的同伴双手高举斧头来协助她。马背上的亚马逊人脚穿毛皮靴子。

所有人物都是红色的。根据这张图片，无法看到这个陶瓷上描绘的完整战斗场景。实际上它还包括另外五个亚马逊人，其中一个驾驶战车，另外两个在观看六名希腊人和七名亚马逊人之间的群体战斗。

159

图 16 雅典红纹式陶器。公元前 5—前 4 世纪。

一个蓄着胡须的希腊人,穿着长袜,头戴饰有海豚(象征着男孩的起源、神性和悲剧)的头盔,遭到两个亚马逊人的袭击。挥舞着军刀的亚马逊人极其欢快,近乎超凡脱俗。她穿着鞋子、长袖衫、长裤,套着束腰外衣,戴着一顶东方式样的帽子。

希腊艺术作品中描绘的亚马逊武器,包括斧头、军刀(剑)、弓箭 [通常是斯基泰人(Scythian)那种]、盾牌和长矛。亚马逊盾牌上有豹、狮和狗等动物。亚马逊人有时会佩戴护胫甲、阿提卡(Attic)头盔或色雷斯(Thracian)头盔以及东方式样的帽子(有幔或无幔)。鞋类包括靴子、单鞋、凉鞋、脚踝带,还有赤脚。在一些战斗和许多非战斗场景中,亚马逊人身穿短上衣,佩戴首饰。有证据表明,亚马逊社会曾存在于非洲、地中海和爱琴海地区、黑海附近以及南美洲。

 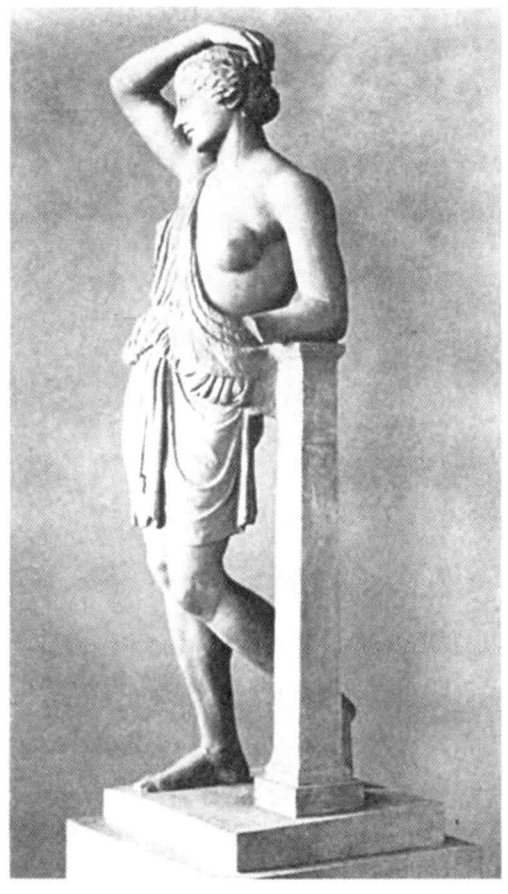

图 17 和图 18 "受伤的亚马逊人"(*Wounded Amazon*)。波利克里托斯(Polykleitos)或克勒西拉斯(Kresilas)创作的希腊雕像在罗马时期的摹制品。公元前 440—前 430 年

这件希腊雕像的罗马大理石摹制品高 6 英尺 8 又 1/4 英寸(约合 2.1 米。——编者注)。这个亚马逊人身着短束带长裙,脚踝处系有带子。她的头发很短,分开并向后梳。据说她右边的乳房或乳房上方受了伤(据称亚马逊人在童年时,右边的乳房或者更确切地说是乳腺会被烧掉)。这个女人非常美丽,神态安详,身体姿态极富韵律感。

Part **2**

女 性
WOMEN

患者和治疗师之间的性行为 05
Sex Between Patient And Therapist

我将这首诗和这一章，献给我们曾经的——但现在不再是——爸爸的女儿。

借来的，蓝色的

最近，
有一个男人
坐在我的沙发上
越来越多地谈论他的
女朋友或妻子。

我一直很爱
从女人那里
借东西：
图书馆的书、香水、香烟和芬芳的披肩
这是为爸爸而打扮，

也是安全的
就像在一场戏中
扮演一个角色
必须在入睡之前
结束。

所以我听着,
一个非常好奇的
小女孩,
眼神如此清澈
让一个女人
悄悄地
淹没其中。

菲利斯·切斯勒
1970 年

"我是灵魂的医生,"(大师)平静地说,"我当然对你那个傻乎乎的小身体不感兴趣……(在我的指导下,你将学会)控制你的感官,凭此你可以随意达到——在我的命令下瞬间达到高潮……(关于我的勃起)与个人无关,它不是爱的客体,而是精神进步的证明。"[大师教坎迪(Candy)各种瑜伽练习,其中一些]……在任何其他情况下都会使人联想到性,甚至可能是淫秽。坎迪生气地责备自己竟然产生这种联想,并将其归咎于自己缺乏安全感和精神不成熟。(当坎迪的月经逾期未至,大师)给了她一张去外地的机票(在那里，坎迪在佛寺中遇到了一位圣者）。坎迪立刻开始了她的冥想，她将所有注意力都集中在一个地方——佛陀的鼻尖。这对她来说太美妙了——她这辈子都被别人所需要——主要是男孩——现在她终于找到了自己需要的人……佛陀！

特里·萨瑟恩和梅森·霍芬伯格
（Terry Southern and Mason Hoffenberg），
《坎迪》（*Candy*）

即使这些特定的报告（由女性提出的关于与治疗师发生过性关系的报告）中只有25%是准确的，这一领域的专业人士仍然面临着一个压倒性的问题。

威廉·马斯特斯和弗吉尼亚·约翰逊
（William Masters and Virginia Johnson）

戏剧性或极端的剥削形式，往往意味着不那么戏剧性的剥削普遍存在。暴行和丑闻往往是日常事件的夸张表现。美国国家精神病院和监狱中的身体暴力，象征着"外部"社会中日常的残暴。卖淫[1]、强奸[2]、乱伦以及成年男性对女童的性侵害是如此普遍，以至于它们通常不为人所注意——除了耸人听闻的报道扭曲地将它们聚焦在人们的视野中。[3]

女性卖淫和妻妾成群的现象存在于所有种族，存在于几乎所有有文字记载的文化、每一片大陆和每一个世纪中：它早于犹太教、天主教和工业资本主义。它总是意味着女性相对无力的地位和普遍存在的性压抑。它通常还意味着女性被排除在经济、政治、宗教和军事体制之外或处于从属地位。

接受私人治疗的女患者与男性心理治疗师之间的"性行为"，可能与女秘书或女管家与男雇主之间的"性行为"一样常见（或不常见）。从经济的角度来看，治疗师而非患者才是受雇者。然而，从心理角度来看，女性在这里和在其他地方一样，是一个依赖他人的求助者。[4] 这两种情况通常都涉及一名年长的男性和一名年轻的女性。[5] 男性"无意识"地发出权力、"爱"、智慧和保护的信号，而女性已经习惯于对这些信号做出自动反应。患者和治疗师之间的这种交易，美其名曰"引诱"或"治疗过程的一部分"，在法律上是一种强奸，在心理上是一种乱伦。[6] 在父权制社会中，"女性"身份的必要条件是违反乱伦禁忌，即最初和持续地"偏爱"爸爸，然后被批准与强大的父亲般的人物相爱或结婚。

男人可以和母亲般的人物结婚，但前提是她们必须既弱小又安全。与丈夫相比，妻子通常更年轻、动作更不灵活、体格更小，也比丈夫童年时的母亲更无助。男人不会违反乱伦禁忌，他们不会在婚姻中重新创造童年的某些重要条件。

在心理治疗中，并没有对"女性"身份的真正质疑。更常见的是，通过言语或性的方式使其更加适应这一身份。

尽管在纽约和加利福尼亚，许多治疗师个体和几个治疗师"团体"十多年来一直系统地宣扬和实践与女患者之间的"性行为"，但这绝不是最近的创新。甚至还有治疗师"专门"处理其他治疗师因与患者发生性关系而产生的"内疚"或"冲突"。在弗洛伊德时代，许多分析师都与女性患者有过恋情或婚姻——在相对较短（3到6个月）的治疗过程结束后。保罗·罗森（Paul Roazen）报告说，赖希的第一任妻子、贝恩菲尔德（Bernfeld）的最后一任妻子、雷多（Rado）的第三任妻子和费尼切尔（Fenichel）的其中一位妻子，都曾经是他们的患者；弗洛伊德的弟子陶斯克（Tausk）曾与一位比他小16岁的前女患者有染；弗洛伊德本人还鼓励一位著名的美国分析师与一位前患者结婚。[7]

众所周知，卡尔·荣格曾与他的患者萨宾娜·斯皮尔林（Sabina Spielrein）有染。贾德·马默（Judd Marmor）提到过 W. 伯恩·沃尔夫（W. Bern Wolfe）"职业生涯的悲惨结局"，这位天才精神病学家在 20 世纪 30 年代因"败坏了一位接受其治疗的女孩的道德"而被迫逃离美国。[8] 他还提到，已故的詹姆斯·L. 麦卡特尼（James L. McCartney）鼓励男性治疗师和他们的女患者（在"必要"时）发生"性关系"。贾德·马默声称，许多著名的精神病医生 [哈德利（Hadley）、沙利文、亚历山大（Alexander）和赖希]"告诉他，尽管他们在著作中表示反对，但他们实际上允许自己的患者在身体上付诸行动"。[9] 马默曾引用弗洛伊德的话，后者指责费伦齐（Ferenczi）有亲吻患者的习惯：

> 如果你从一个吻开始，（你最终就有可能面临）非常热烈的场景……费伦齐，凝视着他所创造的热烈场景，也许会对自己说，我应该停止我的慈爱技巧。[10]

我并不寻求与那些谴责一切形式医患接触的清教徒建立联盟。我不赞同人与人之间，尤其是治疗师和患者之间，保持巨大而严肃的专业距离。（许多"精神分裂症患者"需要也应该有专门的身体接触。）清教主义通常意味着接受"女性邪恶"的神话。例如，莱昂·J. 索尔（Leon J. Saul）在一篇谴责患者与治疗师性接触的文章中，表现出对分析师的脆弱性比对患者的脆弱性更加敏感。[11] 他说："分析师要小心一些。面对性爱需要时，让他回想一下罗蕾莱（Lorelei）和大利拉（Delilah）[1] 以及

---

1 罗蕾莱，德国文学及传说中一位美丽的少女，因对不忠的情人绝望而投河自尽，并变成了引诱渔民走向毁灭的女妖。大利拉，《圣经》中大力士参孙的爱人，她被贿赂去诱骗参孙，诱使他说出自己力大无穷的秘密，然后将其出卖给他的敌人。这两个名字在文学和艺术作品中经常被用来象征美丽及对男人的诱惑。——译者注

许多其他美女，她们揭示了表象并不一定就是现实……如果分析师受到诱惑，想与费伦齐一起进行爱的实验，他必须确定……无论爱有多么明显，敌意都是不可避免的中间环节。"

在治疗师和患者之间，除了性，还有许多类型的"距离"可以被温柔地或实验性地加以弥合。然而，"性"接触并不一定能确保任何其他类型的交流：它往往会阻碍其他交流。最重要的是，此类"性"接触大多发生在中年男性治疗师和年轻女性患者之间。[12] 它通常不会发生在女性治疗师和任何年龄段的男性（或女性）患者之间；或在男性治疗师和男性患者之间，除非治疗师是同性恋。[13] 达尔伯格（Dahlberg）报告了一起男同性恋治疗师企图引诱患者的案例。[14] 这位男患者也是同性恋，但拒绝了他的诱惑。也许男人比女人更习惯于拒绝不是由他们发起、不受他们控制，或者既没有快乐也没有利益的性接触。

事实上，进行过性诱惑（或性侵犯）的治疗师在道德上的失败是司空见惯的。尽管他们偶尔假装自己是被社会谴责的激进分子，但他们并不是很"激进"，也就是说，他们并没有察觉或挑战基本规则和社会行为规范。例如，他们通常强烈地反对男同性恋和女同性恋。

麦卡特尼曾因公然支持"公开移情"而被美国精神医学学会开除，他将"公开移情"仅限于公开的异性移情。[15] 他建议将性唤起的男性患者"转介"给女性治疗师，或者让他们回家找妻子和女朋友去"练习"。麦卡特尼指出，"对于女性（或男性）分析对象来说，找到一个（性）替代品并不容易，因此分析师可能不得不保持客观，但又要做出适当的反应，以引导不成熟的个体达到完全（异性恋的）成熟"。麦卡特尼似乎还根据女性患者随后的婚姻和生育来衡量"成功"。此外，麦卡特尼还将需要"公开移情（性）"的女性患者视作儿童一般：在发生性接触之前，他会征求其父母或丈夫的许可。最重要的是，他建议治疗师保持情感上的不介入，远离冒险行为，以"表演"为导向，就像花花公子的刻板印象那样。他强调了"移情之爱"和"浪漫之爱"之间的区别，并将治疗师的角色描述为被动的、不带感情的，对患者的主动行为"有求必应"。

也许男性治疗师就像我们社会中的男性艺术家一样，在人们眼中或者在他们自己看来，比企业管理者、军人或政治家更"女性化"。因此，对他们来说，能够"拥有"尽可能多的女性是非常重要的，就像那些可能更"阳刚"的男性一样。男性诗人和小说家因对女性的疯狂、性自私和性虐待的行为而臭名昭著（同时也被人们"宽恕"）。一些心理治疗师虽然没有那么多才华，但也可能有类似行为。

查尔斯·达尔伯格（Charles Dahlberg）博士将引诱性的治疗师描述为一个在1930年至1945年间选择从事心理治疗的人，他可能——

> 孤僻、内省、好学、被动、害羞……在智力上（比）身体上（更）爱冒险……别的不说，这些特点加起来使他在异性中不受欢迎。但这些不能阻止一个人产生性征服的幻想。它很可能会激发性幻想。[16]

这些典型的"饥渴"男性现在发现自己处于一个专业位置，许多年轻女性可能会对他们表达性幻想。治疗师不禁对这种情况"受宠若惊"；于是，他们拒绝提供帮助，并利用这种情况来达到自己的目的。

达尔伯格在介绍9个关于患者与治疗师"性"接触的案例时，描绘出了一幅"引诱性"治疗师的复合肖像："总是在40岁以上；比患者大10到25岁；总是男性；除了（一个）同性恋者，其他患者总是年轻的女性。"达尔伯格描述的9位治疗师中，大多数都已婚；许多人与他们的患者经历过早泄；有些人"勾引"男性患者的妻子；有些人一旦开始性接触就终止治疗或收费，有些人则继续治疗和收费。

许多这样的治疗师被达尔伯格称为"好大喜功"。他举例说，有一个治疗师扬言要在两周的假期里"治愈"一位已婚女患者的"性冷淡"。患者惊慌失措，告诉了她的丈夫，他们一起寻求法律诉讼。但由于这位患者有"偏执"倾向，诉讼没有继续推进：律师担心人们不会相信这位妇女并因此败诉。另一位治疗师对他的女患者进行催眠，然后向她暗示，性接触可能会增加她对他的"移情"。当她最终拒绝为这样的治疗付费，并开始去见另一位治疗师时，第一位治疗师告诉她，他将继续为了"性"而见她，并且不会为此"收费"——但不会听再聆听她的"问题"。达尔伯格的这篇文章只介绍了2个在治疗期间发生性接触的案例；有4次这样的接触几乎是在治疗结束后立即发生的，还有3次是关于性接触的提议，但实际上没有发生过。

我很有兴趣与那些在治疗期间与治疗师发生性接触的女性进行交谈。我还访谈了5位拒绝治疗师性提议的女性。在我访谈的11位女性中，有10位在治疗期间与治疗师发生过"性关系"。其中5位是在治疗师的办公室里开始并持续进行的。其中7位女性在发生性接触后继续接受治疗。7位女性继续支付了平均4个月的治疗费用。这些性接触的持续时间从1个晚上到18个月不等。

在发生性接触时，这些女性的年龄从22岁到45岁不等。她们的平均年龄为31岁。其中有4位女性已婚，4人分居或离婚，3人单身。4位已婚女性的丈夫接受了同一位治疗师的治疗。这10位治疗师的平均年龄比他们的患者大16岁。他们的平均年龄为47岁。其中7位治疗师已婚，2人分居或离婚，1人单身。有7人是精神科医生，3人是心理学家。其中2位女性看的是同一位治疗师——但她们互相不认识，也不认识和他有过类似"接触"的其他女患者。

10位治疗师中有9位在第一次性接触时采取了"传教士"姿势，在整个性"治疗"过程中也是如此。其中7位女性在第一次时没有达到性高潮；4位女性在整个"治疗"过程中从未达到性高潮；7位女性最终在1到9个月内经历了性高潮。其中4位治疗师在整个性接触期间都难以保持勃起。冒着肤浅的风险，我们可以从这些信息中简单地得出结论："引诱性"治疗师是蹩脚的情人。

就组别而言，这些女性最不愿意与我交谈。不过，我还是设法与我接触的每一位女性都进行了交谈。她们对会面时间犹豫不决，有时毁约，有时设定时间限制，但一旦开始交谈她们就忘记了时间。她们的生活中充满了喧嚣和危机。她们接到许多电话：孩子需要她们，爱人在等待她们，爱人的孩子需要她们。然而，在这场风暴的中心，有一双非常平静而绝望的眼睛注视着我。

那些在发生性接触时年过35岁的女性似乎更加"世俗"：老练是她们的盔甲，怜悯是她们的盾牌。她们最强烈地主张"同情"和"理解"治疗师以及所有男性。

梅利莎：我非常同情和怜悯男人。根据我的经验，我认为他们需要更多的保证、爱、关心和同情。

菲利斯：即使他们没有能力给你这些？

梅利莎：对。事实上，人们很少有能力给予这些，因为他们沉浸在痛苦之中。他（治疗师）难以保持勃起。我想这与他60岁了有关。他摸索了很久，这让我有点吃惊。我也开始感到有些焦虑。我开始重蹈覆辙，安慰他，就像我一辈子都在安慰男人那样，说（我没有性高潮）没关系，说我和他在一起很开心，只是他不够熟练。

菲利斯： 你告诉他了吗？

梅利莎： 没有，因为这并不重要。现在可能重要了……但他说我很可爱，我是一个尤物，而他是一个老人，我不是一个洋娃娃或孩子，而是一个迷人的、完全成熟的女人，聪明又讨人喜欢。

这位有点悲伤且非常"人性化"的老年男性治疗师已婚，且多年来一直为梅利莎的丈夫解决有关婚姻和性的问题。

35 岁以上的"老练"女性中有 3 名拒绝透露治疗师的姓名（甚至在我询问之前），因为她们害怕"损害他的名誉"。她们坚持认为自己难辞其咎；她们才是真正的引诱者。

梅利莎： 我想他终于无法再抗拒我了。我觉得我给他压力太大了。我从一开始就在采取行动……

唐娜（Donna）： 我的肤色很诱人，而且我还嗑药，我嗑药的时候非常迷人。没有人可以抗拒我。我想在治疗时打扮得漂漂亮亮的。每次去之前，我总是取下眼镜，梳理好头发。

罗斯琳（Roslyn）： 实际上，从某种意义上说，我一直在不知不觉中引诱他。直到有一次他来我家参加派对，我才意识到这一点。我总是忍不住勾引每个男人。

玛莎： 他真的被我吸引了，而在这之前我就被他吸引了……他送给我鲜花的那个晚上，我希望他能和我做爱。但那时我还没有意识到这些事情。

然而，这些女性就像那些更加年轻的、不那么"老练"的女性一样，描述了对治疗师的许多关于爱情和婚姻的幻想，并且感觉自己像小女孩一样被背叛了。在与治疗师发生性关系之前，艾伦（Ellen）已经接受了 6 年的心理治疗。

艾伦：我想让他娶我，但他不肯。他的妻子和孩子，他的名声，以及他日渐衰弱的身体，让他很难做出这样的决定。我一直无法摆脱这段关系，已经 8 个月了，他现在根本不愿意见我。

玛莎：我刚刚离开了相处 20 年的丈夫，心情非常沮丧！这是我有生以来第一次独自生活，我需要每一样东西：情感支持、安慰、认可、朋友、更好的工作——所有这一切。我觉得我真的很需要再找一个丈夫。我仍然在寻找浪漫的爱情来获得安全感。你知道吗，我很久之后才发现，他在和我交往的同时，至少还和另一个女人有染。

罗斯琳：我曾幻想过，他会离开他的妻子，和我结婚，他会放弃他原有的生活，和我一起开始新的生活。我很高兴我的治疗师爱我。谁还会在乎别的呢？看看我是多么值得被爱。我对他说："你不必离开你的妻子。你不必做那样的事情。只要来见我。"但他就这也做不到，他不想卷进来。

斯蒂芬妮（Stephanie）：我最后问他是否愿意娶我，他只是笑着说"不"。我以为他很快就会老了，需要有人照顾他。我以为我爱他，他有能力让我幸福，只要他愿意就能实现，但他对我为他打字比谈论这些更感兴趣。

唐娜：我被迷住了。如果我让自己相信一个 30 岁的聪明女人会这么快爱上一个男人，那么我一定已经爱上他了。我离开了我的丈夫。（治疗师）是我找到自我的一扇大门。自从我和他同居后，我们就没有分开睡过。

乔伊斯（Joyce）：我知道我非常需要他。他就像上帝一样。他在虐待我，但我不想承认这一点，因为我非常需要他。我爱他。后来他给了我一份打字员的工作，但他不再和我上床了。我非常沮丧和难过，我需要一些帮助，我歇斯底里地打电话给他："请和我通电话。"他说："我现在不能和你说话，我会给你回电话。"但他从来没有回过电话。我感觉自己被遗弃了，孤身一人。当我和我（现在）的心理医生谈起这件事时，我都会泪流满面。

尽管许多女性都描述了自己因为治疗师在情感和性方面的冷淡或无能而感到羞辱和沮丧，但结束"外遇"的往往是治疗师，而不是患者。在每一个案例中，女性都因被抛弃而受到进一步的伤害。女人习惯于"受苦"，只要这能维护她们与男人的关系。"关系"比"痛苦"更重要。在某位治疗师退出一段关系后，一名女性试图自杀；另两名女性陷入了严重的抑郁；第四名女性的丈夫也在接受同一位治疗师的治疗，因为发现了妻子的外遇，他不久后自杀了。至于第四名女性，有一天晚上，治疗师为了治愈这个女人的"性冷淡"，做出了相当虐待性和夸张的尝试，导致她出现了一整年都无法消退的"头痛"。这位治疗师有计划地与尽可能多的女患者发生"性关系"。他还"雇用"她们担任保姆、秘书、厨师、跑腿、司机等。令人沮丧的是，他的行为非常之典型。

希拉（Sheila）：我在草地上嗑药了，因为我太害怕了。他甚至连衣服都没脱，只是脱掉裤子。我本来是想搞外遇的，但这感觉不像是外遇。他告诉我，我被阻塞了，有些事情我必须和我父亲一起解决；如果我相信他，也许我们可以在非语言层面上解决问题。我不得不相信他。所以，也许他有些怪异，也没有吸引力——我也没觉得自己多正常。天啊！然后他站起来，脱掉裤子，说："把你的裤子也脱下来。"或者其他一些冷漠、没有情趣的话，接着他就趴在我身上。他高潮了，但我没有。然后我说："我想要在你上面。"可他告诉我，这正是我的问题：想要掌控一切。

辛迪（Cindy）：他会把我说的每一句话都理解为"移情之爱"，或者是对他的性渴望……但我们之间几乎没有感情。在治疗结束后，我们会喝点酒。然后有一天晚上，他说他想看看我的私处。与此同时他脱光了衣服，然后我们一起上了床——这件事非常奇怪，几乎没有任何温柔或爱的前奏；我记得事后我还说了一些疯狂的话——"那很棒"或"那非常好"，但我认为那些并不是真的。然后突然间，他说："对不起，我得赶火车。"因为他的妻子和孩子正在布朗克斯区等他。我以前从来没有和已婚男人睡过。这大概是我一生中经历的最冷酷的一次外遇。

斯蒂芬妮：整个过程只有 10 分钟。他跳了起来，到浴室洗了个澡，又回到打字机前。我以为我们会聊到凌晨 4 点。作为一个治疗师，他知道自己在做什么。如果我没有达到性高潮，那便是我的错。

乔伊斯：他总是压在我身上。他还会对我说一些激情的脏话。他想让我也这么说。我实在做不到。这太刺激了。我变得非常淫荡。我堕落了，而他是一头野兽，他的咕噜声和呻吟声比我听过的任何动物的都响亮。他问道："让另外一对情侣在旁边观看，这种想法是不是让你很兴奋？我要打你屁股吗？"他说他不会伤害我，不会打我的脸，只会打屁股。我开始感到害怕了。

这些受害者让我们感到不舒服。我们变得不安、内疚，最终被她们的视线所激怒。我们的怜悯变成了愤怒。她们的痛苦，她们的残缺，这些东西令我们如此害怕，在某种程度上一定是她们自己造成的。那个衣衫褴褛的乞丐的不幸是他咎由自取：从他身边经过时，不要回头看他一眼。被"利用"的"天真"女性——这一切多么具有维多利亚时代的特征：难道还有愚蠢到被引诱的女店员和女仆吗？好吧，如果她们不能学会保护自己，她们就像坎迪-坎迪德[1]（Candy-Candide）一样，罪有应得……除一名女性外，这些女性的收入和教育水平都远远不及她们的治疗师。在发生性接触时，其中两位女性是学生，其余的有两位是秘书，两位是家庭主妇，一位是女服务员，一位是娱乐顾问，一位是售货员，一位是私人秘书，还有一位是社会学家。是的，这些女性和大多数女性一样，都非常"天真"：她们的天真宣告了她们的"无助"，仅此一项就可能为她们赢得一位恩人、一位救世主、一位父亲。

正如我在本书第4章中指出的，这11名女性具有最明显或表面上最鲜明的"女性气质"。她们都具有传统而又疯狂的"吸引力"；她们都在经济上受到限制，在智力上缺乏安全感；她们在性方面既恐惧又欲罢不能；她们被真实的、想象的孤独和自卑所麻痹；她们都把男人的任何"虐待"归咎于自己；她们都将经济和人格需求与浪漫"爱情"混为一谈；她们迟迟不能表达任何愤怒。(对于那些感到并确实相对无力的人来说，愤怒是一种痛苦和危险的表现。)

在与其中一位"老练"的女性谈话之初，她描述她的治疗师是一个"非常好的人"，她与他之间的经历是"她的错"，而且"并不重要"。大约1个小时后（在此期间我相对沉默），她将这段经历描述为她人生中"经历过的最剧烈的痛苦"。她对这段记忆感到惊讶，突然愤怒起来：

---

[1] 坎迪，前文提到的小说《坎迪》中的主人公；坎迪德，法国作家伏尔泰小说《老实人》中的主人公。——译者注

玛莎： 我真的很脆弱，很依赖他。他怎么能如此糊涂，表现得如此自私？他强化了我的依赖需求，而没有探究它们，甚至也没有满足它们。

不过很快，她就转向了另一个话题：她非常不喜欢她的下一位治疗师——她是一名女性。

我与两名与同一个治疗师发生"性关系"的女性，以及一些收到另一位治疗师性提议的女性（只有一位没有拒绝他）进行了交谈。我还与后面这位治疗师的其他几位未收到性提议的男女患者进行了交谈。在这些访谈的基础上，某种复合的肖像出现了。其中一位治疗师的办公室位于纽约中央公园西区，另一位治疗师的办公室位于纽约市上东区。本章所讨论的纽约治疗师都是"声誉卓越"的专业人士，他们受过合法的医学或博士学位培训，其他专业的接受过某种类型精神分析或临床培训，有丰富的实践经验，办公室位于上东区、上西区和格林威治村的昂贵建筑中。

这两个男人都参与了原始父权制家庭帝国的建立，它由一位男性权威（他们自己）和许多"妻子"（女患者、合法妻子、情妇）组成。（我们可以注意到，虽然弗洛伊德肯定从未与他的患者发生过"性关系"，而且据说也不经常与他的合法妻子发生性关系，但他仍然是主张一夫多妻的：根据罗森的说法，他的妻子和妻妹都和他生活在一起，照顾他的家庭和情感需求；他的许多女弟子也像孝顺的女儿一样为他服务。）[17] 这两位性诱惑的男性治疗师让他们的女患者担任秘书、打字员、保姆、性伴侣、跑腿、清洁工、治疗"助手"和全能啦啦队。这两个男人的办公时间都很奇怪，治疗时间更奇怪。"会谈"从10分钟到4个小时不等，而且这种随意的"自发性"不容置疑，即使其他预约好的患者不得不等待很久。这两个男人都已婚。两人都形容自己的妻子"疯狂""绝望""依赖""太老"。两人都是冷淡的、不称职的性伴侣和情人；两人显然都同时与尽可能多的女患者发生"性关系"，并经常将其说成是"治愈"的必要条件，或者是"爱"的独特实例。

这两位治疗师都给每个人开了各种各样的药。两个人都非常专制地指导和安排患者的生活：他们告诉患者什么时候和谁上床；离开什么工作，接受什么工作；在哪里生活，和谁一起生活。两个人都对抗拒性行为的女患者大发雷霆，说她们的性"压抑"是多么"不健康"，如果她们想摆脱"困扰"，"最好开始多做爱"。两位治疗师都坚持认为，只有他们才能"帮助"或"拯救"他们的患者——并警告那些不高兴或叛逆的女患者离开时要自担风险。这两位治疗师对防御者或背弃者都非常残忍。例如，一名女性拒绝与其中一位治疗师上床，并将性提议告诉了她的丈夫——他也在接受这位治疗师的治疗。她还决定不再继续"治疗"。

桑德拉（Sandra）：我决定，无论如何，我要对马克（她的丈夫）负责，我得和他一起去面对我们共同参与的团体。于是我上去了，X医生和他的两个助手坐在那里，我想，好吧，情况对我不利。X医生说："好吧，好吧，告诉我们发生了什么。"于是我把事情又说了一遍，然后他开始告诉大家，我是如何挑逗他的，我是如何穿超短裙的——其实我一直都穿超短裙。他让一切看起来好像我是来引诱他的，而不是来参与治疗的。然后，他说我在用这个谎言来逃避治疗。他提醒我，我并没有因为老板的挑逗就辞掉曾经的工作。然后，我们坐在那里，他突然开始说："桑德拉，你知道你有多不诚实，你对马克有多不诚实，有些事情你没有告诉他。"（他指的是她有过一段短暂的外遇。）我开始哭泣："我要离开这里。"我的意思是，它就像一个袋鼠法庭（kangaroo court）[1]。当我们离开时，马克对我说："你还有什么没告诉我，你还做了什么？"他把 X 医生的所作所为忘得一干二净。一切都被扭曲了。

另一位拒绝治疗师性挑逗的女性将此事告诉了她的团体治疗伙伴。这位治疗师否认了一切，并告诉团体成员她"疯了"。这个女人和她的男朋友也都参加了"意识提升"小组。女性小组对她的愤怒表示同情；男性小组则一起去质问治疗师，并"揍了他一顿"。这位女士得意扬扬地告诉我这件趣事，却不理解我沮丧的表情（男人们仍致力于保护"他们的"女性领地，女人仍然没有能力保护自己）。当她明白时，我们不约而同地苦笑和悲叹。

这两位治疗师都表现出另一种特征，这种特征经常出现在某些60岁以上的"引诱性"男性身上，而在传统上则被归咎于"引起精神分裂的"母亲：他们说了一些话，然后否认自己说过；他们提出性要求，然后半戏谑、半试探地，但事后又完全认真地否认自己这样做过。这些医生"做贼心虚"，并害怕被拒绝。

乔伊斯： 我做了一个和他上床的梦。他说："啊，终于移情了。"（用他的语气。）一周前，他让我把头靠在他的腿上，就像我以前头痛剧烈时和父亲所做的那样，他抚摸着我的头发。那种感觉很温暖。我是个小女孩，而他是我的父亲。然后他的手往下滑。下一次面谈，他帮我穿上外套，把我转过身来，充满激情地吻了我。

---

[1] 袋鼠法庭是指审判随意的法庭，人们将其蔑称为蹦跳的袋鼠，讽刺其没有逻辑性。——译者注

我很震惊，然后泪流满面。虽然我表现得有些夸张，但我真的很难过。因为我不知道该怎么办。我说："你为什么这样做？"这真是个愚蠢的问题，他说："什么？做什么？你在说什么？"我说："吻我。""我不明白你的意思。"他说。他真的是在玩弄我。因为我父母也会这样对我。每当我妈妈做了什么（或说了什么），而我说"你为什么那样做？"时，她就会说："什么？我什么都没有做。"

很显然，这些女性都没有得到引诱性治疗师的"帮助"。她们既没有得到自我定义、自尊或自立方面的帮助，也没有因为她们向来的无助而得到温柔的放任或保护。我无法衡量她们与"灵魂医生"的性接触给她们带来了多大的"伤害"。我只能向大家介绍其中两位女性。两人都是32岁，都能自食其力。乔伊斯有一个12岁的女儿，但没有抚养费。斯蒂芬妮是一名秘书，乔伊斯在一所私立学校任教。两个女人说话都轻声细语，也很有吸引力。两人目前都在接受治疗。两人都是第一次在治疗中遇到性接触。两人都深深"爱上"了她们的治疗师，并享受这种性接触（乔伊斯是立即，斯蒂芬妮则是在9个月后）。在性接触开始后的一段时间内，两人都继续为"治疗"付费。斯蒂芬妮的"外遇"是在治疗10个月后开始的，持续了将近一年。乔伊斯的"外遇"是在治疗一年多后开始的，持续了5个月。乔伊斯在21岁时第一次去见她的治疗师，持续了3个月，然后在24岁时又开始去见这位治疗师。当时，这位治疗师已经50多岁了。斯蒂芬妮在30岁时去见了她的治疗师。这两个女人见的是同一位治疗师。

斯蒂芬妮：我一直很孤单。我的一个哥哥是酒鬼，另一个哥哥自杀了。我的姐姐非常聪明，但她辍学后就结了婚，然后家里的盘子就堆积如山。我从不和家人说话。很多年前我就离开了他们，独自读完了高中。

乔伊斯：我的父母总是威胁要把我关进精神病院——当我的第一个男朋友告诉我他要和别人结婚时，我真的变得歇斯底里，回家后像疯子一样大哭大叫。我的父母不让我哭。他们不允许别人哭。所以他们打我的脸，把我按在地上，他们告诉我，如果我再不闭嘴，他们就叫疯人院的救护车来了。当我得了风湿热时，他们说，没有人会想要我，我永远也嫁不出去，他们跑了很远的路去买药，因为害怕被别人发现。

斯蒂芬妮：我开始接受治疗是因为我抑郁了。我每天睡很久，体重也大幅增加。生活没有任何意义。一开始，我每次只能见他（治疗师）10分钟。我觉得这很奇怪，但从来没有询问过他。他给我开了很多药，治疗我的抑郁并减重，还坚持让我吃避孕药，尽管我没有和任何人上床。

乔伊斯：我见过这位医生两次。第一次是在我前男友结婚之后。因为我父母不愿意付学费，我不得不辍学打工。后来我怀孕时停止了治疗，和我同居的男人说："你要在心理医生和我之间做一个选择。如果你想让我照顾你和孩子，你就必须停止去看心理医生。"我照做了。但他始终不肯娶我。大约3年后，他离开我时，我又回去接受治疗。

斯蒂芬妮：我一直认为自己很丑、很难看、很平凡。我想他一定是疯了，才会如此奉承我。有时我在说话，他就站在我椅子后面。有一次他追赶我，追进了一个衣橱。大约3个月后，他搂着我，吻我的头，说："我爱你，我想让你幸福。"我很感激，但我不相信他。

乔伊斯：第一次，我21岁的时候，他对我说："在这个办公室里，你可以做任何你想做的事。不仅仅是说话。如果你想做某事，你就可以付诸行动。你可以将任何幻想行动化。有些女人喜欢脱衣服。有些女人喜欢跳来跳去。你可以做任何事情。"但我并不喜欢脱衣服和跳来跳去。当我再回去接受治疗时，我正在做服务员工作，他（治疗师）想让我做他的秘书，但我没答应。

斯蒂芬妮： 他总是在会谈结束后跟我吻别，但很粗鲁，从不深情。当我试着告诉他这些时，他很生气地说："假装你喜欢它就行了。"但我回家后就哭了。当我开始接受治疗时，我已经快3年没有和任何人上床了。我的婚姻——好吧，我丈夫是我睡过的第一个男人，仅仅持续了6个月。我在性方面从来没有满足过。

乔伊斯： 第一次热吻之后，我真的很难过。我把这件事告诉了一位好朋友，朋友让我与一位精神病科住院医生谈谈。"你确定这真的发生过吗？"他问。"是的。""好吧，很多时候，医生可能会在你脸颊上轻啄一下，而你在脑海中把它想象成另一个样子。"我说："不，我没有。"他说："我只能告诉你，和你的治疗师一起解决这个问题。"有趣的是，我还和另一位年轻的精神科医生谈过这件事，他是我的朋友。他说："作为一名专业人士，我只能告诉你，别再去见他了。"我应该听他的，但他的回答让我有些困惑，可能我并不想放弃这段关系。所以，最后我还是和他（治疗师）上床了。

斯蒂芬妮： 他总是要我躺到沙发上，但我不想躺。当我终于躺下时，他就会躺在我旁边。我不想和他上床，事情发生后我非常沮丧。我记得当时在想：好吧，如果我允许这样，也许他会对我更有感情……完事之后，他立刻跳了起来，回到打字机旁。他似乎没有注意到我很伤心，也没顾及我并没有高潮。他只是说："如果我不带你回家，请你不要介意——我有很多工作要做。"

乔伊斯：我们正要开始一次会谈，突然间我发现他躺在我旁边的沙发上。我还在为治疗付费，我问自己是否应该支付，我犹豫不决。我们从来没有真正解决这个问题。

斯蒂芬妮：如果我没有达到高潮，那是我的错。他是一名分析师，应该知道自己在做什么。而且，我没有资格评价任何人的性爱。你知道，我曾和一个女人上过床，但我非常沮丧和孤独，没法跟他说。有一次我大叫了一声，非常痛苦的号叫，他把我推开，站起来，穿好衣服，说："你不觉得你欠我一个解释吗？"他说："我们的关系没有任何问题，这是完美的医患关系，完美的工作关系，完美的情人关系。"他让我为他打字——给数百个不同的人打同样的信。每封信他至少赚100美元，但只给我3美元。

乔伊斯：我高潮迭起，尽管他来得很快。他把我当作妓女，就像我的幻想那样，我想这起作用了——在性方面。从心理上讲，这让我崩溃。

斯蒂芬妮：当我心烦意乱的时候，我会打电话给他。他经常挂断我的电话。有一次，我吃了一把安眠药。他说："哦，只是你的潜意识在困扰你，不要理会它。"后来他离开了他的妻子，搬进了单身公寓。我第一次去那里时，感到非常尴尬。他的床单上好像有精液，浴室里有一个女用避孕套。我问他怎么能这么轻率，而他说："你怎么能指责我和另一个女人上床，就因为你在我的公寓里看到女人的雨伞，或者是女用避孕套？"

乔伊斯：我去他的办公室，告诉他我不会再做他的患者了，他一直刻薄而残忍，而且这段关系不健康。他试图说服我不要这样做。他说他没有利用我，我读的心理学书籍都是过时的，拥有现代思想的人相信他的做法。当他看到我真的要离开时，他说："我警告你。没有人能够帮助你。我是世界上唯一能帮助你的医生。"

斯蒂芬妮：我会等他的电话，但他不会打给我。有一次，我在家里等了一个周末，可周一早上他打来电话，只是为了确保我给他打字。我无法工作，感觉自己快要崩溃了。夏天，他开始外出度周末，之前他曾答应带我一起去。我尽量远离他，后来当我回去时，他说他不想再和我上床了，但想让我为他打字，打一本书。

乔伊斯：抑郁、坏情绪、恐惧越来越严重。我主要害怕自己会失去理智，害怕自己会疯掉……我是个妓女，因为我有性欲。我越沮丧，他给我的利眠宁就越多。"但我为我们的事心烦。"我这样告诉他。然后，他就不再和我做爱了。我很伤心。我不想让他和我做爱，但他不和我做爱又让我非常伤心，因为我想也许他不想要我了。最后他告诉我，他觉得我承受不了，我无法应付。

斯蒂芬妮：你知道，有一次，我们单独在他的办公室里，赤身裸体。门锁上了。忽然，门铃一直响个不停。它响了将近 20 分钟。但他没有开门。我很好奇，就向窗外看去。我看到一个女孩站在那里哭泣。"那就是明年的我。"我对自己说。

乔伊斯：离开他几个月后，我去乡下度周末。我习惯了为每个人做每一件事。有人来我们家，我要为 15 个人做饭、打扫卫生，我们要为拉里（她女儿的父亲）的所有朋友安排住宿。这个周末，又是"其他人都出去尽情玩耍，而我在家洗碗"。我真的不想洗，但我还是洗了。我不知道这是怎么回事或是为什么，我看到水槽上放着一把安全剃须刀。我发现自己倒在地板上，试图割腕。我没有留下任何伤痕，它只能用来挠痒痒。然后，我试着用父亲的剃须刀割腕，最后我被送进了医院。我给他（治疗师）打电话，求他带我离开那里。"我在这里也许是因为你。"而他说："是的，我会带你去克里德莫尔（Creedmoor）精神病院。"

斯蒂芬妮：我无法忘记这件事。所以最后我打电话给他，要求退钱——所有的"治疗费"。他向我解释说，如果外科医生失误，患者仍然需要付钱。我告诉他，如果他是一名外科医生，我早就死了，但他不是，我也没有死，我希望把我的钱要回来。

乔伊斯：我只再见过他（治疗师）一次。我以为我怀孕了，去找他打了一针，让我恢复月经。他指责我议论他。（我把事情告诉了最初推荐我去找他的那个女孩。）然后我说："我想要回我的钱。"他说："没门儿。"我说："我会敲诈你，我会起诉你。"他说："你不能，你什么都证明不了。你疯了。"到现在已经过去5年了。偶尔，当我非常沮丧、非常愤怒的时候，我会给他打电话，歇斯底里地对他尖叫："你为什么要这样对我？你想要杀了我。为什么？为什么？"

当我第一次发表这一章时，一些学者和临床医生与我发生了争执。他们质疑本章内容的准确性或重要性。他们说："也许发生过少量类似事件，但不可能有很多。"或者，他们质疑我的动机：难道因为存在少数几个坏人，我就想玷污许多优秀临床医生的声誉？女性主义者就那么讨厌男人吗？一位精神科医生起诉了我，但在开庭前一天，他选择以一美元的价格和解了。

从1972年开始，出现了许多关于精神科患者、接受心理治疗的患者与治疗师之间性行为的文章和书籍。它们证实了我在本章中所说的大部分内容，只是对数字进行了细化。

例如，1979年，K. S. 波普（K. S. Pope）、H. 利文森（H. Levenson）和L. R. 舒韦尔（L. R. Schover）在《美国心理学家》(*American Psychologist*)

上发表了《心理培训中的性亲密：一项全国性调查的结果和意义》（Sexual intimacy in psychological training: Results and implications of a national survey）。1980年，J. C. 霍尔罗伊德（J. C. Holroyd）和 A. M. 布罗德斯基（A. M. Brodsky）发表了《触摸患者会导致性行为吗？》（Does touching patients lead to sexual intercourse?）。1983年，J. C. 霍尔罗伊德发表了一篇题为《作为性偏见治疗实例的情色接触》（Erotic contact as an instance of sex-biased therapy）的文章。

20世纪80年代中期，当南妮特·加特雷尔博士试图在这一领域进一步开展工作时，她遇到了来自美国精神医学学会的巨大敌意和抵制，而她既是一名精神病学家，也是该协会全国妇女委员会的主席。

1985年，加特雷尔独立发现，虽然只有6%的受访精神科医生承认与患者有过性关系，但65%的精神科医生承认他们曾治疗过被精神科医生性虐待的患者，而且这种虐待已经摧毁了患者。1986年，加特雷尔与赫尔曼、奥拉特（Olarte）、费尔德斯坦（Feldstein）和洛卡利（Localio）一起发表了这一调查结果。同样在1986年，R. D. 格拉泽（R. D. Glaser）和 J. S. 索普（J. S. Thorpe）发表了《不道德的亲密：心理学教育者与女研究生之间性接触和性挑逗的调查》（Unethical intimacy: A Survey of sexual contact and advances between psychology educators and female graduate students）。

1988年，美国精神医学学会为科罗拉多州精神病学家贾森·里克特（Jason Richter）医生提供辩护，后者承认自己曾对患者梅利莎·罗伯茨－亨利（Melissa Roberts-Henry）实施性虐待。辩护策略包括聘请侦探跟踪罗伯茨－亨利，而且根据加特雷尔的说法，"攻击后来治疗罗伯茨－亨利的女精神科医生的人格"，这位精神科医生被迫关闭诊所并离开了该州。1989年，加特雷尔退出了美国精神医学学会。

1989年，C. M. 贝茨（C. M. Bates）和布罗德斯基出版了《心理治疗中的性行为》（*Sex in the Therapy Hour*）一书。1990年，K. S. 波普和 S. 费尔德曼-萨默斯（S. Feldman-Summers）发表了《治疗师与患者的性卷入：研究综述》（Therapist-patient sexual involvement: A review of the research）。1993年，K. S. 波普、J. K. 索恩（J. K. Sonne）和 J. C. 霍尔罗伊德发表了《心理治疗中的性感觉：对治疗师和受训治疗师的探索性调查》（Sexual Feelings in psychotherapy:Explorations for therapists and therapists-in-waiting）。这一领域的工作仍在继续，因为问题从未消失。

我还应邀在全国各地的大量案件中做证或提供咨询，在这些案件中，私人治疗或遭受机构性虐待的精神病患者提出了医疗事故或损害赔偿的指控。其中一名患者在病房里被她的精神科医生致孕，有些人在病房里多次遭受其他患者强奸。工作人员不相信强奸受害者，并对她们进行惩罚。他们当然没有将这些人当作强奸受害者进行专业治疗。（我在本书的新导言中提到了这一点。）

在过去的30到35年里，我还注意到，在个别情况下，女性心理治疗师也会与她们的男患者或女患者发生性关系。与男性治疗师同行相比，她们这样做的频率显然要低一些。然而，我确实听说过一些女同性恋-女性主义邪教，这些邪教从20世纪70年代开始运作，以"治疗师-治愈师"（therapist-healers）为领导者。

其中一个案例涉及科罗拉多州博尔德市一位著名的非认证"治愈师"和女性主义作家安妮·威尔逊·谢弗（Anne Wilson Schaef）。和她的男性同行一样，她不仅与其女性和男性"客户"上床，还让一些人为她洗衣服、做家务、购物、开车和跑腿，以及担任秘书。她还接受了别人赠予的大量现金和土地。

多年来，包括女性主义治疗师在内的许多女性打电话告诉我，谢弗仍然我行我素；或者又有一位受害者终于与邪教决裂，然后来见她们。我认识谢弗并一度与她共事，但在20世纪70年代中期，我正是因为这个问题与她决裂了。当时，我建议她停止并终结这种行为。幸运的是，我保留了我们之间详细的交流记录。

谢弗曾经以情人身份搬进女患者沃纳·穆迪（Vonna Moody）家中，最终穆迪起诉谢弗治疗失当以及随后将她送进了精神病院。1992年，我为穆迪做证。第二天，谢弗和穆迪达成了和解。

如果男人这样做是错的，那么女人这样做也是错的。任何一个理智或道德的治疗师，都不会通过与对方上床或以任何其他剥削的方式来"帮助"他人。

精神病院里的女性
Psychiatrically Institutionalized Women

06

多年来，我常常在书店里浏览闲逛。一天晚上，在格林威治村的一家书店里，我发现自己站在一个头发蓬乱的女人旁边，她拎着老式的购物袋，大声地自言自语。我的教授们可能会说，这是"语词杂拌"。但它听起来很美妙：低沉、圆润、袅袅不绝。某个时刻，我说了一句"阿门"或"好极了"，或者任何与此类似的话。她吓了一跳，狐疑地看着我。这个世界已经向她表明，她的安全在于不被理解和不被注意，那么我到底是怎么对她产生兴趣的呢……如果我也是一个幻觉的受害者，为什么不在自己的领地里待着？她冲着我吼了一声，然后走开了，在书店的尽头找到一个孤独的位置，人们继续用怜悯的目光看向她。

女士－姐妹：无论你身在何处，我都将这一章献给你。

在 16 世纪和 17 世纪，一些"私立疯人院"开始涌现，"尤其是在伦敦及其周边地区"。这些疯人院以营利为目的，只接受那些家里负担得起相对高昂价格的患者。不久之后，虐待的证据就被曝光了。对于富有的丈夫们来说，把烦人的妻子监禁在这些不受监管的疯人院中，显然是一种相对廉价的摆脱她们的方式。早在 1687

年，丹尼尔·笛福（Daniel DeFoe）就开始呼吁公众关注这一问题。他大声疾呼，反对"在所谓的上等人（实际上是最坏的一类人）中流行的卑鄙做法，即出于突发奇想或厌恶而把自己的妻子送进疯人院，这样他们在纵情声色时就会更安全、更不受打扰……"。笛福接着说："在一个基督教国家，这是野蛮和不公正的顶峰，这是秘密的宗教裁判所，甚至更糟。有多少女士和淑女被草率地送进这些房子里，这些房子应该被查封，或者至少接受日常检查，就像下文提议的那样？"他接着说道："如果她们在进入那些受诅咒的房子时还没有发疯，很快就会因为在那里受到的野蛮对待而发疯，任何一个有勇气的女人，只要对自己的丈夫有一点爱，或者对自己的家庭有一点关心，就不可能在最荒唐和不合理的监禁和隔离下逆来顺受。突然被关押起来、被扒光衣服、被鞭打、吃不饱，甚至受到更糟的虐待，这些难道还不足以让一个人发疯吗？"他还说："一切写信的便利都被剥夺了，没有信使将信件送给任何亲戚或朋友；如果这种暴虐的宗教裁判所还不足以让人发疯，即使她们以前一直心智清醒，那我就真的无话可说了……"

艾伦·M. 德肖维茨（Allan M. Dershowitz）[1]

从20世纪初到20世纪末，美国的有色人种女性往往被送去住院，而不仅仅是被诊断。当她们寻求帮助时，她们不会被安排接受私人治疗。也许她们的症状更严重，也许她们是种族主义和性别主义诊断标准的受害者，也许她们负担不起或不想接受私人治疗。

但总的来说，20世纪的女患者（有时也包括男患者）被迫遭到监禁，有时长达30至40年；被迫接受药物治疗；被迫接受脑叶切除术；被迫接受电休克治疗和胰岛素昏迷治疗；在患有其他疾病时得不到治疗；以及在之后找工作、找住房或提起法律诉讼时被冠以"精神病"的污名。

青少年女同性恋者和男同性恋者，通常被原教旨主义家庭送到特别可怕的收容所。他们被隔离、殴打，遭受示众和辱骂，被霸凌，被单独监禁。这些行为发生在美国和世界各地。

我在美国接触过一个这样的案例：一位母亲和她的新任丈夫监禁了她十几岁的女儿，并且这个继父一直对女孩进行性虐待。这位母亲将女儿"女同性恋式"的自信视作严重的威胁。她也不想承认她的新丈夫一直在霸占她的女儿。幸运的是，一年之后，女孩的生父争取到了对这个深受创伤的女儿的监护权。

在20世纪，未婚先孕的少女也会遭到精神病学诊断，并被强行与新生儿分开。在20世纪70年代初的英国，人们发现，许多女性因为生下"私生子"而被关在精神病院近50年。人们还了解到，多年来，性行为活跃的少女在爱尔兰会被直接关进女修道院，往往一关就是一辈子，并由极度虐待她们的修女监管；她们辛苦地劳作，只因为她们的性罪恶。

正如我们所见，许多被关进精神病院的女性并没有"发疯"。她们非但没有挑战关于女性状况的心理学词汇，反而比以往任何时候都更加坚定地接受了这些词汇。她们变得抑郁、有自杀倾向、性冷淡、焦虑、偏执、恐惧、内疚、优柔寡断、消极、没有希望。只有少数女性能够完全摒弃这些特质，或者将它们与异性特征（如身体攻击性和性能力）结合起来。只有少数女性真正出现了幻听或幻视，而这些人在精神病院并没有得到帮助，那里常见的是错误用药、强制监禁、憎恨女性以及惧怕疯狂的工作人员的粗暴对待。

我访谈了24名住过精神病院的女性。其中12名女性清晰地表现出异性特征，例如愤怒、咒骂、好斗、与女性发生性关系、性欲普遍增强，以及拒绝提供家务劳动和情感抚慰。这12名女性中有4人还经历过"幻觉"。其他12名女性主要表现出更类似女性的特征，如抑郁、自杀倾向、恐惧和无助感。

这些女性目前的年龄从19岁到65岁不等。作为一个组别，她们共住院70次，平均每人3次。她们的总住院时间从1周到近10年不等。每个女性被送进医院的次数从1次到15次不等。其中5名女性因"抑郁症"住院10次；10名女性因"自杀未遂"住院共14次。在第一次被送进医院时，5名女性已婚，2人离异，1人丧偶，16人单身。其中2名女性是黑人，1名是波多黎各人。

每位女性接受私人治疗的时间约为50个月：其中男性治疗师为43个月，女性治疗师为14个月。在住院前后，每位女性大约见过3位不同的治疗师。（"大约"是指整个组别的精确"总平均数"。这24名女性中包括第三世界女性、女同性恋者以及与治疗师发生过性关系的女性。换句话说，这不是本书第4章介绍的各组别女性之间的无重复比较）。

其中2名女性未读完高中，4人完成了高中学业，6人上过一些大学课程，7人获得学士学位，5人完成了一些研究生培训。24名女性中有18名是独生女或长女。

其中一些女性是自愿住院的：她们的生活似乎毫无希望，别无选择，她们的父母或丈夫坚持认为，如果她们从一开始就"合作"，对她们来说会"更好"。更普遍的是，一些女性完全是在非自愿的情况下，通过暴力、欺骗或在自杀未遂后的昏迷状态下被送进医院的。

卡门（Carmen）：（女儿出生后）我很难过，也很疲惫。我无法再照顾这个家庭了。我丈夫告诉我，女仆都比我做得更好，他说我疯了。他带我去医院进行所谓的观察。

凯瑟琳：丈夫离开我和孩子之后，我非常沮丧，什么都做不了。我是一个 20 岁的母亲，只能回到家依靠我的父母。我没有上过大学，因为母亲认为我不够聪明。父亲对我非常粗暴。我通过结婚逃离了这个糟糕的家庭。所以，当我回到家说"我回来了"，我妈妈说："该死，你真是自作自受。"所以，我不得不威胁说我要自杀，以博取他们的同情，我妈妈说："好吧，如果你疯了，你就应该去医院。如果你抑郁了，就去做一些检查找出原因。"我父亲认识这家私立疯人院的主管，他们都让我去住院并心存感激。

露丝：我结婚后大约过了 8 年，突然间，我丈夫似乎对我和孩子们感到厌倦了。于是，他每天晚上都参加聚会。他和朋友们玩得很开心，朋友也总是找他去玩。但我觉得自己被忽视了。所以我很生气。当我问他为什么不能在家陪陪我和孩子们时，他只是砰地关上门，说我病了，需要看医生。好吧，我相信了他的话，去找了他推荐的医生。长话短说，这位医生没有询问我的困扰。他只是给我打了一针，让我睡着了。然后，他继续给我做电休克治疗。这导致我一直昏昏沉沉。因此，我没法集中注意力照顾孩子们，我的丈夫则毫无负罪感地享受着他的自由。这种电休克治疗大约持续了 6 年。我一直默默承受，从不反对他们做任何事情。

索菲：我丈夫是个很难相处的人，总是因为和老板吵架而丢掉工作。我不得不放弃一份又一份好工作，随着他的下一份工作而变动。后来，我丈夫找了个女朋友——我没有抱怨，婚姻不是玫瑰花床——我的多发性硬化症开始了。我丈夫让我接受休克治疗，说我的症状是自己想象出来的。幸运的是，我们付不起私人治疗的费用……但他（我丈夫）带了一位精神科医生回家，他们一起威胁我。如果我不自己去住院，他们就会把我送进医院，这对我来说会更糟。于是我进了医院。

芭芭拉： 我13岁那年，我妈妈把我送进了精神病院。她管不了我。我父亲离开了我们，她一直在酗酒和哭泣。我不断逃离糟糕的寄养家庭，所以她最终把我送进了精神病院。

华盛顿（美联社）：消费者权益倡导者拉尔夫·纳德（Ralph Nader）的一位同事说，医生们没有得到足够的警告，一种针对精神病患者的强效"化学拘束衣"可能会导致帕金森病的症状……美国食品和药物管理局的一位官员也认为这种药物（三氟拉嗪）被过度使用了，特别是用于治疗轻度焦虑和并不严重的疾病。

《纽约邮报》(New York Post)

制药行业公开承认了对女性的奴役。比如在一则广告中，一名女性站在由扫帚和拖把组成的栅栏后，广告标题写道："你无法给她自由，但你可以让她不那么焦虑。"另一则广告中展现了一位女性，据说拥有硕士学位，但现在她必须忙于开家长会、做家务。广告上说，这导致她患上了妇科病，需要用药物治疗。

医学博士罗伯特·塞登伯格（Robert Seidenberg）

所有这些女性都接受了大剂量的药物治疗（如冬眠灵、三氟拉嗪、硫利达嗪和利眠宁），许多女性还经常接受休克治疗或胰岛素昏迷治疗，而且通常是在接受精神病学"面谈"之前。

劳拉： 他们做的第一件事，就是对每个人进行电休克治疗。你是谁并不重要。你进去后，他们每周给你3次电击。在决定把你送进哪个病房之前，他们会给你来一次彻底的电击。我被吓坏了，以为自己要死了。唯一来看望我的人——这可能让你觉得有点可笑——居然是来给我做智商测试的。

许多女性遭到殴打。她们与外界联系的请求被拒绝。她们的信件被审查或根本寄不出去。一名女性的日记还被销毁了一部分。合理的医疗投诉通常得不到处理：它们被谴责，或被当作"引人注意"或"报复"的把戏。具有讽刺意味的是，精神病患者可以就监禁期间遭受的身体伤害成功起诉精神病院，但无法就精神伤害提起诉讼；她也无法成功起诉不健全甚至根本就没有的医疗照顾。

芭芭拉：我被打了很多次。后来我熟悉了门道，他们让我负责打那些更小的不听话的孩子。他们甚至打五六岁的孩子。如果我有所抱怨，他们也会打我。

索菲：我知道我的身体出了问题。我走路有点困难，但他们不相信我。我一瘸一拐地走着，摔倒了，他们还嘲笑我。他们（工作人员）踢我，只是因为我想要一些好药。有一次，他们用脚踢我，把我扔到一个跟壁橱差不多大的房间，让我睡在地板上，也不给我衣服穿。

那些被关在州立精神病院的女性还被迫从事特定性别的劳动。她们担任无薪的清洁工、洗衣工、病房助理、厨师和小卖部售货员。如果她们拒绝这些工作，她们就会被认为是"疯狂的"和"不配合的"，并受到惩罚——更多的药物、休克治疗、殴打、嘲弄和更长的住院时间。如果她们接受了这些工作，并且表现出色，医院工作人员往往又不想让她们离开。

苏珊：我拒绝待在厨房削土豆，所以他们把我单独关了几天。

卡门：我很自豪能成为 X 医生的私人管家。我打扫、做饭、看孩子、购物，甚至辅导她儿子的西班牙语。我不喜欢的是给他们洗内衣。这是我不喜欢的。

普丽西拉（Priscilla）：当我拒绝打扫病房，拒绝把慢性病患者的粪便放进小罐里时，他们（工作人员）就对我群起而攻之。他们用床单盖住我，把我摔在地板上，然后对我拳打脚踢。

我在那里的时候，有许多患者被接收和出院，他们在精神病院时从未与医生有过 5 分钟的谈话。新来的患者通常会……询问"我什么时候去做检查？"我会回答："你到这里后就再也不会做检查了，因为医生正是代表那些希望你留在这里的人接收了你。"

伊丽莎白·帕卡德:《现代迫害》(1873)

这些女性中只有少数得到了心理治疗的关注。治疗小组（和治疗师）要么根据心理动力学解释她们对信息和解救的要求，要么建议她们变得更加"女性化"和"合作"。

劳拉：他们告诉我，要好好打扮自己。因此，每天早上我都会大量出汗（胰岛素昏迷治疗），而每天下午我都和其他女性一起去美容院。当然，你必须为此付出代价。如果你想出去，就必须隐藏自己的感受，假装一切都很美好。

乔伊斯：有一位医生一直跟我会谈。他会一遍又一遍地重复同样的话。我记得当时我看起来很糟糕，头发没有梳理，也没有化妆。他说："你为什么不打扮一下自己？你是一个多么好看的姑娘！"我说："我再也不想让别的男人看我一眼。"

拉弗内（Laverne）：我终于想通了。不应该生气的。哦不。他们把你锁起来，把钥匙扔掉，你应该对他们微笑，赞美护士，装作像婴儿一样——这就是我为了出院而做的。

卡萝尔（Carole）：我真的很好斗。我知道我的合法权利，我在疯狂地反抗。我被关在人类的马桶里，一个集中营里，我出不去。他们不喜欢我和我接受的大学教育。

这些女性中有许多人在精神病院中受到了性挑逗或性骚扰。然而，自由选择的异性恋性爱以及女同性恋性爱，都是被劝阻和禁止的。

芭芭拉：有一个女孩被一名工作人员强奸了，但护士只是和他谈了一次，这件事就被掩盖下去了。一名医生在妇科检查时试图强奸我，我不敢投诉，我害怕他们说我撒谎或疯了，然后给我电休克治疗。

玛莎（Marsha）：我在医院里爱上了一个女人，但这被认为是"病态的"。他们周六晚上有舞会，他们说你应该去参加，但你只能和男人跳舞，不能和其他女人跳舞。但你也不能和男人上床。

多丽丝·安德森（Doris Anderson）小姐，一位来自巴尔的摩接受救济的黑人女性的故事刊出之后……电话开始响个不停，信件也纷至沓来。来电者讲述了其他理智、健康的人冒犯了官僚精神病学，被强行送进了精神病院。许多来电者强调，这不仅仅会发生在接受救济的黑人女性身上。她们讲述白人中产阶级女性也遭遇过同样的事情。但没有一例发生在男性身上的报道——她们都是女性，而且没有任何受害者对囚禁她们的人提起诉讼。有些人保持沉默，因为她们不知道该如何反击。她们要么没有律师，也不知道如何找律师，要么遭到恐吓，好像被带到精神病院让她们对自己的理智产生了怀疑。

尼古拉斯·冯·霍夫曼（Nicholas von Hoffman）
《华盛顿邮报》（Washington Post）

我是为了他人的利益而辩护——我是为了他人的冤屈和不幸而抱怨。为了他们和他们的利益，我毅然决然放弃了精神病院宠儿的身份，从此成为精神病院的囚犯。从那时起，在两年零八个月的时间里，我一直被关在这里，除了一次例外，我从未被允许跨出精神病院的大门一步。我完全相信，医生的目的就是通过巧妙使用精神病院的酷刑，把我变成一个疯子。

伊丽莎白·帕卡德：《现代迫害》(1873)

只有两名女性意识到自己的合法权利，当然她们也都在法庭上败诉了，并受到进一步的精神病学层面的监禁（作为"惩罚"）。24名女性中，只有1人认为她的"疯狂"经历是一件积极的事情。只有1名女性不认为自己"疯了"。大多数女性对自己的住院经历和住院原因感到羞愧、困惑，认为这就是自己的命。大多数人通过（言语上）弱化暴力和自我责备来应对这种暴行。她们"病了"——不是吗？

劳拉： 一开始，我一点也不机灵。我只是太受伤了（笑声）。我不知道如果我试图逃跑，他们会给我 3 倍的惩罚。他们给我穿上拘束衣，那非常残忍，把我一个人关在房间里长达 24 小时。我几乎无法动弹，全身僵硬。他们甚至不让我上厕所。他们在我身下放了一个便盆之类的东西。但你必须明白，我当时病了。我不能假装说我没病，你必须意识到，我真的病了。

乔伊斯： 我记得有一个很大的房间——日间病房，挤满了人，数以百计。有些人在房间里跳来跳去，做着各种奇怪的动作。我吓坏了，真的开始哭了。我在想，天哪，就是这样，我真的疯了。我知道我真的疯了，因为我在这里。然后，我说："我是精神分裂症，不是吗？"他（精神科医生）说："不，你不是精神分裂症，你是歇斯底里和神经质！"我不会相信他。我坚持认为我是精神分裂症。

露西（Lucy）： 每当我质疑他们的所作所为，批评他们，尤其是批评他们如何对待其他一些患者时，他们就会对我大吼大叫，把我单独关起来。我会变得情绪化并且很激动，我得的就是这种病。他们并没有明确说对我的期望是什么，但如果你大声说了太多他们不喜欢听的话，你就会发现自己会被关起来了。我当时病了，毫无疑问。

这些女性"生病了"吗？她们只是"倦了、累了"，还是医学上所说的"病了"？为什么她们认为自己"病了"？她们的病真的是由于接受了我们文化中女性作为患者的角色吗？这些女性是因为拒绝她们的性别角色定型而受到惩罚，还是因为以致命的方式接受了这一角色而受到惩罚？她们是因为对自己的性别角色感到矛盾而受到惩罚的吗？她们住进精神病院仅仅是偶然的吗？一言以蔽之，应该如何"对待"她们？

以上任何一个问题能得到让每个人都满意的回答吗？其中任何一

个答案适合所有的女性吗？许多女性在住院期间或住院之前，都对自己的性别角色感到矛盾。劳拉也许可以代表她们发声。在这些访谈的片段中，呈现出一些典型的"男性化"和"女性化"的情感或行为，它们在劳拉身上鲜活地并存着。在我们的文化中，很少有地方会积极支持女性表现出心理上雌雄同体或"男性化"的行为。

一个星期天的下午，劳拉带着恐惧、勇敢和好奇的复杂心情来找我谈话。她说："我母亲告诉我要小心，但洛伊丝（Lois）（我们共同的朋友）说没关系。"35岁的劳拉从母亲那里"租了一间房"，不再"出门"，她疯狂地阅读、写诗，每周见三次精神科医生（男）。虽然她有文学硕士学位，但做着秘书的工作。她不是女性主义者。劳拉住过两次精神病院，结过一次婚。她坚持认为自己有"精神病"。

劳拉：我无法回避这个问题。我真的病了。我开始产生幻觉，我真的会想象每个人都在反对我。

菲利斯：他们做了吗？

劳拉：没有。

菲利斯：当你母亲报警时，你有什么感觉？

劳拉：一开始，我觉得她在和我作对，这很残忍。她的所作所为有些残忍。你知道，我没有足够的钱来维持生计。我研究生毕业了，找不到工作，当时我在写作。我向母亲要钱，她拒绝了我，因为我应该长大成人，能够养活自己；如果不能，我就应该去结婚。我们为此大吵一架，然后她报了警。我没想到他们会把我关起来，我以为我母亲在吓唬我。她报警是因为我脾气太坏——她很聪明，能感觉到不对劲。警察给我戴上手铐，把我带到金斯县（Kings County）医院。他们拿走了我的一切，我的衣服、戒指，还给我注射了镇静剂。

菲利斯： 你去看过精神科医生吗？

劳拉： 是的，我真倒霉。他一定以为我比实际情况更糟，因为我开始哭泣，大喊大叫：一切都太可怕了。这是错误的做法。他认为这是严重精神失常的迹象，因为我无法控制自己。我是一个惹祸精。我试图逃跑。我不想再被关起来了。但他们抓住了我，把我送到伊斯利普中心（Central Islip）医院，在那里，他们立即给我安排了每周三次电休克治疗。我以为我要死了。整整一个月都没有人来过问我。治疗期间只有一个人来看我——给我做智商测试。我一定表现得很好，因为他们把我转到了一栋"更好的大楼"，对我进行"特别照顾"——除了电休克治疗，还有胰岛素昏迷治疗。每天早上都要打胰岛素，等你熬过去的时候，你已经快死了。他们会给你一些糖、蛋酒，让你恢复活力，但无论如何，接下来的一整天你都会感到筋疲力尽。晚上我们会打牌。大部分时间里我都很恍惚。在他们让你离开之前，或者让你以为自己已经康复之前，你必须知道你生病了。而我确实生病了。

菲利斯： 如果没有人跟你大量谈话，他们怎么能确定你生病了？

劳拉： 好吧，我已经习惯了和这些人打交道。我真的感觉不一样了，好像我的青春已经逝去，在此期间消失了。不仅如此，那些电击相当强烈。你不可能在经历电击之后，仍然有同样的想法。它会打断你的思维。你会有新的想法。我的父母已经离婚多年。如果有人照顾我，医院愿意让我出院。

菲利斯： 你有没有想过和你父亲住在一起？

劳拉： 没有。我父亲不会让我住在他那儿。他不希望有孩子在身边。

菲利斯：那朋友呢？恋人呢？

劳拉：好吧，没有人来看过我。他们都有自己的生活。说实话，他们没有那么关心我。在这方面，我觉得我的经历并不特别。他们可能会过来和你睡一段时间，然后又回到他们自己的生活中。不过，我在另一个州找到了一份教书的工作，也在那里认识了我的丈夫。出于某种原因，他想和我结婚——你知道，我无法分析每个人的动机。一年后，我嫁给了他。他是第一个真正想娶我的男人。爱？好吧，我不知道那是什么：你可能认为我是个很奇怪的人。在他和我结婚之前，他问我是否愿意在他攻读博士学位期间支持他。我像个傻瓜一样答应了。于是，我工作（教书），他上学，大约婚后一年半，我又开始胡思乱想了。

菲利斯：胡思乱想什么？

劳拉：这一次，我想象他有了外遇，想象人们在反对我。我又开始这样了。他大部分时间都在外面，当他在家时，他只顾吃饭和睡觉。我们很少做爱。

菲利斯：你有情人吗？

劳拉：噢，没有。我开始胡思乱想，然后我发脾气，我开始摔东西，冲他大喊大叫。有几次他跑到旅馆去睡觉。我建议我们去看婚姻咨询师，因为我担心婚姻会破裂。他去见了一位治疗师，这次我丈夫把我送进了医院。

菲利斯：只凭他的一面之词？

劳拉：是的。他带着几个肌肉男进来了，他们用东西把我绑起来，然后挂断了电话——我当时正在和我母亲通电话。我变得歇斯底里，但他们不让我和任何人说话，甚至是我的治疗师。我丈夫只是站在那里。他知道我非常害怕电休克治疗和医院。我跟他说过第一次电休克治疗的经历，但他认为在私立医院会有所不同。去年，我在一本医学教科书上查到了我的诊断，上面说我这是不治之症。我很难过，打车去见我的治疗师。我想知道我是不是没有希望了。

菲利斯：你为什么认为自己有精神分裂症？

劳拉：好吧，诊断一直都是这样的，预后应该也很糟糕。我的治疗师很会安慰人。他有时会惊讶于我并不嫉妒已婚女性，他本以为我会嫉妒她们。

我认为，年龄以及"非女性化"的行为，即引起麻烦、有需求的行为，会增加女性被送进精神病院的概率。芭芭拉和卡萝尔都尝试过自杀，当时芭芭拉 13 岁，卡萝尔 45 岁。两人住院都是因为家人不能或不愿抚养她们。两人都具有"战斗精神"：这是一种在家庭或精神病院中得不到培养的特质。在这两位女性身上有着典型的"女性化"和"男性化"行为，它们非常活跃地并存着。

卡萝尔今年 65 岁。她独自住在纽约市的一家福利旅馆，在一间上锁的小房间门后，放着一个装满法律简报和新闻剪报的箱子，一个被禁止使用的双头炉灶，屋外还有永无休止的交通噪声。她在纽约精神病院住了 10 年。她的笑容灿烂，精力极其充沛。她的职业是一名演员。虽然她受过良好的教育，而且是正常的异性恋，但她从未结过婚。

卡萝尔：我从小就想成为一名演员。从我 16 岁起，家里就不断给我订婚。我退还了八枚戒指，漂亮的大戒指。我不想结婚，你知道我的意思，去打桥牌和麻将，这并不适合我。他们想尽一切办法阻挠我，开始筹划订婚的事情。我不记得他们为我"安排"了多少富家子弟，但那些戒指总是在两三个月后被还回去。我的家人对我很严格，也对我很失望。他们不允许我在女朋友家过夜，如果她有兄弟的话。如果有人强奸了他们的宝贝疙瘩怎么办？有一次，我回家晚了一点，整个屋子都亮起了灯——一派灯火辉煌的景象啊！你还年轻，这样的场景在你的时代肯定已经消失了。

菲利斯： 不，我也遇到过。

卡萝尔： 好吧。他们把我送到了一位精神科医生朋友那里。精神病学不是从教科书中学到的。当精神科医生治疗某人时，他会用他的常识和心灵去解决问题。我很喜欢他。并非所有的精神科医生都像贝尔维尤（Bellevue）精神病院的老鼠一样。我从未在一间房子里见过像他家那样多的书。最后，他打电话给我的父母说："我不想让她去好莱坞。她不适合那里激烈的竞争。他们会像格兰特（Grant）占领里士满（Richmond）[1]一样击败她。我会告诉你我想让她做什么。我想让她去医学院。"我母亲开始大笑。她说："你想让她当医生？她连看到给婴儿换尿布都受不了。"好吧，到我25岁的时候，他们都焦头烂额了。"你是个老姑娘了，名声也不好，未来该怎么办？"所以，我不得不彻底背井离乡：好莱坞，我来了。

菲利斯： 你是怎么进精神病院的？

卡萝尔： 好吧，好莱坞并没有完全"接受"我。虽然很艰难，但我还是攒了一些钱，可每个人都告诉我："去纽约吧，哪怕在舞台上演一个小小的角色，然后你知道的，他们会把你抢回来的。"所以我来到了纽约。然后，我在一次试镜中遇到了他——一个矮胖的家伙，长着一张慈父般的脸。他说他想做我的经纪人。我是一

---

[1] 格兰特占领里士满（Grant took Richmond），指美国内战时期，北方将领格兰特将军成功占领南方首府里士满，取得了决定性的胜利。——译者注

个"珍贵的宝藏"。我承认我有点怀疑，我是说，在好莱坞，任何事物都跟性有关。事实证明，他确实是在为性做铺垫。他成了我的商业经纪人，给我找角色。我把支票交给他，他说："我会给你你想要的。"然后，他突然就不理我了！"好吧，把你手里的钱还给我——"一无所获！最后，我走投无路，去了他的办公室。他抓住我的肩膀，用他硕大的拳头打我的头，大喊道："把她扔出去！把她扔出去！叫警察来！"我感觉太羞辱了。

菲利斯：你和他上过床吗？

卡萝尔：大概四五次。我觉得很羞耻，因为我站在那里喊着："好吧，叫警察，让所有人都知道。"他像个疯子一样跑来跑去。"我不是妓女，我是来找工作的，来要工资的。"我对他大喊道。我还为他读剧本了，也是白读。"但你就是个妓女，你就是，"他举起拳头吼道，"是的，只有像你这样肮脏、下流、卑鄙的人，才会把我弄成这样。"我跑了出去。我在家哭了几天。有些朋友想过去揍他一顿。我拒绝了——我感觉太丢脸了。我拖欠了房租，身体也垮了，无法处理这些事情。我去了外交官酒店，预付了两天的房费。我告诉他们："我很累，我不想接任何电话。"然后，我在门上挂了"请勿打扰"的牌子，服用了苯巴比妥和速可眠。我最后一次看时钟是 5:25，然后就睡去了。五天后的晚上，我在贝尔维尤医院里醒来。他们对我问东问西。"你为什么要那么做？你知道你在哪里吗？"我伤得很重。我无法走路，视线模糊。

从医学上来说，卡萝尔受伤了，但却没有得到医疗照顾。在她的拘禁听证会上（她坚持要有一个），法官问是否"有人照顾"她。

卡萝尔： 我说没有。我不想让我姑妈或我母亲知道这些事。他说："好吧，你需要更多的治疗。"然后，那个混蛋（精神科医生）站起来说："嗯，在任何一家州立医院，她都可以得到治疗。"他们给我贴上了更年期精神病和分裂型人格障碍的标签。我几乎不能走路，但我很有攻击性，我拒绝合作！这是一个大问题，如果你不配合，那你就是真的疯了。我知道我在州立精神病院不会得到医学治疗，所以我要求法官，如果不释放我，就杀了我。嗯，就是那样。我请求法官"别这么做"，但他还是把我送进了州立精神病院。

芭芭拉今年19岁，按照传统标准，她非常漂亮。她的穿着打扮非常嬉皮士：苗条的身材搭配着皮革、绒面革、黄铜饰品和银器。我们第一次见面时，她刚做了妈妈，不能跟我聊太久：她丈夫希望她尽快回家。她一支接一支地抽烟，喝咖啡，跟我随意地开玩笑。后来她变得非常严肃。

菲利斯： 你为什么被送进医院？

芭芭拉： 因为我试图自杀。那时我压力太大了（当时她13岁）。我父亲抛弃了我们，我想我母亲是爱我们的，但她有太多的问题。她无法正常生活。她把我送到寄养家庭，我父亲来看我，告诉我她不爱我了，我只能哭泣。我有过养父，还有那些不给你饭吃的奇怪养父母。我简直不敢相信发生在我身上的事情。我长大后上了天主教学校，那时的我已经很奇怪。我不是一个正常的、快乐的孩子，我经常被一个修女殴打，因为她听说我母亲在说她的坏话；我也没有任何朋友，孤孤单单。我母亲酗酒，时不时就想自杀。我让我母亲很难过。13岁那年，我经常在外面玩到凌晨四五点。最后，我被送到了克里德莫尔精神病院的儿童病房。

菲利斯： 你在那儿待了多久？

芭芭拉： 大概五六个月。当时有个护士长，如果女孩们让她太为难，她就会采取措施。女孩们一些特权会被剥夺，或者会被殴打。我有过亲身经历，在这些医院里，被护士长针对是一件非常糟糕的事情。我自己被打过几次。一个女孩拿走了我的睫毛膏，然后说被她弄丢了，护士长说："你想让这件事就这么算了吗？"于是，我们玩了一个拳击游戏，要在这个女孩的胳膊上打一拳。我们不得不抓住她，打她的胳膊，真的很恶心。工作人员比患者还要糟糕。

我从克里德莫尔逃出去两次。一个警探找到了我。我当时和医院里认识的几个人住在一起，她（我女朋友）的叔叔试图强奸我，我弄断了他的手指。然后，我打电话给克里德莫尔的护士长，要求回去。这一次，我没有和医生、护士长或社工发生什么冲突。我们相处得很好。我没有把病房搞得一团糟。

菲利斯： 你在那儿的时候上学吗？

芭芭拉： 从早上10点到中午12点。它被称为初级学校，真的很糟糕。他们告诉我，不要把事情搞得太复杂，要合作，否则不会让我好受。我当时在排队拿牙刷什么的，他们给了我一大杯液体氯丙嗪，还有一些别的东西，让我喝下去，然后我就晕过去了。我当时不知道那是什么药。后来我才知道，服用过多的氯丙嗪会让人短暂昏迷。我在床上醒来，去找护士要一些让我舒服点的东西，她说："你最好回到床上去，否则我会在你屁股上扎一针。"

那些患有慢性病的女性常常被锁在浴室里。工作人员从来不给她们换衣服，还常常在她们身上小便。当有访客来的时候，他们会给她们洗个澡，然后告诉访客"她们过得很好"。我下楼告诉主管，他们给我的药超过了正常剂量。她告诉我，如果我再张嘴，她会让它永远闭上。这太可怕了。在官方检查之前，我们花了两周时间清理病房。

他们会把患者隔离起来，不给她们便盆之类的东西，然后要我们清理，我不愿意做。他们想让我把排泄物放在咖啡罐里。如果你不是真的疯了，很难在那里待下去。有些人不得不待很长时间，因为没有人真正想收留她们。

17岁时，我和那里的一个女孩发生了性关系，但他们对此无能为力。没有任何心理咨询，而这是我需要的，也是那个女孩需要的。他们带走了那个女孩，问她是否和我一起达到了性高潮，她说是的，我确实达到了。这是一段非常病态的关系，不正常。当时我17岁，我不清楚自己是否是同性恋。我无法向任何人倾诉。

当我把在克里德莫尔发生的一切告诉我的英语老师时，她并不相信。我告诉她他们殴打我，给我喂了很多药，使我陷入无助的状态，她却认为我在撒谎。人们害怕任何与他们不同的人。如果有别的地方可以去的话，我就没必要待在克里德莫尔了。

女同性恋者
Lesbians

07

不算我母亲，我的第一次女同性恋体验发生在我8岁那年。放学后，安（Ann）会来我家，编造一些神奇的故事，说前一天晚上男孩们对她做了什么。我问了很多问题，然后安用一个接一个的亲吻和爱抚，向我展示到底发生了什么。当然，后来我们的兴趣都"逐渐转向"男生，不得不收起我们的"童年游戏"。

两年前，我遇到了在银行做柜员的安。她怀孕了，很快便跟我说起了她丈夫的一切：她丈夫的工作，她丈夫购买农场别墅的首付款，以及她丈夫的暑期度假计划。其实我想说："嘿，安妮（Annie），你还记得那些美妙的亲吻吗？"但我没有，我选择了沉默。

我将这一章献给女性之间沉默的打破。

> 女性对同性的爱相当于……俄耳甫斯教的（同性恋）。这里再一次地、唯一的目的是超越低级的感官享受，将肉体之美转化为纯洁的精神之美。萨福（Sappho）[1]在升华自己性活动的努力中……她

---

[1] 萨福，古希腊著名的女抒情诗人，出生于莱斯博斯岛（Lesbos），现代英语"Lesbian"（女同性恋）即来源于"Lesbos"。——译者注

关注的不仅仅是某一个元素，厄洛斯让她看到了所有元素……无论她在哪里发现了肉体之美，厄洛斯都驱使她去创造精神之美……有了这种想法，她开始对年轻时所珍视的一切，那些财富、珠宝、外形可爱的装饰品，都变得漠不关心。

J. H. 巴霍芬（J. H. Bachofen）[1]

当一对夫妻刚开始参加性派对时，如果女方从未在其他女性面前裸露过，她通常会说她觉得这很恶心，无法想象。在最初的两三次派对中，她看到女人们明显地互相享受，然后她可能会改变自己的立场，说："我确实享受让一个女人在我身上，但我永远不会对另一个女人主动。"然后，当她在几个月间参加了许多次性派对后，她很可能会说："我享受和女人一起做任何事，无论她想怎么做。"……在大型的开放式派对上，我们观察到几乎所有的女性都沉浸于同性恋活动，并明显感到很满意，尤其是在有年轻群体参与的情况下。

吉尔伯特·D. 巴特尔（Gilbert D. Bartell）[2]

大多数精神分析理论家要么真诚地误解了女同性恋，要么严厉地谴责女同性恋。有些人则两者兼而有之。他们说，这种"状况"是基于生物学或激素的原因。有些人不认同，他们认为这实际上是一种环境现象。但无论如何，所有这些人都同意，女同性恋是一种适应不良、退化和幼稚的现象：即使它本来不是这样，但它导致了不可否认的痛苦，因此它是适应不良的、退化的，等等。

更温和的观点认为，女同性恋关系并不是幼稚，只是受到了限制。他们说，我们天生都是双性恋，但外部环境（社会，父权制家庭）损害和限制了女性和男性,使其成为异性恋。更大胆的观点对此则不赞同。他们认为,女性天生比男性更倾向于双性恋,也更加感性。从生理学角度来看,与父权制下的男性相比,女性是彼此更好的性伴侣和情感伴侣。还有更加大胆的看法,否定了所谓"先进"的双性恋观点:他们说,不,在我们的文化中,女性的双性恋是受限的,是一种妥协,是一种公然而怯懦的"逃避"。夏洛特·沃尔夫(Charlotte Wolff)博士在《女人之间的爱》(*Love Between Women*)一书中,无意中对最后一种观点做了如下解释:

> 女同性恋者对母爱的渴望总是因男性的存在而陷入困境……人们不禁要问,为什么男性和女性都如此憎恨女同性恋。出于男性的自尊心和虚荣心,只有极少数男性会将女同性恋者视作严肃的竞争对手。男性对她们的厌恶可以追溯到一个根本的心理学原因:他们需要在女性身上得到母爱。男性希望得到女性的"喂养"。他一生都需要自我的支撑。一个"喂养"(爱)另一个女性的女同性恋者使他和他的世界陷入混乱;她是一个竞争对手,因为她拿走了本应该是他(而非她)的母性支持。[3]

在父权制社会中,同时为男性和女性提供"喂养"的女性,无法成功地"喂养"那些长期处于饥饿状态(而且往往是腹部浮肿)的女性。从心理学角度来看,只有女性才能"弥补"彼此缺失的母爱。在这个历史时刻,只有女性才能(如果她们愿意的话)支持女性进入或重新进入人类社群。为了让大多数女性摆脱"女性化"的束缚,女性必须像男性一样,从他人那里获得情感、性、经济和智力的支持,无论是比她们更年长的还是更年轻的。然而,我并不是说女性主义的手段或目标,一定要通过"成为"女同性恋者或遵循前女性主义女同性恋者的生活方式或价值观来实现。

许多研究人员－临床医生将女同性恋与男同性恋混淆或等同起来。许多研究人员也更多地研究和"同情"后一类"患者"，而不是前一类。大多数人则根本没有"同情"。默尔·米勒（Merle Miller）曾在《纽约时报》上宣布"出柜"；他收到了一些来自精神科医生的信件，其中有如下建议："虽然我对米勒先生未能治愈的疾病表示同情……（并认为）同性恋者与其他任何人享有同样的公民权利，但他们也有权利尝试治疗自己的'疾病'。"另一位精神科医生表示愿意"免费"为米勒提供"咨询"，"因为从你的语气中可以明显地看出来，你非常需要帮助，甚至是不知所措"。

当然，由于男性无论做什么都被认为比女性做的任何事情更重要，因此男同性恋在社会、法律和经济上也会比女同性恋受到更明显的惩罚。对男性身体力量的恐惧，再加上男性的性攻击性，可能是这里的一个重要因素。男同性恋者被认为潜在地结合了这两种力量，并利用它们来对付其他男性，也许是更孱弱或更年轻的男性。这种威胁对男性来说是无法容忍的，为了成为"男人"，他们必须在心理上保留力量或行动的主动权。然而，这种威胁对大多数女性来说不过是家常便饭。异性恋男性用更强的身体和"性"力量威胁所有女性，尤其是年轻女孩，但我们的文化并不因此恐惧或惩罚他们。完全相同的行为，根据它是男性还是女性所为，以及行为的接受者是谁，会具有完全不同的含义。

与女同性恋者相比，男同性恋者往往被认为具有更"光荣"的传统、更正当或更重要的意义。例如，在历史上，许多男同性恋者曾一起发动"英勇的"战争，领导过政府、教会和行业，并创造了艺术和思想杰作。有些人认为，男同性恋者是西方文化的守护者。在某种意义上，他们说得很对——但我的理解可能与他们不同。这意味着，我们的文化在某些方面是反女性、极度自负和支持战争的。

男同性恋者有时被视为体现了一种文化价值，即对美、爱、暴力和死亡的关注。就像托马斯·曼（Thomas Mann）在《死于威尼斯》（*Death in Venice*）中塑造的主人公一样，男同性恋者被视为事业的殉道者，这项事业比生物繁衍更具精神性和性意味。男性对男性的爱被认为比那些涉及女人和孩子的家庭琐事更真实、更高尚。柏拉图式的"唯灵论"及其所暗示的一切（从没有"爱"的性、没有性的爱到现代科学），是西方文化的一种基本价值观。

女同性恋者没有一个辉煌而广阔的祖先世系。她们的母亲和祖母与异性恋女性一样，和男性生活在一起，并不掌握生产资料。女同性恋者也是女性；因此，与男同性恋者相比，大多数女同性恋者在传统上更注重家庭、习俗，也更倾向于单配偶制——这些特质让女性饱受苦难，但她们并没有因此受到重视。我认为，性别是比种族、阶级或性偏好更基本的行为预测因素。

女同性恋没有因为是同性恋而受到法律惩罚。然而，它受到的"惩罚"是，完全合法地被排除了大多数女性所拥有的权利。男同性恋的数量可能比女同性恋更多。[4] 但女性在性和经济方面受到压制，因此在性方面（无论与女性还是与男性）更加羞怯，在经济上也比男同性恋或男异性恋更加无力。在某种意义上，女性成为女同性恋者并生存下去，要比男性作为同性恋者生存下去困难得多。例如，男性不需要或认为自己不需要女性来维持经济生存。但大多数女性既需要也认为自己需要男性，才能在经济上和"心理上"生存。（许多已婚父亲都是活跃的同性恋者。）女性没有那种制度化的姐妹情谊，能同时受到男性和女性的真正尊重。女性姐妹情谊的基础是女性的自我牺牲和对丈夫、孩子或男性神灵的服务。即使在某些宗教团体中，女性也是男性基督的"新娘"，是当地男性主教的管家。

1969 年,《纽约时报》发表的一篇文章指出:

> 虽然没有法律禁止将孩子交给女同性恋者,但在离婚案件中,对"家庭"中的道德氛围有笼统的规则。根据社区服务协会的律师卡尔·朱克曼(Carl Zuckerman)所说:"大多数法官不会将孩子安置在女同性恋者共同居住的房子里,但如果没有更好的选择,孩子将会被安置在某个同性恋父母身边。"

1973 年,美国精神医学学会宣布同性恋不再是一种精神疾病。同性恋解放运动始于 20 世纪 60 年代末。但艾滋病的悲惨蔓延(以及持续的性滥交)粉碎了这一运动男性分支的势头。起初,女同性恋解放运动的支持者主要挑战异性恋女性主义者的恐同症;很快,她们的焦点转向了女同性恋者的就业和歧视问题,以及女同性恋者之间的暴力和丧失子女监护权的问题。

大多数女同性恋者和女同性恋团体不愿承认,女同性恋者也会殴打自己的伴侣,而且像异性恋男女一样,也内化了性别歧视的价值观。此外,由于在家庭、学校、办公室和军队中受到惩罚和排斥,女同性恋者也遭受了许多羞辱和污名化。通常,酗酒和毒瘾仍然是女同性恋生活中未被承认的一部分。

到 20 世纪 80 年代后期,男同性恋解放运动的支持者也围绕着军队中的同性恋、同性恋婚姻、同性恋收养、同性恋第二父母收养[1]和同性

---

[1] 同性伴侣代孕所生的孩子至多只能与其中一方产生基因上的联系,即有一方为无基因联系或无血缘关系的父(母)。这些无血缘关系的父(母)亲为了与孩子产生法律关系,常常会采用收养的方式获得抚养权,这种收养关系就叫"第二父母收养"。——译者注

恋监护权等问题积极组织起来。

多年以来，我在许多女同性恋和同性恋监护权的案件中提供咨询并做证，并为那些因性别或作为精神病科/心理治疗患者而容易面临监护权争议的女性提供帮助。

在我第一本有关监护权的书[1986年出版的《受审的母亲：争取儿童和监护权之战》]中，我访谈过的大多数女同性恋母亲在争取监护权方面都失败了。在我看来，她们都是"足够好"的母亲。很明显，在整个20世纪60年代、70年代和80年代前半期，许多心理健康专家、律师和法官仍然将女同性恋视为一种精神疾病。

事实上，女同性恋母亲有一个心理优势：她们知道会遇到麻烦。而异性恋母亲在监护权受到挑战时则感到非常惊讶，而在失去监护权时几乎一蹶不振。

尽管许多人主张同性恋者享有某些公民权利，但也有很多人并不赞同。同性恋者争取公民权利的斗争仍未取得胜利。

与男性受到规训希望或需要成为父亲相比，大多数女性受到更多的规训希望或需要成为母亲。传统上，"单身汉"的生活并不像"老处女"那样悲惨，而且对于某些阶层或种族来说，"单身汉"在流动性、选择性等方面通常并不悲惨。

从某种意义上说，理论上女人爱上女人要比男人爱上男人更容易。(所谓的女人"男性化"比男人"女性化"更容易被接受。所有女性的东西都被鄙视。女性穿裤子、外出工作比男性穿裙子和高跟鞋、在家做饭更容易被接受。但我不禁想问：为什么会有人心甘情愿地束缚自己的双脚呢？她们这样做，难道不是为了更好地吸引、支持和爱慕男性吗？)

有趣的是，有人告诉我，许多从男到女的变性人都认定自己是女同性恋者，并寻找女同性恋伴侣。

我们的母亲都是女性，而且在我们的文化中，除了米开朗基罗，大多数关于性或艺术审美的客体模型都是女性。此外，大多数女性都知道如何温柔地对待他人（并非总是如此）。传统上，许多男性，无论是同性恋还是异性恋，更擅长引诱、强奸和掠夺——在床上和战场上。

男子气概的战神典范是如此强大，以至于很少有男性敢于卸下头盔和铠甲，尤其是在其他男人面前。他们可能更愿意在女性面前这样做，因为这样是"安全的"。毫无疑问，这一事实对男同性恋者来说是痛苦的，就像异性恋女性在心理上"喂养"男性而使女性"挨饿"的事实对女同性恋者来说是一样的。[5] 我认为，20世纪的女同性恋者和男同性恋者都"承受着"一个类似的梦想，那是由至少3个世纪父权制家庭生活所烙下的梦想：中产阶级的家庭生活、被认可的公开伴侣关系以及回归家庭。这一梦想的现实性对于女同性恋者和男同性恋者来说都被剥夺了。

有两项研究分别将女同性恋者与男同性恋者、女同性恋者与女异性恋者进行了比较。[6] 研究发现，女同性恋者和女异性恋者寻求心理治疗的频率相同（一种女性习俗）；而且两组女性同样经常抑郁（一种女性"障碍"）。然而，研究还发现，女同性恋者会比女异性恋者更频繁地轻生、酗酒和辍学。

女同性恋者比男同性恋者更频繁地寻求心理治疗，她们被认为有"明显更高的'精神障碍'患病率"。她们的女性生存状况，仍然被她们自己和专业人士以男性心理健康的标准加以审视。女同性恋者也比男同性恋者更频繁地轻生和吸毒。

只有一些女同性恋者在性方面具有"攻击性"、多配偶制、反浪漫主义，在口头上或实际上参与了罗马浴场式的大规模性狂欢。这是可以理解的，因为男同性恋者和男异性恋者都有这种心理立场和做法。性自由对所有人都很重要，我们必须予以尊重。而且由于我不是男同性恋者，因而必须加倍尊重。但我必须提出，在父权制社会中，男同性恋是一种基本而极端的表现形式，表现了阴茎崇拜、厌女症，以及对某些女性或"女性"功能的殖民化。

男同性恋者和男异性恋者（也和女异性恋者）一样，更喜欢男性而不是女性。我认为，相比与女性发生过（或想要发生）性关系的男同性恋者，更多女同性恋者与男性发生过（或想要发生）性关系，而且往往感受是愉悦的，并发生在合法的婚姻中。事情就是这么简单。从某种意义上说，大多数男同性恋者比男异性恋者对女性"更友好"、更诚实（他们因此受到了应有的惩罚）。与男异性恋者不同的是，大多数男同性恋者不会引诱他们害怕、厌恶、嫉妒或蔑视的人（即女性），不会向她们作出承诺或与她们结婚。当然，一些男同性恋者对一些女性更能表现出真正的友谊和尊重，这对女性来说是一种宝贵的、往往是独一无二的经历。然而，这仍然是以牺牲女性的性欲为代价的，或者更确切地说，是以牺牲与朋友的性亲密接触的可能性为代价的。无论是同性恋男性还是异性恋男性，他们只接受女性是"头脑"或"阴户"、"心脏"或"阴户"、"母亲"或"阴户"。女性很少被接受为情感、智力和性的存在。难怪女性很难同时培养这三种能力，她们将与谁分享这三种能力呢？女同性恋者，尤其是女性主义女同性恋者，正试图克服自卑、性羞怯和基于异性恋模型的角色扮演，她们觉得在这个历史时刻，只有女性才能作为人类而成为女人的助产士、母亲、姐妹、女儿和情人。

我读到过的唯一一个由精神病学家提出，并让我觉得有意义的女同性恋理论，（或者说实话，与我想过和写过的一些内容一致），是夏洛特·沃尔夫在《女性之间的爱》一书中的阐述。沃尔夫博士提出，女同性恋的本质是"与母亲的情感乱伦"。她从历史和神话中发现了女同性恋心理某些方面的特征：

（女同性恋的）阳刚特质与摆脱作为男性目标的束缚之间的相似性，使得同性恋女性类似于母系社会时代的女性形象……活动范围广泛，毫无疑问能够不依赖男性而掌控自己的生活，是同性恋女性的完美理想。女同性恋与早期历史中作为女性特权的品质密不可分。至于母系社会是作为一个确定的历史时期真实存在（我认为确实存在），还是只存在于神话传说中，对上述结论并不重要。神话就是历史，是超越了具体数据而揭示其真实含义的历史。

沃尔夫博士指出，"爱"在"同一与和谐"的环境中蓬勃发展，却无法在"异己"的环境中繁荣：

异己的客体可能会引起欣赏、兴奋甚至崇拜，但它无法激发爱。一个女孩如果不借助女性的技巧，便成功地征服了她的父亲（以及一般的男性），她可能会充满胜利感和满足感，但在这个过程中，她对爱的事实知之甚少。

因此，沃尔夫对"女性化"异性恋女性的孤立和养育剥夺非常敏感：

男人能给予她的爱在本质上是不足的，这种爱只有母亲才能提供。于是，她必须自给自足。在与男性的关系中，她必须成为她所不曾拥有的——母亲。

沃尔夫将女同性恋者的"不幸"，归结为特定的社会排斥、普遍的女性压迫和女同性恋者的野心。女同性恋者在情感上对彼此的要求，比女异性恋者对男性的要求更高：

> 女性习惯于忍受男性的许多东西，她们会继续这样做，因为男人是养家糊口的人，是孩子们的父亲。女性需要彼此的爱、善良、宽容、理解、性，等等。如果她们觉得没有得到，离开是很容易的事。

这就是我能提供的最基本的理论。

对女同性恋者的访谈

我访谈了 9 名白人女同性恋者和 2 名黑人女同性恋者。其中 2 名女性（1 名白人和 1 名黑人）没有接受过心理治疗或精神病住院治疗。其中 6 名女性在大约 21 岁时住过院，时间大约是 320 天。（"大约"是指整个组别的"总平均数"。）9 名女性接受了大约 44 个月的私人治疗——其中 39 个月为男性治疗师，21 个月为女性治疗师。

她们的年龄从 17 岁到 44 岁不等。她们在心理或性方面"成为"女同性恋者的年龄从 9 岁到 24 岁不等。其中 1 名女性没有读完高中，4 人上过一些大学课程，5 人完成了大学学业，还有 1 人完成了一些研究生课程。在这些女性中，有些人对男性是"性冷淡的"，但大多数人不是。她们当中至少有一半与男性发生过性关系。

虽然这些女性大多数似乎并没有参与基于异性恋的角色扮演，而且在穿着、体态或举止方面，既不非常"女性化"也不非常"男性化"，但她们都像异性恋女性一样"浪漫"，并遵循单配偶制。只有两名女性，一名 17 岁，另一名 37 岁，强烈地表示自己是多配偶制的（至少在她们的口头介绍中是这样说的）。这位 17 岁的女孩带着她"生活集体"中的 4 名女性兴冲冲地来到我家。她们的笑声很有感染力；她们戴着头带，涂着油彩，拿着飞盘和溜溜球，笑着告诉我，她们彼此"相处融洽"。

在住过院的 6 名女同性恋者中，有 5 人以不同的方式在不同的时间成了女性主义者。到 1971 年进行这些访谈时，11 名女同性恋者中已经有 8 名成了女性主义者。

接受私人治疗的女同性恋者无一例外都被视为"病态"。一名女性告诉她的母亲，在她和同伴都是 10 岁的时候，她们一起玩过女同性恋游戏。她母亲带她去见了一位精神科医生，这位医生对她进行了电休克治疗。

洛伊丝：当我成为"同性恋"时，一位女性治疗师吓坏了。"我无法治疗同性恋者。你对她们什么都做不了。"她说得好像它是晚期癌症。一位男性治疗师一直坚称我不是同性恋，但他告诉我，长大后就不会这样了。他告诉我，在同性恋的圈子里，我最终会孤独而痛苦，我不会想要这样的。但他说的还没有发生。另一位女性治疗师说："但是，与男人上床真是太棒了！没有必要搞女同性恋，这很荒谬！"

从某种意义上说，住院治疗对我有帮助。它让我见识了最坏的情况。现在我可以成为一个女同性恋者，这还不至于像个疯子那么糟糕。

玛莎：我从 12 岁起就尝试自杀——毒气、药丸。我带着无处安放的怒火四处游荡。我被送到贝尔维尤一家私人医院，在那里我见到了一位精神病医生，他对我的同性恋倾向感到震惊。离开贝尔维尤后，我私下见了他几个月。他把我母亲叫来面谈（他说如果见到我母亲，会对我有更好的了解）。在面谈过程中，他告诉我母亲，我是个女同性恋者，并建议我和那个女人（我的情人）断绝关系。我母亲气炸了。她打电话给这个女人的家人，说他们的女儿是如何毁掉她自己的女儿。结果就是，我出院后在家里住了几个星期后就搬出去了，两年没和我母亲说话。

卡萝尔： 我迷恋上了我的第一位治疗师，她是一位女性。她告诉我，女同性恋是一种病。她还告诉我，我不是女同性恋。我停止了进食，体重下降到 90 磅（约 41 公斤）。我看起来就像一个留着长头发的小男孩。后来的治疗师是一位男性，也一直坚持说我不是女同性恋，还说每个人都有这种感觉，我应该把它抛在脑后。

菲利斯： 你有没有问过："好吧，如果我是女同性恋，会有什么问题？"

卡萝尔： 没有，我只是从病房的整体氛围中知道，那是不对的，而且我不是女同性恋。治疗师觉得，我对女性的态度基本上是反男性的感觉，而不是亲女性的感觉。

玛莎： 我看了一年的女精神科医生。她一直鼓励我和男人交往。我无法再应付生活，于是住进了希尔赛德医院（Hillside，一家私立医院）。我在那里待了一年，焦虑感大大增加。我在医院里与女人相爱，而这被认为是"病态的"。周六晚上有舞会，他们说你应该去参加，但不能和其他女人跳舞，你应该和男人跳舞。他们鼓励你去约会和看电影，他们每天晚上都会放电影。周六晚上，我们被鼓励与男性病房开展联谊活动。

尽管这些女性被认为"生病了"，但她们也被劝阻不要将自己视为女同性恋者，并被鼓励与男性约会或发生性关系。一位善意、慈爱的治疗师甚至为她非常害羞的患者安排了几次"异性恋"约会。

弗朗西丝： 我24岁的时候第一次爱上一个女孩。我一直在一家医院（贝尔维尤）门诊接受治疗，当我的治疗师度假回来时，我告诉了他这件事。

菲利斯： 他有什么反应？

弗朗西丝： 他吓坏了。他对我大喊大叫："你这样做是因为你认为我是你父亲，你想伤害你父亲。你是个被宠坏的孩子。我一离开，你就这样做，你就去做一些非常危险的事情。"他也把我吓坏了！你知道的，自从接受治疗后，我真的很开心。我做了我想做的事，她真的很可爱，我很幸福。但是他把我吓坏了。基本上，他一个劲地说我的行为确定是同性恋了。他试图让我明白，我正在做一件非常不幸的事情，而且会让自己心痛。我明白这一点，我是说，我确实明白。生活在现行体制内当然要好得多，尽管这个体制很烂。你知道，我女朋友也要来贝尔维尤接受治疗。所以，他的一个观点是她不太酷，因为你看，她也要来贝尔维尤接受治疗。我说："噢，天哪。你在说什么呢？"然后他说："你怎么受得了，难道女人不难闻吗？"我说："哇，你知道的，如果你洗澡的话。"他说："噢，拜托，不管女人多么干净，不管多么干净，她还是有气味。"我说："我不知道，我觉得没什么。"他说："你见过大卫的雕像吗？男人的身体比女人的身体美多了！""你疯了，"我说，"我不是说我的价值观就是唯一的价值观，但你最好搞清楚，医生，检查一下自己的眼睛，你得好好想想。"

菲利斯： 他鼓励你和男人约会吗？

弗朗西丝： 是的，他鼓励我那样做，我对他说："你想让我和这些猪猡一起出去，就因为他们有阴茎吗？他们都是蠢货，他们跟我没什么好聊的，我跟他们也没什么好说的。他们唯一能做的就是跟我上床，还可能让我失去和女人在一起的幸福生活。你根本不在乎他们是什么人，不在乎他们可能是最糟糕、肮脏、变态的混蛋，只要他们是男人就可以了。这就是你要告诉我的吗？"他说："好吧，我是说你可以找些话题聊聊。"我说："我试过了，我和他们没什么好聊的。"

他（治疗师）承认有一些男人可能是猪猡。他说："好吧，也许你和几个坏男人约会过，但是，呃，不是每个男人都是坏人。你得一直寻找，你得找到一个男人，你得和一个男人在一起。不管怎样，女人也可能和男人一样粗暴，一样危险。"

他说："让男人来抚摸你。你对男性的抚摸太敏感了。"——我一直是这样。在被男人抚摸时，我变得非常紧张。很多男人以一种非常熟悉的方式靠近你，抚摸你就像抚摸一个器具，或者，我说不好，就像你不属于自己一样。你知道，他们来抚摸你，就好像你欠他们的一样，就应该对他们温柔、有回应。这让我非常紧张。我告诉他这些，他说："强迫自己去抚摸男人的手。强迫自己被男人抚摸。他们会做什么，杀了你？他们不会杀你的！"我说："好吧，我真的很怕男人。你知道，我被男人虐待过，我的生活中有一些非常痛苦的经历。"他说："他们不会杀你的，他们不会杀你的。"这就是他试图告诉我的。你知道，我谈论他的方式听起来真的很糟糕。我的意思是，当时我很喜欢他。我并不是只对女性有感觉。因为我认为那样不好。我认为女性应该——不受限制，寻找优秀的人。

琼： 我接受治疗是因为我对自己的外貌感到沮丧。我12岁时就长到了 1.78 米，也就是我现在的身高。我从来没有约会过。我热衷于文学和音乐，完全与世隔绝。我如此孤立自己，以至于我必须为此付出代价。18 岁那年，我迷上了我的女朋友。我们一起听歌剧，一起去图书馆。我们手牵手，那感觉非常美好，意义非凡。但我不想成为同性恋者，也不想越过危险的边缘。在成为一名虔诚的天主教徒多年后，我开始自慰。我想我不再相信上帝了。

B 医生大约 45 岁，非常有魅力，甚至是有魔力。他让我自慰，但又不相信我真的做了。他要我在办公室里自慰给他看。他说如果我第三次约会还没跟人上床，那家伙就是个基佬。所以我开始和男人做爱。B 医生说我性冷淡，长了一张面具脸。

菲利斯： 你当时大约 20 岁？

琼： 是的。

菲利斯： 你喜欢第一个男人吗？

琼： 不，我瞧不起他。他总是要买新车，比如凯迪拉克，但他连贝多芬的名字都说不好。他比我大 10 岁左右，非常物质主义。他每周要和 5 到 10 个不同的女人上床，我也开始和同楼层的一个家伙睡觉。我在大学里修了 15 个学分，每周工作 20 小时，我又同时陷入两段关系，这让我感到非常不安和抑郁。但我还是振作起来，完成了学业。

菲利斯： 你当时有什么感觉？

琼： 我担心我会迷失自我。我在虐待自己，不是因为我失去了贞操，而是因为我失去了精力、专注和自控力。

B 医生不允许我写日记，因为我太内向了，太"关注自我"——这是我一直听到的评价。但不管你有多累、多受伤，也不管你得了这种病还是那种病，做爱总是被高度看重的……他说我不是同性恋,我不像同性恋。我说:"同性恋是什么样的?我从来没见过。"但他只是向我保证,我看起来不像同性恋。这很奇怪,因为我显然正在成为同性恋。

我说我不想要孩子。我更想要的是个人成就,而不是孩子。他对此并没有深究。他认为整个社会都乱套了,生孩子毫无意义。他似乎不太看重婚姻。

我也参加过团体治疗。这群人无情地抨击我。他们抨击每一个人。他们不喜欢我的外貌,我不化妆,不认真对待约会。

菲利斯: 这个团体中的其他女性也因此对你无礼吗?

琼: 是的。

菲利斯: 团体中有女同性恋者吗?

琼: 没有。

菲利斯: 有男同性恋者吗?

琼: 有。

菲利斯: 他们被如何对待?

琼: 大家对他们更加体贴一些。他们有权利待在这里,但我没有这个权利。这个团体的技巧是摧毁每个人的防御。

这两篇访谈清晰地揭示了女同性恋者(或寻求治疗的女同性恋者)与异性恋女性一样天真、恐惧和"易受暗示",甚至有过之而无不及。她们的性经历仍然是私密的、"个人的"现实,无法与她们的母亲、雇主、同学、孩子分享,甚至无法与治疗师分享。她们对现实的感受、对快乐的认知,要么被视为不存在、次等的,要么被视为危险的。(当然,我从未听说过治疗师会主动质疑患者的异性恋现实,相反,他们会微妙或公开地为女同性恋经历"开处方"。)

在本章临近结尾，我想引用夏洛特·沃尔夫的一句话："让生活本身去评论。"下面是对一位从未接受过治疗的黑人女同性恋者的访谈。她没有被统计在"接受治疗的女同性恋者"或"接受治疗的第三世界女性"类别中。采访者也是一位黑人女性。

多丽丝： 你是不是结婚了？

玛丽： 结婚，我吗？你一定是在说我的女朋友。亲爱的，我不会为了活命而结婚。我可以实话实说，大多数结婚的女人都有病！她们真的是有病！

多丽丝： 你是说所有的家庭主妇都有精神病？也就是你所说的，她们疯了。

玛丽： 等一下，你知道大多数家庭主妇每周都要工作98或99个小时，为某个混蛋卖命吗？

多丽丝： 有时候你不得不工作。

玛丽： 好吧，亲爱的，这就是一个狗屁体制，谁进来，谁就是疯子。但是，好吧，让我们掰扯一下。你得回家，是吧？

多丽丝： 是的，是的。

玛丽： 我回到家，要做饭，要打扫卫生，要洗碗，还要洗他的脏内裤，是吧？如果我丈夫不帮忙照顾孩子，那就要靠上天帮我了，是吧？然后他回到家……

多丽丝： 这不正是你的职责所在吗？

玛丽： 好吧，等一下，亲爱的。让我把话说完。当他从办公室回到家，就坐在桌子前，开始吃饭。

多丽丝： 这份工作就是这样的，亲爱的。

玛丽： 好吧，那就怪了。我得给他洗盘子，然后最关键的，他还想和我上床。我就是搞不懂！而且，你知道的，我是个女同性恋，对吧？所以，我不必爱他们，不必和他们上床，而且我非常确定，我不必依赖他们。那就是自由，亲爱的！不管我的负担有多重，亲爱的，我都能撑过去，因为我是自由的。我感受到我是自由的！

多丽丝：看来你是个厌男的女人。

玛丽：不，我不讨厌他们。我不讨厌他们。我只是不喜欢他们。

多丽丝：那养孩子呢？你不会否认有一天生个孩子是一种奖赏性的体验吧？

玛丽：你肯定在开玩笑，亲爱的。到底是谁告诉你生孩子是一种美妙的体验？如果你认为一个女人整整 9 个月挺着大肚子走来走去很好看，那你最好拍屁股走人，我是说立刻，因为你就是个骗子。如果你认为分娩疼痛是一种美妙的体验……

多丽丝：这不是我说的奖赏性体验。我说的是——

玛丽：等一下——

多丽丝：——这个孩子。你将会得到某个孩子——这是你的。你自己的东西。我不是在谈论分娩的痛苦。当然，那有什么可奖赏的呢？我同意你的看法。你经历过这些吗？

玛丽：等一下。让我来说，让我来说。你认为躺在一张金属桌子上，双腿翘起来，然后一个白人老混蛋用冰冷的夹子塞进你的身体里……

多丽丝：也可能是黑人。

玛丽：好吧，这并不打紧。你认识的黑人不多吧？而你那该死的丈夫却可能在某个地方鬼混。好吧，亲爱的，我受不了，也不能理解，我觉得任何去经历这些的人都是疯子。一个男人抚摸你，折磨你，殴打你，跟你上床，然后忘记你，亲爱的。

多丽丝：你可以找一个助产士。

玛丽：他会转过身来告诉你，"宝贝，你一路走过来不容易"。可世界上本没有那么多路要走。

多丽丝：你的同性恋倾向有多久了？

玛丽：同性恋倾向，宝贝，你为什么不直接说"在阳光下"？那才是它的本质。好吧，我会说"活跃地"大约6年。大约6年。

多丽丝：哟！你不是在开玩笑吧？

玛丽：噢，不，没有。"活跃地"大约6年。

多丽丝：你说的"活跃地"是什么意思？活跃地，活跃地，你是什么意思，你是不停地从一个人换到另一个人吗？

玛丽：不是，好吧，当我说"活跃地"，我的整个生命可能都在阳光中，因为我不记得和男人有过任何有意义的经历。你知道，我可以接受他们，也可以离开他们，宝贝，大部分时间里我都离开了他们，因为他们从来没有让我产生过兴趣。而且你知道，我一定在酣睡中度过了我生命中的那段时期，沉浸在书籍和其他事物中，我本该完成从女朋友到男朋友的重大转变，但我从来没有做到过。不过我要说的是，直到我大约22岁时，才有了第一次同性恋经历。

多丽丝：为什么是22岁？我相信，在你人生的早期阶段就会有一些接触的机会，或者你并没有那样的机会？

玛丽：好吧，首先……

多丽丝：你被保护起来了吗？

玛丽：没有！拜托，姑娘。好吧，首先，我实际上对自己的出身感到非常困惑和恐惧。

多丽丝：你说的"出身"是什么意思？

玛丽：好吧，我以为自己是世界上最变态的人之一。你知道，我甚至不敢去想"女同性恋"这个词，我应付这种情况的方法就是告诉自己我很正常，你明白吗？唯一能让我失去正常的事情，就是有一次真正的同性恋经历。我也曾经告诉自己，如果你从不那样做，你就不是同性恋。所以我没有做过，因为我不想让任何事情践踏我的理智。所以我假装喜欢男孩、裙子、派对诸如此类的东西。

多丽丝：所以你只是在欺骗自己？

玛丽：不，不，我不是在欺骗自己，我只是努力与自己和解，我和男人们出去玩，我让他们跟我上床……

多丽丝：好吧，如果你不想做女孩，那为什么——

玛丽：这就是我要说的。跟他们做得越多，我的情况就越糟；我越假装正常，我就越疯狂。我是说我快疯了。我母亲去世后，我不再假装自己不是同性恋，因为这个世界上没有多少直女，这让我安心了。是的，我恢复了从我身上慢慢溜走的理智，我一直试图成为一个非同性恋者，但我绝对是个同性恋。我意识到，我不是那个有病的人。有病的是那些可怜的傻瓜，那些在说"我愿意"时签了卖身契的家庭主妇们。你知道，她们签下了自己的死刑令。就像我之前说的，我是自由的。我绝对是自由的。

多丽丝：跟我说说你的家庭背景吧。比如，你和父母的关系。从你开始记事时说起，那时候是怎样的？

玛丽：和我父母的关系——

多丽丝：嗯。

玛丽：好吧，这本身就是个故事，亲爱的，因为我父亲是个十足的混蛋。

多丽丝：噢，很高兴听你这么说。

玛丽：我母亲是个傻瓜，因为她和这个混蛋住在一起，直到她变傻。

多丽丝：你为什么说他是个混蛋？

玛丽：好吧，他经常把她打得屁滚尿流。每周五都会痛殴她，因为那天他会放纵自己，他会直奔酒馆；等他回到家，已经烂醉如泥、身无分文。这种情况一直持续到我母亲去世。

多丽丝：亲爱的，你母亲是因为什么去世的？

玛丽：医生说她死于心脏病发作。好吧，医生是这么说的，但我个人认为她就是放弃了生活，因为她的生活简直就是地狱。宝贝，她在一个白人妇女的厨房里工作了12年，最后也在那里离开人世。

多丽丝："她就是放弃了"是什么意思？她说"好吧，噢，我想我要死了"，然后就离开人世了？你说的"她就是放弃了生活"是什么意思？那是什么意思？

玛丽：好吧，我的意思是，当你没有什么活下去的目标时，伙计，你就是放弃了。如果你的生活一文不值，那你也一文不值。

多丽丝：等一下，你认为她是自杀还是怎么的？

玛丽：不！你不明白我在说什么。

多丽丝：我确实不明白。

玛丽：当你放弃时，你就是放弃了。你无法忍受任何一个人的废话，尤其那个人还是你的丈夫，或者是类似的蹩脚货，你就是无法忍受。就是这样。你知道，在我母亲去世前的两三周，她告诉我她很快就会自由了。她知道自己就要死了，所以她才这么说。她经常这么说——她很快就会自由了。她希望我能安定下来，嫁给我所爱并能依靠的人——

多丽丝：她指的是男的还是女的？

玛丽：好吧，她指的是男的，因为我妈妈是个直女，你知道的，福音派女性，而且——

多丽丝：她知道你的同性恋经历吗？

玛丽：你在开玩笑吗？当然不知道。

多丽丝：你确定吗？

玛丽：我确定。她想告诉我不要做一个奴隶，这样我就可以过上比她更好的生活，但她真正想说的是不要做奴隶，除非是一个自由的奴隶。不要像她那样嫁给一个混蛋。

多丽丝：不要做奴隶，除非是一个自由的奴隶。这听起来有点奇怪。这句话是什么意思？

玛丽：好吧，嫁给一个还不错的混蛋。不要嫁给一个像她丈夫那样的混蛋。好吧，我的母亲很可怜。她获得自由的唯一方式就是死亡。而我，在她死的时候，我说我不会是这样，因为我意识到唯一的途径——

多丽丝：你是什么意思？你怎么知道你母亲过得不开心？她和这个男人在一起生活了那么久。

玛丽：没错，她和那个男人在一起，是因为她有孩子要抚养。而我获得自由的唯一途径，你知道，获得自由的唯一途径，就是过我想要的生活，所以我不再假装——

多丽丝：我也是这么认为的。你不想经历你母亲经历的那些事，所以你选择了另一条路……好吧，我只想再问你一个问题。对大多数女性来说，你认为除了现在的生活方式，是否还有其他选择？

玛丽：你是说女性现在的生活方式？

多丽丝：对，是的。

玛丽：几个世纪以来都是这样的，怎么可能有办法解决？唯一可能的办法就是让谁来做一天上帝，做一天救世主；假设我是耶稣基督，你知道，我会诅咒每个活着的男人，这个诅咒就是他们所说的小事——怀孕12个月，然后每个男人要生7个女孩。

多丽丝：为什么是7个？7个！我的天啊！

玛丽：噢，一个星期7天都闲不下来，没错。每个女人都会有情人，都有可以说话的人，你知道，这充满了爱。

第三世界女性
Third World Women

08

我 6 岁时住在布鲁克林，雪莉是我最好的朋友。她是黑人，她的母亲死于一场火灾，死在非洲的某个国家。她和她父亲住在地下室，她父亲是一个门卫，总爱笑。雪莉和我每天下午一起离开家。我们还计划共同组建史上最棒的拳击队，但我们的计划因为一次晚餐邀请而终止了。

"什么？"我的父母对我大喊大叫，"你想在晚上去那个地下室——她父亲在那里，还有其他男人、纸牌、彩票、酒精，天知道还有什么？"

"她父亲住在那里，"我解释道，"他是个门卫。但我保证我们不会打扰他……"

好吧，在我 6 岁时，我从来没有尝过任何非洲食物（如果我们会吃那些东西的话）。多年来，每当我去海边，我都会看到黑人在咆哮的海浪中朝我发出危险的笑声。（一群愤世嫉俗的黑人青年在纽约街头游荡，在白人的愤怒中注视着"奶子和屁股"，更是让我对他们避而远之。）

有时候，我想知道他们给雪莉贴上的标签是什么："领救济的母亲"、郊区市民、黑人激进分子、"没有希望的人"？

雪莉，我把本章献给我们之间所发生的一切，献给任何一场革命——它让原本不可能发生的事成为小小的可能。

希尔博士在今天的采访中承认,以女性为户主的(黑人)家庭更容易受到经济和社会弊端的影响。一个重要原因是,女户主的收入可能远远低于男性……报道称,"全国收入数据并不支持流行的观点,即在大多数低收入黑人家庭中,妻子的收入通常高于丈夫。据说,在年收入为3 000美元或以下的黑人家庭中,有85%的家庭丈夫的收入超过妻子"。

《纽约时报》1971年7月27日和28日

美国人口调查局(Census Bureau)在同类的首次全国性比较研究中发现,拉丁裔群体的收入明显高于黑人,尽管他们的教育水平更低……

此外,统计学家称,尽管两个群体的收入仍远远落后于白人,但一些证据表明,拉丁裔群体的收入增长速度要略快于黑人。

《纽约时报》1971年10月18日

女性解放与黑人女性无关吗?当然,正如有人指出的那样,黑人中有一半是女性;她们可能会问,黑人运动是否和她们有关。黑人运动被认为主要是为黑人男性服务的,满足运动要求的项目也反映了这一点。在1966年国会法案要求至少有三分之一的女性参与者之前,参加就业工作团(The Job Corp)的几乎全是男性,尽管其中有许多黑人;1968年《人力发展与培训法案》(Manpower Development and Training Act)框架下的125 000名受训者中,只有32%是女性;在1968年的商业部门就业机会项目(Job Opportunities)中,仅有24%的受雇者是女性;全国商人联盟(National Alliance of Businessmen)的培训项目仅限于黑人男性。

南希·亨利（Nancy Henley）[1]

黑人女性对女性解放运动有什么看法？不信任。它是白人的，因此很可疑……她们视白人女性为敌人，因为她们知道种族主义并不只限于白人男性。在这个国家，白人女性比男性更多，53%的人口在压力最大的时候保持着雄辩的沉默……大多数黑人女性的问题不在于进入劳动力市场，而在于如何在其中升级；不在于进入医学院，而在于接受成人教育；不在于如何从"一家之主"那里获得自由，而在于如何成为一家之主……

多年来，在这个国家，除了黑人女性，没有人可以让黑人男性发泄愤怒。而且多年来，黑人女性接受了这种愤怒，甚至认为这是她们令人不愉快的职责。但这样做的时候，她们也经常会反击，她们似乎从来没有成为白人女性在自己的历史上看到的"奴隶"。的确，黑人女性做家务、做苦差事；诚然，她们常常独自抚养孩子，但她们在做这些的同时，还在就业市场上占据了一席之地，而她们的伴侣却无法得到这个位置，或者说，他们的自尊心不允许他们接受这个位置。而且她们无可依靠——没有男人、没有白人、没有贵妇，什么都没有。在现实的极度荒凉中，她们可能创造了她们自己……

黑人女性总是认为自己比白人女性优越……黑人女性可以羡慕白人女性（她们的容貌、轻松的生活、她们从男人那里得到的关注），也可以害怕白人女性（因为她们在经济上控制了黑人女性的生活），甚至可以爱白人女性（就像保姆和家庭佣工一样爱她们）；但是，黑人女性发现她们不可能尊重白人女性，我的意思是，她们从来没有像黑人男性对白人男性那样：对他们的成就感到敬畏。

托妮·莫里森（Toni Morrison）[2]

不幸的是，今天的黑人运动对谁压迫谁似乎有些理不清。自从黑人力量出现以来，黑人男性在这个国家争取正义的斗争中发挥了更加突出的领导作用。在大多数情况下，他们看清了这个体制的本质，但在许多问题上，他们拒绝接受它的价值观和道德观；而在妇女问题上，他们似乎从《女性家庭杂志》(*Ladies' Home Journal*)的页面上获得了指导。某些黑人男性坚持认为，他们已经被社会阉割了，但黑人女性却以某种方式逃脱了迫害，甚至促成了这种阉割。请允许我在此声明，美国黑人女性可以被恰当地描述为"奴隶的奴隶"。

那些通过让黑人女性回归家庭、扮演顺从角色来彰显其"男子气概"的人，正在采取一种反革命的立场。黑人女性同样受到了体制的虐待，我们必须开始讨论如何消除各种压迫。如果我们谈论的是建立一个强大的国家，能够摆脱资本主义压迫的枷锁，那么我们实际上谈论的就是每个男人、女人和孩子的全面参与，每个人都要有高度发达的政治意识。我们需要调动整支军队去对付敌人，而不是半支军队。

弗朗西丝·比尔（Frances Beale）[3]

黑人女士们，我们最不用担心的就是种族灭绝。事实上，我们需要看看在过去几百年里我们身上都发生了什么；我们一直在勇敢地繁衍后代，但我们得到的却是糟糕的身体和坏名声。另一个方面，像格莱泽（Glazer）和莫伊尼汉（Moynihan）这些人却对我们的母权制喋喋不休，并推断说我们已经把工作搞砸了很久；如果我们坚持要做些什么，那就让自己默默支持家里的男人，帮助他达到标准……不管怎样，有个兄弟喋喋不休地说我们已经碍事很久了，是时候靠边站了。所以在这种情况下，你就站在那里，看起来红润而白皙、极其无助……

乔安娜·克拉克（Joanna Clark）[4]

虽然表面上男女共同生活在社会体制中，但实际上是男性定义并控制着这些体制，而女性则生活在体制的支配之下。政府、军队、宗教、经济、家庭都是男性文化对女性进行殖民统治的机构……女性文化是存在的。它是一种从属的文化，在全世界都处于男性文化的殖民统治和帝国主义统治之下。在每个国家、民族或种族文化的表面之下，都存在着世界上两种主要文化（女性文化和男性文化）之间的割裂。

民族文化因其对女性文化的压抑程度不同而大相径庭。阿拉伯文化中女性的面纱和隐遁以及几乎完全的隔离，使其与瑞典等国的文化存在差异。一个瑞典女性可能无法忍受其他国家女性被压抑的生活，但如果后者敏感的话，也可能无法忍受瑞典女性受到的压抑。跨越国界往往会唤醒女性对自己社会地位的认知。我们甚至不能像詹姆斯·鲍德温（James Baldwin，1924—1987）[1]一样，暂时地逃离我们的种姓角色，逃到巴黎或其他国家。它无处不在，无处可逃。

《第四世界宣言》[5]，1971年1月13日

这些都是很棒的声音和观点。在这些声音之后，非裔美国女作家，如托妮·凯德·班巴拉（Toni Cade Bambara）、贝尔·胡克斯、艾丽斯·沃克（Alice Walker）和米歇尔·华莱士（Michelle Wallace）等，发

---

1 詹姆斯·鲍德温，美国黑人作家，曾因种族和性取向双重歧视离开美国侨居法国，但后来决定回到美国继续从事写作和斗争。——译者注

展出了"妇女主义"(womanism)[1]的概念,作为女性主义的另一个版本;同时,杰出的托妮·莫里森后来获得了诺贝尔文学奖。

非裔、拉丁裔和亚裔美国人心理健康研究和临床研究人员,如特雷沙·贝纳德兹、琼·筱田·博伦(Jean Shinoda Bolen)、莉莲·科马斯-迪亚兹(Lillian Comas-Diaz)、奥利娃·埃斯平(Oliva Espin)、克拉丽莎·平科洛·埃斯蒂斯(Clarissa Pinkola Estes)、贝弗莉·格林、莱斯利·杰克逊(Leslie Jackson)和格温多林·凯塔(Gwendolyn Keita)等人,继续从有色人种女性和多元文化的角度研究和教授女性主义心理学。

虽然不是心理健康专业人士,但贝尔·胡克斯意识到,女性主义解放运动"激进化了心理健康的概念"。考虑到种族主义、性别歧视和贫穷的施虐,她认为非裔美国女性必须"清除"自己身上"攻击自我和威胁心灵的毒药和谎言"。她呼吁"自我治愈"和"灵魂治愈"。她认为非裔美国女性是"受伤的"、孤立的、反对治疗的。胡克斯写道:"任何结束统治的解放斗争,从根本上都是一场心理健康的革命。"

筱田·博伦和平科洛·埃斯蒂斯两人都描述了女性的普遍心理和"女神"原型,并认为女性的精神发展对心理健康至关重要。如果上帝被想象成白人男性,那么所有女性都会有心理问题,有色人种女性更是如此。

有趣的是,我们从汤婷婷(Maxine Hong Kingston)的《女勇士》(*The Woman Warrior*)、谭恩美(Amy Tan)的《喜福会》(*The Joy Luck Club*)、劳拉·埃斯基韦尔(Laura Esquivel)的《恰似水之于巧克力》(*Like Water for Chocolate*)等文学作品中了解到很多关于亚裔和拉丁裔

---

[1] 妇女主义,是指关注有色人种女性,尤其是黑人女性状况的女性主义思想框架,致力于解决主流女性主义尚未普遍认识到的不公正现象。——译者注

美国女性的现实。索尼娅·沙阿（Sonia Shah）编辑的选集《龙女士：亚裔美国女性主义者的怒火》(*Dragon Ladies: Asian American Feminists Breathe Fire*)和沙利塔·达斯·达斯古普塔（Shamita Das Dasgupta）的《拼缀披肩：美国南亚女性编年史》(*A Patchwork Shawl: Chronicles of South Asian Women in America*)也非常有用。加州大学戴维斯分校的亚裔美国人心理健康研究中心提供了一份关于1990年至2004年该领域的重要参考书目。

在过去的三四十年里，有色人种的女性主义理论家和临床医生对有色人种的女性和男性进行了研究和治疗。他们探讨了各种可以想象的问题，从抑郁、自杀、饮食失调到家庭暴力，以及有色人种女性对灵性和宗教方法的需要。

例如，我们现在知道，大多数美国原住民妇女遭受着根深蒂固的贫困、种族主义和性别歧视带来的种种侮辱，这意味着她们遭受着严重的家庭暴力、可预防的疾病、酗酒，等等。同时，她们也有部落和灵性治疗的途径。

我们现在还知道，许多非裔美国女性经常是严重家庭暴力的受害者，包括乱伦、殴打、辱骂和谋杀。她们生活贫困、疾病得不到治疗、收入低、工作没有前途。谋杀是15~34岁非裔美国女性死亡的主要原因之一。根据一项有争议的估算，非裔美国女性遭受殴打的比例是113/1 000，而欧洲裔美国女性的这一比例为30/1 000。这只是冰山一角，考虑到警察和刑事司法系统存在种族偏见，许多非裔美国女性不愿意报告家庭暴力。

雷瓦·L. 赫伦（Reva L. Heron）和黛安娜·P. 雅各布斯（Diana P. Jacobs）详细讨论了被殴打和有自杀倾向的低收入非裔美国女性可以使用的"应对技能"，并推荐了一些教授新的应对和问题解决技巧的项目，还有团体治疗、伴侣联合治疗、职业培训以及大量的支持服务。

黛安娜·J. 哈里斯（Diane J. Harris）和休·A. 库巴（Sue A. Kuba）认为，有色人种女性的饮食失调是"内化压迫"的一种表现，也是对"相互冲突的对美和赞赏的文化要求"的回应。她们发现，45～54岁的非裔美国女性是饮食失调症的高发人群。

拉丁裔美籍理论家和临床医生，如特雷莎·贝纳德斯、莉莲·科马斯－迪亚兹、奥利娃·埃斯平等人，定义了少数民族天主教社区的优势和危险。

目前，越来越多的穆斯林女性生活在西方。我在《女性主义之死：女性自由斗争的未来》(The Death of Feminism: What's Next in the Struggle for Women's Freedom)一书中写到了穆斯林女性的心理。精神分析学家和阿拉伯学者南希·科布林（Nancy Kobrin）博士在这方面也有非常重要的著述。除了移民、贫困、种族主义等问题，她们在家庭和更广阔的世界中面临的性别歧视问题也相当严重。

据我所知，迄今为止还没有女性主义临床实践解决了这一特殊人群的迫切需求。

对于美国的第三世界女性心理学，我仍然没有单一的理论可以提供。没有任何单一的理论能够对非裔、拉丁裔、中东裔、亚裔和原住民后裔的美国女性做出公正的描述。此外，作为一个心理学家和女性主义者，我更感兴趣的是探索女性心理的规律，而不是探索其各种例外和变化。

美国的第三世界女性和白人女性所经历的性别歧视是不一样的，其影响也不尽相同。例如，与许多中产阶级白人女性相比，更多的第三世界女性在家庭之外工作，在女性"亲属"系统的环境中工作。与大多数第三世界女性相比，更多白人女性受过更多的教育，却没有得到更多的利用，她们在孤立的家庭单元中更多地得到父亲和丈夫提供的经济支持。然而，与不工作的白人女性相比，有工作的第三世界女性在心理上或经济上并没有更多的灵活性。贫民窟的"亲属"系统是一种令人痛苦的必要性结构，就像中产阶级家庭中女性的隔离一样。女性主义者想要摆脱对男性的依赖，但第三世界女性并不会这样想，由于种族歧视和阶级斗争，她们从未被允许有类似的依赖。（尽管她们可能确实渴望这种依赖，渴望由此带来的特权和安全感。）

在我看来，在传统的非洲、亚洲、中东或南美洲，女性的处境从来没有像男性那么好。非洲的产妇死亡率和婴儿死亡率都非常高。虽然非洲的大多数女性在传统上一直忙于生育和抚养子女，也会活跃在农业和商业领域，但她们不会像男性一样成为政治、军事或宗教领袖，一妻多夫制也不像一夫多妻制那样常见。当然，在"史前"的亚洲、非洲、南美洲和欧洲，确实有许多非洲女王和女军事家，也有大量母系氏族文化。在欧洲介入之后，非洲女性的地位与男性相比进一步下降：非洲男性被迫或被鼓励参与教育、现代农业、土地管理、工厂工作等。女性战士几乎不复存在。迄今为止，大多数非洲革命或传统民族主义领导人、军事家、法官和牧师都是男性，而不是女性。

这也是能够积极参与政治的第三世界女性却不是女性主义者的诸多原因之一。代表女性权利或为女性权利而斗争的女性联盟更属于未来，而不是过去。例如，男性在身体上和智力上一直被认为比女性更强大。对于严格意义上的异性恋女性来说，他们也是唯一可能的性伴侣。仅仅由于这些原因，第三世界的女性和大部分白人女性一样，会早早地"依附于"她们的男人，而不是"成为"自己的男人。也就是说，合并"男性"或所有人类的特征。对男女老少、各个阶级和种族来说，真正的性别革命比其他极其艰难的革命都更加困难，也更具威胁性。

当一位非裔、拉丁裔或亚裔美国职业女性说"我想停止工作，我想在家陪孩子，我想让男人来照顾我"时，我非常理解她的感受和想法。她说的是做一份全职工作，而不是两份。但她不一定觉得（像白人女性一样）成为母亲和"家庭主妇"是一种宝贵的劳动形式，没有这种劳动，她的丈夫（或政府）就无法生存。所有阶层和种族的女性在社会化的过程中，都没有将家庭视为一个公共机构，或者认为家庭对女性具有特别的压迫。

我假想第三世界的女性也在谈论美国白人女性拥有的诸多特权，尤其是属于中产阶级的女性。她们谈论住房、教育和就业方面的种族差异。（收入较低的白人女性也会遭遇这些悲剧）。她们谈论在大街上或在家里的安全感——无论现实与否，大多数白人女性，即使在城市里，也一直有这种不安全感。（第三世界女性被强奸的报告比白人女性更多。）她们还谈到心理依赖和物质保障的特权——即使这些特权是短暂的，即使代价是人的尊严和自由，但它带来的愉悦感是真实的，它让我们许多人存活了下来。

从心理学的角度来看，只要某个特定群体还在从不幸者的痛苦中"获利"，那么期望不幸者自我牺牲、高尚等，就是既残忍又愚蠢的。让所有男人（所有白人）先放弃他们的权力和特权——他们的妻子、秘书、妓女、物质享受、情报、特权童年——然后，也只有到那时，女性或有色人种才会开始考虑"善良"或"平等"的救赎特征。在此之前，女性和有色人种会想要所有的免费饮料、握手、奖杯、内幕消息——"统统都要"。受压迫的群体对权力价值的内化程度并不比其他群体更低。

事实上，做富人的奴隶可能好过做穷人的奴隶，受有权者的摆布好过受无权者的摆布。强者往往能带来仁慈，弱者则很少能做到。做一个你熟悉的男人（丈夫）的奴隶，好过做许多陌生男人（比如，州议会或工业界男人）的奴隶。

许多有色人种的男性理论家，还有最近的有色人种女性理论家，都描写过美国的"第三世界"女性和真正的第三世界女性。弗朗茨·法农是一位雄辩而杰出的黑人男性精神病学家，不幸的是，在描写阿尔及利亚女性时，他是个令人尴尬、让人痛苦的性别歧视者。1969年，我在去参加会议的长途大巴上阅读了法农的书。我在他的《垂死的殖民主义》(*A Dying Colonialism*)一书中疯狂地画线，我对这本书既愤怒又失望。[6] 在大巴车上一定还有一群女性主义者，因为她们的结论和我的一些结论相似。[7] 她们说：

> 法农指出，法国人试图摧毁阿尔及利亚的男性文化，这是一种典型的殖民策略，即一种男性文化碾压另一种被殖民的男性文化。这样说没错，但法农表现出典型的男性无能，看不到男性对女性的残酷殖民。他将面纱作为法国人试图摧毁的阿尔及利亚文化的象征，这有点把问题简单化了，可能是为了避免承认他自己的男性罪责，以及阿尔及利亚男性对女性被压抑和贬低的文化的罪责。
>
> 如果法农更诚实一些，他就会认识到，作为一种男性文化，法国人对阿尔及利亚女性的自由并不感兴趣，这一点和阿尔及利亚男性如出一辙。但是，对法国殖民者充满愤怒的法农，并没有把他的视野扩展到为阿尔及利亚女性伸张正义。事实上，他对阿尔及利亚女性受压迫的观点嗤之以鼻。除了他没有意识到自己所揭示的事情外，他从未承认阿尔及利亚女性被男性压迫的事实……
>
> 通过将仆人身份强加给女性，女性文化已经形成了一整套"自我牺牲"的奴性伦理。自我牺牲，作为女性文化的主要伦理，一直是阻碍女性公开反抗和自主诉求最有用的心理障碍之一。它也是男性操纵女性的主要工具。

卡丁纳（Kardiner）[8]和莫伊尼汉[9]是两位白人男性专业人士，他们不如法农那样雄辩。他们对美国黑人女性和黑人"女族长"的描写带有种族主义和性别歧视色彩，而且毫无新意。格里尔（Grier）和科布斯（Cobbs）是黑人男性精神科医生，他们将黑人女性归为二等人，这最多只能算平庸之举。请允许我引用他们在《黑人的愤怒》（*Black Rage*）[10]一书中题为"实现女性身份"和"婚姻与爱情"的章节中的内容：

> 因此，在经过短暂的斗争后，黑人女性可能会觉得，这个时代所定义的女性主义是她无法实现的。与其每天心碎，不如放弃斗争，把兴趣转向别处。作为一个尊贵而令人向往的性对象，她没有获得任何强烈的个人满足感。女性性功能的充分发展和她享受它的能力，取决于她对自己的评价。如果她认为自己是一个非常有价值的人，她就可以愉悦地向爱人屈服，因为她知道爱人也会同样欣赏和重视她。她对性功能的享受不会因为觉得自己被男性贬低而受到损害。女性有一种自然的倾向，会屈服于一个强大的爱人，在对他的拥有中获得更多的自恋。她对自己的高度评价，反过来也会引起男人对她类似的高评价。如果她的自恋受损，那么性行为就是她对一个不尊重她的男人有辱人格的屈服，她会从中感到自尊的丧失，而不是个人的提升。
>
> 随着青春自恋的破灭和性生活的变态，（黑人女性）从这些作为主要生活表达方式的模式中退缩了。她们放弃了青春，放弃了性，将视野缩小到女性最基本的功能上：生产、养育和保护孩子。在这样的角色中，黑人女性拯救了许多家庭。许多人把这样的家庭称为母系家庭，其实是掩盖了母性的基本功能，是为了权威而确立权威者。我们认为，黑人女性一直在各方面受到残酷对待，因此，

她们的关注点集中在女性最基本的品质上。

在挑选和治疗"精神病患者"方面，很难记录种族主义者的做法。首先，这方面的统计数据，就像有关猥亵或强奸儿童的统计数据一样，不容易获得。其次，大多数第三世界的居民都太穷了，根本负担不起私人治疗的费用：她们受到社会的控制，并以更直接的、肉体的方式受到谴责。（亨利指出，女性和黑人一样，也会被引导大量使用药物，但药物往往用来安抚而不是消灭她们，这或许说明，从主流文化的角度来看，女性不像黑人那样可有可无。）[11] 再次，在精神病学的诊断和治疗中，种族主义通常会被阶级和性别偏见进一步混淆。然而，不可否认的是，有色人种的女性和男性在进入精神病领域时，往往会受到歧视和误解。同样不可否认的是，精神病院的员工，如值班员、勤杂工和护士，特别是在州和县精神病院从事低收入工作的人，对所有种族的患者都很粗暴。人们内化了压迫性的价值观；他们还会做自认为应该做的事情，以及可以逃脱惩罚的事情。[12]

当非裔、拉丁裔、亚裔或移民女性住院时，她们的"治疗"可能和白人女性非常相似。它包括一系列的家庭和"母性"任务，或者说为了家庭、母性和异性恋的任务做心理准备。精神病院里的黑人男性也会受到虐待，但不是以这种方式。尽管黑人女性、波多黎各女性和白人女性存在差异，男性专业人士对她们的看法也不尽相同，但她们都是女性，这一事实使她们同样容易受到以男性为主的心理健康标准的影响。此外，尽管存在差异，但女性角色的关键（和被贬低的）方面可能是所有种族和阶层的女性所共有的。例如，一项研究表明，在黑人和白人的群体中，报告精神崩溃、快要精神崩溃、心理惰性和头晕的女性明显多于男性。非裔女性和美国白人女性报告以下症状的比例也高于男性：紧张、失眠、手抖、做噩梦、昏厥和头痛。[13]

对第三世界女性的访谈

我访谈了9名第三世界的女性，其中6名是非洲血统，3名是拉丁美洲血统。她们的年龄从27岁到48岁不等。2名女性上过高中课程，4名上过大学课程，2名完成了大学学业，1名读过研究生课程。5名女性未婚，1名已婚，2名离婚，1名丧偶。除了一名教师外，所有女性的年收入都不超过5 000美元，而且通常是从事秘书或文员工作。其中3名女性失业或靠救济金生活。其中2名女性是女性主义者，她们都是美国黑人。

其中3名女性曾因精神疾病住院治疗：一名因自杀未遂而短暂住院；另一名因"偏执型精神分裂症"而多次住院；还有一名因"更年期精神分裂症"而多次住院，时间加在一起超过5年。她们都没有在私立机构住院治疗过。

其中7名女性每人接受了大约3名治疗师的私人治疗，持续了大约25个月：男性治疗师17个月，女性治疗师24个月。（"大约"值是指这个7人组的总平均值。）这些女性总共见了10名男性治疗师和8名女性治疗师。除了2名黑人男性精神科医生和1名波多黎各女性社会工作者外，其他治疗师都是白人。

我访谈其中5名女性时，还有1位第三世界女性在场。这位第三世界女性单独访谈了2名女性，我不在场。我还访谈了1名女性，有1位白人朋友和前治疗师在场。还有1名女性，应她的要求，我对她进行了单独访谈。

为什么这些女性会寻求、接受男性治疗师，或者对男性治疗师感到舒适？是因为天真？种族仇恨？同性仇恨？终于有机会和一个不会勾引也不会收买她们的白人男性在一起？或者只是因为他们"很好"？总的来说，这些女性大多数和白人女性一样"迷恋"异性恋、"爱情"和婚姻。

维尔玛（Wilma）：我无法忍受没有男人的日子。每次有男人离开我，我都会做三件事：害怕我自己会自杀，跑去找治疗师，尽快找到另一个男朋友。

卡罗琳：B医生是一个非常英俊的黑人男性。他非常有魅力，很有个性，是个好医生。他什么都尝试过，就差没倒立了。我并没有告诉他真正困扰我的是什么。他从来没有理解我。我和他没有共鸣。这太可怕了。我在那里坐了6个月，然后我们才谈论了一点我的感受。他有个毛病，如果我不说话，他就很少说话。有时，我也不太愿意谈论与我关系密切的事情。所以在一次治疗中，我们相视而坐了大约25分钟，我痛苦地坐在那里，事情就是这样。我想我是在抗拒。我不知道是什么原因。他就是无法让我敞开心扉。我们浪费了很多时间。

菲利斯：可是，你不怪他？

卡罗琳：不，我喜欢他。他很好，像一个漂亮的花瓶。你可以把它放在架子上欣赏，我不会说什么亲密或惊天动地的话来打碎它。事实上，我经常给他外面的办公室换花（他严重地忽视它们），我真的很喜欢他，但就是没法和他谈心。（在我自杀未遂后）我开始见L医生，他是个白人男性，我也很喜欢他。他真的帮到了我。但你知道，无论我说什么，他都归咎于我自身。如果我染上鼠疫，那也是我的错。不，我不能和他谈性高潮，那太尴尬了。

伊夫琳（Evelyn）：我开始接受治疗的主要原因是，我和一个男人有过一段短暂的关系，但他最后拒绝了我。我还打了一通很丢脸的电话。我有生以来第一次做这样的事——直接跟他在言语上对质，那是在我喝了大约四分之三瓶伏特加之后。为了有机会给他打电话，我把自己喝得醉醺醺，我问他："你为什么看不上我？"他告诉我，他生命中的某个人回来了，或者是因为爵士乐之类的，我伤心欲绝，几乎崩溃。我一直认为只有患者才会接受心理治疗。这是在承认你很软弱，而我并不软弱。我是一个非常坚强的人，我不需要任何人，我什么都不需要。我都不知道自己第一次是怎么鼓起勇气去治疗的，但我确实这样做了。我想我是被他吸引了。他是白人，男性，超过 21 岁，我想我把他看作是单身可约会的对象了。我从来都不知道他是不是单身。然后，我第一次有了和他发生性关系之类的幻想。经历了这件事，我确定我在试图引诱他，但他并不领情，尽管他很友好。我还记得我对他的不领情很生气。

在一个种族主义和性别歧视的社会中，作为有色人种女性所面临的问题是令人震惊的，暴力、自我毁灭和无端的恐惧以各种方式混杂在一起。我曾和一名非裔美国女性探讨过一种传统的糟糕境遇：在她一生的大部分时间里，她很清楚地认识到，黑人男性不喜欢黑人女性，他们更喜欢白人女性，他们不会挣钱，殴打你，到处乱搞，不像白人男性那样"可接受"；白人女性——她们刻薄、幼稚、有钱、种族歧视，即使是穷人也很有钱；总之，简女士（Lady Jane）[1]根本不重要，她不会爱，也不坚强，天哪！为什么男人想要她？而黑人女性——她们更坚强，但她

---

[1] 简女士（Lady Jane），此处代指普通的白人女性。——译者注

们也很刻薄、贫穷、种族歧视，为了得到白人男性或"优秀的"黑人男性，她们会割开你的喉咙。问我吧，我知道，我是个黑人女性；至于白人男性——不要问了，不要问。

和善的、白人的、言语的治疗如何能真正填补这些看似无尽的悲剧，我完全不知道。

与我交谈过的大多数女性在童年和婚姻中，都经历过身体暴力、双重的道德标准以及对性生活不满。我并非暗示第三世界的男性在性方面比白人男性给予得更少；然而，20世纪的贫穷、种族主义、大男子主义或"原始的"自豪感，对第三世界女性的性解放和感官解放毫无帮助——由于白人父权制文化的作用，她们在性方面已经受到了压抑。

维尔玛：我从来没被白人吸引过。我只和黑人兄弟们上床。我真的相信了黑人男性在床上表现更好的神话，一直和他们上床——但这不是真的！实际上，他们没一个会做爱，我的意思是他们都很无能。不，我的意思是他们根本不在乎我，他们认为自己天生就很了不起，以为随随便便的性爱就能让任何一个女人满足；所以，除了三个例外，他们都相当冷漠和笨拙，而且他们也不想学习。最后，我会用最浅显明了的话来解释我想要什么，但这也不管用……他们就是无能。男人性无能。

菲利斯：现在，不要到处散布基于性别或种族的性无能的神话（笑声）。

维尔玛：是的，但白人男性也没为我做过什么。男人们都让我觉得这是我的错，好像我必须假装我有罪。他们（黑人男性）对待白人女性有什么不同吗？对待白人男性呢？

拉弗内：我15岁时和他上床了。他唯一想要的就是做爱。他从不和我聊天。他和其他女孩约会，但他告诉我不用担心，他会娶我。我觉得其他女人是妓女，水性杨花。有时，我甚至会为他挑一个——一个愚蠢、肤浅的女人。大约过了两年时间，我才真正享受到和他做爱的乐趣。

卡罗琳：我 25 岁时第一次和男人做爱。他是黑人，已婚，比我大 5 岁。当时感觉气氛很冷淡，但我非常感激终于有人和我上床了。我怪我自己没有高潮。在我的理智里，这是一场婚外情；但在我的情感中，我想第一次有外遇的女人会想，无论如何，事情根本不会是那样的。

丽塔（Rita）：我想我的成长环境非常严格。我真的以为，如果在婚礼上我不是处女，教堂的灯就会熄灭。我受到的教育是，男人可以不是童贞之身，甚至结婚后交女朋友也行，只要他能照顾好你和孩子。我去任何地方都要事先告诉丈夫。有一次，我和我的女性朋友去参加舞会，但是我很害怕。他说他会杀了我，但他没有。我再也没有像那样出去过，我想是没有勇气吧。

这些女性在非裔或拉丁裔男性（或女性）群体中远没有占据受人尊敬的特殊位置，她们描述自己是黑人或拉丁裔男性理所当然的"天然"猎物。梅纳凯姆·阿米尔（Menachim Amir）的一项研究表明，在费城的抽样案例研究中，77% 强奸受害者和犯罪者都是黑人。在 18% 的案例中，两者都是白人。当然，黑人罪犯总是比白人罪犯受到更多的追捕。我们不知道有多少白人男性强奸了黑人或白人女性。[14] 这些女性很难免于白人男性的"掠夺"。然而，根据她们的种族或女性主义的意识水平，白人男性在社会-性方面的侵犯有时会让她们不那么愤怒或害怕，因为这种侵犯在社会上更加"可接受"，而且（可能）在经济上更有回报，这是许多黑人男性的痛点，也是性别歧视的痛点。

作为男性，他们想要和白人男性，或者像某些非洲男人一样，"拥有"女性。我们不能忽视大多数白人男性是如何粗暴地收买黑人（和白人）女性的。在美国，黑人和穷人沦落到只能偷窃和鄙视富人能买到的东西。在父权阶级社会中，强奸将永远存在。我的许多受访者被告知要嫁给"上层"（或"白人"）男性，但她们生活在恐惧之中，担心自己会因为白人女性而被抛弃。许多女性描述了她们与母亲之间的敌对关系，就是因为肤色（她们不够"白"）、婚姻、社会地位和性行为等问题。

伊夫琳：我很好奇黑人男性是否也这样对待白人女性。就好像我自动成了他们的财产。就好像我们被敌人包围了，所以不管哪位同胞来了，我们都是一伙的，我们是朋友，而你是我的。

刚开始做这份工作（秘书）时，我对他们（黑人男性）的示好毫无反应，这让他们非常愤怒。我走在走廊上，会听到一些声音，你知道，或者听到一些评论，但是我不会回应。他们感到非常愤怒！就好像他们不能接受这种情况。我不得不一次又一次和他们对质，告诉他们我不想和他们有任何形式的交往，不管是社交还是其他方面。我有权决定我要和谁交往，不管他们喜不喜欢。我花了三个月的时间终于让他们明白，我有权利不被打扰。他们会对我大喊："如果我是白人男性，你就不会这么做了。"这真是太棒了。这种情况在我身上发生过好几次："如果我是白人男性，你就会跟我说话。"

他们根本就不了解我，但这就是他们的妄想症。我发现了一些不同的情况。白人男性也会主动示好，但当我拒绝他们时，事情就结束了。我想他们可能觉得，好吧，她只喜欢黑人男性。我敢肯定,在他们眼里,我只是某个男人的附属品,肯定属于某个男人。

菲利斯: 白人男性也有这么多的示好吗?

伊夫琳: 没有,不过我发现,从整体来看,比如从一天开始到结束,在街上跟我搭讪的白人男性要多得多:因为白人男性人口更多。

菲利斯: 工作中的白人男性也会做出同样的举动吗?

伊夫琳: 不,不是同样的举动。他们只会在我面前来回走动。只有当他们认为可以迅速逃离而不被看见时,才会做出言语上的举动。我记得有一次,一个白人男性走进一扇门时,胡乱喊了几声,因为他要进去了。但白人男性也有愤怒的时候。你不能为你和谁交往设定规则。"如果我们向你伸出双手,表示我们想和你成为朋友,你这个黑妞,难道不领情吗?"

卡罗琳: 我现在 27 岁,我的奶奶辈们看我的眼神有点奇怪。就好像在问,她到底怎么了?因为我的表姐妹们都结婚生子了。从小到大,我确实很瞧不起黑人男性。你总是被引导去追求一个能达到某种社会地位、能提高你社会地位的人。我无法想象他会是一个每天朝九晚五、没有事业的普通男人。他必须是大学毕业,有一定的社会地位。这就是我的家庭擅长的事情。我母亲的婚姻就是这样的,但是(一个黑人男性)要继续往上爬,他就要找一个白人女性。我母亲的几个继兄弟都娶了白种女人。我总有一种感觉,如果你让一个黑人男性继续往上爬,他可能会为了一个白种女人而抛弃你。我认为,(导致自杀企图的)可怕的孤独感的部分原因是,我与男性没有联系。我不能或不愿把社交中的男人带回家,这在一定程度上导致了我的孤独。此外,我年龄越来越大,还没有结婚,也没有开始自己的事业,生活停滞不前,没有真正做过什么事情,这也是(导致自杀企图的)原因。我觉得我必须支持黑人男性,因为他们受过苦难。

菲利斯： 难道黑人女性没有受过苦难吗？

卡罗琳： 好吧，是的，但摆脱痛苦的方法是帮助我们的男性赢得革命。不过，我有时也在想，如果我忙着照顾孩子，我怎么能够帮上忙呢？

在被送进精神病院的第三世界女性中，有两位女士经历过真正的"疯狂"或"精神分裂"。与西方文化中的许多白人女性一样，她们重新体验了耶稣受难或处女受孕（的含义）。在这些经历中，她们对"女性的工作"（比如家务劳动或性服务）非常矛盾或充满敌意。我不知道她们的"精神病生涯"是否与白人女性有很大不同。我把这个问题留给你来判定。

我曾在纽约市一家"服务"西班牙哈莱姆区（Spanish Harlem）[1]的医院担任实习心理医生。就在那里，我第一次遇见了卡门，但没有交谈。她是一个40多岁、有着黑头发、身材臃肿的女人，当时正在精神科病房里制造"骚乱"。她把一块香蕉皮扔在地上，丝毫不顾别人的威胁和恳求，就是不肯捡起来。"这里是疯人院，不是吗？"她用流利的英语问道，"我可以在这里为所欲为，否则我就不该在这里了。"我笑了，这是我在那份特别的巡查工作中为数不多的笑声之一，然后继续往前走。

3年后的今天，我坐在卡门的起居室里，这是一间整洁的廉租公寓，墙上挂着塑料十字架，桌上摆着塑料花，沙发上铺着塑料套，桌布也是塑料制品，而屋外响着真正的警笛声。我的朋友朱迪丝曾是精神科病房的治疗师之一，她和卡门建立了友谊，彼此成了好朋友。她们一直保持

---

[1] 西班牙哈莱姆区是位于纽约曼哈顿区的拉丁裔社区。——译者注

着联系。

因为朱迪丝的请求,卡门同意与我交谈。那天下午,卡门哭了好几次,朱迪丝抱着她,紧握着她和我的手,而且还为我们煮了几杯咖啡。

菲利斯:你为什么会去精神病院?

卡门:好吧,第一次是我女儿出生之后。我当时30岁,分娩非常艰难。我以前从没遇到过麻烦,我生第一个儿子时才17岁。这次我非常紧张地回到了家,一到家就开始生病。

菲利斯:都有哪些症状?

卡门:首先,我吃不下东西了,也睡不着。我就是不吃不睡。我的朋友来看我,我不跟他们说话。我只是看着天花板。我躺着,看着天花板,不吃东西。这样过了两个星期,每个过来看我的人都想知道我到底怎么了。我的孩子需要食物,我却躺在床上抽烟。我就是不想做任何事。我连床单的角都弄不直。

菲利斯:有人帮你照看孩子吗?

卡门:没有。他们不知道我出了什么问题。最后,有人打电话给医生,医生说:"她精神崩溃了!"于是,他们把我带到贝尔维尤医院。情况变得非常糟糕,我谁都不认识了,而且我变得非常虔诚。我为每个人祈福。

菲利斯:在贝尔维尤医院里发生了什么?

卡门:太可怕了。他们总是把你绑起来,把你关起来。有一次我想洗淋浴。我不想进浴缸,因为他们让你在众人面前一丝不挂地排好队,然后进浴缸。只有两个浴缸,我不想进去,因为我刚做完剖腹产手术,我不想让任何脏东西沾到我身上,所以我和值班员大吵了一架。我还害怕电休克治疗。那是一种非常可怕的感觉,特别是当你感觉电流穿过你的身体时，就像一把锤子敲击在你的头上。

菲利斯：你是说你不想要它吗？

卡门：噢，我反抗过，但他们强迫我。

菲利斯：谁签的字？

卡门：我丈夫。他说，医生说"她的情况不太好，我们试试电休克治疗吧"。

菲利斯：在医生认为你的情况不太好之前，他和你谈了几次话？

卡门：我不记得和医生谈过话。3周后，我恢复得很好。我恢复正常了。我把女儿带大，什么都会做。我没想到自己还会生病。后来我开始长肿瘤，还大出血，我告诉医生："我不想再要孩子了，所以在肿瘤恶化前切除子宫吧。"在医院里做了子宫切除术后，我又开始虔诚起来。其中一位医生是精神科医生，他来找我。我记得他来到我床边，给我打了一针，问我怎么了。我唯一的回答就是，我不想去贝尔维尤，仅此而已。然后，他们对我丈夫说："如果你能把她带回家，如果你想的话，你可以让她待在家里！"于是，我丈夫给我拿来了衣服，一条黑色的裙子。我穿上它，但下一秒我就把它脱了，我说："我家里没死人，我不用穿黑色衣服。"

朱迪丝：也许你对子宫切除感到很难过。

卡门：不。我堕过9次胎。我对胎儿感到内疚。堕胎是对上帝的直接犯罪。但堕胎总比让孩子们挨饿好，不是吗？

菲利斯：你一直拒绝穿黑裙子之后发生了什么？

卡门：我去了贝尔维尤，然后又被送到罗克兰（Rockland）精神病院。当我发现自己在精神病院时，你不知道我哭得多伤心。我一夜之间白了头。当我到了那里，看到大门，我说："天哪，这看起来有点像监狱。"我对另一个患者说："这是一家什么医院？"她说:"亲爱的,你不知道你在精神病院吗?""不知道。"我说,"这是疯人院?""是的。"她说,"你就在疯人院里。"然后,她们都开始大笑,因为我对这些一无所知。在那之后,我感觉糟透了。我不知道我是怎么做到在那里没再生病的。

你得一直待在那里,直到康复。大多数女人生病时都不会照顾自己。我马上开始梳头。这说明你在进步,说明你病得没那么重。

菲利斯:在罗克兰精神病院发生了什么?

卡门:发生了什么?会发生什么?他们整天关着你。我经常去工作,只是为了能放放风。

菲利斯:做什么工作?

卡门:拖地、铺床、擦窗户、擦地板。

菲利斯:有人付钱给你吗?

卡门:没有,唯一付你钱的地方是食堂。每月10美元的伙食费。我也在那里工作过。我是一名精神科医生的私人女佣,她是个女医生。她知道我能说英语和西班牙语。她说:"我想让你为我工作,因为我儿子想学西班牙语。他正在学校里学西班牙语,有你在,你可以用西班牙语和他交流,他会学会更多。"

菲利斯:她付钱给你了吗?

卡门:她应该每周付我3美元,我丈夫过去每周给我5美元,但她从没付过我钱。我要掸灰尘、擦地板、换床单,帮她收拾衣服。我还帮她洗过内裤。现在你知道我有多卑微了,我还要给她洗内裤!

菲利斯:你为什么不告诉她?

卡门:我应该告诉她的,但是能离开病房真是太开心了。而且,其他地方更糟糕。那里有个洗衣房,我告诉你,在那里干活很辛苦。

菲利斯：哪些人在洗衣房工作？

卡门：很多女孩。你早上会看到她们像囚犯一样走过去。

菲利斯：她们有报酬吗？

卡门：没有，只有食堂才有报酬。我经常回罗克兰精神病院。我很虔诚。我可以为人们祈福，让他们康复。

菲利斯：也许你可以。

卡门：所以现在，我丈夫不会等太长时间。如果哪天晚上他发现我没有睡觉，而是坐在厨房的窗户边，他就会马上把我带走。他不会等着看我有多糟糕。他会马上把我带走。

菲利斯：当你坐在窗边的时候，你在想什么？

卡门：我在想——重要的事情。我在罗克兰待的时间从来没有超过两三个月，直到我丈夫有了情妇。他一直是个好丈夫。他会把所有的工资都带回家，即使他和情妇在一起，他也从不让我一无所有。我付了房租，我有钱吃饭，他甚至经常送我礼物，就好像他和另一个女人之间什么都没发生一样。但是我上次去那里（罗克兰）时，他们俩似乎想把我赶走。他让我在那里待了 10 个月，接近 1 年。那个情妇伤我很深，尤其是当我第一次知道这件事的时候。我以为我的世界末日要来了，因为我非常爱我的丈夫，他是个很好的男人。

菲利斯：你是怎么发现的？

卡门：我开始接到她的匿名电话、信件。她疯了。他声称她是在嫉妒，这是真的。这并没有让我感到恶心，这是最有趣的事情。我不明白为什么我会生病，因为，就像我说的，我丈夫对我很好，非常好——在我生病的所有时间里，除了最后 10 个月。不，他根本没来看我，我很生他的气。我唯一能报复他的办法，就是让他相信有一个男人想娶我，这时他跳了起来。

菲利斯： 当你发现丈夫有情妇的时候，你在医院里很难过吗？有人注意到这件事吗？

卡门： 没有。这让我很伤心，因为我女儿知道这件事，但是她从没告诉过我。

菲利斯： 她可能不想让你难过。

卡门： 也许吧。女儿还太小。好吧，我只好认命，让她做女主人，待在家里，让她打扫卫生、做饭，而我在医院休息。每次我回家待上一个星期，我要做的就是打扫卫生、做饭、清洗，所以我又回到了医院。是的，我确实不喜欢被关起来，但我安慰自己，哦，还有人在打扫房间、做饭呢。

菲利斯： 有点像女佣。

卡门： 是的，反正她也算个黑人——我不能理解的是，她居然会为我丈夫准备食物，让他带着来见我。所以我不知道他们俩到底是什么关系，或者是出于什么方便的考虑和计划。

朱迪丝： 对你丈夫来说太方便了。

卡门： 是的，这就是他为什么乐在其中。这并没有让我感到恶心，但是让我很生气，因为他要把我留在那里（罗克兰）。

你知道，合法的程序是丈夫签字。我告诉你，这是真的，因为我父亲想把我弄出去，我两个儿子也想把我弄出去，但医生不让我回家。我父亲说，"我甚至可以带她回我家"，但医生仍然不同意。我不知道他想要什么，所以最后我唯一能出去的办法，就是我的父母应该和我住在一起。

菲利斯： 你最后是怎么出来的？

卡门： 就像我告诉你的那样，我的两个儿子来看我。我说："你们得想办法让我离开这里。他不想签字让我出去。"我的两个儿子，坐在我的两边，说："够了，我母亲已经在这里待了 10 个月，她很好，你不能再让她待在这里了，不管你愿不愿意，你都得签字让她出去。"另一个儿子是个大块头，他说："你不想被揍一顿吧？"最后，我的儿子们逼他就范了。

菲利斯： 接着发生了什么？

卡门： 他（我丈夫）把我带回家，我们就像两个同伴住在一起，没有性生活，没有任何交谈。当他下班回来时，我会把饭菜放在厨灶上，然后端起我的盘子去看电视。我们之间没有对话，也没有任何其他事。唯一生气的人是他的情妇。你知道，他从来没有全心全意爱过她。事实上，我曾经告诫过她。我告诉她："听着，我每天都要赶他出去，他却不想走，这不是我的错。"她脸涨得通红。我说："我不想要他。"我从来没有让人觉得，他们所做的事对我造成了伤害，因为我告诉她："有一个 38 岁的男人愿意娶我，如果你能把我丈夫带走，我会非常感激。"我当时很激动，但我没让她知道。她说："他在利用我。"我说："那是你的问题，不是我的。"于是她对我说："好吧，我不能怪你，因为我们先对不住你的。"我说："你一点都没打扰到我。我其实已经厌倦我丈夫好多年了。事实上，我和那个男人交往 3 年了，他还不知道。"

她以为她来这里会把我搞得一团糟，因为她想让我感到恶心。

我只跟他吵了一次架。他报了警，警察认为只是一场家庭纠纷。然后，我丈夫在旁边叫住他们，告诉他们我有精神病之类的。于是，我又去了贝尔维尤。

他（我丈夫）以为我不会让他离开，但当我换了门锁后，他发现不是那么回事。我现在的男朋友就住在街对面。他是个乐天派。他会突然说："我们去看电影吧，你不用做饭了。"我说："哇，太好了，我们走吧！"

拉弗内 25 岁左右，她是一名非全日制大学生兼秘书。她的语速和我一样快，有时甚至超过了我。她很聪明，而且有双倍的爆发力。6 年来，她一直接受私人治疗，并住过 3 次院。

菲利斯： 你为什么会去精神病院？

拉弗内： 第一次是在一个派对后。我回到家非常沮丧，亲爱的，我产生了一种你不会相信的幻觉。我不是圣母马利亚，但却是另一个圣母马利亚。我连续经历了三次高潮，生下了另一个耶稣——黑人基督。那是处女的分娩，因为我没有和任何人发生性关系。但是孩子不在旁边，他不见了。现在，这位母亲必须振作起来。如果他走了，那就是我做错了什么。我觉得如果我是基督的母亲，我最好做点什么，所以我洗了个澡。

然后，我打了很多电话。我打给洛克菲勒（Rockefeller），因为我想就黑人和白人的关系做些事情。我希望黑人能够自爱。我知道，但他们不知道。我说真的，到处都是滥交。给洛克菲勒打电话时，我已经平静下来了。我想睡觉了。但我的母亲开始给邻居打电话，因为她害怕我。她总是害怕我。她有一半白人血统，她觉得自己比我优秀。她是个该死的妓女——是的！她的男朋友对我动手动脚，而她却矢口否认。但现在她把邻居都叫来了，整晚陪着她。

然后，我又开始产生幻觉。我觉得有人要穿过墙来抓我——噢，该死。

我开始想成为一个美国印第安人——直觉,直觉就是一切。于是,我打开唱片机,开始在屋子里跳舞。我拉开窗帘,想让每个人都看到我。我母亲会把门都锁上。我非常冷静地拿起锤子,砸开了我的房间、我母亲的房间、我哥哥的房间和客房的锁。我到处跳舞,人们都在往里面看。"嗨,孩子,你们好吗?"我和他们说。

这时,警察进来了。他们显然害怕我。"你们在怕什么?"我说,"你想喝点酷爱(Kool-Aid)[1]吗?"一个警察说:"哦,上帝。"我说:"你在说什么,那是我的父,因为我刚刚生下了另一个基督。"但我不打算告诉他们基督的事,因为他们会认为我疯了,我自己也不太确定那个场景,所以我要表现得很冷静。

他们(警察)问谁对我负责。我说:"我母亲。"但她已经上班去了。于是他们找了隔壁邻居。我紧紧抓住她。我很害怕,我吓坏了,我央求她:"请不要离开我,他们会伤害我的。"但是她挣脱了我。我不想去医院,我知道他们会怎么对我。

菲利斯:在医院里发生了什么?

拉弗内:他们用针扎我。他们给你喂食,强迫喂食,否则你就出不去。他们让我穿上拘束衣。他们不让我看精神科医生。当我见到精神科医生时,我告诉他,我吃了太多药,我哭了。然后他们给了我更多的药,因为我很烦躁。

菲利斯:你吃的是什么药?

拉弗内:氯丙嗪,但它会让我崩溃,所以他们给了我其他的药。但是我有鼻窦炎,所以他们给了我三氟拉嗪,那是最好的药,但药效不够强,于是他们又给了我氯丙嗪。

---

[1] 酷爱,黑人贫民区常见的廉价饮料。——译者注

菲利斯：他们给你电休克治疗了吗？

拉弗内：没有。我说过，如果他们真的这么做，我会和医生发生性关系，我会呕吐食物。电休克疗法很危险。我看到发生了什么——你会开始忘记事情，我和患者聊过。不管怎样，你还是会再次抑郁。

90天后，他们就不能再留你了。总之，我安静下来，不大喊大叫，什么也不说。病友们说："如果你想出去，你就要这么做。"于是我这么做了。我帮助护士，告诉她们她们有多可爱。我清洗地板。我以前从没洗过地板。

菲利斯：你第二次是怎么进医院的？

拉弗内：我结婚了，对！我工作，供他上学。他晚上回家，会跟我说他见过的漂亮女孩。"你不化妆真难看，天哪，真难看。"他会告诉我，"你的胸太小了。"但他不会和我聊天——噢，不！他只想跟我做爱，翻个身，然后睡觉。

然后，我们在一个派对上，我听到他和另一个人说话。他说我很可爱，但是很愚蠢。"那你要她干什么，用来上床？""是的。"他回答。该死！从我13岁开始，我们就交往了，而他仍然只想跟我上床。我想拿把枪杀了他，但没那么容易弄到枪。我哥哥劝我找一份工作，跟孩子们打交道的那种。嗯，我离开了他（我丈夫），回去和我母亲住，我们相处得并不好，对吧？所以我们吵了一架，啊，她不爱我。她告诉我，我太笨了，上不了大学。

第一次，她就把我丢在医院里不管，她是个该死的妓女，这就是我告诉她的，这总让她受不了。所以她又把我送进了医院。她把她的男朋友叫过来，把我打了一顿，因为我不尊重我母亲。"你这个婊子，你再把我送进医院，我就杀了你。"我要打电话给我的治疗师，但她的男朋友每次都把我打倒在地。他们把我绑起来，给我穿上拘束衣。

在医院——问来问去！"怎么回事？"精神科医生想知道。"战争很糟糕，卖淫很糟糕，你很糟糕。""我想我们得留下你。"他说，"别傻了。"这次我遇到了一位来自中美洲的漂亮女医生，她真的帮我走出了困境。

他们给我做了一大堆心理测试，你知道，结果显示我很有男子气概。这是什么意思？比如在一个测试中，他们会问：你想要幸福的婚姻还是富有的单身？我说："屁话！当然是富有的单身。"

女性主义者
Feminists

09

　　为什么我们的母亲、祖母和曾祖母没有告诉我们,我们输掉了哪一场战争,或者压根就没打过这一仗?这样我们就会明白我们的失败是多么彻底,以及我们如何通过宗教、疯狂和冷漠来哀悼这场失败。

　　为什么我们的母亲对强奸、乱伦和卖淫,以及她们自己缺乏快乐的问题如此沉默?当她们有那么多话语时,为什么不对我们说出女英雄的名字,告诉我们女性主义者、妇女参政论者、亚马逊女战士和伟大母亲们的故事?

　　　看在上帝的份上,我希望女人先为自己而活。这样,她就不会把不完美的男人当作她的神,从而陷入盲目崇拜。这样,她就不会因为软弱和贫穷而接受不适合她的东西。然后,如果她在男人身上找到了她所需要的东西,她将知道如何生活,并知道她值得被爱……

　　　女人以自己为中心,就永远不会被任何关系吞噬;对她来说,就像对男人一样,任何关系都只是一种经历。有人认为爱就是女人的全部存在,这是一个庸俗的错误;她同样是为了追求真理和爱而生的。如果她愿意接受自己的遗传特征，玛利亚就不会成为唯一的处女母亲……

玛格丽特·富勒（Margaret Fuller）[1]

我很早就意识到，男人们在任何绝望的情况下都不会希望成为女人。相反，只要对方一有软弱的迹象，他们就准备相互嘲弄："你就像那些女人一样，她们……"根据场合和说话者的修辞方式，这句话会有不同的结尾。

当他们欣赏某个女人时，他们倾向于说她"高于她的性别"。我默默地观察着这一点，并担心这显示了一种根深蒂固的怀疑论，这种怀疑论多年来一直桎梏着人们的心灵，只有奇迹出现的时代才能将其根除。我一直受到非常真诚的对待；一位亲密的异性朋友曾激动地对我说，我"应该成为某个星球上的男人"，我认为这是一个典型的例子。当我向他透露我的信念时，他感到非常惊讶，因为我相信女性的一面，即爱、美和圣洁的一面，现在有了充分的机会，而且如果有所谓更好的选择，现在最好是做一个女人；我想即使是最微不足道的善行，也是在推动我们这个时代的特殊使命。他不信邪地笑了。他心想："她尽了最大的努力，让犹太人相信犹太人的骄傲吧，但我是更好的那一类人，我知道得更多。"

玛格丽特·富勒[2]

没有任何地方是根据女性工作的优劣来对待她的，相反，唯一的依据是她的性别身份。因此，她几乎不可避免地要为自己的生存权付出代价——以性的好处，无论在什么行业都一样。因此，她把自己出卖给一个男人（婚内或婚外），还是出卖给很多男人，这只是一个程度问题。不管我们的改革者承认与否,女性在经济和社会方面的劣势都是造成卖淫的原因……人们承认,女性是作为性商品被抚养长大的,但她对性的意义和重要性还一无所知……哈夫洛克·霭理士(Havelock Ellis)说:"与妓女相比,为钱而嫁人的妻子才是真正的附属物。她得到的报酬更少,付出的劳动和照料却更多,而且绝对受主人的约束。妓女从不放弃自己的人生权利,她保留自己的自由和个人权利,也不总是被迫屈服于男人的怀抱。"

埃玛·戈德曼 [3]

我认为,无论在生理、心理还是精神上,女性都没有理由不享有与男人平等的投票权。但这不并能蒙蔽我的双眼,让我相信一个荒谬的观点,即女人会完成男人未能完成的事。如果她不会让事情变得更糟,她当然也不会让事情变得更好。因此,假设她会成功地净化一些不容易净化的东西,就是相信她有超自然的力量。既然女人最大的不幸在于她被视为天使或魔鬼,那么她真正的拯救就在于将她归还人间,也就是说被视为人类,因此也会受到人类所有愚蠢和错误的影响。那么,我们是否要相信,两个错误就会带来一个正确的结果呢?我们是否要假设,如果女性进入政治舞台,政治中所固有的毒素就会减少?即使是最狂热的妇女参政论者,也不会坚持这种愚蠢的想法。

埃玛·戈德曼 [4]

这个集体的凝聚力是女性主义……我们彼此充当对方的榜样,也就是说,作为女性主义专业人士的榜样,这是我们在日常工作环境中很难得到的。我们能够认同彼此的成功:"如果在这个男性主导的世界里，这位女性也能取得成功……那么我或许也有希望。"……在个人遇到危机和不确定的情况下，集体起到了支持系统的作用……我们为彼此提供了重要的非正式交流渠道，男性专业人士经常使用这些渠道，而他们却有计划地将女性同事排除在外。男性会在晚餐或咖啡时间见面并交流有价值的信息，但当一位女同事"有幸"被包括在内时（我们的一位成员就曾遇到过这种情况），他们很可能就会说"请原谅我们在谈公事"，然后立即开始谈论非专业的琐事……集体为我们所有人提供了一个地方，在这里我们可以自在地做自己——在这个地方，我们不会因为"咄咄逼人"而受到谴责，也不会因为掌管局面、表达意见、持异议或对抗而受到谴责。我们真的很尊重彼此的能力……

芝加哥女性心理学协会
（The Chicago Women in Psychology Collective）

为什么女性主义会重新抬头？为什么女性人权、平等、优越、权利等如此危险的思想，会作为一场潜在的大规模运动浮出水面？现代女性主义是否本质上是物质世界中某些变化的副产品，比如节育技术和地球人口过剩？现代女性主义是否是对农业和工业劳动不断变化的性质或就业机会减少的众多生存反应之一——因为在这个时代，除了战争、饥饿和生态灾难，更多的人活得更久了？这也许可以解释为什么女性被鼓励或被迫与男性讨论"分担"她们的家务和情感生活：男人被塑造成"男人"、女人被塑造成"女人"的工作正在消失。

只要女性主义被视为一种集体主义而非个人主义的意识形态，只要它是部落式的、以快乐为导向的，而不是独特的、以英雄为导向的，它就可能会被女性和男性视为"野蛮的"或"法西斯主义的"。当然，如果这种"仪式"不够大胆和真实，如果这种仪式强加的是平庸和一致性，而不是展现独特而多样的行为和想象力，那么我也会害怕它。

女性主义运动是否是"被压抑的回归"：是否是一种古老的宗教、古老的政体，它的时代又神秘地回来了？或者，它是一个真正的新神话，借助技术呈现，其后果无法预料？如果女性"赢得了"性别战争——直接控制了生产和繁殖手段，人类心理的结构会保持不变吗？或者，如果男性成为社会学和生物学上的母亲，情况会怎样呢？或者，如果女性不再是出生（以及死亡）的心理 - 生物学象征，情况会怎样呢？或者，如果女性成了生物学意义上的母亲和社会学意义上的父亲，情况会怎样呢？或者，如果性别不再作为一个重要的识别维度而存在，情况又会怎样呢？

在不成为主导性别的情况下，女性能否"打赢"这场性别战争，或者完全消除这场战争？如果女性占据了主导地位，那么生物学上的男性会像生物学上的女性一样受到压迫吗——如果是这样，那么这对女性来说重要吗？女性受压迫的不公平从未引起男性的重视，以至于他们没有想到要消除这种压迫，其中一定有一些很"合理"的原因，或者至少是难以抗拒的原因。

性别战争是否是其他主要罪恶的根源，比如，种族和阶级奴役、资本主义、清教主义、帝国主义以及战争？如果是的话，除了非暴力和女性主义的方法，还能用其他方法将这些罪恶永远从普遍的人类状况中清除出去吗？（什么是女性主义的方法？）考虑到女性受到的规训，我们能否成为女性主义革命者（或人类）而不必成为女同性恋者？作为女性，如果我们在性心理上被男性、婚姻或全职育儿所束缚，我们还能发起任何形式的革命吗？在这样的条件下，许多男人几乎不可能成为革命者，尽管他们与女性、婚姻和育儿的关系远没那么坚定。但是，如果斗争的目标仅仅是为了复仇或权力，那为什么还要进行斗争呢？如果我们"赢了"，变得像许多男人一样远离情感和性，那又如何呢？

女性在团体中积极地提出这些以及其他很多问题。正是在"意识提升"小组中，女性开始打破20世纪母女之间的沉默。这个小组为女性提供了一种方式和场所，让她们说出自己共同的困境。它也是合作社会和大家庭的典范，特别是对那些在大家庭或女性亲属关系和生活安排（或真正的合作）方面经验有限的女性而言。

相对享有特权的白人中产阶级女性发现，特权并不意味着自由，爱情是幸存者寥寥无几的异国他乡，女性的身体就像任何贫民窟或第三世界国家一样被殖民化了。她们还发现，男性和女性都不喜欢女人，尤其是强壮或快乐的女人。一个不满、抱怨、"软弱"的女人，虽然不受欢迎，但却比一个满足或强大的女人更容易被接受——后者被视为危险人物。相比同样的男性对手，她们会更快速和不可避免地被排斥和"杀死"，尤其是如果她在性方面有经验、有主见或"积极主动"的话。

在小型女性主义团体中，女性也经常会无休止地谈论性高潮。她们的语调有的娓娓道来，有的滑稽可笑，有的如释重负，有的愤怒，有的欢乐——因为她们开始重新找回了自己的身体。女性接受并享受自己的身体，是她们自我发展的绝对前提：我说的不是美国机械式的"性售卖"，也不是任何类型的由男性发起或不切实际的团体，或是"放荡不羁"的性。我想，只有当母亲们掌握了生产和繁殖手段，女性才能充分地体验她们的性。

这种"谈论性高潮"的做法，最初被讥笑为资产阶级的自我放纵和"种族主义"，但它实际上构成了一个生动的例子——给予"女性"之前需要的东西，或者是她们谈论"政治"的一种方式。（不用说，无论是女性性高潮还是贫民窟早餐计划本身，都不过是朝着正确方向迈出的第一步，但却是必要的一步。）但我认为，正是这种"谈论性高潮"的方式，以及在女性认可的氛围中表达愤怒，导致了女性身上的种种变化。

这些变化发生得很快，既令人兴奋，又令人怀疑，就像是预先准备好的，在一瞬间爆发。有一段时间，似乎某种天启即将来临，所有的错误都将被纠正，姐妹情谊和理性将推开天堂之门。一段时间后，美国女性才登上20世纪的政治舞台；一段时间后，我们才意识到公共宣传就像所有的广告一样，是变革的替代品，是妥协的产物，而不是有价值的东西；一段时间后，我们才明白，我们有多么分裂，女性受到的规训有多么深刻，以及改变它是多么困难。在此之前，这些事情令人眼花缭乱，相互矛盾，而且绝对质朴。

几乎一夜之间，女同胞们在美国各大城市搞起了示威游行、法律行动、保释基金、堕胎服务、罢工讨薪、全国和国际会议、党团、杂志、小册子、公社、争端解决、摇滚乐队、剧团、妇女研究项目、自我防卫项目、全女子舞蹈，以及女同性恋和妇女中心。对于那些参与其中的女性来说，女性运动或多或少地开始与婚姻、爱和心理治疗等体制相抗衡，或者取而代之，或为其提供支持。在某种程度上，妇女解放运动比婚姻或心理治疗更具有"治疗性"：它使女性更快乐、更愤怒、更自信、更具冒险精神、更有道德感，它催生了一系列的行为变化。

一些女性辞去了工作，拒绝参与异化或压迫性的劳动，另一些女性则开始接受职业培训、上大学或读研究生，并第一次认真地规划职业生涯。值得注意的是，只有那些在经济上或者心理上有能力的女性才会这样做。大多数女性，尤其是30岁以上、有孩子的女性，无法辞去作为母亲、主妇、工人或秘书的工作：她们只能要求有工资、能加薪和改善工作环境。

一些女性开始同居，另一些女性首次开始独居。一些女性坚持和丈夫平等分担育儿和家务，另一些女性为此组织了女子合作社。一些女性选择堕胎，另一些女性则拒绝这样做，而以前她们可能不会拒绝。一些女性离开了她们的丈夫，另一些女性则开始与男人同居，但她们的心理劣势感比以前有所减轻。一些女性拒绝"抚养费"，另一些女性则坚持要"抚养费"作为补偿和赔偿。一些女性戒掉了毒品，另一些女性则出于好奇或绝望转而吸毒。

许多女性不再低头走在城市街道上，不再不"听"，不再不"回应"，或者不再以女性的方式回应男性的言语骚扰。一些女性发现，她们越是强大，知道得越多，就越"需要"一个男人或单偶制的"伴侣"。这是因为她们觉得自己可以在这样的关系中站稳脚跟，或是因为她们害怕自己所知道的，需要传统角色的盲目安慰（再来一次）。她们的天性和所受的规训太强了，而女性运动仍然太弱，无法帮助她们实现更进一步的成长。

许多女性开始像阅读小说一样热情地阅读政治和科学书籍：笼罩在理解力之上的"愚蠢"光环，莫名开始暂时消散（但即使有了理解力，也永远无法继承城堡和王国）。在白人男性占主导地位和性别融合的教室里，女性（和黑人）感到无聊和失落的普遍态度开始转变为好奇和积极。在小团体中或女性会议上，女性不再傻笑，不再"摆烂"，也不再为了男性的关注和认可而互相竞争。彼此也没有性方面的干扰：大多数女性并不相互"吸引"。许多女性发现她们可以思考，发现思考能给她们带来快乐，意识到她们的思考能力是别人所需要的。

一些女性不再去美容院，不再化妆，不再购买（或频繁购买）"性感"或"时尚"服装。女性开始珍惜自己的时间：她们只需很少的装饰来"弥补"自己的女性身份。作为一个女人，我不喜欢思想或穿着上的清教徒主义。然而，作为一名女性，我不能将我的心思放在精英们昂贵或频繁更换服装的轻浮行为上，因为这样的服装不仅并非所有人都能买到，而且更重要的是，它们似乎表明男性和女性都越来越有依赖性和被动。美国男人正被广告吸引得热衷于化妆品和时装，这与其说是性别平等的标志，不如说是资本主义市场追求和贪婪的表现。

或许，从一个历史时期到另一个历史时期，疯狂的换装象征着某种寻找"未来之路"的集体愿望。然而，如果认为只要女性停止大肆消费，美国的贫困、种族主义、性别歧视或污染问题就会"迎刃而解"，那么这种想法在政治上未免过于天真。对于这些问题的解决，华盛顿和底特律的军事工业和政治复合体远比服装、化妆品和洗涤剂行业更重要。此外，对于那些没钱"买买买"的女性来说，将"不买"合理化为一种权利形式要容易得多。但这是一种文化和道德姿态，并非经济上的抵制行动。对于弱势群体来说，争取购买权或在就业机会被剥夺时偷窃，是更常见的行动路径。

一些女性确认、发现或开始探索自己的双性恋或女同性恋倾向。有些女性长期独身，但没有明显的焦虑或痛苦；另一些女性则认为，经常与其他男性或女性发生亲密和性的接触对她们来说很重要：无论是随机的还是非随机的。有些女性第一次通过自慰达到了高潮，或者第一次自慰没有负罪感。有些女性决定要一个孩子，或再要一个孩子；有些女性则坚决反对要孩子。

当代美国心理学家和精神病学家对女性主义有什么想法和感受？他们是如何对待女性主义的——作为一种意识形态，作为一场运动，还是作为一直影响着其女性患者的东西？在公开场合，这些人的表现和其他群体一样：他们会尴尬地大笑、故意曲解、吹毛求疵、恶毒残忍、虚假同情、厌烦、敌意、居高临下、利益至上。

一些临床医生则表现出真正的好奇、同情和支持。少数人加入了女性运动。一些专业杂志专门为女性推出了"特刊",似乎女性是一个新发现的异域少数族群。《镭射治疗师》(*The Radial Therapist*)是一份"地下"期刊,每期都会发表关于女性和性别歧视的文章。一些女性心理学家、治疗师、患者或来访者组成的团体拟定了女性主义治疗师的转介名单。到目前为止,还没有人基于女性主义思想提出新的人格理论,也没有人对女性主义进行精神分析。

许多男性心理学家在口头上"同情"女性主义,但他们仍然称中年女性患者为"女孩",仍然用"迷人"来描述她们——当然,他们仍然以非对等依赖的方式与妻子或女友相处。许多人之所以同情女性主义,是因为他们在性方面被女性主义者"吸引",认为她们比自己的妻子更"有趣"。

大多数精神科医生公开否认州立和县立医院存在基于性别的奴役劳动,并最小化医学和心理学"实验"对患者的影响;他们还在员工会议上讲"黄段子",嘲笑女性主义者的抱怨。他们更愿意同情女性,而不是尊重她们;比起愤怒的女人,他们更愿意和不快乐的女性相处。

大多数男女临床医生在情感上和经济上都被资产阶级家庭的浪漫所束缚。中年男女临床医生很少具有阶级意识。在最近的一次专业会议上,一位女性临床医生在怀念"二战"前的维也纳时,回忆起所有维也纳女性是多么"无拘无束"。我问她,那些贫穷和未受教育的维也纳女性是否也"无拘无束"。(我个人不会把弗洛伊德所接触的富裕的孝顺女儿视为"无拘无束的",而应该是"享有特权的"。)她回答说,她真的没有"从这个角度"想过这个问题。

这些临床医生似乎不喜欢也不同情女性主义者的偏执和愤怒:他们狡黠而自信地想知道,为什么她们会如此"紧张",害怕被"可怜的"汤姆、迪克或哈里发现性魅力?为什么她们对大街上的言语骚扰如此愤怒？（想想看，下层社会总是吵吵闹闹，极其兴奋，但如果这些穷人太过失控，警察总是能够处理的。）这些突然抱怨的女人难道不是"无意识地"招来了骚扰或强奸，不是"无意识地"乐在其中吗？此外，女性解放的意义不也在于男性的解放，而不是（但愿不是）女性力量的解放？资本主义不才是真正的敌人吗，而女性主义是分裂的，或是被宠坏的白人中产阶级女性的"撒娇"？对于这些问题，我的感受是：第一，它们通常是在不了解情况、不严肃、不尊重的情况下提出的；第二，性别歧视先于资本主义和殖民主义，而且可能确实导致了资本主义和殖民主义；第三，嘲笑和误解是暴力的一种形式，必须尽可能避免，尤其对于治疗师和世俗牧师而言。

大多数当代临床医生和广大群众一样，对女性主义充满困惑和敌意——我指的是那些有兴趣参加女性心理学和女性主义专题讨论会或发表相关论文的临床医生。在20世纪70年代初的许多年里，大多数女性临床医生都发表了慷慨激昂的演讲，强调将母职与职业生涯结合的必要性和可取性，即使在探讨其他特定主题时也会这样做。在这场优雅的周六晚间争论中，她们的男同事通常保持着安全的沉默。这些女性专业人士起初坚称自己没有政治目的，然后迅速提供了她们的政治资历——有两三个孩子。如果我们生活在一个女性占主导地位的文化中，或者生活在一个不是相当可疑地"奖励"女性生育的文化中，这样的奉献对我来说是可接受的。

在捍卫了母性信仰之后，会议上的临床医生通常会松一口气，然后开始抨击他们患者中曾经有过的"可怕的、有害的母亲"——这些"母亲"正是女性主义者显然想要使其摆脱母性责任枷锁的"母亲"！她们在演讲结束时，通常会用"圣殇"（圣母怜子）的口吻描述她们的男性患者，而这会得到男同事们的认可。反过来，男同事现在也不会解雇她们,或将她们排除在自己的社交网络之外。这没有必要:这样的女人是母性和女性化的,而不是像"其他人"那样愤怒地仇视男性。

女性临床医生通常和其他女性一样,对女性也存在矛盾心理。为了在家庭之外取得有限的"成功",她们不得不付出特别痛苦的代价,这使她们无法快速构想出激进的自我定义。一位成功的女性学者私下告诉我:"菲利斯,这当然是规训,但规训起作用了——在经历了如此可怕的规训后,大多数女性的状况都很糟糕。你愿意和她们在一起工作吗?你有力量去尝试,但我做不到。"

在专业小组会议上,一些临床医生对女性主义参与者大喊大叫,显得相当歇斯底里和粗暴。从神经质、有罪到自私自利,他们的措辞无所不用其极。通常,他们希望在场的女性主义者更多地谈论性别歧视是如何伤害男性的,而不是如何伤害女性的。在一次这样的会议上,我问一位黑人男性心理学家,他是否认为一场关于黑人权力、平等和自主的会议,应该更多地、带着极大的同情来讨论种族主义是如何伤害了白人种族主义者的。他笑了。

我想说的是,即使是最有同情心的男性专业人士,也会表现得像父权体制下的男性。

对女性主义者的访谈

在美国,成为第二波女性主义者意味着什么?我们为什么要寻求治疗,为什么会被送进精神病院?在成为女性主义者或接受治疗的患者之前,我们的生活是怎样的,自那以后又发生了什么变化?

我"正式地"访谈了 26 名女性主义者。她们的年龄从 17 岁到 58

岁不等：68%的女性在20岁到30岁之间，61%是独生女或家中长女，90%是美国白人。1名女性上过高中课程，7名女性上过大学课程，12名女性有学士学位，6名女性上过或完成了研究生课程。4名女性失业，靠救济金生活；4名女性是没有收入的学生；4名女性在女性运动组织中领取最低的工资；2名女性是文职人员；12名女性从事专业工作，如教师、记者或社会工作者。

其中21名女性认为自己是女性主义者，且大约已有两年的时间；5名女性是最近才成为女性主义者的。3名女性是异性恋婚姻，6名女性离异，13名女性单身并独居，3名女性居住在女性集体中，1名女性和一名男子同居。其中7名女性是女同性恋者。

其中25名女性曾经（或仍在）接受私人治疗，平均治疗时间为41个月。这些女性主义者接受男性治疗师治疗的时间约为31个月，接受女性治疗师治疗的时间约为19个月。7名女性主义者（其中5名是同性恋者）曾被精神病院监禁，平均住院时间为158天。

除了极少数例外，所有女性主义者都在这样的家庭中成长：无论性别角色如何定义，都是被严格界定的；大多数母亲都待在家里照顾孩子或操持家务（至少在女儿出生后的头5年里）；月经在某种程度上令人羞耻，但贞操是宝贵的；无论允许或鼓励什么，爱、婚姻、母性都被吹捧为女性生活中最重要的目标。大多数女性与母亲的关系都很"糟糕"，当然，她们的自信、自我意识、坚韧、主动性、性感受、广泛的兴趣、与其他女性和"年轻"男性的友谊，以及对他人说"不"的能力也在不断发展。大多数女性在获得和保持工作方面也有"麻烦"。在她们成为女性主义者之后，这样的麻烦往往会增多——无论她们的工作是作为家庭主妇、母亲、学生、女性主义者，还是中产阶级的专业人士。觉悟并不会带来立竿见影或轻而易举的幸福。它可能会带来做选择的能力，这也是智慧的一个方面。

艾丽斯：你不会相信的，好吧，也许你会相信，我第一次参加部门会议时，我是唯一的女性。那些男人以为，他们就是以为，我会做"会议记录"。我走了出去，并告诉他们，我也不会给他们带咖啡回来。在那之后，我就背上了"难搞"和"偏执"的名声。当然，秘书们更喜欢为男人工作。她们任凭差遣，习以为常，她们可能会被调情或娶回家。她们不喜欢为女人工作，如果我的男同事看到我在口述信件，他们就会说："噢！你被逮个正着了，你在压迫姐妹，是吗？"但是他们没有停止口述信件，我的工作责任和他们一样多，当然，我拿的薪水更少，也不能用真正的"交朋友"来弥补。

我本可以和一个男人有一腿，作为他的财产受到他的保护。我本可以通过更多的调情来发现事情的真相，或者为了发现事情的真相而表现得若无其事；我本可以像往常一样，扮演一个不喜欢其他女人的女性角色。这些事我一件也没做——每件事都是一场艰苦的斗争，事事如此。晚上回家，我没有妻子来安慰我。我只有一个男朋友，他非常需要安慰，也认为自己需要安慰，但我不知道如何安慰他才能不让他觉得被"阉割"了。我的第一个意识提升小组认为我太成功了，因此是一个"认同男性"的女人，也不会安慰或者支持我。如果你是一个"成就"导向的女人，你就会受到冷落。无论你付出多大代价，当你取得任何进展时，你都是孤独的——而男人永远不必如此。

戴尔德丽（Deirdre）：我有一位非常不错的女性分析师。我以为自己变得更强大、更自信了。我觉得我不必再和男人玩游戏了，我也不相信我还会挑选到虐待狂。于是，我怀孕了，这是女人该做的事情，不是吗？我的男朋友开始发脾气、搞外遇、"玩消失"。现在，我们把一切都谈清楚了——关于我们要有一个孩子——而他表现得就像一头困兽。我的自我意识太强了，不愿意再像以前那样做蠢事：哭闹、乞求、承诺、撒谎。所以，我离开了他。我非常痛苦。

  我觉得，无论女人多么努力地尝试和男人建立关系，无论她们多么独特和出众，在某个关键的压力点，支配-服从的社会训练都会浮出水面。男人绝不会屈服，除非女人扮演顺从的角色。当我意识到这种情况对女人来说是多么普遍时，无论男人在法律上或经济上是否存在，我都变得非常害怕发生在我身上的事：一个孤苦伶仃的女人，要对孩子完全负责。我是如此害怕，以至于把孩子吓死了——我流产了。我想，就是从那时起，我成了一名女性主义者。

大多数女性主义者都描述过某些中产阶级问题和存在主义问题，无论是个人治疗师还是孤立的意识提升小组，都无法控制这些问题的产生或"治愈"。然而，这些团体通常会更清楚地认识到，这些问题是真实的、外在的，单靠女性个人是无法解决的。

  玛丽莲（Marilyn）：在很多方面，他（我的治疗师）都让我放心，让我单纯地从性爱中获得快乐。当我和一个不愿意和我上床的男人在一起时，他替我感到愤怒。这个男人认为我把他当成了性玩物，所以不愿意跟我上床。在某种意义上，这个男人是对的，我不爱他，也不想嫁给他，但我确实想和他上床……当他拒绝我时，我有了一种不可思议的体验：哇，这是怎么回事！我为自己把他当作玩物而感到内疚，同时我也很受伤。但你知道，这个男人在做爱的中途停了下来。他丝毫没有放过我。

唐娜：所以我离开了丈夫，放弃了我"体制内"的事业生涯。我很感激（我男朋友）努力克服性别歧视。天哪，他真的很努力，我欠他比欠那些不努力的男人更多。永远感激，这就是我，纯洁的波丽安娜（Pollyanna）[1]、大地母亲——我情不自禁，心生喜爱，我喜欢感受美好的氛围……

然后他告诉我，我应该去做陶艺、扎染和嗑药；去它的事业，糟透了，确实如此——但他没有放弃。他让资本主义的车轮从自己肩上压过，这样我就可以随便做点什么，同时我还可以做饭、打扫卫生，做我最喜欢的角色——大地母亲。

这样的生活还不错，他也比其他男人都更敏感，但不知何故，从心理上讲，一切都没有变。

凯瑟琳：治疗师、爱情关系或一个团体，如何能"帮助"我解决在这种文化中身为女性所承受的、持续不断的伤害？我应该不存在，而且我应该为我的不存在感到高兴。例如，以前的我，成为女性主义者之前的我，不应该注意或回应街上男性的侮辱，相反，我应该暗地里喜欢他们。当我被强奸的时候，我应该像一个苍白的幽灵一样躺着不动——明白了吗？就像我不在那里，我并不存在——我想我确实不存在。另一个例子是：在餐馆里，我的约会对象或我丈夫为我点餐。我不会直接和服务员说话。这种在公众面前的隐形或不存在让我感到安全、被爱和被保护。这就像丽达和天鹅的故事[2]的重演：我应该通过被强奸来获得快感。我想我做到了：我去美容院，穿高跟鞋、短裙，浓妆艳抹。现在看来，这让我非常悲

---

1 波丽安娜，源于一部同名小说，形容一个永远积极乐观的人。——译者注
2 在希腊神话中，宙斯化身成一只天鹅并诱奸了斯巴达王后丽达（Leda）。——译者注

伤,也非常害怕。我知道这种规训有多深刻,要摆脱它有多难。

现在,就拿新女性主义者的我来说吧。我在饭馆总是自己买单。通常,如果我的同伴更贫穷或更年轻(无论男女),我也会为他们买单。好吧,如果是男伴,他会得到找零和服务员的感谢。即使有钱,我还是不存在。另一件事是,如果我问路,或者问如何修理东西,如果我有一个男伴在场,他会得到指示知道怎么去做。上周,我在一家乡村超市问一位男店员,最近的酒馆在哪里,他却告诉了站在我旁边的一个我根本不认识的男人。而且,是的,如果男人认为你真的想被认真对待,就像你存在一样,他们会冷漠地对待你,而且会报复你。"所以,你想做个男人吗?好吧,来尝尝吧。"你真的会受到加倍的打击,只能咬紧牙关,微笑着忍受残忍。他们会对你说:"成为一个'男人'只会受到打击,尤其如果你碰巧是个女人;所以别乱动,否则就要小心了。"

大多数女性主义者和其他女性一样,关注异性恋关系和性高潮。大多数女性主义者也像其他女性一样,害怕没有男人,或者没有一夫一妻制的关系。

玛丽亚(Maria):我以为女性主义意味着两性之间更好的关系,当然也意味着更好的性关系。我的意思是,性关系已经糟糕透顶了,但两性关系还有一点空间。我想这是真的,但我不愿意这样想。男人真的不喜欢你在性爱中主动。如果他们无法控制,如果他们在情感上不"安全"(这通常意味着情感上的疏离),他们就不会和你建立性爱关系。或者说,他们不会假装"爱"——更确切地说是这样。如果你幸运的话,他们会"来了就跑"——无论是字面意思还是比喻层面的。如果他们"来得"太快，或者他们是阳痿的，或者他们并不喜欢口交，或者他们不想再见到你，他们会让你感到内疚——或者，绝对公平地说，他们不会抵触由我们扮演内疚的角色。

他们真的很害怕。如果你看起来快乐，他们很害怕。如果他们认为你想要困住他们，他们很害怕。如果你不想困住他们，他们也很害怕。因为如果你不这样做，那将是一个新的游戏，或者根本就不是游戏。他们不知道自己的角色，他们没有"优势"，就会跌入脆弱的深渊。所以，他们害怕了，他们把恐惧转变成某种残忍而熟悉的场景，而我们背着理解和同情的包袱。如果我们没有"困惑"或"不快乐"，他们就无法"理解"我们。如果一个女人清楚地知道自己想要什么——那就算了吧！

艾丽斯：我总是和比我年长的男人在一起。我和其他人一样，是爸爸的乖女儿。生活经历、女性主义或更多的财富使这一点发生了一些变化。我变得更愿意和年轻男人谈恋爱。如果一个女孩和一个年长的男人在一起，当然，他会为她付钱，但她会支持他的自尊，她会在性、情感和家庭方面都支持他。在某种程度上，她可能会为此感到高兴。这是大家所接受的。他们可以一起去很多地方。一切都合情合理。

如果一个年轻男孩和一个年长的女人在一起，她很可能也会为他付钱，但他的自尊仍然需要支持，尤其是当他被其他男人取笑或惩罚时，或者在令人不适的社交场合感到尴尬时。因为他已经习惯了做一个"男人"，所以他真的不知道如何在性、情感和家庭方面支持一个女性。一想到要这样做，他通常就很害怕。即使是"女性化"、反主流文化的年轻男性，也无法接受一个女人在任何意义上的"上位"。

这实在太糟糕了。如果一个女人小心谨慎，不追求任何个人的成功，她可能会从群体中得到更多的支持。如果你将自己淹没在一个集体进程中，哪怕是淹没在私人的爱情关系中，当你遭遇麻烦、不快乐和失败时，你会得到其他女人或男人的同情。换句话说，如果你更像"女性"而不是"男性"，那么生存起来就更容易。

女性主义者像其他女性一样寻求治疗：经常，长期，与男性治疗师而非女性治疗师一起。她们和所有女性一样，"治疗"时会遭遇心理健康的双重标准。

唐娜："为什么你不把自己打扮一下？"他总是这么说，"你就像一个流浪女——我还以为你害怕男人呢！"他只字不提我们有理由害怕男人。他只字不提体育运动、女同性恋关系、政治活动，或者我永恒的灵魂。他只将"为爸爸盛装打扮"作为心理健康的证明。

维多利亚（Victoria）：18岁那年，我第二次开始接受治疗。我去一位女性治疗师那里，每周两次，持续了两年。她总是试图让我承认，我真正想要的是结婚生子，过上"安稳"的生活；她非常关注我的穿着，就像我的母亲一样，如果我的衣服不干净，如果我披头散发，她就会责骂我；她告诉我，如果我开始打扮，在美容院里做头发（像她一样，染成金色，喷上发胶），那将是一个非常好的迹象；当我告诉她我喜欢穿裤子时，她说我的性别角色混乱了。我最初去找她，是因为我的朋友们都开始尝试性行为了，而我觉得自己做不到，而且我曾经很亲密的伙伴为了找男朋友而拒绝了我。

戴尔德丽：我见了6名男性分析师。他们每个人都用这样的问题恐吓我，比如：你结婚了吗？你想要孩子吗？你为什么没有孩子？你为什么离婚？他们的眼睛从头到尾都没离开过笔记本。去过一次之后，我就再也没有回去过。

苏珊： 我见过很多很多治疗师。你可以说我孤独和不快乐很久了。我的第一个治疗师是一位女性。她让我完成一份明尼苏达多项人格测验（MMPI），上面说我的自我力量很强，她说这是件坏事。我知道这是不好的，因为如果自我力量很强，就意味着严格刻板，但对于一个想在学校里表现良好的女性来说，自我力量是非常重要的。我想，我是用心理治疗代替了友谊。

我的第二位治疗师是个男性，他告诉我，我是他不幸遇到的最冷酷的女人——我被阉割了。他的专业判断是，我永远不会拥有任何长期关系。他同情任何一个和我交往过的男人。他说，他对我的治疗是他一生中最糟糕的经历。他这样说了大概10分钟，然后我就离开了他。于是，我决定不再接受治疗了。

大概1个月后，一个家伙闯进了我的公寓——不是为了偷东西，而是为了和我发生性关系，最后我把他吓跑了。警察明显不相信我说的话，他们说是我邀请他进来的，因为我披着长发，穿着凉鞋，卧室里还挂着红色窗帘；然后，他们还制订了一个计划，让我裸体躺在床上，窗帘拉开。整个场面变得非常可怕。我告诉了我的男朋友，他建议我去看他的心理医生，一位男性。于是，我去看了。他一直说我应该披着长发，而不是把头发挽起来，因为这样更有女人味。但是不到15分钟，我的头发就会缠在一起，我忍受不了。他还告诉我，不要给男朋友任何压力，只管"付出"就行了。当时，我很害怕他说的话是真的，尽管我会与他争吵。自信、聪明、能干的女人一定有问题：我就是这样，没有人爱我，我很不快乐。

1年后，我在社交场合偶然遇见了他（这位治疗师）。我被鼓励为女性解放运动做一次非常热情的辩护。（这位治疗师的）妻子一直说："说得对。"然后，他试图抗议并说："难道我没有帮忙吗？"她说："你在家里做什么？你不做这个，也不做那个。"那真是一个奇怪的夜晚。

一些女性主义者将自己的重大变化归功于女性运动和她们参加的意识提升小组。另一些人认为心理治疗促成了她们重要的个人变化，包括皈依女性主义。有些人则认为，这两种同时发生的经历对个人改变至关重要。有些女性则对女性主义团体和心理治疗经历的局限性、危险以及优点都有深刻的认识。

玛丽莲：女性主义让我有生以来第一次觉得和母亲很亲近。我的父亲对我来说一直都是完美的，我爱他，喜欢他，而我对母亲从来没有过这种感觉。现在我开始明白，其中的一个原因是，我父亲确实禁止我接近母亲。他以一种非常可悲的方式把她和她的孩子分开了。我现在觉得我和我母亲亲如姐妹，这太不可思议了。那天晚上吃饭的时候，我发现每当我和母亲说话，他（我父亲）就会贬低母亲，试图让她在我面前看起来很蠢。

西尔维娅：现代男性在群体中比女性相处得更好。从体育运动开始，他们在这方面有更多的经验。这就是为什么我认为女性愿意组成团体是非常重要的。但有些女性团体的规则真的非常有破坏性。例如，不能批评一个宁愿坐着胡扯也不愿意成长或行动的女人。她们的恐惧吓倒了我，让我变得沉默寡言，有点绝望。有一次我在会议上提出，我们应该把对男人的温柔转移到彼此身上，但没人想过这个问题！所以，我想大多数女性主义者仍然过着她们本来的生活，或者非常接近。我们还没有讨论过自身生活的任何框架。我们仍然住在自己的小公寓里，许多女性正保持或想要一对一的关系。在另一个小组中，我提到了一夫一妻制的观念以及它如何对女性不利，这是一种非常男性化的观念，那些与男性关系密切的女性受到了很大的威胁。

许多非常活泼的女性主义者无法离开她们目前的治疗师，无论是男治疗师还是女治疗师：在这个政治倾向多变和充满暴力的世界里，还能在哪里可以得到一些熟悉的反馈和关注呢？有些女性主义者无法让自己对前任男性治疗师（或丈夫）的行为感到愤怒，即使她们知道这些行为伤害了自己。

莉迪娅（Lydia）：听着，菲利斯，我要告诉你一件有趣的事情，但你答应我不要从中得出任何结论，好吗？别小题大做，没什么大不了的。记得我的心理医生吧——是的，他是个男人——但他确实帮了我。嗯，在女性主义像浪潮一样席卷而来之后，他对我产生了浓厚的兴趣，顺理成章，他开始在深夜给我打电话讨论问题。他一直是个很正派的心理医生，以前从来没有这样做过。然后，他开始到我家里来看望我，事情一发不可收拾——不，这里有个转折。他想让我和他以及他妻子一起上床，他认为这对他妻子有好处。我们都有点疯狂，但在这一切开始之前，他确实给了我很多帮助。

玛丽莲：我仍在看一位男性精神科医生，我在女性运动中相当活跃。这位医生很不一样：在我知道女性受压迫之前，他就相信女性受到了压迫。我需要继续和他见面，主要是因为我有时变得太偏执、太愤怒，以至于我觉得自己可能错了。我感到害怕，没有一个女性团体能真正解决我的问题。有时他觉得我把男性都撂倒了——我确实是这样。

菲利斯：你是怎么把男人撂倒的？通过摆脱下等人或奴隶角色来"把男人撂倒"的——因为他们会有这样的体验？

玛丽莲：（笑）好吧，好吧。我想那天我提高了他（精神病医生）的觉悟。

菲利斯：他给你付钱了吗？

玛丽莲：噢，不要说了！（笑）这是真的。他（精神科医生）说，如果一个治疗师真的尊重他人，他就不需要提高自己的觉悟，他是不会压迫女性的。我真的不同意这种说法。我举了 X 医生的例子。他曾经是一家（私立精神病院）的院长，他非常尊重人，认为人有自主权，可以做出选择，而且他对是否要将一个人送进医院非常谨慎。但是这个人却对我的主管说："我不知道为什么玛丽莲会加入妇女解放组织——她漂亮、聪明、有女人味。"

有些女性主义者意识到了心理治疗的局限性，但仍然看不到其他可行的替代制度；如果她们不再依赖婚姻和母亲角色作为主要的心理和情感避风港，她们也别无选择。

菲利斯：考虑到你自己糟糕的心理治疗经历，你认为女性应该停止见心理治疗师吗？

苏珊：我不这么认为，不应立即停止。我想，很多人把它当作友谊的替代品。在你的生活中，有时候你会面临很大的压力，你不知道可以去找谁，因为你在一个新的地方，或者你认识的人都离开了，或者你认识的人就是问题的一部分。你想找个人倾诉，而我们没有一个可以袒露心声的大家庭。所以，我们去找了治疗师。

菲利斯：我同意。但是我认为，如果我们受了伤，然后从治疗中得到了些许安慰，那么就更难从其他地方或向其他人寻求安慰或建议了。

苏珊：说得没错。我不认为取消或回避治疗会有什么帮助，因为需要帮助的人太多了，而我们却无处可去。我认为，意识提升小组可以帮助女性离开糟糕的治疗师，给她们力量去寻找更好的治疗师。

菲利斯：当你感觉沮丧或焦虑，并希望得到"帮助"时，你能指望一个女性主义团体，尤其是一个以项目为导向的团体，来"帮助"你吗——像一位治疗师那样关注你（如果你付钱给她的话）？

西尔维娅：不能，很遗憾。听别人总是谈论她们自己的问题会很无聊。小组里还有一个女孩比我更抑郁，在她说了她的抑郁之后，大家都听烦了。但是和男人一起治疗完全行不通，和不是女性主义者的女人一起治疗也很痛苦。我想，我对一个好母亲或智慧女神没有幻想。

在本章的最后，我想介绍一个女性主义者描述的她与一位女性治疗师之间的良好关系。

艾丽斯：我被这位女性深深吸引了。她是欧洲人，爱说话，有母性，有人情味儿。我总觉得我可以和她谈论任何对我来说重要的事情，而且不会被误解。她不是女性主义者，但我能感受到她内心的平静和智慧，最重要的是，我能感受到她身为女人的幸福。但是，她确实无法分担我对性别歧视和个别男性的愤怒。她时而责备我，时而纵容我，时而对我失望，时而怜悯我。当一个男人在大街上、工作场所或在私人关系中开始"挑逗"我时,她不相信我真的会感到害怕或愤怒,也不认为我应该如此。

例如,我以专业身份参加过一个商务会议。其中一个男人立刻想知道我的年龄。他告诉我,我有多迷人,还说我一定很适合"约会"。我非常愤怒,但我没有表现出来。正好我有一个治疗预约,所以我离开了;我感到非常焦虑。治疗师后来告诉我,我对性和权力"这个问题"很"执着"。"这种执着可能是有成效的,"她说,"但它太极端了,你知道,极端主义不太成熟,也不文明。"

我想,在某种深层次上,我和她的经历就像所有女儿和母亲的经历一样。我觉得她抛弃了我,把我丢进了"成熟"的男人世界。她说:"你是个异性恋女性,要心存感激。去努力寻找那个出类拔萃的男人,那个特别'有女性气质'的男人。耕耘你的私人花园,并照顾好自己。不要引诱太多恶魔。"这确实是好的、可靠的、富有哲理的建议,也是富有同情心的建议,然而被扔出伊甸园的感觉从来都不好受。

她确实在告诉我,我不能停留在女性的世界里:和她在一起,和我母亲在一起,和其他女人在一起。我必须独自出去,生下一个男人的孩子。她认为,最高级的客体关系存在于两性之间。她相信,她说她相信——即使我们受到平等的养育,考虑到生物学上的差异,两性之间仍然会有很大的吸引力。这我就不知道了。即使这是真的,我也不知道这是否是人性或文明的"最高"境界。这是一个非常传统和主流的观点,一个非常有诱惑力的想法。有一件事是肯定的:她正在锤炼我的激情、愤怒和勇气。不过,我确实在想,如果她(和我母亲)认可这种愤怒,或者有某种女性主义愿景,这个世界会变成什么样子?

自从写下这些文字以来，我出版了许多书籍，发表了许多文章，持续记录了第二波和第三波女性主义浪潮以及"许多女性主义流派"的发展。我们改变了什么，有什么依然无法改变？我那个时代的许多女性主义者仍在努力改变这个世界。她们取得了许多里程碑式的成就，可谓不胜枚举。

但就连我也没有料到，第二波女性主义时代的母亲们生下的受过良好教育的女儿，会将做母亲视为女性的"权利"，并将堕胎权视为理所当然。异性恋、女同性恋、双性恋的年轻女性，无论是已婚的还是单身的，都越来越有兴趣建立由亲生或领养孩子组成的跨代家庭，就像她们的母亲那一代人曾经热衷于将私人家庭生活抛诸脑后一样。我也没有料到，这一代人对自己是女性主义者感到恐惧，几乎到了恐惧症的程度。然而，许多年轻女性正在以令人钦佩和实际可行的方式追求事业和私人生活。

今天，许多女性主义者（包括女性主义治疗师）将自己定位为"有色人种女性主义者""后现代和全球女性主义者""酷儿（Queer）和女同性恋女性主义者"以及"第三波女性主义者"。学术界的女性主义者变得越来越"非激进主义"或"反激进主义"，或者把"激进主义"定义为是反对美国政治的。（参阅我的著作《女性主义之死：女性自由斗争的未来》，其中有关于这个问题更详细的讨论。）

我与一些年轻的女性主义者，她们大概二三十岁，有过非常愉快的经历，也有过非常伤人的经历。对我来说，桑多·巴拉班（Sanda Balaban）是《给年轻女性主义者的二十二封信》（*Letters to a Young Feminist*）的第一位读者，她现在是一位重要的创新型教育家，堪称我的知识传承人；剧作家兼作家考特尼·马丁（Courtney Martin）也是如此，她以"女性和疯狂"为主题写了一篇硕士论文，并就此向我征求意见。

许多年轻的女性主义者（20 到 45 岁）描述了她们之间熟悉的姐妹倾轧，以及与年长女性之间的"杀婴"或"弑母"困境。她们谈论并书写了被其他女性诽谤和排斥的经历。总的来说，年轻的女性主义者对其他女性的幻想比我们那一代人更少。她们认为女人争强好胜、残酷无情、嫉妒心强是理所当然的；事实上，有些人还出版了关于这个主题的实用性书籍。

祝愿她们所有人继续茁壮成长。

女性主义心理学：过去、现在和未来　10
Female Psychology: Past, Present, And Furture

我们文化中的女性心理：女性是孤独的

> 女人们说，你真可耻。她们说，你是被驯养的，被强迫喂养的，就像农民院子里养肥的鹅。她们说，你趾高气扬，除了享受主人施舍的好东西就别无所求，只要他们能获益，就会关心你的安危。她们说，没有比奴隶享受奴役状态更令人痛心的景象了。她们说，你还比不上那些被囚禁在笼子里拒绝孵蛋的野鸟，不配拥有它们的骄傲。她们说，拿野鸟来说，即使它们为了解闷而与雄鸟交配，但只要它们不自由，就会拒绝繁衍后代。
>
> 莫妮克·威蒂格（Monique Wittig）[1]

女人们信誓旦旦地说，是他用诡计将你逐出了人间天堂，他谄媚又迂回地靠近你，他剥夺了你对知识的热情，据说这种热情拥有雄鹰之翼、猫头鹰之眼、恶龙之爪。他用诡计奴役了你，而你曾是英勇强大之人。他窃取了你的智慧，封存了你的记忆，让你变得不会说话、不会占有、不会书写，让你变种为卑鄙堕落的生物，他堵住了你的嘴，他压制、虐待和背叛了你。他用计谋扼杀了你的理解力，他围绕你编造了一长串的缺点，他宣称这些对你的幸福、你的天性至关重要。他编造了你的历史。但是，当你把毒蛇踩在脚下时，当你可以呐喊、昂首挺胸、充满激情和勇气时，新的时代即将到来。天堂存在于剑影之下。

莫妮克·威蒂格 [2]

现代女性心理反映了一种相对无力和被剥夺的状态。许多具有内在价值的女性特质，比如直觉或同情心，很可能是通过默认或父权制的强加而形成的，而不是通过生物倾向或自由选择。女性的情感"天赋"必须从性别歧视的整体代价来看待。将一个人用自由和尊严换来的特质浪漫化是不合逻辑的，也是危险的——即使它们是"美好"的特质，即使它们能使奴役变得更容易忍受，即使它们能抚慰压迫者的愤怒和悲伤，让他手下留情或暂缓离去。

在本书第 1 章中，我讨论了大地之母得墨忒耳和她被强奸的女儿珀耳塞福涅的神话，母亲拯救了神圣少女珀耳塞福涅，并将其重新融入自己的母性命运。[3] 在我们的文化中，几乎每一位女性都在自己的生命中重温过这个神话。它的含义仍然是我们理解女性状况的有力指南。

珀耳塞福涅和她的母亲一样，被剥夺了独特性、个性和文化力量。无论是得墨忒耳还是珀耳塞福涅，都不被允许成为"女英雄"：一个代表大地，另一个代表回归大地。她们各自的命运象征着每个女性在被文化贬低的生物繁衍的车轮下不可避免地、无休止地被碾压。生活在父权制环境中的女性被定义为具有某些特质，或者不具有某些特质。例如，今天的大部分女性，就像珀耳塞福涅一样，并不大胆、有力、博学、强壮、活泼或性欲旺盛。就像得墨忒耳和珀耳塞福涅一样，女人仍然是天真、无助或被动的受害者。她们的性行为被男性定义为一种以生育为目的的乱伦行为。在神话中，珀耳塞福涅在采集遗忘之花（罂粟花）时被绑架和强奸。大多数女人在结婚后都会"忘记"她们对个体自由的追求。"婚姻"是神话中强奸的现代对应物。

不幸的是，今天的大多数女性并没有得墨忒耳这样的母亲。女人的生物性和天性越来越被我们的文化所贬低，但女人同时仍未摆脱其生物学定义。因此，现代的珀耳塞福涅不再优雅、神圣，也不再被她的母亲"拯救"。得墨忒耳早已不再存在，尤其是对女儿而言。女性所保留的大地之母的特质几乎都用在了儿子和丈夫身上。珀耳塞福涅变成了灰姑娘，被得墨忒耳化身的继母默默地囚禁在家务中。如果要说什么的话，这就是女性版本的被逐出人间天堂。童话中的王子无法使女性免于被放逐，而母亲们变成了继母。因此，今天的女儿和继母，与珀耳塞福涅和得墨忒耳不同，充满了自我厌恶和相互不信任。母亲（继母）并没有让她们的女儿为朝圣、征服或反思做好准备。她们把扫帚塞进女儿的手里，把浪漫主义或逃避现实的幻想塞进女儿的脑袋。女儿们对自己的性别没有英雄般的骄傲，她们似乎只能在家庭生活中寻求生存和发展。

我们必须记住，最初的得墨忒耳是自由的，并拥有真正的力量。得墨忒耳不是可怕的死亡女神，而是大地上的丰饶女神，是生命的象征。我们必须注意到，在父权制神话中，虚弱无力的珀耳塞福涅不情愿地成了冥王的妻子，被封为冥后。古代神话并不总赋予女性真正可怕的力量，它知道并害怕她们拥有这种力量。现代童话故事中的继母和女巫通常都会被打败。她们的愤怒和力量也得不到真正的体现。

如今，在女性成长的家庭中，她们的同性家庭成员并没有得墨忒耳的力量。母亲常常美化她们的奴役，升华她们的性欲和智力，并在女儿反抗这种角色时惩罚她们。这些情况导致了某些心理特征的形成。例如：女性是顺从的，而当这种特质导致她们受伤害时，她们并不会得到母亲的拯救。女儿们学会了像她们母亲一样的方式生存：通过自我牺牲和"追求"物质主义，通过公开地宣称"幸福"。

珀耳塞福涅是最纯洁的神圣少女的形象，在许多神话中都有所反映。我在本书第1章讨论过厄洛斯的妻子普绪喀，是这个神话的一个重要变体，她在某些方面与现代女性息息相关，而珀耳塞福涅则不是。我们对珀耳塞福涅与其丈夫冥王的感情或关系知之甚少。我们所知道的是，她对丈夫有一种难以调和的冷漠和全然的陌生感。我们了解珀耳塞福涅，是通过她对母亲的认同和爱。另一方面，普绪喀爱她的丈夫厄洛斯（丘比特），或者说希望得到男人的爱。在这个故事中，她被她的母亲和姐妹们抛弃，在一片黑暗（无知）中走进了婚姻。[4]

不同于珀耳塞福涅，普绪喀与她的丈夫幸福地团聚在一起，并生下了一个名叫"快乐"（Pleasure）的女儿。普绪喀是天主教圣母的早期预示，体现了今天许多女性的某些特质。我指的是女性的浪漫主义、温柔、同情和利他主义。研究和常识表明，我们文化中的"利他主义"往往源于内疚、恐惧和自卑，而不是自由或自爱。[玛格丽特·亚当斯（Margaret Adams）讨论了她所谓的女性"同情陷阱"的严重局限性和明确的社会功能。][5] 无论男女都不会贬低这些特质。然而，似乎只有男性从这些特质中受益，而且他们几乎不予以回报。一个真正富有同情心的人很难参与到公共行动领域。政治或科学需要一种冷酷无情的态度，但它的信徒却从未被这种要求完全摧毁。这些信徒是男性，他们期待着每晚在个人、私人的家庭单元中被女性的关爱所复苏。但这种复苏并不总是发生，而且女人总是被指责为唠叨、恶毒、不领情、爱操纵人，缠着受苦受难的丈夫。这有可能是真的。然而，现在我们应该责备或审视公共领域，它将同情或正派放逐到了私人的孤立场所，并冷酷无情地强制女性提供全职"同情"服务。

显然，利他主义和同情心在政治和军事活动中没有立足之地。作为"同情心"的给予者，女性所接受的训练有效地从心理上把她们束缚在家里。在20世纪，上层阶级男人的妻子为穷人组织慈善活动；中层阶级男人的妻子组织和平与生态示威，担任社会工作者、护士、教师和心理学家；下层阶级男人的妻子照顾她们的家庭以及别人的孩子和丈夫，作为秘书、仆人和妓女。然而，贫困并没有消失，战争、污染和种族主义也没有被废除，女性与生育、教养孩子的普遍联系一如既往。

珀耳塞福涅－普绪喀的复合心理肖像是一个天真浪漫的异性恋受害者，一个缺乏个性、胆怯和保守的人，她最大的骄傲要么是生儿育女、富有同情心，要么是回归母亲的怀抱。作为灰姑娘的少女保留了大部分这些特征，但她没有荣耀，没有家，也没有王子或母亲的"拯救"。

灰姑娘－珀耳塞福涅－普绪喀还体现了一些其他明显的女性特质，许多女性仍然拥有这些特质。我指的是那些被男人——因此也被女人——贬低或认为不重要的特质。例如，(在男性看来)许多女性表现出某种"没头脑"或"肤浅"——但实际上并非如此。两个女人在交谈时，往往像是在互相背诵独白，谁也没有真正倾听(或判断)对方在说什么。两个人的告白，两段感情，似乎彼此平行，相当"漫不经心"，并没有"走向任何地方"。

事实上，这两个女人正在做的，或者说她们要"达成"的目标，是为了某种情感的澄清和慰藉。每个女人都在非常敏感的匹配过程中，通过反映对方的感受来评论它们。两个女人通过交替讲述整个经历来分享她们的感受，她们的感情蕴含其中，无法被"抽象"或"概括"。她们的主题、方法、目标是非语言化的。面部表情、停顿、叹息，以及看似无关的回应，在这样的对话中至关重要。这里有一种非常特殊的预知能力在起作用。在最普通的层次上，它为女性提供了一种情感上的真实感和一种舒适感，而这是她们在男性身上无法找到的，也是男性彼此之间所不具备的。在最高层次上，它构成了理解艺术和精神意识的基本工具。

因此，个体和无权的女性的心理特征包括天真、强迫的异性恋、生育"骄傲"、恐惧、自我厌恶、对其他女性的不信任，以及同情心、激情和理想主义。现在，让我们看看团体中的女性，看看这些个体主题在社会背景下会发生什么变化。

我们文化中的女性心理：女性团体

> 为进步、启蒙、科学、宗教、政治和经济自由所做的一切努力，几乎都来自少数人，而不是大众。今天和以往一样，少数人仍被误解、追捕、监禁、折磨和杀害……我并不是不同情那些被压迫者和被剥夺继承权的人；我并不是因为不了解群众生活的耻辱、恐怖和屈辱，就否定了大多数人作为正义或平等的创造性力量……我不愿意向他们（大众）做出任何让步，而是希望钻他们的空子，分化和瓦解他们，并从中培养出个体来。
>
> 埃玛·戈德曼[6]

各种政治行动和社会思想的目的，都是为了创造一个可以容忍的背景，而不去干涉别人。唯一可以容忍的背景是一种朴素的背景。生活的重要部分永远是我们借助自己的小团体或是独自完成的事情。它们是艺术、科学、性、上帝、同情心和浪漫爱情。这些应该是丰富而复杂的。在这些方面，社会帮不了你什么。社会所能做的就是确保它不会阻止这些事情的发生。

保罗·古德曼（Paul Goodman）[7]

3年半前，我了解到女性总是彼此分裂，自我毁灭，充满了无能的愤怒。我以为妇女运动会改变这一切。我做梦也没有想到，有一天，这种愤怒会在"支持妇女"的旗帜下伪装成一种伪平等主义的激进主义，变成一种可怕的、恶毒的左派反智法西斯主义，并在运动内部用来打击姐妹……当然，我指的是人身攻击……那些在这场运动中艰难地取得一定成就的女性，所受到的人身攻击……

如果你属于第一类（成功者），你马上会被贴上这样的标签——一个寻求刺激的机会主义者，一个无情的唯利是图的人，为了个人名利不惜牺牲那些无私的姐妹，她们为了女性主义的伟大荣耀而埋葬了自己的能力，牺牲了自己的抱负。创造力似乎是最主要的罪行，但如果你不幸直言不讳、能言善辩，你就会被指责为权力狂、精英主义者、法西斯主义者，最后是最糟糕的骂名：男性化身，太气人了！……

要想在这种攻击中毫发无损是不可能的。我观察到的影响包括：创造力逐渐或立即下降；自我怀疑激增；从我们过去的经历中挽救回来的或在女性运动早期阶段恢复的自我力量消耗殆尽；无力感和被动性增加，伴随着严重的妄想（完全合理）；自信心和对他人能力的信心严重下降；对真实或想象中的罪恶进行详尽而执着的自我检查，但这完全没有用，因为这种该死的思维已经摧毁了客观性……

最后一个请求：在我们的记忆中，自怨自艾、自我毁灭和无能为力一直是我们的传统，如果我们女性要把自己从这种泥潭中拉出来，那么，与同情和理解彼此的失败和弱点相比，也许更重要的是，我们要支持彼此的成就和优势。

安塞尔马·德洛利奥（Anselma dell'Olio）[8]

美国儿童从小就被培养得异常好胜和具有侵略性，但为了在社会中"取得成功"，他们越来越多地被期望与他人"和谐共处"或被他人"喜欢"。越来越多的人，不论哪个年代的，都倾向于"变得相似"，尽管身上潜在着破坏性和肤浅的个人主义，但他们还是随大流而不是采取个人行动。和其他地方一样，美国的个体也会遭遇被排斥、孤独、严重的自我怀疑，甚至可能被监禁。

朱丽叶·米切尔在分析资本主义社会中家庭的意识形态功能时，提出了一个精辟的观点。她说："家庭是私人财产和个人主义的堡垒，后两者是资本主义需要保护但实际上却在摧毁的东西。"然而，我认为在前资本主义时代，个人主义并不是被完全允许的，尤其对女性而言。[9]

女性虽然在许多方面彼此相似，但在群体方面却比男性更加孤立。女性并没有像男性那样形成公共的或强大的群体。女性（作为母亲）与她们的孩子（长大后会离开她们）"组合"在一起，与其他女性暂时而肤浅地待在一起：在公园里，在女性张罗的活动中，在异性恋聚会上。这些女性只是暂时地相互陪伴，因为她们参与的是"自由"选择的私人生活，而不是强制性的雇佣劳动。如果你没觉得自己在工作，或者你觉得女性工作的定义与男性不同，那么你就没有必要组织起来争取更好的工作条件。女性作为秘书、家仆、服务员、妓女和工人，并没有很好地组织工会。从事这些工作的主要是女性，因此有诸多原因难以组织起来：女性因在家庭中承担其他工作而感到疲劳；女性缺乏技能和鼓励，因而也不够乐观；女性害怕男性的反对；在卖淫的情况下，害怕受到法律制裁和人身报复，并且知道从事任何其他工作都难以赚取和男性同样多的钱。

在专业化的男性组织中，女性既不是领导者，也不是"兄弟"。例如，作为一名职业女性，我无法在洗手间与男同事进行重要或随意的谈话；我可以和女同事一起聊天，但这很不一样。作为一名商务女性，我无法在体育俱乐部或教员俱乐部、妓院或男性聚会上，与男同事或男客户"谈生意"。我的女性同事太少了，无法一起享受乐趣；而且无论如何，作为女性，我们还没有社会化到享受这些制度的程度，即使它们是为了女性的进步而设立的。作为一名职业女性，我不太可能与男同事一起参加体育活动或度假：我们的伴侣会怎么说？作为妻子，我怎么能抽出时间离开孩子和家庭呢？我怎么可能甘愿去冒被当作情妇和失去工作的风险呢？如果我必须为这些事情操心和牵绊，我怎么能获得男同事们自然分享的支持和信息呢？如果与男性同事相比，我获得真正权力的机会如此渺茫，那么无怪乎同事们没有兴趣与我交友或鼓励我成长。

当然，我可以被培养为一个助理、红颜知己、情妇或妻子。我不会被当作一个竞争对手或门徒。我将会成为用来对付其他男人（真正的对手）的武器。通过帮助某个男同事变得更强或保住他的位置，我会获得一个象征性的职位。（"职业婚姻"是女性在家庭之外生存的一种常见方式。）

自从妇女解放运动兴起以来，许多美国职业女性（尤其在大学内）开始以女性身份组织起来。现在，女性专业人士，尤其在非女性的行业，也可能会有其他女性同事、客户或雇主。现在，女性主义的女人和男人，为了知识、经济、情感、政治和社交目标而建立组织。在过去，意识提升小组为女性的愤怒以及她们对性、经济进步和解放的渴望提供了认可。如今它们已经不复存在，尽管读书俱乐部和饮食失调症仍然存在。

在女性主义团体中，许多女性体验到了暂时而孤立的庇护，逃离了充满敌意或冷漠的家庭、学校和雇佣环境。女性主义团体的经历是尝试将一种新的姐妹情谊的意识形态制度化，这种意识形态并非建立在无力感或支持父权制现状的基础上。

由于女性主义的革命性和愿景，以及女性的天真本性，许多女性在遭受第一次失败时感到惊讶。她们还没有意识到这项任务的艰巨性。朱丽叶·米切尔指出，"一方面，至关重要的是，我们绝不能低估女性的潜力；同样，我们也绝不能忽视对自身处境困难的认识。在一个不同的背景下（军事斗争），我们必须评估妇女作为政治力量的弱点，以免屈从于这一弱点"。[10]

在美国的团体中，女人对处理冲突的"女性"规则，如间接沟通、流泪和逃避，持强烈的批评态度。她们对处理冲突的"男性"规则，如等级决策、妥协（而不是共识）或暴力，同样持批评态度。当冲突发生时，对抗是粗暴的，女性有意抵制"男性"或"女性"的解决方案。这种纯粹主义常常会导致相似的痛苦和偏执，这是许多男性主导的团体的特征。

以工作为导向的"中产阶级"自由主义群体受这些事件的影响要小一些。她们有具体的任务和目标，并不排斥执行"男性"的组织或冲突解决规则。她们的工作对女性来说曾经是（现在仍然是）非常宝贵的：她们的愿景并不是纯粹的浪漫主义，她们可以在当前的文化中取得一定的成功。针对女性的医学、法律、经济和政治改革不能被轻率地视为"改良主义"，因此被认为毫无用处。有些改革是至关重要的，而且根据其发生的背景，也可能是革命性的。

不幸的是，一个人的心理并不比一个人的民族或生物背景更容易改变或摆脱。任何对这些现象进行"革命"的尝试，通常会涉及对旧有神话、价值观和结构的严格延续或改头换面。对共同困境（压迫）的顿悟并不能立即消除这种困境：这只是许多艰难步骤中的第一步。

因此，美国女性主义运动既接受了许多毫无内在价值、受规训的女性特质，也认识到了那些女性主义影响下有价值的女性特质，并探索了女性在这个世界中"存在"的新方式。例如，许多女性主义者无法避免不喜欢其他女性、与其他女性竞争、被其他女性背叛的经历。其原因五花八门，层出不穷：经济上和事业上成功的女性是咄咄逼人的精英分子；异性恋的女性是懦夫和逃兵；幸福的女性和马克思主义女性是傻瓜和第五纵队分子；女同性恋是病态的；白人女性是种族主义者；黑人女性迫不及待跟在她们的男人身后；中年女性戴着帽子和手套；年轻女性手持长矛，投掷炸弹。这些看法在过去和现在都有一定道理。然而，女性在心理上有这样一种信念，即任何其他女性的成功和权力都无法提升或保护自己。从心理上讲，这也是一种对差异性的绝对恐惧。

我们可能还记得（本书第1章），大地母亲得墨忒耳将她的女儿珀耳塞福涅融入（incorporates）自己的形象。牺牲"差异性"和"独特性"，与女性无休止的生物繁衍和文化无能的循环紧密相关。这便是女性"监管"女性的神话层面，无论在家庭还是在女性主义团体中。母亲让女儿加入不满的神圣姐妹情谊，不仅仅是为了女儿的生存。母亲是孤独的，她们也需要养育——这是她们从自己的母亲或丈夫那里得不到的，就像得墨忒耳一样，她们可能希望从女儿那里得到。因此，"叛逆的"女儿会受到母亲的严厉对待，因为她们意味着成为背叛的爱人和伴侣。女性"监管"现象根植于一种对无权力的焦虑。

从神话角度来看，母亲（或成年女性）的成功或权力意味着女儿失去自由或独特性。在父权制社会的心理和政治层面，一个女人象征性或暂时的"成功"，通常是以牺牲另一个女人的利益为代价的。今天的

"成功"女性无法保护（或指导或"融合"）其他女性，使其成为一种非生物学意义上的权力或个体形象。能够做到这一点的"成功"女性仍然太少。此外，对"成功"女性提出的特殊要求，要么使她无法成为一位生物学上的母亲，要么使她与其他女性孤绝隔离，一如她对个别男性（丈夫、儿子、雇主或者同事）的忠诚。

在我看来，只要女性在父权制家庭中独自承担母亲的重担，这种要么融入母亲、要么注定被抛弃的动力，就会持续存在。此外，复杂的母女互动也是一种难以打破的顽强模式。"姐妹情谊"而非"母女情感"这样的女性主义语言，既反映了这种关系的痛苦，也在尝试打破女性之间腐朽的等级壁垒。

我想说的是，男性之间的"差异性"当然也存在，而且会以不同的方式被体验和解决（或不解决）。对于男性来说，融入或开始扮演男性角色（或上帝形象，或俄狄浦斯的父亲），理想的要求是发展某种公共力量、活动性，甚至可能是一点独特性。（这也意味着放弃异性恋，除非在某些"安全"的条件下。）正如我已经指出的，男性的从众，意味着顺从于行动、斗争、思考、流动和快乐；女性的从众，则意味着顺从于无为、臣服、情绪性和不快乐。当然，成为俄狄浦斯的父亲需要付出巨大的情感代价。男性对其他男性的"监管"根植于对权力的焦虑，并且它比女性的"监管"更直接、更具体、更公开。男性同时监管男人和女人，而成年女性则无法用这种方式监管成年男性。

女性个体或团体，包括女性主义的团体，都发现很难摒弃对男性和女性行为有毒的双重标准。现在仍是如此。矛盾的是，尽管女性无法"成功"，但当她们在任何一件事上成功时，如果她们没有在每个方面都成功，那么她们仍然是失败的。女性必须是完美的（女神），否则就是失败的（妓女）。（"完美无瑕"的暴力规训以及对"肮脏"的深刻意识，在女孩身上根深蒂固。）如果一个女人完成了一项有价值的任务，与男人（毕竟他是凡夫俗子）不同，如果她为了完成任务而放弃了对孩子或自己容貌的日常照料，那么她仍然是失败的。如果一个女人成功地赢得了一场法律或智力斗争，但在这个过程中伤害了另一个女人（或男人）的感情，那么她也是失败的。

男人有妻子和女秘书，她们既像母亲般关怀男人，又能帮他们平息别人的怒火，并在他们脾气不好或忙碌时，为他们准备晚餐、购买礼物、接听电话。女性不会享受这一切。男人也受到一种普遍期待的保护，即他们不必表现得那么"友善"。

另一个例子是，女性因为养育孩子而受到赞扬，但也会因为孩子或婚姻出现任何"问题"，而受到其他人、精神科医生甚至自己的严厉谴责。具有讽刺意味的是，母亲们通常被其丈夫、职业女性和一些女性主义者视为失败者，因为她们没有成就事业或独立于家庭。

传统上，女性和男性一样，希望或需要另一位女性提供帮助或做出牺牲，这比要求男性合作甚至做出牺牲来得更快、更容易。客观地说，这种期望更安全，也更现实。从心理上讲，它代表了我们的文化中对男性的更高评价，以及女性被赋予的"监督"其他女性的角色，以维护男性至高无上的地位。即使在女性主义运动中，女性也不会要求或强迫男性提供某些支持，无论是他们认识的男性，还是公共的男性资源，如慈善基金、私营企业或政府。在某种程度上，女性无法强迫男性做任何事情。她们非常害怕男性的报复，包括身体暴力和性暴力，或者进一步的经济遗弃。此外，由于女性习惯于只生活在"私人"和个人领域，她们对公共行动和权力的本质确实感到困惑。

因此，在美国，贝蒂·弗里丹、格洛丽亚·斯泰纳姆（Gloria Steinem）或凯特·米利特（Kate Millett）对某一特定女性事业的"贡献"，比美国陆军、通用汽车或罗马教廷的"贡献"更受期待和追捧——所有这些机构拥有的资源都远远超过了任何一个女性或女性团体。（妈妈仍然比爸爸更安全，可以榨取、责备和憎恨。人们害怕爸爸，会用"好女孩"的语气提及他，或者根本不提及他。）另一个例子是，大多数传统和女性主义的托儿所或合作社的工作人员都是女性，而不是男性。当临时保姆的通常是（外）祖母，而不是（外）祖父。在过去，女性主义团体并没有成功地让她们在职的丈夫共同承担做家务、育儿和共情"倾听"的责任。（女性主义者和非女性主义者不希望这样的情况发生，原因有很多：害怕失去自己的身份和工作来源，对男性在这些方面的能力不信任，这是两个最明显的原因。）今天，在某种程度上，这种情况略有改善。

女人和男人一样，都会对一个不经常微笑的女人深感威胁；而矛盾的是，她并不是非常不快乐。对于那些出于某种原因不愿意做出一点牺牲的女人，女性不信任她们，男人则会摧毁她们。许多女性，包括一些女性主义者，宁愿把权力完全交到恺撒手中（而不是获得一半或全部的权力），并以一种被误导的"高尚"姿态，为了不幸的女性、第三世界人民、自己的孩子、疲惫不堪的丈夫等牺牲自己的个人发展。换句话说，大多数女性仍然很难停止为特定的他人或在个人和私人行为中牺牲自己（或者说她们想要这么做）。大多数女性仍然很难将政治或技术力量作为一种潜在的有效手段，以些许减轻她们周围一些人的苦难和不平等，也包括她们自己遭遇的苦难和不平等。

女人们说，在充满噪声的世界里，她们认为自己已经控制了工业综合体。她们在工厂、机场、电台工作。她们控制着通信。她们接管了航空电子弹道数据处理工厂。她们占领了铸造厂、高炉、海军船坞、兵工厂、炼油厂、蒸馏厂。她们掌握了水泵、压力机、杠杆、轧机、绞车、起重机、涡轮机、风钻、电弧、弧光灯。她们说，她们想象自己的行动充满力量和快乐。

莫妮克·威蒂格[11]

例如，那些回避领导或权力的女性可能是因为所受的规训迫使她们这样做，而不是因为她们认识到了我们文化中领导冷酷无情的一面。正如我们将要看到的，这类似于女性在原则上回避暴力或自卫，因为她们无论如何都做不到。这种回避不是基于选择或道德，而是基于必要性。女性的"和平主义"与男性的"暴力"一样，都不值得庆祝。

相较于男性，女性似乎更容易受到女人身上原始或"男性"特质的威胁。（男人较少感受到威胁，因为很少有女性表现出这样的特质，而且当她们表现出这样的特质时，很容易被当作"女汉子"来对待。）例如，女性，包括许多女性主义者，会更积极地回应那些减轻女性现状负担的项目，而不是那些试图重新定义或废除现状的项目。减轻母亲的负担和支持堕胎改革都是必不可少的，但它们都暗示着无权女性对孩子和节育的责任延续。在公共劳动市场中的女性，无论是工人还是专业人士，都希望（自己或丈夫）获得更高的工资和更好的工作条件，以及有更多的公共托儿所。大多数女性还无法割断她们与生物繁殖或家庭的联系。

例如，大多数女性认为，男性在身体或情感上对家庭或孩子的抛弃是残忍的，或者是残忍但必要的。他可能是个"卑鄙的家伙"，或者是残酷工作现实的"受害者"。他的行为是人之常情。然而，女性出于任何目的抛弃了她的家庭，都会被视为"不自然的"和"悲剧的"。女性的社会角色仍然是一种生物学角色；因此，当她试图改变自己的社会角色时，她就会被视为违背自然。值得注意的是，男性在社会角色失败方面比女性有更大的回旋余地。尽管人们期望男性在社会上或经济上有所成就，但当他们失败或拒绝这样做时，他们并不一定被视为"不自然的"，而是被视为英雄或受害者，值得我们同情、理解和支持。

在许多女性和男性中，无论他们是否是女性主义者，都仍然存在着顺从、僵化的现象，以及将无权女性的情感幼稚和不切实际的依赖浪漫化（并将其与智慧或权力形式相混淆）的倾向。女性几乎没有解决公共问题的集体经验，也没有可贵的女性榜样。"权力"和"公共行动"确实属于男性，对女性来说是陌生的。如果女性在团体中更多地或仅仅停留在个人感受而不是行动上，更多地停留在"过程"而不是"结果"上，那么她们仍然是女性生物学和性别角色规训的受害者。只要女性更乐于接受他人或群体做出的决定或分析，而不是个人做出的决定，她们就仍然处于舒适的"女性"状态。这并不意味着只有领导者才具有合法性或权威性；这意味着在理想情况下，每个人都应该感到自己是"合法的"，只有当听者出于理解而不是无知或恐惧从而同意自己的观点时，才应该让别人"代表自己"发言。

作为珀耳塞福涅-普绪喀-灰姑娘的女性无法完成某些事情。期望女性能够比男性更容易或更快地实现国际和平或普遍的个人幸福等目标，这是荒谬的。相反，作为无权的人类，女性的处境可能比男性更艰难——尤其是男性作为一个相对更有权力的群体，他们既反对将"女性"特质融入公共领域，又不鼓励女性发展"男性"特质投身公共领域。无疑，女性最初成功的、有组织的成就确实与儿童保育、堕胎和节育等"女性"领域的问题有关。女性作为一个群体、一个利益集团或个体，现在才开始解决经济、宗教、战争与和平等"更大的"问题。

一个理想的团体是什么样的？作为一名女性主义者和无政府主义者，我只能为我自己回答，但很遗憾，我的回答有些模糊笼统。对我来说，唯一可以接受的团体是那些与父权制家庭不同的团体，能够支持我们对个人自由、安全、成就和爱的最深切渴望。有些团体（意识形态、宗教、纲领性的"解决方案"）以某种方式扼杀个人精神；鄙视并扼杀个人渴望；以某种理由强制推行从众、平庸和保守的理念；试图将每个人削弱到"可管理"和熟悉的水平，而不是将每个人提高到群体所支持的"难以管理"和独特的水平——众所周知，这些"团体"是令人沮丧的，而且注定会延续殉道和压迫的旧模式。

这些团体宣扬或实践和平与爱时，男性会成为殉道者或牺牲者；当它们宣扬或实践战争时，女性（和无权的男性）会成为殉道者或牺牲者。即使是邪恶的殉道法则，也遵循着性别角色的定型原则。

这些团体无法为女性提供力量，让她们获得权力，并重新定义权力、爱和工作。老实说，我也不知道一个理想的团体究竟会如何解决不平等和不公正的问题。

作为一名女性主义者和心理学家，我可以从另一个角度来讨论理想团体的问题。如果女性因其生物学特征而在文化上变得无能，那么讨论那些女性因其生物学特征而在文化上至高无上的社会，可能会有所帮助，那就是亚马逊社会。

亚马逊社会：愿景和可能性

是否真的有传说中的少女国、骑马的魔族，从世界的边缘疾驰而来，让冰雪和金沙四溅？是否真的存在一支"憎恶男人的军队"，有着叮当作响的长辫和令人敬畏的习俗？……在时间和现实中，亚马逊王国不仅构成了母权制的极端终局，而且本身也是一个起点和目标。漫游女儿国……她们明显不同于人类历史上平静宽容的母系氏族，后者通过外婚制和平驱逐了年轻冒失的男子。亚马逊人没有模仿男性原则，而是否定了它，以便将两种基本的生命形式统一在天堂般的和谐中，而这种和谐曾被伟大的母亲所分裂……在母系氏族中，伟大的母亲不断繁衍出更多伟大的母亲。然而，亚马逊人繁衍的是女儿类型，这实际上跳过了一代，是完全不同的类型。她们是征服者、驯马师和女猎手，她们生下孩子，但并不哺育和抚养。她们是年轻人类中极端的女性主义者，而人类的另一个极端是严格的父权制。

海伦·迪内（Helen Diner）[12]

亚马逊人的整体思想包括取消最初的、孤雌生殖的女性行为，取消阳性原则（active principle）的分离与形成及其在雄性身上的体现。亚马逊人不承认阳性原则的独立存在，而是重新吸收它，并以雌雄同体的方式发展它：左边是女性、右边是男性。她们的去母性化开始于缩小或切除右乳，这是一种象征性的大胆行为……亚马逊社会的所有变种都有一个共同的特点，那就是它们只把女孩培养成成熟的人类样本……

海伦·迪内[13]

亚马逊社会，作为神话、历史和普遍的男性噩梦，代表了一种女性因其性别而至高无上的文化。亚马逊社会之所以重要，还因为女性被训练成了战士——在军事上，可能在其他方面也如此。亚马逊女战士还拥有自己的土地，并共同生活在这片土地上。这与我们现有的女性共同生活的例子截然不同，无论是在监狱、贫民窟、深闺，还是在"共同成长"的学校。只有在可耻的默认状态或绝对必要的情况下（就像男性因其性别而在文化上至高无上一样），女性才会生活在一起。我们所熟知的女性牺牲或自我牺牲，在亚马逊社会是不可能存在的。例如，成为亚马逊母亲并不意味着要有这种文化行为，即女性与其亲生子女之间的持续互动。尽管有许多关于养育子女的赞歌，但事实仍然是，养育子女的任务（无论特定阶级或技术水平使其多么乏味或僵化）在传统上都是由相对无权的性别来承担的。

在亚马逊社会，女人既是母亲，也是社会中唯一的战士；既是母亲，也是社会中唯一的猎人；既是母亲，也是社会中唯一的政治和宗教领袖。在这样的社会中，似乎不存在基于性别的劳动分工。虽然亚马逊人有领导者，女王也是选举产生的，但这些社会似乎是无阶级的，或者说在这样的社会中，至少任何女性都可以向往并实现充分的人性表达。

在亚马逊社会，只有男性——当他们被允许留下来时——在不同程度上处于无权和受压迫的地位。迪内指出，"（在性领域）女人对男人的暴政从来不像反过来那样彻底：类似男性卖淫的事例屈指可数，如果没有其他原因，那就是因为对女性来说并没有那么需要男性器官"。根据迪内的说法：

> 亚马逊人（对男性）最轻微的厌恶，也会导致她们在每年春天迅速与男性邻居发生性关系，原则上完全不做任何选择。雌性后代被保留，雄性则被送到父亲身边。更激进的管理方式是不把任何婴儿送走，而是把刚出生的男孩打成残疾，通过扭曲其手腕和髋关节使他们终身无害。他们是受人鄙视的残疾奴隶，从未被亚马逊女战士碰过，他们被用来养孩子、纺羊毛和做家务。在最极端的反男性社会中，男性后代经常被杀害，有时他们的父亲也是。

在所有非洲亚马逊人中，似乎只有戈尔贡人（Gorgons）保持着纯粹的亚马逊状态；其他的亚马逊人，虽然保持了纯粹的女性军队，但在她们的营地里也保留了一些男性。利比亚（Libyan）亚马逊人摘除了右侧乳房，所有女孩都必须服兵役数年，在此期间不得结婚。之后，她们成为后备军的一部分，可以交配并繁衍后代。女性垄断了政府和其他有影响力的职位。然而，与后来的忒耳摩冬人（Thermodontines）不同，她们与性伴侣长期生活在一起——尽管男性过着隐退的生活，不能担任公职，也无权干涉国家或社会的管理。儿童被交给男人们抚养，吃着马奶长大，就像埃及人、堪察加人（Kamtchatkans）和一些北美印第安人一样。[14]

相比以往任何男性主导的父权制社会，亚马逊社会可能更有利于女性身体和情感的发展。它可能更有利于女性智力和艺术的发展，尽管这完全是一种猜测。亚马逊社会可能并不比其他早期或"原始"社会更重视现代或西方类型的竞争性艺术和智力活动。（我真的很好奇亚马逊女性群体会如何看待我写的对她们的论述。我也想知道我能在多大程度上接受冷漠、宽容或消极的回应。）然而，迪纳指出，整个爱奥尼亚（Ionian）传统都将忒耳摩冬亚马逊人视为城市和圣殿的创建者。

虽然他们在胜利之前是野蛮的，但后来像罗马人一样，变得和善起来。他们的仁慈和远见赢得了战败者的崇拜……他们的传统通过庙宇、坟墓、城市和整个国家持续地保留着。许多重要的城市都以亚马逊人作为创建者和教母而自豪，包括士麦那（Smyrna）、锡诺佩（Sinope）、库迈（Cyme）、格里内（Gryne）、皮塔尼亚（Pitania）、马格尼西亚（Magnesia）、克勒特（Clete）、米蒂利尼

（Mytilene, and）、阿马斯特利斯（Amastris）。[15]

更早些时候，利比亚（摩洛哥和非洲）的亚马逊人"和平地"穿过埃及，却征服了它。

> 叙利亚（Syria）、弗里吉亚（Phrygia）和沿海岸至凯库斯河（Caicus River）的所有土地……萨摩斯岛（Samos）、莱斯博斯岛（Lesbos）、帕特摩斯岛（Pathmos）和萨莫色雷斯岛（Samothrace），都被利比亚亚马逊女王"米林尼"（Myrine）所征服，并居住下来。[16]

如果女性认真对待自己的身体（在理想情况下我们应当如此），那么当女性控制生产和生殖手段时，她们似乎可以更充分地表现愉悦、母性和身体力量。从这个角度来看，支持父权制甚至是传说中的男女"平等"，根本不符合女性的利益。女性这样做更多是一种无能为力的表现，而不是任何基于生物学的"高级"智慧。

女性的牺牲，无论是自我牺牲、处女献祭、卖淫，还是女性为了成为母亲而做出的牺牲，也许并非完全取决于我们的生物学条件。

我并不是说，一个以压迫男性为基础的女性主导的社会或亚马逊社会，比一个以压迫女性为基础的男性主导的社会更"公正"。我只是想指出，这样的社会在哪些方面对女性更有利。

也许有一天，我们不再需要在各种形式的不公正之间做出选择。此外，我不知道放弃生育是否符合女性的利益，仅仅因为男性对此强加了如此不公平的价格。我不知道在一个男性主导的社会中，节育技术是否对女性特别有利。从被迫生育或怀孕的恐惧中解脱出来，并不一定会导致女性"性冷淡"的消除,或女性卖淫的废除。节育技术本身并不一定导致性别歧视的废除,就像它不会带来一个新的时代——其中是非异化的劳动和替代性的家庭形式。事实上,它可能会导致由男性主导的关于性活动或生育的极权决定,而对于这些决定,女性个体几乎没有发言权,就像她对自己被迫生育一样。

如果美国女性或现代女性渴望一种更和谐、部落化、集体化、精神化和仪式化的生活,并愿意放弃某些现代的价值观和技术来实现这一目标,那么亚马逊社会可能比男性发起的"原始"社会更适合女性的心理模式。(我们不能忘记,许多原始文化都害怕女性的身体,对月经、青春期和处女有强烈的禁忌,并实行女性割礼。)[17]

> 退出并不是解决问题的办法……大多数女性已经退出;她们从未参与其中……然而,退出对男性是一项极好的政策,"人渣协会"(SCUM)[1] 会热情地鼓励这样做……
>
> 瓦莱丽·索拉纳斯

我花 3 个小时看完了纪录片"伍德斯托克音乐节"(Woodstock),时而陶醉,时而厌恶……首先,除了怀孕的琼·贝兹(Joan Baez)在一直谈论她的丈夫,所有的音乐人都是男性。大汗淋漓、胡子拉碴的男人们忙着搭建舞台、指挥交通、拍摄影片、管理音乐节秩序。无论在舞台上还是舞台下,兄弟情谊被一再宣扬……歌词最能说明摇滚乐是如何看待女性的。女性当然不能抱怨歌词里呈现的形

---

[1] SCUM 一语双关,本身有"垃圾""废物""渣滓"之意,也是 Society for Cutting Up Men 的缩写,暂译人渣协会。——译者注

象是单一的。恰恰相反，歌词中对女性的贬低是多方面的，既有公开的蔑视，也有糖衣炮弹式的屈尊俯就。然而，最重要的是，女人永远是可利用的性对象，其主要功能是愉快地迎合任何男人。

马里昂·米德（Marion Meade）

嘻哈音乐和说唱音乐在对女性的描述方面并没有得到改善。

亚马逊社会构成了一种早期的、鲜有人探索的文化，在这种文化中，女性主导着所有可以想象或必要的生活领域，也就是说，必要的生活不仅仅是被迫生下和抚养一个男人的孩子。[18] 女性全面参与人类任务的形象——在任何技术层面上——几乎是一种空想。它让人感到恐惧和难以置信，同时还有一种难以抑制的兴奋感。

当然，过于认真地看待愿景是不切实际的，或许也是危险的。也许我们必须尊重它们，将其视为某种程度上可以指导我们生活的真理。也许我们不能过于渴望时光倒流。（当然，我们可以意识到，我们的进步是多么微不足道或多么糟糕。）尽管了解女神和亚马逊女战士很重要，但我当然相信，大规模的女性解放更多地依赖于技术的未来，而不是生物学的过去。地球上的女性人口不再是少数，战争的习惯也不再可取。

总的来说，徒手搏斗是不合时宜的，在军事上是无效的，对女性和男性都是如此。先进国家的男性拥有摧毁地球或重新定义我们生活方式的核力量和化学力量。然而，自长崎之后，核力量还没有被完全使用过。武器和军事技能最终将战胜任何生物肌肉的搏斗，正如科学终将比末日军事英雄主义带来更多的革命性胜利一样。然而，我并不认为身体力量和训练对女性来说是完全过时的。

女性被强奸是因为我们无法保护自己。我们的许多顺从、和解、同情和诱惑行为，都是为了避免强奸的事实或重负而养成的。强奸早在现代工业资本主义之前就已存在,但它似乎是对某种行为(或社会制度)的恰当比喻,在这种行为中,只有当其他人直接遭受身体痛苦和心理羞辱时,一个男人的快乐或利益才会出现。我认为,异性恋强奸和怀孕的生物学事实和意义,是父权制家庭形成的主要因素。除此之外,一个主要因素是男人需要证明自己的基因是不朽的;这种需求如此之大,以至于男性认为自己有权殖民女性的身体,并野蛮地限制她的自由,以确保她的孩子是由他的精子创造的。

对于女性来说,因为我们可以成功地保护自己而不害怕强奸,这不是过时的,而是革命性的。女性被视为潜在的战士(在任何意义上,包括身体上的表现),这不是过时的,而是革命性的。如果能够实现,它可能意味着现代生活的彻底改变。

我想指出的是,男人通常被允许比女人更"勇猛",而不必放弃伴侣、子女、家庭生活和性爱。然而,男性在经济上必须养家糊口的同时,也很难发展自我或踏上仕途。在今天,女性成为一名战士意味着什么?现代女性应如何控制生产和生殖手段?

生存的问题:权力和暴力

有一段时间,一些人允许怀疑进入她们的头脑,她们开始怀疑在质和量上抵抗占领者的进攻是否真的可行。为了自由而深入到恐怖主义和反恐怖主义的巨大圈子中去,是否值得?这种不相称,难道不正好说明摆脱压迫是不可能的吗?

弗朗茨·法农:《垂死的殖民主义》[19]

抛开意识的奇迹不谈，我认为女性在没有获得权力的情况下，是没办法打败或改变父权制的。与男性群体不同，女性几乎没有力量来避免或实施暴力。在一种重视身体力量及其扩展形式（武器和金钱）的文化中，女性在传统上是身体上的弱者和政治上的无权者。女性和男性一样，必须有能力使用暴力或自卫，然后才能将拒绝使用暴力视为一种自由和道德的选择，而不是"既来之则安之"。

生存是权力的特征属性。理想主义可能存在，也可能不存在，但它往往是有权者的奢侈品，也是（女性）无权者的必需品。无权或相对无权的男性不一定是理想主义者，他们也不是身体上的无助者或和平主义者。恰恰相反。他们被更有权的男性所强迫，在违背自己的意愿或至少在对自己不利的情况下，进行男性之间的暴力仪式。他们无法生存下来。在越南战争、海湾战争、阿富汗战争或伊拉克战争中，年长的、富有的美国白人男性并没有慷慨赴死。他们派更年轻、更贫穷的男性去完成这项任务。当无权势的男性群体开始用暴力来获得权力时，由于他们相对仍是无权势的，大多数人无法在战斗的早期阶段存活下来。

然而，他们的暴力通常被其他男性，当然也被很多女性视为英勇无畏。20世纪的女性亲自养育、支持并客观地服从男性民族主义者——相反的情况则少之又少。

在美国，人们常说贫穷的白人女性和第三世界女性比中产阶级白人女性"更坚强"，无论在身体上还是在精神上。虽然平等、正义与和平比它们的对立面更合乎道德，更令人向往，但这些概念构成了男性（或权力）的理想，而不是男性（或权力）的实践。当涉及抽象的或公共的、全球性的话题时（男性的参照领域），男性通常会更多地谈论"正义"和"平等"；但他们不会把这些概念应用于他们的个人或家庭生活（女性的参照领域）。只有女性主义者开始寻求个人关系中的"平等"。作为一个群体,许多女性主义者像非女性主义的女性一样,仍然远离公共生活领域。

传统上,理想的女性不能直接使用身体暴力,也不会进行自我保护。从心理角度来讲,自我保护恰恰是父权制社会禁止女性做的事情。传统上,理想的女性被训练去"输",而理想的男性被训练去"赢"。女性被训练得心甘情愿地登上牺牲的祭坛。例如,大多数为人母的女性在结婚生子后,就放弃了她们可能拥有的任何独特的自我。在当代美国文化中,大多数孩子侵犯了母亲的隐私、生活空间、理智和自我,以至于母亲必须放弃这些东西才能不会对孩子暴力相向。(入侵荒芜领地的边界,可能比入侵已被占领且有功能的领地要少一些痛苦。当然,这种入侵是母亲对孩子进行的。父亲也会入侵孩子的领地,但没有那么频繁。他们没必要那样做:他们已经拥有了整个疆土,只需偶尔检查一下自己的领地。)

南非心脏移植先驱克里斯蒂安·巴纳德(Christiaan Barnard)医生说自己是一个浪荡子。47岁的巴纳德和他19岁的新娘正在度蜜月,昨晚他在肯尼迪机场对记者说,自己是一个"更开放、更浪荡、更能享受生活的医生,而不是公众所习惯的那种愁容满的教授"。……而巴纳德夫人在接受记者询问时说:"我整个人完全是蒙的。"

《纽约邮报》

洛拉·皮耶罗蒂(Lola Pierotti)曾在美国国会山担任行政助理,年薪2.4万美元,工作时间很长。现在,她的工作时间更长,责任更大,但却没有报酬。发生了什么?她被降职了吗?不,她只是嫁给了上级。她的新郎是来自佛蒙特州的资深共和党参议员乔治·D. 艾肯（George D. Aiken）。"他对我的要求就是给他开车，为他做饭，给他洗衣服，管理他的办公室。"她咧着嘴笑着说道。

《纽约时报》

随着年龄的增长，女性在性、"浪漫"和乱伦方面的选择越来越少。她们的"父亲"想要年轻和更年轻的女性。她们从未在任何年龄获得过直接的政治和经济权力。女性年龄越大，就越"不知所措"。我们的文化在奴役自我和行动方面比奴役他人更胜一筹。理想情况下，男性奴役会产生男性"赢家"，他们获得的奖励是我们所定义的生存：金钱、性和类似母性的养育。理想情况下，女性奴役会产生女性"输家"，她们获得的生存奖励是一时的，仅限于零用钱和有限的性，通过丈夫间接地获得——而类似母性的养育几乎不会从丈夫那里获得。

这并不是说女人需要男人超过男人需要女人；然而，也许她们确实需要。我曾经问一群黑人高中生和白人高中生，他们"长大"后想做什么；所有女生的回答都是"结婚"，男生的回答却是获得某项技能、从事贸易或冒险。我转而问这些女生，当她们在考虑结婚时心里想的是什么——是百年好合吗？恰恰相反，男人非常需要女人，但对他们来说女人只是相对可替换的仆人。当然，贫穷的美国男性在工厂做工或在军队服役，他们直接为其他男性服务，间接为这些男人拥有的女性财产服务。当贫穷的男人为加薪或阶级革命而斗争时，他们的需求很少包括薪资翻番和新的支付方式——能够反映他们妻子的家务劳动和养育子女的重要性。当贫穷的男人为加薪而斗争时，是为了在男性之间实现更多的权力平等，让更多的男性以更好的方式保护和拥有"他们的"女人和孩子。

女性被训练成需要一个"不可替代"的男人。我们不妨回顾一下心理学家法布罗（Farberow）的统计数据，在美国，寡妇自杀的人数比鳏夫自杀的人数要多得多。[20] 女性被训练得如此需要一个男人，以至于即使是"失败"的男性也能找到女人来照顾他们，这肯定比"成功"的女性找到男人或女人来照顾她们容易得多。（从这一点来看，她们真的不比"失败"的女性好多少。）长期以来，女性习惯了在没有养育的情况下生活，以至于当她们被人养育时，往往会感到内疚、不安和恐惧。

我猜想，比起丈夫愿意留下"患精神疾病"的妻子，妻子更愿意把相对非暴力"患精神疾病"的丈夫留在家里。妻子们仍然可以服侍和养育"失败"和失业的丈夫；但"失败"的妻子不能或不愿服侍她们的丈夫，因此，她们是令人讨厌的、麻烦的、有威胁性的、可有可无的。

在理想情况下，随着年龄的增长，男性会成为更强大、更优秀的"赢家"。随着年龄的增长，男性的财富、智慧和权力会相应增加，他们的选择范围也会扩大，或者说应该扩大了。在父权制文化中，男性的权力建立在压迫部分男性和所有女性的基础之上，尤其是年长的男性。面对这些情况，"好"女人会优雅地摧毁自己，也就是说，她们抑郁地待在家中，或者因发疯而住进精神病院。无论哪种情况，她们都会使自己远离成年男性的发展和成功之路。"坏"女人不是好的失败者，她们会摧毁，或者说试图摧毁他人。《哈姆雷特》中的奥菲莉亚（Ophelia）是一个"好"失败者；《美狄亚》中的美狄亚（Medea）则是一个"坏"失败者。

对于那些认为我在暗示两性之间正在进行一场战争的人，我想说：我们一直都在进行一场战争，而且女性总是输。女性几乎不会注意到这个事实，因为她们认为"输"是理所当然的，就像男性认为"赢"是理所应当的一样。当女性质疑或改变她们视作理所当然的事情时，我们已经在进行的性别战争的前景将会变得更加清晰。同样，今天存在的不是"代沟"，而是一场代际战争，而且这场战争一直都存在。为了孩子，父母牺牲了自己的成长和快乐；父母在心理和身体上的伤亡是巨大的。孩子们的伤亡也很大：年轻男子被父母送上战场牺牲，年轻女子被送进婚姻和母性的坟墓。虐待儿童、猥亵儿童、扼杀创造力和个性都是代际战争的证据。就像性别战争一样，这是一场古老的战争。然而，新的战争是，要么结束战争，要么把"输家"变成"赢家"。

一些对未来的心理处方

> 女人们说，这难道不壮观吗？这些容器（vessels）直立着，这些容器长出了腿。神圣的容器在移动……女人们说，这是一种亵渎，违背了所有规则……难道它们不能对暴力深恶痛绝吗？难道它们的结构不脆弱吗？如果它们不是因为相互碰撞而支离破碎，它们不会一碰就碎。……它们脚踩大地，加速前进。
>
> 莫妮克·威蒂格[21]

女性如何才能学会生存，并学会珍惜生存？女性如何才能消除自我牺牲、内疚、天真、无助、疯狂以及不能理解和自我责备的悲伤，从而改变女性的处境？女性如何——或者说是否应该——切断与生儿育女的联系？女性是否应该停止同情心泛滥？两性是否应该或能够有一个统一的行为标准？是否存在一种根植于生物学的女性文化，它应该与男性文化保持分离，部分原因是它不同于或优于男性文化？

女人必须将对他人力量和技能的热爱和依赖，转化为对自身各种力量和技能的热爱。女人必须能够直接触及身体、技术和智力现实的核心，就像她们能够触及情感现实的核心一样。这需要纪律、勇气、信心、愤怒、行动能力，以及压倒一切的欢乐感和迫切感。只有灵活机智的女性、拥有资源的女性，才能与其他女性分享资源，或者利用它们为自己和其他人积累更多的资源。在其他条件相同的情况下，一个由灵活机智的个体组成的团体，同时因自身利益而追求各种理想或目标，可能比一个有类似理想但不那么灵活机智的团体更强大。

几个世纪以来，女性在精神、政治和性方面的牺牲，将通过女性进入公共机构而得到更好的补偿。公共机构不应一味地拒绝她们，因为她们的不完美，因为整合她们的努力是艰难和令人心碎的，或者因为这些机构传统上是以压迫女性为基础的。例如，科学、宗教、语言和精神分析都经常被用来对付女性。这并不意味着这些模式和制度以及它们的"奖品"必须被牺牲或者抛弃，因为它们已经无可救药地被玷污。我们不知道女性是否会发现一种完全不同的、更好的科学或语言。

然而，很明显，作为女性主义者的女性必须逐步并最终主导公共和社会机构，以确保它们不会被用来对付女性。我之所以说"主导"，是因为我不认为，对于从未像男人那样在公共机构中体验过主权的女性来说，有可能实现"平等"或"个性"。女性主义者可以是：共产主义者、社会主义者、马克思主义者、无政府主义者、资本家、民主党人、共和党人、艺术家、科学家、民族主义者、分裂主义者、融合主义者、暴力革命者、非暴力革命者，等等。问题的关键在于，我们的整个社会戏剧要由女性和男性共同演绎。从定义上说，让女性"走出生物学的家庭"，无论在心理上还是在事实上，都是革命性的。在此之后，无论发生什么，都事关你我。

当然，我的意思是，儿童养育是一个公共和重要的问题。我并不是在暗示，无论在资本主义或社会主义国家，任何公共的方法都对儿童很有效；我也不是在暗示，在某些条件下，特定的个体不能养育特定的儿童或他人。

但是，应该怎么做呢？为了使女性最终进入人类活动的主流，最终拥有社会角色而不仅仅是生物学角色，她们在心理上需要做些什么呢？

女性的自我认同必须有所转变，并以其作为一个强大个体生存所必需的东西。女性的自我认同，主要根植于她对有限且特定他人的关注，以及对少数男性的取悦。女性必须以某种方式解放自己，让自己关心许多事情和想法，关心许许多多的人。这种自我聚焦的彻底转变是极其困难的，也是非常可怕的。它与所有"女性"的神经和情感格格不入，并且暗示着严重的报应。有些女性在进行这种焦点转移时，或者在内心发生这种转移时，她们会"发疯"。

这种女性自我（或对性别认同的解释）的转变，意味着一种坦率的激情，即渴望获得定义自我所需的权力，而这种权力建立在对世俗现实的直接控制之上。这种激情将摒弃一些常见的女性行为，比如为关心自己的生存或成长而道歉，或者对自己和他人掩饰这种关心。正如我所指出的，从心理学的角度来看，一个女性以何种身份实现这种自我转变在某种程度上是无关紧要的，无论是作为"共产主义者"还是"资本家"，作为自由主义改革者还是训练中的游击队员，作为"个人主义者"还是"集体主义者"，作为女同性恋、异性恋还是双性恋，作为生身母亲还是非生身母亲或不是母亲。在父权制的心理王国，任何一个女人，只要对各种权力感兴趣并直接获得这些权力，而不是通过某个男人或家庭，也不是为了某个男人或家庭，那么她就在做出一种激进的行为，即一种冒险"求胜"的行为。

只有这样一种激进的心理行为，才有可能使女性接受和发展出许多个体差异，并遵循"强奸－乱伦－生育"之外的性模式。

那些参与这种自我转变的女性，必然会退出所有不利于她们生存和实现个人权力的人际交往。另一种说法可能是：对女性的生存、权力和快乐，而不是男性的生存、权力和快乐，进行更多的心理投资；女性必须从父权制对女性身体的仇恨中抽身，从我们不惜任何代价沉迷其中的一段关系中抽身。

女性的心理认同出于对自身生存和自我定义的关注，她们可以退出或避免任何不支持这一艰巨努力的互动，但她们不必放弃所具备的温暖、感性和养育的能力。她们不必放弃"心灵的智慧"而成为男人。她们只需要将支持性的力量转移到自己和彼此身上，但绝不能达到自我牺牲的地步。女性不需要停止温柔、同情或关心其他人的感受。她们必须开始对自己和其他女性温柔体贴。在"拯救"丈夫和儿子之前，在"拯救"整个世界之前，女性必须先"拯救"自己和女儿。女性必须努力将她们关注、服务和保护配偶或子女的单一决心，转化为自我保护和自我发展的"决心"。也许这种情感转化的影响之一是提高男性的养育能力：养育自己、养育彼此、养育子女，并且有希望养育女性。另一个影响是，将为女性创造一个安全的、革命性的情感和家庭养育来源。没有这个来源，女性生存的勇气可能会动摇。

女性不必回避她们（通常无法满足的）对情感安慰和爱的需求。事实上，她们必须在不丧失自由或尊严的前提下，找到满足这些需求的方法。女性对爱的渴望应该以多种新的方式得到满足，并作为对无力感所支配的事件的补偿。女性之间的情感和性必须与行动和胜利、思想和智慧的事件相融合，并成为这些事件的标志。

重要的是要认识到，我所说的女性自我的变化是心理上的变化。我并不是在"规定"或预测任何一种经济或社会形式，或任何一种性行为形式，以确保这种心理变化的发生。也许只有在经济和生育模式发生重大变化之后，大多数女性才能实现这种心理变化。也许只有一些年轻女性，也许只有所有女性中的少数人，能够仅仅通过意识、理解力来实现这种变化。这种理解力如果转化为智慧，往往意味着采取必要的行动。

13个问题

（1）对于那些专注而自信地倾听最激进的女性主义观点，并为此开怀大笑的年轻女孩，应该说些什么呢？应该给她们写什么颂歌？应该教给她们什么行为？应该向她们学习什么？对于我们这些已经忘记自己的神话，没有任何仪式可循的女性，应该如何培养创造性的冲动呢？

（2）谁会成为我们的女神和女英雄？我们该用什么语言来称呼她们？我们该如何体验女性身体中的神性？何时我们会为神圣女儿的出生而欢欣鼓舞？何时我们会尊重和信任年长的女性？我们怎样才能学会庆祝，而不仅仅是忍受我们之间的差异？母女之间何时才能停止所有愚蠢的谎言？我们该如何庆祝那一天？

（3）我们是否必须在精神之路和刀剑之路之间做出选择？肉体和灵魂是否必须保持分离？谋杀和生育是必要的吗？它们之间的关系有多紧密？女性是否需要一支女性军队？或者我们是否需要一支由智慧的女性组成的军队？还是两者都需要？作为女性主义者，当必须付诸行动和展现个性时，我们应该如何保持耐心和集体忠诚？

（4）童年时期充分的母性和父性养育，是否会使女性更加智慧和坚强？亚马逊人可能没有"令人窒息的母爱"或在性方面被父亲引诱，而是生活在同辈群体中，被许多强大的成年女性集体抚养长大，以高效和光荣的方式面对人类的任务。

（5）人类儿童的无助和长期依赖是所有文化压迫关系的典型模式

吗？新的分娩和养育方法能否消除人类以压迫的方式随意解释生物学差异的倾向？

（6）当权力的副产品之一是知识、慷慨和可爱时，我们如何能说所有男人都"无可救药"呢？我们如何才能与这一事实达成和解？社会化的女性有可能与社会化的男性实现性别平等吗？如果公共权力在两性之间仍然分配不均，这难道不是一种自相矛盾吗？

（7）女人是否必须切断她们与厄洛斯的婚姻关系，所有男人才有可能与她们结婚？女同性恋、双性恋、男同性恋是否会越来越自然地出现在年轻人中间？这意味着什么？当女性变得不那么异性恋时，男性会变得更加异性恋吗？那些已经适应僵化性别角色的成年人，能够在多大程度上参与这种变化？如果他们做不到，我们又会怎么样？

（8）女性如何学会一种超越乱伦和生育模式的性行为？

（9）仅仅为了经济利益而使用或占有一个人的身体、时间和思想，意味着什么？纳粹为了工业目的、为了"利润"而使用人的身体，与资本主义社会中的大多数劳动力在意义上有何不同？纳粹的这种隐喻行为与女性（或男性）卖淫有何不同？在工业技术时代，我们该如何重新定义工作和"人类需求"？

（10）我们如何才能把男孩培养成"一视同仁"——同等地尊重、信任、敬畏、爱护女性和男性？我们如何把女孩也培养成这样？

（11）我们何时才能停止为生物学差异赋予意义？如果生物学差异仍然存在，但在文化上确实是中立的，我们是否应该或能够利用科学来实现关于人类行为的统一标准？谁来决定这些标准是什么？谁来教导和执行它们？又是出于何种目的？统一的行为标准是否能超越背景的作用，让更多独特性或戏剧性的行为得以发生？

（12）我们应该如何与自己的身体和自然世界和解？许多"自然"

事件，如早逝、疾病和困苦，既不可取也并非必需。（许多"非自然"事件，如奴隶制、一夫一妻制和污染，也不是可取的。）如果男性暴力和女性家务劳动确实是自然的，那么改变或消除这些倾向是否符合人类的利益？如果不是自然的，我们该如何停止这些压迫自然的东西？

（13）我们应该如何摆脱对科学技术的无知和偏执？我们该如何创造一种氛围，让普罗米修斯和基督不会因为他们的知识天赋而受到惩罚，而且许多女性知识的传播者可以茁壮成长？

注　释

第 1 章

[1] Adrienne Rich, "Snapshots of a Daughter-in-law," *Snapshots of a Daughter-in-law: Poems 1954–1962* (New York: W. W. Norton, 1968).

[2] Peter Weiss, *Marat/Sade: The Persecution and Assassination of Jean-Paul Marat As Performed by the Inmates of the Asylum of Charenton Under the Direction of the Marquis De Sade* (New York: Atheneum, 1965).

[3] Anais Nin, *Cities of the Interior*, distributed by Phoenix Box Shop (New York, 1959).

[4] C. Kerenyi, *Eleusis: Archetypal Images of Mother and Daughters*, translated from the German by Ralph Manheim; Bollingen Series LXV, Bollingen Foundation (New York: Pantheon Books, 1967).

[5] Lara Jefferson, *These Are My Sisters* (Tulsa: Vickers Publishing Co., 1948).

[6] Erich Neumann, *Amor and Psyche: The Psychic Development of the Feminine. A Commentary on the Tale by Apuleius*, translated from the German by Ralph Manheim; Bollingen Series LXV, Bollingen Foundation (New York: Pantheon Books, 1956).

[7] Sylvia Plath, *The Bell Jar* (New York: Doubleday, 1971). (Originally published in 1963 by Faber and Faber.)

[8] Ludwig Binswanger, "The Case of Ellen West," ed. by Rollo May, in *Existence* (New York: Basic Books, 1958).

[9] Ibid.

[10] Nancy Milford, *Zelda* (New York: Harper & Row, 1970).

[11] Jessie Bernard, "The Paradox of the Happy Marriage" ed. by Vivian Gornick and Barbara K. Moran, in *Woman in Sexist Society: Studies in Power and Powerlessness* (New York: Basic Books, 1971).

[12] Elizabeth P. Ware Packard, *Modern Persecution or Insane Asylums Unveiled and The Liabilities of the Married Woman* (New York: Pelletreau and Raynor, 1873). These two remarkable volumes were her only source of income after her "escape" from the asylum and during her legal battle for the rights of mental patients and married women.

[13] Charles W. Ferguson, *The Male Attitude* (Boston: Little, Brown, 1966).

[14] A. Alvarez, "Sylvia Plath: A Memoir," *New American Review* No. 12 (New York: Simon & Schuster, Inc., 1971).

[15] I. J. Singer, "The Dead Fiddler," *The Seance* (New York: Avon, 1964).

[16] C. G. Jung and C. Kerenyi, *Essays on a Science of Mythology: The Myth of the Divine Child and the Mysteries of Eleusis*, translated from the German by R. F. C. Hull, 1949 (New York: Bollingen Foundation. Princeton, N.J.: Princeton University Press, 1969); C. Kerenyi, Eleusis: Archetypal Images of Mothers and Daughters, translated from the German by Ralph Manheim; Bollingen Series LXV, Bollingen Foundation (New York: Pantheon Books, 1967); Sir James G. Frazier, *The Golden Bough* (New York: Macmillan, 1958).

[17] Simon Dinitz, Russel Dynez, and Alfred Clarke, "Preferences for Male or Female Children: Traditional or Affectional," *Marriage and Family Living*, Vol. 16, May 1954; Alfred Adler, *Understanding Human Nature*, translated by W. Beran Wolfe, 1927 (New York: Fawcett World Library, 1969); Joan D. Mandle, "Women's Liberation: Humanizing Rather than Polarizing," *Annals of the American Academy of Political and Social Science*, September 1971. The history of many royal family "tragedies" in Europe involves the hysterical need for a male rather than a female heir. The Tudor families of Henry VIII in England and the Romanov families of Nicholas in Russia are two well-known examples. I may note that Queen Hatshepsut of ancient Egypt wore male dress and a ceremonial false beard during her reign: royalty and/or divinity are somehow more associated with the male than the female sex. In non-Western and/or pre-Catholic cultures there are, of course, many goddesses. Many are treated by gods in depressingly familiar mortal ways: for example, Zeus's treatment of his wife Hera. Buddha, Shiva, Allah, and Jehovah are most often depicted or thought of as men. It is interesting that the Egyptian god Osiris is a Demeter-Persephone-like male god of earth, vegetation, and rebirth, and that the three most important Egyptian goddesses—Isis, Nephthys, and Hathor—are concerned with "female" provinces: the protection of children, the home, love, happiness, dance, and music.

[18]Emma Goldman, "Marriage and Love," *Anarchism and Other Essays* (New York: Dover Publications, Inc., 1969).

[19]Judith Bardwick, *The Psychology of Women: A Bio-cultural Conflict* (New York: Harper & Row, 1971).

[20]Naomi Wesstein, "Psychology Constructs the Female," ed. by Gornick and Moran, in *Woman in Sexist Society: Studies in Power and Powerlessness*, (New York: Basic Books, 1971).

[21]Shulamith Firestone, *The Dialectic of Sex* (New York: William Morrow, 1971).

[22]Neumann, op.cit.

[23]These and other of the myths I've drawn upon are discussed in the following two books, as well as in the books referred to in footnote 16: Helen Diner, *Mothers and Amazons: The First Feminine History of Culture*, edited and translated by J. P. Lundin (New York: Julian Press, 1965). (First published in the 1930s under the pseudonym of "Sir Galahad"); Phillip E. Slater, *The Glory of Hera: Greek Mythology and the Greek Family* (Boston: Beacon Press, 1971).

[24]Slater, op. cit.

[25]Regine Pernoud, *Joan of Arc By Herself and Her Witnesses*, translated from the French by Edward Hyams (London: MacDonald, 1964).

[26]Ibid.

[27]Slater, op. cit.

[28]Jung and Kerenyi, *Essays on a Science of Mythology*.

[29]Ibid.

[30]Virginia Woolf, *A Room of One's Own* (New York: Harcourt, Brace & World, 1929).

第 2 章

[1] Michel Foucault, *Madness and Civilization: A History of Insanity in the Age of Reason* (1961), translated by Richard Howard (New York: Pantheon, 1965).

[2] Allan M. Dershowitz, "Preventive Detention and the Prediction of Dangerousness. Some Fictions about Predictions," *Journal of Legal Education*, Vol. 23, 1969.

[3] Foucault, op. cit. Thomas S. Szasz, *The Manufacture of Madness* (New York: Harper and Row, 1970); George Rosen, *Madness in Society: Chapters in the Historical Sociology of Mental Illness* (New York: Harper & Row, 1968).

[4] Szasz, op. cit.

[5] Foucault, op. cit.; Thomas S. Szasz, *The Myth of Mental Illness: Foundations of a Theory* of *Personal Conduct* (New York: Hoeber–Harper, 1961); Erving Goffman, *Asylums* (New York:

Doubleday–Anchor, 1961); T. J. Scheff, *Being Mentally Ill: A Sociological Theory* (Chicago: Aldine Press, 1966).

[6] Arnold Ludwig, Arnold J. Marx, Phillip A. Hill, and Robert M. Browning, "The Control of Violent Behavior Through Faradic Shock: A Case Study," *Journal of Nervous and Mental Diseases*, Vol. 148, 1969.

[7] C. M. Wignall and C. E. Meredith, "Illegitimate Pregnancies in State Institutions," *Archives of General Psychiatry*, Vol. 18, 1968.

[8] Bruce Dohrenwend and Barbara Dohrenwend, *Social Status and Psychological Disorders* (New York: John Wiley, 1969). Olle Hagnell quotes another theory of conditioned female "patient" behavior made by H. Holter in *A Prospective Study of the Incidence of Mental Disorders: The Lundby Project* (Sweden: Svenska Bokforlaget, 1966).

[9] Jean MacFarlane et al., *A Developmental Study of the Behavior Problems of Normal Children Between Twenty-one Months and Thirteen Years* (Berkeley: University of California Press, 1954); L. Philips, "Cultural vs. Intra Psychic Factors in Childhood Behavior Problem Referrals," *Journal of Clinical Psychology*, Vol. 13, 1957; D. R. Peterson, "Behavior Problems of Middle Childhood," *Journal of Consulting Psychology*, Vol. 95, 1961; L. M. Terman and L. E. Tyler, "Psychological Sex Differences," ed. by L. Carmichael in *Manual of Child Psychology* (New York: John Wiley, 1954).

[10] Leslie Phillips, "A Social View of Psychopathology," ed. by Perry London and David Rosenhan, in *Abnormal Psychology* (New York: Holt, Rinehart and Winston, 1969).

[11] E. Zigler and L. Phillips, "Social Effectiveness and Symptomatic Behaviors," *Journal of Abnormal and Social Psychology*, Vol. 61, 1960.

[12] Szasz, *The Myth of Mental Illness*.

[13] Frederick Engels, *The Origins of the Family, Private Property and the State* (New York: International Publishers, 1942).

[14] Konrad Lorenz, a noted writer on animal behavior, has recently been quoted as saying, "There's only one kind of people at a social disadvantage nowadays—a whole class of people who are treated as slaves and exploited shamelessly—and that's the young wives. They are educated as well as men and the moment they give birth to a baby, they are slaves … they have a 22-hour workday, no holidays, and they can't even be ill." Interview, *New York Times*, July 5, 1970.

[15] National Institute of Mental Health Statistics 1965–1968, U. S. Department of Health, Education and Welfare; Phyllis Chesler, "Patient and Patriarch: Women in Psychotherapeutic Relationship," ed. by Gornick and Moran, in *Woman in Sexist Society: Studies in Power and*

Powerlessness (New York: Basic Books, 1971); Judy Klemesrud, "When the Diagnosis Is Depression" (The Depression Research Unit in New Haven referred to treats mainly women between the ages of 21–65), *New York Times*, May 5, 1971; Lee Burke, E. Renkin, S.Jacobson, S. Haley, "The Depressed Woman Returns," *Archives of General Psychiatry*, Vol. 16, May 1967; Margaret M. Dewar and Iain MacCammend, "Depressive Breakdown in Women of the West Highlands," *American Journal of Psychiatry*, Vol. 119, 1962; Theodore Reich and George Winston, "Postpartum Psychoses in Patients with Manic Depressive Disease," *Journal of Nervous and Mental Disease*, Vol. 151, No. 1, 1970; Pauline Bart, "Portnoy's Mother's Complaint," ed. by Gornick and Moran, in *Woman in Sexist Society*.

[16]Pauline Bart, op. cit.

[17]Earl Pollack, Richard Redick, and Carl Taube, "The Application of Census Socioeconomic and Familial Data to the Study of Morbidity from Mental Disorders," *American Journal of Public Health*, Vol. 58, No. I, January 1968.

[18]Alfred L. Friedman, "Hostility Factors and Clinical Improvement in Depressed Patients," *Archives of General Psychiatry*, Vol. 23, 1970.

[19]Joan Didion, *Play It As It Lays* (New York: Farrar, Straus & Giroux, 1970).

[20]Alfred L. Kinsey, Wardell B. Pomeroy, Clyde E. Martin, and Paul H. Gebhard, *Sexual Behavior in the Human Female* (Philadelphia: Saunders, 1953); Sigmund Freud, *Female Sexuality* (1931) (New York: Basic Books, 1959); Wilhelm Stekel, *Frigidity in Woman in Relation to Her Love Life* (New York: Washington Square Press, 1954); Karen Horney, *The Neurotic Personality of Our Time* (New York: W. W. Norton, 1967); William Masters and Virginia Johnson, *Human Sexual Response* (Boston: Little, Brown, 1966) and *Human Sexual Inadequacy* (Boston: Little, Brown, 1970).

[21]Masters and Johnson, *Human Sexual Response and Human Sexual Inadequacy*; Jacob Sprenger and Heinrich Kramer, *Malleus Maleficarum*, cited by Thomas S. Szasz in *The Manufacture of Madness*; Mary Jane Sherfoy, "The Evolution and Nature of Female Sexuality in Relation to Psychoanalytic Theory," *Journal of the American Psychoanalytical Association*, 1966.

[22]Sylvia Plath, "Lady Lazarus," *Ariel* (New York: Harper & Row, 1965).

[23]Norman L. Farberow and Edwin E Schneidman, "Statistical Comparisons Between Attempted and Committed Suicides," *The Cry for Help* (New York: McGraw–Hill, 1965).

[24]Richard H. Sieden, *Suicide Among Youth*. Prepared for the Joint Commission on Mental Health of Children, 1970.

[25]Shirley Angrist, Simon Dinitz, Mark Lefton, Benjamin Pasamanick, "Rehospitalization

of Female Mental Patients," *Archives of American Psychiatry*, Vol. 4, 1961. Her patient sample was drawn from state and private hospitals, and included people released after 1957. Her original intention was to compare the parents of "schizophrenics" with those of "normals."

[26]Shirley Angrist, Simon Dinitz, Mark Lefton, Benjamin Pasamanick, *Women After Treatment* (New York: Appleton–Century–Crofts, 1968).

[27]Frances Cheek, "A Serendipitous Finding: Sex Role and Schizophrenia," *Journal of Abnormal and Social Psychology*, Vol. 69, No. 4, 1964.

[28]M. Letailleur, J. Morin, and Y. Le Borgne, "Heautoscopie Hetersexuelle et Schizophrenie [The Self–Induced Heterosexual Image and Schizophrenia]," A*nn. Med. Psychology*, Vol. 2, 1958.

[29]David C. McClelland and Norman F. Watt, "Sex Role Alienation in Schizophrenia," *Journal of Abnormal Psychology*, Vol. 73, No. 3, 1968. The sample was drawn from a Boston hospital, and involved people who were hospitalized from one to twenty years. All groups were matched for age, education, and class

[30]Ibid.

[31]M. Lorr and C. J. Klett, "Constancy of Psychotic Syndromes in Men and Women," *Journal of Consulting Psychology*, Vol. 29, No. 5, 1969.

[32]M. Lorr, J. P. O' Connor, and J. W. Stafford, "The Psychotic Reaction Profile," *Journal of Clinical Psychology*, Vol. 16, 1960.

[33]Jonas Rappoport, *The Clinical Evaluation of the Dangerousness of the Mentally Ill*, (Springfield, Illinois: Charles Thomas, 1968.)

[34]Alan M. Kraft, Paul R. Binner, Brenda Dickey, "The Community Mental Health Program and the Longer–Stay Patient," *Archives of General Psychiatry*, Vol. 6, January 1967.

[35]Carl A. Taube, "Admission Rates by Marital Status: Outpatient Psychiatric Services," *Statistical Note 35*, Survey and Reports Section, *National Institute of Mental Health*, December 1970.

[36]Marcel Saghir, Bonnie Walbran, Eli Robins, Kathy Gentry, "Psychiatric Disorders and Disability in the Female Homosexual," *American Journal of Psychiatry*, Vol. 27, 1970; Charlotte Wolff, *Love Between Women* (U.K.: St. Martins Press, 1971).

第 3 章

[1] Ilse Ollendorff Reich, *Wilhelm Reich: A Personal Biography* (New York: St. Martins, 1969).

[2] 2Paul Roazan, *Brother Animal* (New York: Knopf, 1969).

[3] Shulamith Firestone, *The Dialectic of Sex, The Case for Feminist Revolution* (New York: William Morrow and Co., 1970).

[4] Juliet Mitchell, *Woman's Estate* (New York: Pantheon Books, 1971).

[5] Kate Millett, *Sexual Politics* (New York: Doubleday & Co., 1970).

[6] Evelyn P. Ivey, "Significance of the Sex of the Psychiatrist," *Archives of General Psychiatry*, Vol. 2, 1960; William Schofield, *Psychotherapy: The Purchase of Friendship* (Englewood Cliffs, N.J.: Prentice–Hall, 1963); Phyllis Chesler, unpublished study, 1971.

[7] Carl A. Taube, "Transitional Mental Health Facilities Staffing Patterns," *Statistical Note 28*, NIMH Survey and Reports Section, October 1970.

[8] Carl A. Taube, "Consultation and Education Services in Community Mental Health Centers—January 1970," *Statistical Note 3*, NIMH Survey and Reports Section, February 1971.

[9] Phyllis Chesler, "Patient and Patriarch: Women in the Psychotherapeutic Relationship," ed. by Vivian Gornick and Barbara K. Moran, *Woman in Sexist Society: Studies in Power and Powerlessness* (New York: Basic Books, 1971).

[10] Schofield, op. cit.

[11] Matina Homer, "Fail: Bright Women," *Psychology Today*, November 1969.

[12] Maurice K Temerlin, "Suggestion Effects in Psychiatric Diagnosis," *Journal of Nervous and Mental Disease*, Vol. 47, 1968.

[13] Inge K. Broverman, Donald M. Broverman, Frank E. Clarkson, Paul S. Rosenkrantz, Susan R. Vogel, "Sex Role Stereotypes and Clinical Judgements of Mental Health," *Journal of Consulting and Clinical Psychology*, Vol. 34, 1970.

[14] W. R. Orr, Ruth Anderson, Margaret Martin Des. F. Philpot, "Factors Influencing Discharge of Female Patients from a State Mental Hospital," *American Journal of Psychiatry*, Vol. 3, 1954.

[15] Nathan K. Rickel, "The Angry Woman Syndrome," *Archives of General Psychiatry*, Vol. 24, 1971.

[16] Herbert C. Modlin, "Psychodynamics in the Management of Paranoid States in Women," *General Psychiatry*, 1963.

[17] Judith Bardwick, *Psychology of Women: A Bio-cultural Conflict* (New York: Harper & Row, 1971).

[18] Mary Jane Sherfey, "The Evolution and Nature of Female Sexuality in Relation to Psychoanalytic Theory," *Journal of the American Psychoanalytical Association*, 1966.

[19] Judith Bardwick, *Psychology of Women: A Bio-cultural Conflict* (New York: Harper & Row,

1971).

[20]Joseph Rheingold, *The Mother, Anxiety and Death* (Boston: Little, Brown, 1967).

[21]Carl P. Malmquist, Thomas J. Kiresuk, Robert M. Spano, "Personality Characteristics of Women with Repeated Illegitimacies: Descriptive Aspects," *American Journal of Orthopsychiatry*, Vol. 35, 1966; Oscar B. Markey, "A Study of Aggressive Set Misbehavior in Adolescents Brought to Juvenile Court," *Journal of Orthopsychiatry*, Vol. 20, 1950; Kathryn M. Nielson, Rocco L. Motto, "Some Observations on Family Constellations and Personality Patterns of Young Unmarried Mothers," *American Journal of Orthopsychiatry*, Vol. 33, 1963; Irving Kaufman, Elizabeth S. Makkay, Joan Zilbach, "The Impact of Adolescence of Girls with Delinquent Character Formation," *Journal of Orthopsychiatry*, Vol. 29, 1959; Paul A. Walters, Jr., "Promiscuity in Adolescence," *American Journal of Orthopsychiatry*, 1965; Ames Robey, Richard J. Rosenwald, John E. Snell, Rita E. Lee, "The Runaway Girl: A Reaction to Family Stress," *American Journal of Orthopsychiatry*, March 9, 1964.

[22]Captain Noel Lustig, MC, USA; Captain John Dresser, MCS, USA; Major Seth W. Spellman, MCS, USA; Major Thomas B. Murray, MC, USA; "Incest," *Archives of General Psychiatry*, Vol. 14, January 1966; Irving Kaufman, Alice L. Peck, Consuelo K. Tagiuri, "The Family Constellation and Overt Incestuous Relations Between Father and Daughter," *Journal of Orthopsychiatry*, Vol. 24, 1954; Sol Chaneles, "Sexual Abuse of Children," The American Humane Association, Children's Division, 1966; Vincent de Francis, "Protecting the Child Victim of Sex Crimes Committed by Adults," The American Humane Association, Children's Division, 1966; Lindy Burton, *Vulnerable Children* (New York: Schocken Books, 1968); Yvonne Tormes, "Child Victim of Incest" The American Humane Association, Children's Division, 1966; David Gil, *Violence Against Children* (Waltham: Harvard University Press, 1970); Florence Rush, "The Sexual Abuse of Children: A Feminist Point of View," New York Radical Feminists Conference on Rape, April 17, 1971; Harry Nelson, "Incest: 1 Family out of 10," *New York Post*, September 1971.

[23]Charles William Wahl, "The Psychodynamics of Consummated Maternal Incest: A Report of Two Cases," *Archives of General Psychiatry*, Vol. 3, 1960.

[24]Harold Greenwald, *The Elegant Prostitute* (New York: Ballantine Books, 1958).

[25]Sigmund Freud, "Some Psychological Consequences of the Anatomical Distinction Between Sexes," *Collected Papers*, Vol. 5 (London: Hogarth Press, 1956).

[26]Sigmund Freud, *New Introductory Lectures in Psychoanalysis* (New York: W. W. Norton, 1933).

[27]Erik H. Erikson, "Inner and Outer Space: Reflections on Womanhood," *Daedalus*, Vol. 3,

1965.

[28]Bruno Bettelheim, "The Commitment Required of a Woman Entering a Scientific Profession in Present Day American Society" in *Woman and the Scientific Professions*, M. I. T. Symposium on American Women in Science and Engineering, Cambridge, Mass., 1965.

[29]Joseph Rheingold, *The Fear of Being a Woman* (New York: Grune and Stratton, 1964).

[30]Carl G. Jung, *Contributions to Analytical Psychology* (New York: Harcourt, Brace, 1928).

[31]M. Esther Harding, *The Way of All Women* (New York: Longmans, Green, 1933).

[32]Sigmund Freud, *Case of Dora: An Analysis of a Case Hysteria* (New York: W. W. Norton, 1952).

[33]Leonard Simon, "The Political Unconscious of Psychology: Clinical Psychology and Social Change," unpublished manuscript, 1970.

[34]Felix Duetsch, "A Footnote to Freud's 'Fragment of an Analysis of a Case of Hysteria,'" *The Psychoanalytic Quarterly*, Vol. 25, 1957.

[35]Thomas S. Szasz, *The Myth of Mental Illness: Foundations of a Theory of Personal Conduct* (New York: Hoeber–Harper, 1961).

[36]Karen Horney, "The Flight from Womanhood," ed. by H. Kelman in F*eminine Psychology* (New York: W. W. Norton, 1967).

[37]Sigmund Freud, "Female Sexuality" (1931) *Collected Papers*, Vol. 4 (New York: Basic Books, 1959).

[38]Ilse Ollendorff Reich, *Wilhelm Reich: A Personal Biography* (New York: St. Martins, 1969).

[39]Wilhelm Reich, *The Function of the Orgasm: The Discovery of the Orgone* (New York: Farrar, Straus & Giroux, 1942).

[40]Ronald D. Laing and A. Esterson, *Sanity, Madness and the Family* (New York: Pelican Book, 1970).

[41]David Cooper, *The Death of the Family* (New York: Pantheon Books, 1970).

[42]Thomas S. Szasz, *The Manufacture of Madness* (New York: Harper & Row, 1970).

[43]Jules Michelet, *Satanism and Witchcraft: A Study in Medieval Superstition* (Toronto: Citadel Press, 1939).

[44]Una Stannard, "The Male Maternal Instinct," *Trans-action*, December 1970.

[45]Sigmund Freud, "On the History of the Psychoanalytic Movement," *Collected Papers* (1914) Vol. I (New York: Basic Books, 1959).

[46]Thomas S. Szasz, *The Myth of Mental Illness: Foundations of a Theory of Personal Conduct* (New York: Hoeber–Harper, 1961).

[47]William Schofield, *Psychotherapy: The Purchase of Friendship* (Englewood Cliffs, N.J.: Prentice-Hall, 1963).

第 4 章

[1] Judith Bardwick, *The Psychology of Women: A Bio-cultural Conflict* (New York: Harper & Row, 1971).

[2] "Selected Symptoms of Psychological Distress," U. S. Department of Health, Education and Welfare, Public Health Services and Mental Health Administration, 1970. This study is based on data collected in 1960–62 from a probability sample of 7,710 persons selected to represent the 111 million adults in the U. S. non-institutional population, aged eighteen to seventy-nine.

[3] Gerald Gurin, J. Veroff, and S. Feld, *Americans View Their Mental Health* (New York: Basic Books, 1960).

[4] Leo Srole, Thomas S. Langner, Stanley T. Michael, Mervin K. Opler, Thomas A. C. Rennie, *Mental Health in the Metropolis: Midtown Manhattan Study* (New York: McGraw-Hill, 1962).

[5] Dorothy C. Leighton, John S. Harding, David B. Machlin, Allister M. Macmillan, Alexander H. Leighton, *The Character of Danger: The Stirling County Study of Psychiatric Disorder and Sociocultural Environment, Vol. III* (New York-London: Basic Books, 1963).

[6] Olle Hagnell, *A Prospective Study of the Incidence of Mental Disorders: The Lundby Project* (Sweden: Svenska Bokforlaget, 1966).

[7] Phyllis Chesler, "Patient and Patriarch: Women in the Psychotherapeutic Relationship," ed. by Vivian Gornick and Barbara K. Moran, in *Woman in Sexist Society: Studies in Power and Powerlessness* (New York: Basic Books, 1971); Hagnell, op. cit., Leighton, et al., op. cit.; Edwin Zolik, Edna Lantz, Richard Sommers, "Hospital Return Rates and Prerelease Referrals," *Archives of General Psychiatry*, Vol. 18, June 1968; "Chronic Illness in a Large City," *The Baltimore Study* (1957); Anita K. Bahn, Margaret Conwell, and Peter Hurley, "Survey of Psychiatric Practice: Report on a Field Test," *Archives of General Psychiatry*, Vol. 12, 1965; William Ryan, D*istress in the City: Essay on the Design and Administration of Mental Health Services* (Cleveland: The Press of Case Western Reserve University, 1969); Charles Thrall, "Presenting Problems of Psychiatric Out-Patients: Out-Patient Studies Section," Biometrics Branch, NIMH, 1963; Richard Redick, "Age-Sex Diagnostic Distribution of Additions to Community Mental Health Centers 1968," *Statistical Note 13*, NIMH Survey and Reports Section, January 1970; William Schofield, *Psychotherapy: The Purchase*

of Friendship (Englewood Cliffs, N. J.: Prentice-Hall, 1963); Alan M. Kraft, Paul R. Binner, Brenda Dickey, "The Community Mental Health Program and the Longer-Stay Patient," *Archives of General Psychiatry*, Vol 16, January 1967; Gerald Landsberg, David Cole, Eleanor Sabbagh, Rachel Deutsch, "Characteristics of Enrolled Patients as of September 1969," Maimonides Medical Center, Community Mental Health Center, December 1969; Rachel Deutsch, Gerald Landsberg, David Cole, "Report of a Survey of Patients: January 17, 1970– June 16, 1970," Maimonides Medical Center, Community Mental Health Center, June 1970; Phyllis Chesler, Janice Lasecki, Lucy DiPaola, unpublished manuscript, 1971.

[8] Kraft et al., op. cit.; Hagnell, op. cit.; Charles Thrall, "Presenting Problems of Psychiatric Out-Patients," Out-Patients Studies Section, Biometrics Branch, NIMH, 1963; Kurt Gurwitz, Anita Bahn, Gerald Klee, and Murray Solomon, "Release and Return Rates of Patients in State Mental Hospitals of Maryland," *Public Health Reports*, Vol. I, 1966.

[9] Kraft et al., op. cit.; Provisional Data on Length of Stay of Admissions to State and County Mental Hospitals U. S., NIMH, 1971.

[10] Charles Kadushin, *Why People Go to Psychiatrists* (New York: Atherton Press, 1969).

第 5 章

[1] Fernando Enriquez, *Prostitution and Society: Primitive, Classical and Oriental* (New York: Grove Press, 1962); Emma Goldman, "The Traffic in Women," reprinted in *Anarchism and Other Essays* (New York: Dover, 1969); Harold Greenwald, *The Elegant Prostitute: A Social and Psychoanalytic Study* (New York: Ballantine Books, 1958); Steven Marcus, *The Other Victorians* (New York: Basic Books, 1964); Kate Millett, *Sexual Politics* (New York: Doubleday, 1971); W. W. Sanger, *The History of Prostitution* (New York: Eugenics Publishing, 1937); Charles Winick and Paul M. Kinsie, *The Lively Commerce* (Chicago: Quadrangle Books, 1971); Eric Pace, "Feminists Halt Session on Prostitution, Demanding To Be Heard," *New York Times*, September 15, 1971; Robert Prosser, "The Speedy Call Girls in Formosa," San Francisco Chronicle, December 23, 1970; "Russia's Bedroom Blackmail," *San Francisco Chronicle*, December 28, 1970; Jim Brewer, "San Francisco Child Prostitutes," *San Francisco Chronicle*, May 9, 1970; David Sanford, "A Brothel in Curacao," *Village Voice*, March 13, 1969; Ernest Lenn, "State Crackdown on B-Girls, Vice," *San Francisco Examiner and Chronicle*, July 13, 1969; "Aimed at Prostitutes, the Loitering Law Is Voided," *New York Post*, September 14, 1970; "Straw Judge Is Ordered Ousted Over His Arrest in a Vice Raid," *New York Times*, November 24, 1970; "Prostitutes—Some New Tricks for the Oldest Profession," *New York Times*, March 28, 1971.

[2] Uniform Crime Reports 1960–1970; Rosalyn Lacks, "The Politics of Rape—A Selective History," *Village Voice*, February 4, 1971; New York Radical Feminist Conference on Rape, April 17, 1971; *Female Liberation Newsletter #8*, April 16,1971; "Women Who Are Tired of Being Harassed," *New York Times*, September 7, 1971; "The Civilized Rapist," *Village Voice*, September 9, 1971; "Cops Use TV to Trap Rape Suspect," *New York Daily News*, March 19, 1971; Gloria Emerson, "Vietnamese Voice Hostility to G. I.s," *New York Times*, May 2, 1971; "Bronx School Posts 2 Guards after Attacks on Teachers," *New York Post*, May 6, 1971.

[3] Captain Noel Lustig, MC, USA; Captain John Dresser, MCS, USA; Major Seth W. Spellman, MCS, USA; Major Thomas B. Murray, MC, USA; "Incest," *Archives of General Psychiatry*, Vol. 14, January 1966; Irving Kaufman, Alice L. Peck, Consuelo K. Tagiuri, "The Family Constellation and Overt Incestuous Relations Between Father and Daughter," *Journal of Orthopsychiatry*, Vol. 24, 1954; Sol Chaneles, "Sexual Abuse of Children," The American Humane Association, Children's Division, 1966; Vincent de Francis, "Protecting the Child Victim of Sex Crimes Committed by Adults," The American Humane Association, Children's Division, 1966; Lindy Burton, *Vulnerable Children* (New York: Schocken Books, 1968); Yvonne Tormes, "Child Victim of Incest," The American Humane Association, Children's Division, 1966; David Gil, *Violence Against Children* (Waltham: Harvard University Press, 1970); Florence Rush, "The Sexual Abuse of Children: A Feminist Point of View," New York Radical Feminist Conference on Rape, April 17, 1971; Harry Nelson, "Incest: 1 Family Out of 10," *New York Post,* September 1971; George Carpozi, Jr., "Seize Dad, Daughter in Nudie Case," *New York Post*, May 6, 1971.

[4] Conrad Van Emde Boas in his article "The Doctor–Patient Relationship" (*Journal of Sex Research*,Vol.2,No. 3, November 1966) says: "In my own practice—largely psycho–therapeutical and sexuological—I have noticed that the frequency of this kind of officially frowned upon relationship varies within the different branches of the medical profession. Gynecologists offer the most frequent targets. Second on the list are dentists and family doctors. But let me add immediately that psychotherapists, too, are not far behind, according to the 'statistics' —obviously limited and incomplete—which I have compiled from my own observations."

[5] Boas, op. cit.; Charles C. Dahlberg, "Sexual Contact Between Patient and Therapist," *Contemporary Psychoanalysis*, Spring 1970; Judd Marmor, "The Seductive Therapist," *Psychiatry Digest*, October 1970; William Masters and Virginia Johnson, *Human Sexual Response* (Boston: Little, Brown, 1966); William Masters and Virginia Johnson, *Human*

Sexual Inadequacy (Boston: Little, Brown, 1970); James L. McCartney, "Overt Transference," *Journal of Sexual Research*, Vol. 2, No. 3, November 1966; Leon J. Saul, "The Erotic Transference," *Psychoanalytic Quarterly*, Vol. 31, 1962; Martin Shepard, *The Love Treatment: Sexual Intimacy Between Patients and Psychotherapists* (New York: Peter H. Wyden, 1971); Arthur J. Snider, "One Analyst's Touching Tale," *New York Post*, November 17, 1969.

[6] Louis Lewis, "Psychotherapeutic Malpractice," unpublished manuscript, 1971; William Greaves and Leo Standore, "Secretary Sues Analyst for Sexual Malpractice," *New York Post*, April 1971.

[7] Paul Roazen, *Brother Animal* (New York: Knopf, 1969).

[8] Marmor, op. cit.

[9] McCartney, op. cit.

[10] Marmor, op. cit.

[11] Saul, op. cit.

[12] Dahlberg, op. cit.; Marmor, op. cit.; McCartney, op. cit.

[13] Dahlberg, op. cit.; Frieda Fromm-Reichman, *Principles of Intensive Psychotherapy* (Chicago: University of Chicago Press, 1950); Clara Thompson, "A Critical Incident in Psychotherapy," *Interpersonal Psychoanalysis* (London: Basic Books, 1964).

[14] Dahlberg, op. cit.

[15] McCartney, op. cit.

[16] Dahlberg, op. cit.

[17] Roazen, op. cit.

第 6 章

[1] Allan M. Dershowitz, "Preventive Detention and the Prediction of Dangerousness. Some Fictions About Predictions." *Journal of Legal Education*, Vol. 23, 1969.

[2] $40,000 Damages Awarded Against Psychiatrist. Stowers v. Wolodzko. Supreme Court of Michigan, November 9, 1971. *The Mental Health Court Digest*, Vol. 15, No. 8, February 1972.

第 7 章

[1] J. J. Bachofen, *Myth, Religion and Mother Right*, translated by Ralph Manheim, 1926, Bollingen Series LXXXIV (Princeton, N.J.: Princeton University Press, 1967).

[2] Gilbert D. Bartell, *Group Sex* (New York: Peter H. Wyden, 1971).

[3] Charlotte Wolff, *Love Between Women* (New York: St. Martins, 1971).

[4] Alfred C. Kinsey, Wardell B. Pomeroy, Clyde E. Martin, Paul H. Gebhard, *Sexual Behavior in the Female* (New York: Pocket Books, 1953).
[5] Hubert Selby, Jr., "The Queen Is Dead," *Last Exit to Brooklyn* (New York: Grove Press, Inc., 1957).
[6] Marcel Saghir, Eli Robins, Bonnie Walbran, and Kathy Gentry, "Homosexuality IV: Psychiatric Disorders and Disability in the Female Homosexual," *American Journal of Psychiatry*, Vol. 27, 1970; Wolff, op. cit.

第 8 章

[1] Nancy Henley, "On Sexism and Racism, A resource paper published as part of the Report of the Sub-Committee on Women of the Committee on Equal Opportunity in Psychology, February 1971.
[2] Toni Morrison, "What the Black Women Think About Women's Lib." New York *Times Magazine*, August 22, 1971.
[3] Frances Beale, "Double Jeopardy: To Be Black and Female," ed. by Toni Cade, in *The Black Woman: An Anthology* (New York: New American Library, 1970).
[4] Joanna Clark, "Motherhood" in *The Black Woman: An Anthology*, op. cit.
[5] Barbara Burris in agreement with Kathy Barry, Terry Moon, Joann DeLor, Joann Parenti, Cate Stadelman, *The Fourth World Manifesto: An Angry Response To An Imperialist Venture Against The Women's Liberation Movement* (New Haven: Advocate Press, January 13, 1971).
[6] Frantz Fanon, *A Dying Colonialism*, translated from the French by Haakon Chevalier (New York: Grove Press, 1965). Originally published in France as L An Cinq de la Revolution Algerienne, 1959, by François Maspero.
[7] Barbara Burris et al., op. cit.
[8] Abram Kardiner, M. D., and Lionel Ovesey, M. D., *The Mark of Oppression* (Cleveland: Meridian Books, The World Publishing Co., May 1967).
[9] Daniel P. Moynihan, "Moynihan Report and the Politics of Controversy," a Trans-action Social Science and Public Policy Report (Cambridge, Mass.: M. 1. T. Press, 1967).
[10]William H. Grier and Price M. Cobbs, *Black Rage* (New York: Basic Books, 1968).
[11]Nancy Henley, op. cit.
[12]Herbert Gross, Myra Herbert, Genell Knatterud, Lawrence Donner, "The Effect of Race and Sex on the Variation of Diagnosis in a Psychiatric Emergency Room," *Journal of Nervous and Mental Disease*, Vol. 148, No. 6, 1969; Carl A. Taube, "Differential Utilization of Out-Patient Psychiatric Services by Whites and Nonwhites, 1969," *Statistical Note 36*, NIMH

Survey and Reports Section, December 1970; Carl A. Taube, "Admission Rates to State and County Mental Hospitals by Age, Sex and Color, 1969," *Statistical Note 41*, NIMH Survey and Reports Section, February 1971; Earl S. Pollack, Richard Redick, Carl A. Taube, "The Application of Census Socioeconomic and Familial Data to the Study of Morbidity from Mental Disorders," *American Journal of Public Health*, Vol. 58, No. I, 1968.

[13] "Selected Symptoms of Psychological Distress," U. S. Department of Health, Education and Welfare, Public Health Services and Mental Health Administration, 1970.

[14] Martha Weinman Lear, "Q: If You Rape a Woman and Steal Her TV, What Can They Get You for in NY? A: Stealing Her TV," New York *Times Magazine*, January 30, 1972.

第 9 章

[1] Margaret Fuller, "The Great Lawsuit—Man versus Men; Woman versus Women," *The Dial*, July 1843. Reprinted in *Margaret Fuller: American Romantic. A Selection from Her Writings and Correspondence*. Edited by Perry Miller (Ithaca, N. Y.: Cornell University Press, 1963).

[2] Ibid.

[3] Emma Goldman, "The Traffic in Women," in *Anarchism and Other Essays*. Introduction by Richard Prinnon (New York: Dover Publications, 1970). Also reprinted in *Red Emma Speaks: Selected Writings and Speeches by Emma Goldman*. Compiled and edited (and beautifully introduced) by Alix Kates Shulman. (New York: Vintage Books, Random House, 1972).

[4] Emma Goldman, "Woman Suffrage," in *Anarchism and Other Essays*, op. cit.

第 10 章

[1] Monique Wittig, *Les Guerilleres*, translated from the French by David Le Vay (New York: The Viking Press, 1971).

[2] Ibid.

[3] C. G. Jung and C. Kerenyi, *Essays on a Science of Mythology: The Myth of the Divine Child and the Mysteries of Eleusis*, Bollingen Series XXII, translated from the German by R. E C. Hull (Princeton, N. J.: Princeton University Press, 1949); Sir James Frazier, *The Golden Bough* (New York: Macmillan, 1958); C. Kerenyi, *Eleusis: Archetypal Image of Mother and Daughter*, translated from the German by Ralph Manheim, Bollingen Series LXV (New York: Pantheon Books, Random House, 1967).

[4] Erich Neumann, *Amor and Psyche: The Psychic Development of the Feminine. A Commentary on the Tale by Apuleius*, translated from the German by Ralph Manheim,

Bollingen Series LIV (New York: Pantheon Books, 1956).

[5] Margaret Adams, "The Compassion Trap," *Psychology Today*, Vol. 5, No. 6, November 1971.

[6] Emma Goldman, "Minorities versus Majorities" reprinted in *Anarchism and Other Essays, introduction by Richard Drinnon* (New York: Dover Publications, Inc., 1970).

[7] Paul Goodman, "On Society, the Young, and Sex," *Psychology Today*, Vol. 5, No. 6, November 1971.

[8] Anselma dell' Olio, unpublished manuscript.

[9] Juliet Mitchell, *Woman's Estate* (New York: Pantheon Books, Random House, 1971).

[10] Ibid.

[11] Wittig, op. cit.

[12] Helen Diner, *Mothers and Amazons: The First Feminine History of Culture*, edited and translated by J. P. Lundin (New York: Julian Press, 1965). (First published in the 1930s under the pseudonym of "Sir Galahad.")

[13] Ibid.

[14] Ibid.

[15] Ibid.

[16] Ibid.

[17] Frazier, op. cit., 1958; Sigmund Freud, "Contributions to the Psychology of Love: The Taboo of Virginity," *Collected Papers*, Vol. 4 (1918) (New York: Basic Books, 1959).

[18] Robert Briffault, *The Mothers* (New York: Grosset and Dunlap, 1927); Bachofen, Das Mutteracht, cited by Diner, op. cit.; Frazier, op.cit.; J. F. Lafitau, *Moeurs de Sauvages Américains Compares aux Moeurs des Premiers Temps* (Paris: 1724); Matthew Paris, *Chronica Magna* (Chronicles and Memorials of Great Britain and Ireland), ed. by S. Henry Richards Luard, 7 Vols. (London: 1872–83); Nancy Reeves, *Womankind* (Chicago: Aldine, Atherton, 1971). Jesco von Puttkamer and Altair Sales have recently discovered caves in Brazil they believe were inhabited by Amazon warriors (*Time magazine*, December 27, 1971).

[19] Frantz Fanon, *A Dying Colonialism*, translated by Haakon Chevalier (New York: Grove Press, Inc., 1965). Originally published in France as *L'An Cinq de la Révolution Algérienne*, 1959, by Francois Maspero.

[20] Norman L. Farberow and Edwin E Schneidman, *The Cry for Help* (New York: McGraw-Hill, 1965).

[21] Wittig, op. cit.

声　明

第二章、第三章和第四章中的一些材料曾以不同的形式出现在以下文献中：
"Women and Psychotherapy," *The Radical Therapist*, September 1970.
"Patient and Patriarch:Women in the Psychotherapeutic Relationship," *Woman inSexist Society:Studies in Power and Powerlessness*,edited by Vivian Gornick and Barbara K.Moran,New York:Basic Books，1971.
"Stimulus/Response: Men Drive Women Crazy," P*sychology Today*,July 1971.
"Women as Psychotherapeutic Patients," *Womens Studies*,Summer 1972.

感谢以下人士，允许本书引用其版权作品：
Excerpts from "Double Jeopardy:To Be Black and Female" by Frances Beale from *The Black Woman:An Anthology* edited by Toni Cade.Published by the New American Library, reprinted by permission of the author.
Excerpts from *Mothers and Amazons* by Helen Diner.Copyright ©1965 by Helen Diner. Reprinted by permission of Julian Press.
Excerpts from *Margaret Fuller:American Romantic* edited by Perry Miller.Copyright ©1963 by Perry Miller.Used by permission of Cornell University Press.
Excerpts from *Anarchism and Other Essays* by Emma Goldman published in 1917.Reprinted in 1970 by Dover Publications,Inc.
Excerpts from *Black Rage* by William H.Grier and Price M.Cobbs,New York:Basic Books, Inc.，1968.
Excerpts from "On Sexism and Racism" by Nancy Henley, resource paper published as part of the Report of the Subcommittee on Women of the Committee on Equal Opportunity in

Psychology of the American Psychological Association, February 1971.

Excerpts from *Notes from the Third Year* by Anne Koedt.Copyright ©1971 by Anne Koedt. Reprinted by permission of the author.

Excerpts from *The Politics of Experience* by R.D.Laing.Copyright ©1967 by R.D.Laing. Reprinted by permission of Penguin Books,Ltd.

Excerpts from an article by Toni Morrison from the New York *Times Magazine*, 8/22/70. Copyright©1970 by the New York *Times*.Reprinted by permission.

Excerpts from "Newlywed Swings In" from the New York *Post*,February 19,1970. Copyright ©1970 by New York *Post* Corporation.Reprinted by permission of the New York Post.

"Medusa" copyright©1965 by Ted Hughes and "Lady Lazareth" copyright©1963 by Ted Hughes from the book *Ariel* by Sylvia Plath.Excerpts from *The Bell Jar* by Sylvia Plath copyright ©1971 by Harper&Row,Inc.,published by Faber&Faber,copyright ©1966 by Ted Hughes.Reprinted by permission of Harper&Row,Inc.,and Olwyn Hughes.

Excerpts from *Wilheim Reich:A Personal Biography* by Ilse O.Reich.Reprinted by permission of St.Martin's Press,lnc.,Macmillan&Co., Ltd.

Portion of "Snapshots of a Daughter–in–law,"from *Snapshots of a Daughter-law: Poems1954-1962*,by Adrienne Rich.By permission of W.W.Norton&Company,Inc. Copyright ©1956,1957,1958,1959,1960,1961,1962,1963,1967 by Adrienne Rich Conrad.Excerpts from "The Flight from Womanhood" from the article as it appears in *Feminine Psychology* edited by Harold Kelman,Copyright ©1967 by W.W.Norton& Company,Inc.,originally published by the International Joural of Psychoanalysis.

Excerpts from *Candy* by Terry Southern,Copyright ©1958,1959,1962,1964 by Terry Southern.Reprinted by permission of Coward–McCann&Geoghegan,Inc.

Excerpts from *The Myth of Mental Illness* by Thomas S.Szasz.Reprinted by permission of Harper&Row,Inc.

Excerpts from *The Persecution and Assassination of jean-Paul Marat As Performed by the Inmates of the Asylum of Charenton Under the Direction of the Marquis De Sade* by Peter Weiss.English version by Geoffrey Skelton.Verse adaptation by Adrian Mitchell. Copyright©1965 by John Calder Ltd.Originally published in German.Copyright ©1964 by Suhrkamp Verlag.Reprinted by permission of Atheneum Publishers.

Excerpts from *Les Guerilleres* by Monique Wittig,translated by David Le Vay, English translation Copyright ©1971 by Peter Owen.Reprinted by permission of the Viking Press,Inc.

Excerpts from *Love Between Women* by Dr. Charlotte Wolff, reprinted by permission of St. Martin's Press, Inc., Macmillan & Co., Ltd., and Gerald Duckworth & Co., Ltd. Credits for illustrative material appear on page 414.

图片来源

1, 11. The British Museum, London.
2. Galleria Borghese, Rome.
3. From Joan of Arc by Retine Pernoud, translated by Edward Hymans, MacDonald &: Company Limited, London, 1965.
4. Galleria Palatine, Palazzo Pitti.
5. The Tate Gallery, London.
6. Andrew Mellon Collection, The National Gallery of Art, Washington, D.C.
7, 8. The Bettmann Archive.
9, 12, and 13. Authenticated News International.
10. Ny Carlsberg Glyptothek, Copenhagen.
14. Gilda Kuhlman, from Up from Under.
15. The Metropolitan Museum of Art, Rogers Fund, 1907.
16. The Metropolitan Museum of Art, Fletcher Fund, 1944.
17, 18. The Metropolitan Museum of Art, Gift of John D. Rockefeller, jr., 1932.

参考文献

我们这一代人对《女性与疯狂》之前一个多世纪丰富的精神分析和激进女性主义文献一无所知。到了 20 世纪 80 年代,诞生于第二波女性主义浪潮中的许多女性主义文献都"销声匿迹"了。我在这里收录了其中的一部分。当您阅读这些作品时,请记住,在许多您可能无比熟悉的经典女性主义作品之前,曾有过大量最令人惊叹、最激动人心的演讲、小册子、期刊、文章和书籍,而其中许多已经被人遗忘。

参考文献中的作品按照作者名字的字母顺序排列,基本上以每七年为一个时间段。请注意,某些鲜为人知的书籍往往比后来更引人注目的作品早出版一到五年不等。

亲爱的读者,您可以考虑使用参考文献中的部分书籍作为核心课程。我现在增加了许多最重要且紧跟时代的作品,它们涉及研究女性和男性心理及心理治疗的多种女性主义方法。

古希腊时期

Aeschylus. *The Agamemnon; The Libation Bearers; The Eumenides*. (458 BCE). Trans. David Grene and Richmond Lattimore. Chicago and London: University of Chicago Press, 1953.

Euripides II. *Iphighenia in Taurus; Helen*. (414–412 BCE). Trans. Richmond Lattimore. Phoenix Books. Chicago and London: University of Chicago Press, 1952.

Euripides V. *Electra*. (414–410 BCE). Trans. Emily Townsend Vermeule. Ed. David Grene and Richmond Lattimore. Chicago: University of Chicago Press, 1957.

Sophocles II. *Electra and Philoctetes*. (420–410 BCE). Trans. David Grene. Ed. David Grene and Richmond Lattimore. Chicago and London: University of Chicago Press, 1957.

15—20 世纪中叶

Adler, Alfred. *Individual Psychology*. Paterson, NJ: Littlefield Adams & Co, 1963; originally published 1925.

——. *Understanding Human Nature*. New York: Fawcett Premier Publishing, 1927.

de Beauvoir, Simone. *The Second Sex*. New York: Vintage Books, 1989; originally published 1949.

Binswanger, Ludwig. "The Case of Ellen West." In *In Existence*. Trans. Werner M. Mendel and Joseph Lyone. Ed. Rollo May, Ernest Angel, and Henri F. Ellenberger. New York: Basic, 1958, pp.237–364.

Briffault, Robert. *The Mothers: The Matriarchal Theory of Social Origins*. Ed. Gordon Rattray Taylor. 3 Vols. New York: H. Fertig, 1993; originally published 1931.

Diner, Helen. *Mothers and Amazons*. Ed. and trans. John Philip Lundin. New York: Julian Press, 1965; originally published in the 1930s under the pen name Sir Galahad.

Freud, Sigmund. *Civilization and Its Discontents*. New York: W.W. Norton & Company, 1962; originally published 1929.

——. *Collected Papers: Volumes I-V*. New York: Basic Books, 1959; originally published from 1888–1938.

——. *Moses and Monotheism*. New York: Vintage Books, 1939.

——. *The Basic Writings of Sigmund Freud*. Ed. and trans. Dr. A. A. Brill. New York: The Modern Library, 1938.

Gilman, Charlotte Perkins. *"The Yellow Wallpaper" and Other Stories*. Old Westbury, NY: The Feminist Press, 1973; originally published 1892.

——. *The Living of Charlotte Perkins Gilman. An Autobiography*. New York: Arno Press, 1972; originally published 1935.

Goldman,Emma.*Living My Life*. 2 vols.New York:Dover Publications,1970;originally published 1931.

Horney,Karen.*Feminine Psychology*.New York:W.W.Norton & Co.,1967;originally published from 1922–1937.

Jung,C.G.*Modern Man In Search of a Soul*.London:Kegan Paul Trench Trubner (1955 ed. Harvest Books ISBN 0156612062;originally published 1933.

——.*The Archetypes and the Collective Unconscious*.Princeton,NJ:Bollingen,1981;2nd ed. Collected Works Vol.9,Part 1.ISBN 0691018332;originally published from 1934–1954.

Jung,Carl G.*Two Essays on Analytical Psychology*.London:Routledge,1966;revised 2nd ed. Collected Works Vol.7;originally published 1917,1928.

Klein,Melanie.*Contributions to Psychoanalysis*.London:Hogarth Press and The Institute of Psycho-Analysis,1948;originally published from 1921–1945.

——.*Envy and Gratitude & Other Works*.New York:Dell Publishing Company,1975; originally published 1946–1963.

Mill,John Stuart.*The Subjection of Women*.Mineola,New York:Dover Publications,1997; originally published 1869.

de Pisan,Christine.*The Book of the City of Ladies*.Trans.Earl Jeffrey Richards.New York: Persea Books,1983;originally published 1400.

Plath,Sylvia.T*he Bell Jar*.New York:Harper & Row,1971;originally published 1963.

Winnicott,Donald W.*Collected Papers:Through Paediatrics to Psychoanalysis*.London: Tavistock;New York:Basic Books,1958;London:Hogarth Press and Institute of PSA, 1975;London:Institute of PSA and Karnac Books,1992;Brunner/Mazel,1992.

Wollstonecraft,Mary.*The Vindication of the Rights of Woman*. Harmondsworth, Middlesex,England:Penguin Books,1982;originally published 1792.

Woolf,Virginia.*A Room of One's Own*. New York:Harcourt Brace & World,1966;originally published 1938.

——.*Three Guineas*. New York:A Harbinger Book,1938.

1963—1970 年

Amatniek,Kathy. "Funeral Oration for the Burial of Traditional Womanhood." In *Notes from the First Year*.New York:New York Radical Women,June 1968.See in addition: Shulamith Firestone, "The Women's Rights Movement in the U.S."; Anne Koedt, "The Myth of the Vaginal Orgasm."

Bart,Pauline B. "Portnoy's Mother's Complaint." *Trans-action*.November–December

1970.

Chesler,Phyllis. "Women and Psychotherapy." *The Radical Therapist*.September 1970. Reprinted in *The International Socialist Review*.November 1970;*The Radical Therapist Collective Anthology*.Ed.Jerome Agel.New York:Ballantine Books,1971.

Densmore,Dana.*Chivalry—the Iron Hand in the Velvet Glove*.Pittsburgh:Know,Inc. Pamphlet,1969.

———. "On Celibacy." *No More Fun and Games:A Journal of Female Liberation*.Somerville, Massachusetts:October 1968.See in addition:Roxanne Dunbar, "Slavery" and "Dirge for White America."

Firestone,Shulamith.*The Dialectics of Sex*.New York:William Morrow & Co.,1970.

Firestone,Shulamith,ed.and Anne Koedt,assoc. ed.*Notes from the Second Year:Major Writers of the Radical Feminists*.New York:Notes from the Second Year,Inc.,1970.See in addition:Ti-Grace Atkinson, "Radical Feminism" and "The Institution of Sexual Intercourse" ;Lucinda Cisler, "On Abortion and Abortion Law" ;Roxanne Dunbar, "Female Liberation as the Basis for Social Revolution" ;Carol Hanisch, "The Personal is Political" ;Joreen, "Bitch Manifesto" ;Pat Mainairdi, "The Politics of Housework" ; Anselma dell' Olio, "The Founding of the New Feminist Theatre" ;Kathie Sarachild, "A Program for Feminist Consciousness Raising" ;Meredith Tax, "Woman and Her Mind: The Story of Everyday Life" ;Ellen Willis, "Women and the Left."

Flexner, Eleanor.*Century of Struggle:The Women's Rights Movement in the United States*. New York:Atheneum,1968;originally published 1959.

Friedan,Betty.*The Feminine Mystique*.New York:Dell,1963.

Greer,Germaine.*The Female Eunuch*. New York:McGraw–Hill,1971;originally published in England,1970.

Horney,Karen.*Feminine Psychology*.New York:W.W.Norton & Co.,1967;originally published 1922–1937.

McAfee,Kathy and Myrna Wood, eds. "Bread and Roses." *Leviathan*.Vol.1,June 1969.

Milieu,Kate.*Sexual Politics*.New York:Doubleday,1970.

Morgan,Robin,ed.*Sisterhood Is Powerful:An Anthology of Writings from the Women's Liberation Movement*.New York:Random House,1970.

Seaman,Barbara.*The Doctor'Case Against the Pill*. New York:Peter Wyden,1969.

———.*Free and Female*.New York:Coward,McCann & Geoghegan,1972.

Solanas,Valerie.*Scum Manifesto*.*New York*:Olympia Press,1968.

Steinern,Gloria. "After Black Power,Women's Liberation?" *New York magazine*,1969.

——. "A Bunny's Tale." *Show Magazine*,1963.

Szasz,Thomas S.*The Manufacture of Madness: A Comparative Study of the Inquisition and the Mental Health Movement*. New York:Harper & Row,1970.

Wages For *Housework:Women Speak Out*.Toronto:May Day Rally.Pamphlet,1969.

Weisstein,Naomi. "Kinder,Kuche and Kirche:Psychology Constructs the Female." *Scientific Psychology and Social Relevance*.New York:Harper & Row,1971;originally published by New England Free Press,1968.

Wittig,Monique.*Les Guerilleres*.New York:Viking Press,1971;originally published in France,1969.

1971—1977 年

Atkinson,Ti-Grace.*Amazon Odyssey*.New York:Links Books,1974.

Bardwick,Judith M.*Psychology of Women:A Study of Bio-Cultural Conflicts*.New York: Harper & Row,1971.

Breggin,Peter. "Lobotomies:An Alert." *American Journal of Psychiatry*.Vol.129,July 1972.

Brownmiller,Susan.*Against Our Will*.New York:Simon & Schuster,1975.

By and For Women.*The Women's Gun Pamphlet*.Pamphlet,1975.

Chesler,Phyllis. "Sex Role Stereotyping and Adjustment." In *Psychology of Adjustment*.Ed. James E Adams.Holbrook Press,1973.

——.*Women and Madness*.New York:Doubleday and Co.,1972.

——. "Women and Mental Illness." *Women:Resources for a Changing World*.The Radcliffe Institute,Radcliffe College,October 1972.

Chesler,Phyllis and Emily Jane Goodman.*Women,Money and Power*.New York:William Morrow & Co.,1976.

Connell,Noreen and Cassandra Wilson,eds.*Rape:The First Sourcebook For Women*.New York:Plume Books,New American Library,1974.

Davis,Elizabeth Gould.*The First Sex*.New York:G.P.Putnam & Sons,1971.

Deming,Barbara and Arthur Kinoy.*Women & Revolution:A Dialogue*.Pamphlet,1975.

Dreifus,Claudia.*Women's Fate:Raps from a Feminist Consciousness-Raising Group*.New York:Bantam,1973.

Dworkin,Andrea.*Woman Hating*.New York:E.P.Dutton,1974.

Ehrenreich,Barbara and Deirdre English.*Witches,Midwives and Nurses:A History of Women Healers*.Pamphlet,1972.

Frankfurt,Ellen.*Vaginal Politics*.New York: Quadrangle Books,1972.

Gornick,Vivian and B.K.Moran. *Women in a Sexist Society:Studies in Power and Powerlessness*. New York:Basic Books,1971.See in addition:Phyllis Chesler, "Patient and Patriarch:Women in the Psychotherapeutic Relationship" ; Alta, "Pretty" ;Una Stannard, "The Mask of Beauty" ;Ruby R.Leavitt, "Women in Other Cultures" ;Cynthia Ozick, "Women and Creativity:The Demise of the Dancing Dog" ;Linda Nochlin, "Why Are There No Great Women Artists?" ;Margaret Adams, "The Compassion Trap."

Gould,Robert. "Masculinity by the Size of the Paycheck." Ms.February 1973.

———. "Socio-Cultural Roles of Male and Female." *Comprehensive Textbook of Psychiatry*, 2nd ed.Eds.Freedman,Kaplan,and Sadock.Baltimore:Williams & Wilkins,1975.

Henley,Nancy M.*Body Politics:Power, Sex,and Non-Verbal Communications*.Englewood Cliffs,New Jersey:Prentice-Hall,1977.

Hite,Shere. *The Kite Report on Female Sexuality*.New York:Macmillan Publishing Co., 1976.

Johnston,Jill.*Lesbian Nation:The Feminist Solution*.New York:Simon & Schuster,1973.

Jong,Erica.*Fear of Flying*.New York:Holt,Rinehart,and Winston,1973.

Katz,Naomi and Nancy Milton,eds.*Fragment from a Lost Diary and Other Stories: Women of Asia,Africa,and Latin America*.New York:Pantheon Books,1973.

Kingston,Maxine Hong. *The Woman Warrior:Memoirs of a Girlhood Among Ghosts*.New York:Knopf,1976.

Koedt,Anne,ed.and Shulamith Firestone, assoc.ed.*Notes from the Third Year:Women's Liberation*.New York:Notes from the Second Year,Inc.,1971.See in addition:Susan Brownmiller, "Speaking Out on Prostitution" ;Barbara Burris, "The Fourth World Manifesto" ;Dana Densmore, "Independence from Sexual Revolution" ;Claudia Dreifus, "The Selling of a Feminist" ;Jo Freeman, "The Building of the Gilded Cage" ;Judith Hole and Ellen Levine, "The First Feminists" ;Pamela Kearon and Barbara Mehrhof, "Rape: An Act of Terror" ;Judy Syfers, "Why I Want a Wife."

Laws,Judith Long. "The Psychology of Tokenism:An Analysis." *Sex Roles*.Vol.1,1975.

Martin,Del.*Battered Wives*.San Francisco:Glide Publications,1976.

———.*Battered Wives*.New York:Pocket Books,1977.

Medea,Andra and Kathleen Thompson.*Against Rape:A Survival Manual for Women:How to Avoid Entrapment and How to Cope with Rape Physically and Emotionally*.New York:Farrar,Straus,and Giroux,1974.

Miller,Jean Baker.*Toward a New Psychology of Women*.Boston:Beacon Press,1976.

Mitchell,Juliet.*Psychoanalysis and Feminism*. London:Allen Lane,1974.

———.*Woman's Estate*.New York:Random House,1971.

Oakley,Ann. *Women's Work:The Housewife,Past and Present*.New York:Pantheon,1974.
Piercy,Marge.*Small Changes*.New York:Doubleday,1973.
——.*Woman on the Edge of Time*.New York: Knopf,1976.
Rich,Adrienne.*Of Woman Born:Motherhood as Experience and Institution*.New York:W.W. Norton and Co.,1976.
Rowbotham,Sheila.*Women,Resistance,and Revolution*.London:Penguin,1972.
Rubin,Lillian Breslow.*Worlds of Pain:Life in the Working-Class Family*.New York:Basic Books,1976.
Russ,Joanna. *The Female Man*. New York:Bantam Press,1975.
Russell,Diana E.H.and Nicole Van de Ven,eds.*The Proceeding of the International Tribunal on Crimes Against Women*. California:Les Femmes,1976.
Schatzman,Morton.*Soul Murder:Persecution in the Family*.New York:Random House,1973.
Shulman,Alix Kates.*Memoirs of an Ex-Prom Queen*.New York:Random House,1972.
Snodgrass,Jon,ed.*A Book of Readings for Men Against Sexism*.New York:Times Change Press,1977.
Stone,Merlin. *When God Was a Woman*.Great Britain:Virgo Limited,1976.
Unger,Rhoda Kesler and Florence L. Denmark,eds.*Woman:Dependent or Independent Variable*?New York:Psychological Dimensions,Inc.,1975.
Williams,Juanita H.*Psychology of Women:Behavior in a Biosocial Context*.New York:W. W.Norton & Co.,1974.

1978—1984 年

Armstrong,Louise.*Kiss Daddy Goodnight:A Speak-Out on Incest*.New York:Hawthorn,1978.
Barry,Kathleen.*Female Sexual Slavery*.Englewood Cliffs,New Jersey:Prentice-Hall,1979.
Barry,Kathleen,Charlotte Bunch,and Shirley Castley,eds.*International Feminism:Networking Against Female Sexual Slavery*.New York:The International Women's Tribune Centre, Inc.,1984.
Bernikow,Louise. *Among Women*.New York:Harmony Books,1980.
Bolen,Jean Shinoda.*Goddesses In Every Woman:Powerful Archetypes in Women's Lives*. New York:HarperCollins,1984.
Brodsky,Annette M.and Rachel Hare-Mustin,eds.*Women and Psychotherapy:An Assessment of Research and Practice*.New York:The Guilford Press,1980.
Bulkin,Elly,Minnie Bruce Pratt, and Barbara Smith.*Yours in Struggle:Three Feminist Perspectives on Anti-Semitism*.Brooklyn,New York:Long Haul Press,1984.

Chernin,Kim. *The Obsession:Reflections on the Tyranny of Slenderness*.Harper & Row: New York,1981.

Chesler,Phyllis.*About Men*.New York:Simon and Schuster,1978.

——.*With Child:A Diary of Motherhood*.New York:Lippincott & Crowell,1979.

Chodorow,Nancy.*The Reproduction of Mothering:Psychoanalysis and the Sociology of Gender*. Berkeley:University of California Press,1978.

Clement,Catherine.*Opera:Or the Undoing of Women*. Minneapolis:The University of Minnesota Press,1988;originally published as *Lí opera ou la defaite des femmes*.France: Bernard Grasset,1979.

Daly,Mary.*GYN/Ecology:The Metaethics of Radical Feminism*.Boston:Beacon Press,1978.

——.*Pure Lust:Elemental Feminist Philosophy*.Boston:Beacon Press,1984.

Degler,Carl N.*At Odds:Women and the Family in America From the Revolution to the Present*. Oxford:Oxford University Press,1980.

Demos,John Putnam.*Entertaining Satan:Witchcraft and the Culture of Early New England*. New York:Oxford University Press,1982.

DuBois,Ellen Carol,ed.*Elizabeth Cady Stanton,Susan B.Anthony:Correspondence,Writings,Speeches*.New York:Schocken Books,1981.

Eisenstein,Hester.*Contemporary Feminist Thought*.Boston:G.K.Hall,1983.

Eisenstein,Zillah R.,ed.*Capitalist Patriarchy and the Case for Socialist Feminism*. New York: Monthly Review Press,1979.

Farley,Lin. *Sexual Shakedown:The Sexual Harassment of Women on the Job*.New York: McGraw–Hill,1978.

Fisher,Elizabeth.*Women's Creation:Sexual Evolution and the Shaping of Society*.Garden City,New York:Anchor/Doubleday,1979.

Frank,K.Portland.*The Anti-Psychiatry Bibliography and Resource Guide*.Vancouver: Press Gang Publishers,1979.

Fritz,Leah.*Dreamers & Dealers: An Intimate Appraisal of the Women's Movement*.Boston: Beacon Press,1979.

Gilbert,Sandra M., and Susan Gubar. *The Madwoman in the Attic:The Woman-Writer and the Nineteenth-Century Literary Imagination*.New Haven:Yale University Press,1979.

Gilligan,Carol.*In a Different Voice:Psychological Theory and Women's Development*. Cambridge:Harvard University Press,1982.

Gould,Robert. "Men's Liberation." In *Modern Man and Woman in Transition*.Eds.Millman and Goldman.Dubuque:Kendall/Hunt,1978.

Greenspan,Miriam.*A New Approach to Women & Therapy*.New York:McGraw–Hill,1983.

Griffen,Susan. *Woman and Nature:The Roaring Inside Her*.New York:Harper & Row,1978.

Herman, Judith Lewis. *Father-Daughter Incest*. Cambridge: Harvard University Press, 1981.

Hite,Shere.*The Hite Report on Male Sexuality*.New York: Ballantine Books,1981.

Holroyd,J.C. "Erotic Contact as an Instance of Sex–Biased Therapy." In *Bias In Psychotherapy*.Eds.J.Murray and P.R.Abramson.New York:Praeger,1981,pp.285–308.

Holroyd,J.C.and Brodsky,J.M. "Does Touching Patients Lead to Sexual Intercourse?" *Professional Psychology* 11 (1980):807–811.

hooks,bell.*Ain't I a Woman:Black Women and Feminism*.Boston:South End Press,1981.

———.*Feminist Theory from Margin to Center*.Boston:South End Press,1984.

Hull,Gloria T.,Patricia Bell Scott,and Barbara Smith.*All the Women Are White,All the Blacks Are Men,But Some of Us Are Brave:Black Women's Studies*.Old Westbury,New York:The Feminist Press,1982.

Johnson,Sonia. *From Housewife to Heretic:One Woman's Struggle For Equal Rights and Her Excommunication From the Mormon Church*. Garden City,New York:Doubleday&Co.,1981.

Jones,Ann.*Women Who Kill*.New York:Holt,Rinehart,and Winston,1980.

Joseph,Gloria. "Black Mothers and Daughters:Traditional and New Populations." *Sage*. Vol.1,1984.

Lorde, Audre. *Sister Outsider: Essays and Speeches*. Trumansburg, New York: The Crossing Press, 1984.

Malcolm,Janet.*In the Freud Archives*.New York:Random House,1983.

Masson,Jeffery Moussaieff.*The Assault on Truth*. New York:Penguin Books,1984.

McAllister,Pam,ed.*Reweaving the Web of Life:Feminism and Nonviolence*. Philadelphia:New Society Publishers,1982.

Miller,Alice.*Prisoners of Childhood:How Narcissistic Parents Form and Deform the Emotional Lives of Their Gifted Children*.New York:Basic Books,1981.

Moraga,Cherrie and Gloria Anzaldúa,eds.*This Bridge Called My Back:Writings By Radical Women of Color*.Watertown,Massachusetts:Persephone Press,1981.

Orbach,Susie.*Fat Is A Feminist Issue*. New York:Berkley Publishing,1979.

Pleck,Joseph H.and Robert Brannon,eds. "Male Roles and the Male Experience." Journal of Social Issues.Vol.34,1978.

Ruddick,Sara. "Maternal Thinking." In *Mothering:Essays in Feminist Theory*.Ed.Joyce Trebilcot.Totowa,New Jersey:Rowman and Allanheld,1983.

Rush,Florence.*The Best Kept Secret:Sexual Abuse of Children*. New Jersey:Prentice–Hall,1980.

Russ,Joanna.*How to Suppress Women's Writing*.Great Britain:The Women's Press,1983.

Russell,Diana E.H.*Rape in Marriage*. New York:Macmillan Publishing Co.,1982.

Seidenberg,Robert.*Women Who Marry Houses*.New York:McGraw-Hill,1983.

Sheehan,Susan.*Is There No Place on Earth for Me?*New York:Random House,1982.

Smith,Barbara,ed.*Home Girls:A Black Feminist Anthology*.New York:Kitchen Table,Women of Color Press, Inc.,1983.

Snitow,Ann,Christine Stansell,and Sharon Thompson,eds.*Powers of Desire:The Politics of Sexuality*.New York:Monthly Review Press,1983.

Spender,Dale.*Women of Ideas and What Men Have Done to Them from Aphra Behn to Adrienne Rich*. London:Routledge,Kegan and Paul Ltd.,1982.

Torton Beck,Evelyn,ed.*Nice Jewish Girls:A Lesbian Anthology*.Boston:Beacon Press,1982.

Walker,Alice.*In Search of Our Mothers' Gardens*.New York:Harcourt Brace Jovanovich,1983.

Walker,Lenore E.*The Battered Woman*.New York:Harper & Row,1979.

Wallace,Michelle.*Black Macho and the Myth of the Black Super Woman*.New York:The Dial Press,1978.

1985—1991 年

Alexander,Vicki,M.D. "Black Women and Health." *On the Issues*.Vol.6,1986.

Barry,Kathleen.*Susan B.Anthony:A Biography*.New York and London:New York University Press,1988.

Baruch,Elaine Hoffman and Lucienne J.Serrano.*Women Analyze Women*.New York and London:New York University Press,1988.

Bates,C.M.and Brodsky,A.M.*Sex In the Therapy Hour:A Case of Professional Incest*.New York:Guilford Press,1989.

Benjamin,Jessica.*The Bonds of Love:Psychoanalysis,Feminism,and the Problem of Domination*. New York:Pantheon Books,1988.

Bernay,Tony and Dorothy W.Cantor,eds.*The Psychology of Today's Woman:New Psychoanalytic Visions*. Cambridge,Massachusetts and London, England:Harvard University Press,1989.

Braude,Marjorie,ed.*Women,Power and Therapy*.New York:Harrington Park Press,1988.

Brody,Claire M.,ed.*Women's Therapy Groups: Paradigms of Feminist Treatment*.New York:Springer Publishing Co.,1987.

Cantor,Dorothy W.*Women As Therapists:A Multitheoretical Casebook*.New York:Springer Publishing Co.,1990.

Caplan,Paula J.*The Myth of Women's Masochism*.New York:E.P.Dutton,1985.

——.*Don't Blame Mother:Mending the Mother-Daughter Relationship*.New York:HarperCollins,1989.

Caputi,Jane.*The Age of Sex Crime*.Bowling Green:Bowling Green State University Press,1987.

Chernin,Kim.*The Hungry Self:Women,Eating,and Identity*.New York:Random House,1985.

Chesler,Phyllis. "Anorexia Becomes Electra:Women, Eating and Identity." *New York Times Book Review*.July 21,1985.

——.*Mothers On Trial:The Battle for Children and Custody*.New York:McGraw Hill Book Company,1986.

——. "Mother–Hatred and Mother–Blaming:What Electra Did to Clytemnestra. Motherhood:A Feminist Perspective." *Journal of Women and Therapy*.Vol.10,1990.

——. "Mothers On the Run:Sweden 1990." *On the Issues*.Spring 1991.

——. "Mothers On Trial:The Custodial Vulnerability of Women." *Feminism and Psychology:An International Journal*.Vol.1,1991.

——. "Re–examining Freud." *Psychology Today*.September 1989.

——.*Sacred Bond:The Legacy of Baby M*.New York:Times Books/Random House,1988.

Cole,Ellen and Esther D.Rothblum,eds.*Women and Sex Therapy:Closing the Circle of Sexual Knowledge*.New York:Harrington Park Press,1988.

Dworkin,Andrea. *Mercy*.New York:Four Walls Eight Windows,1991.

Fine,Michelle and Susan Merle Gordon. "Effacing the Center and the Margins:Life at the Intersection of Psychology and Feminism." *Feminism and Psychology*.Vol.1,1991.

Gartrell,N.,Herman,J.,Olarte,S.,Feldstein,M.,and Localio,R. "Reporting Practices of Psychiatrists Who Knew of Sexual Misconduct by Colleagues." *American Journal of Psychiatry* 143,9 (1987):1126–1131.

Gartrell,N.,Herman,J.,Olarte,S.,Feldstein,M.,and Localio,R. "Psychiatrist Patient Sexual Contact:Results of a National Survey.II.Attitudes." *American Journal of Psychiatry* 144,2 (1987):164–169.

Gilligan,Carol,Jane Victoria Ward,Jill McLean Taylor,and Betty Bardige.*Mapping the Moral Domain:A Contribution of Women's Thinking to Psychological Theory and Education*. Cambridge:Harvard University Press,1988.

Glaser R.D.and Thorpe,J.S. "Unethical Intimacy:A Survey of Sexual Contact Advances Between Educators and Female Graduate Students." *American Psychologist* 41 (1986):43–51.

Gotlib,Ian H.,Valerie Whiffen,John H.Mount,Kenneth Milne,and Nikkie I.Cordy. "Prevalence Rates and Demographic Characteristics Associated with Depression in Pregnancy and the Postpartum." *Journal of Consulting and Clinical Psychology* Vol.57,No.2

(1989):269–274.American Psychological Association.

Gotlib,Ian H.,John H.Mount,Pamela M.Wallace, and Valerie E.Whiffen. "Prospective Investigation of Postpartum Depression:Factors Involved in Onset and Recovery." *Journal of Abnormal Psychology* 100,2 (1991):122–132.

Grahn,Judy.*Another Mother Tongue*.Boston:Beacon Press,1990.

Howard,Doris,ed.*The Dynamics of Feminist Therapy*. New York:Haworth Press,1986.

Jeffreys,Sheila. *The Spinster and Her Enemies:Feminism and Sexuality,1880–1930*. London:Pandora,1985.

Jones,Jacqueline.*Labor of Love,Labor of Sorrow:Black Women,Work,and the Family from Slavery to the Present*.New York:Basic Books,1985.

Kaplan,Marcia J.,Carolyn Winger,and Noel Free. "Psychiatrists' Beliefs about Gender-Appropriate Behavior." *American Journal of Psychiatry* 147,7 (July 1990).

Karlsen,Carol F.*The Devil In the Shape of A Woman:Witchcraft in Colonial New England*. New York:W.W Norton & Co.,Inc.,1987.

Kaschak,Ellyn,ed. "Motherhood: A Feminist Perspective." *Women & Therapy:A Feminist Quarterly*,Special Issue.Vol.10,Nos.1/2.New York:The Haworth Press,1990.

Kaye/Kantrowitz,Melanie and Irena Klepfisz,eds.*The Tribe of Dina:A Jewish Women's Anthology*.Montpelier,Vermont:Sinister Wisdom Books,1986;originally published in *Sinister Wisdom*,1986.

Kitzinger,Celia.*The Social Construction of Lesbianism*.California:Sage Publications,1987.

Laidlaw,Tonni Ann et al.*Healing Voices:Feminist Approaches to Therapy with Women*.San Francisco:Jossey-Bass Inc.,1990.

Lobel,Kerry,ed.*Naming the Violence:Speaking Out About Lesbian Battering*.The National Coalition Against Domestic Violence Lesbian Task Force.Seattle:Seal Press,1986.

Luepnitz,Deborah Anna.*The Family Interpreted*.New York:Basic Books,1988.

MacKinnon,Catherine A.*Feminism Unmodified:Discourses on Life and Law*. Cambridge:Harvard University Press,1987.

Menaker,Esther.*Appointment in Vienna:An American Psychoanalyst Recalls Her Student Days in Pre-War Austria*.New York:St.Martin Press,1989.

Millett,Kate. *The Loony Bin Trip*.New York:Simon&Schuster,1990.

Miner,Valerie and Helen Longino,eds.*Competition:A Feminist Taboo?*New York:The Feminist Press,1987.

North,Carol.*Welcome,Silence:My Triumph Over Schizophrenia*.New York:Simon and Schuster,1987.

Perkins,Rachel. "Therapy for Lesbians?:The Case Against." *Feminism and Psychology*. Vol.1,1991.

Pogrebin,Letty Cottin.*Deborah,Golda and Me*.New York:Crown,1991.

Pope,Kenneth S. "Therapist-Patient Sexual Involvement: A Review of the Research." *Clinical Psychology Review* 10 (1990):477–490.

Pope,Kenneth S.,Keith-Spiegel,P.,and Tabachnick,B.G. "Ethics of Practice:The Beliefs and Behaviors of Psychologists as Therapists." *American Psychologist* 42 (1987):993–1006.

Raymond,Janice G.*A Passion for Friends:Toward a Philosophy of Female Affection*.Boston:Beacon Press,1986.

Rosewater,Lynne Bravo and Lenore E.A.Walker,eds.*Handbook of Feminist Therapy:Women's Issues in Psychotherapy*.New York:Springer Publishing Co.,1985.

Siegel,Rachel Josefowitz,ed.*Seen but Not Heard: Jewish Women in Therapy*.New York:Harrington Park Press,1991.

Spender,Dale. *For the Record:The Making and Meaning of Feminist Knowledge*.Great Britain:The Women's Press Limited,1985.

Symonds,Alexandra,M.D. "A Re-Evaluation of Depression in Woman." *On the Issues*. Vol.4,1985.

Tan,Amy.*The Joy Luck Club*.New York:Putnam,1989.

Ussher,Jane.*Women's Madness:Misogyny or Mental Illness?*Amherst,MA:University of Amherst Press,1991.

Walker,Barbara G.*The Skeptical Feminist:Discovering the Virgin,Mother and Crone*.San Francisco:Harper&Row,1987.

Walker,Lenore,E.*Terrifying Love:Why Battered Women Kill and How Society Responds*. New York:Harper&Row,1989.

Walsh,Mary Roth,ed.*The Psychology of Women:Ongoing Debates*. New Haven and London:Yale University Press,1987.

Walters,Marianne,Betty Carter,Peggy Papp,and Olga Silversmith.*The Invisible Web:Gender Patterns in Family Relationships*.New York:The Guilford Press,1988.

Wittig,Monique.*Crossing the Acheron*.London:Peter Owen,1987;first published in French,1985.

1992—1999 年

Abe,J.S.and Zane,N.W.S. "Differential Responses to Trauma:Migration-Related Discriminants of Post-Traumatic Stress Disorder Among Southeast Asian Refugees." *Journal of Community Psychology* 22,2 (1994):121–135.

Adams,Eve M.and Nancy E.Betz. "Gender Differences in Counselors' Attitudes Toward and Attributions About Incest." *Journal of Counseling Psychology* 40,2 (1993):210–216.

Adleman Jeanne and Gloria Enguidanos,eds.*Racism in the Lives of Women:Testimony, Theory,and Guides to Antiracist Practice*.New York:The Haworth Press,1995.

Allison,Dorothy.*Skin:Talking About Sex,Class & Literature*.Ithaca,New York:Firebrand Books,1994.

Antonelli,Judith,S. "Beyond Nostalgia:Rethinking the Goddess." *On the Issues*.Vol.6,1997.

Appignanesi,Lisa and John Forrester.Freud's Women.New York:Basic Books,1992.

Armstrong,Louise. "Who Stole Incest?" On The Issues.Fall 1994.

Ballou,Mary and Laura Brown,Eds. *Rethinking Mental Health and Disorder:Feminist Perspectives*.New York:Guilford Press,2002.

Baker,Nancy Lynn. "Class as a Construct in a 'Classless' Society." *Women and Therapy*. Vol.18,1996.

Bolen,Jean Shinoda.*Crossing to Avalon*.New York:Harper Collins,1994.

Borch–Jacobsen,Mikkel. "Sybil—The Making of a Disease:An Interview with Dr.Herbert Spiegel." *New York Review of Books* (April 24, 1997):60–64.

Broden,Melodie S.and Albert A.Agresti. "Responding to Therapists' Sexual Abuse of Adult Incest Survivors:Ethical and Legal Considerations." *Psychotherapy* 35,1(1998).

Brown,Laura S. "Boundaries in Feminist Therapy:A Conceptual Formulation." *Women and Therapy*.Vol.15,1994.

———.*Subversive Dialogues:Theory in Feminist Therapy*.New York:Basic Books,1994.

———. "Politics of Memory,Politics of Incest:Doing Therapy and Politics That Really Matter." *Women and Therapy*.Vol.19,1996.

Berns,Sara B.,Eric Gortner,John M.Gottman,Neil S.Jacobson. "When Women Leave Violent Relationships:Dispelling Clinical Myths." *Psychotherapy* 34,4(1997):343–351.

Caplan,Paula J.*Lifting a Ton of Feathers:A Woman's Guide to Surviving in the Academic World*. Toronto:University of Toronto Press,1993.

———.*They Say You're Crazy:How the World's Most Powerful Psychiatrists Decide Who's Normal*. Philadelphia:Perseus Books,1995.

———. "Try Diagnosing Men's Mind Games Instead of Pathologizing Women." *On The Issues*.Winter 1997.

Chesler,Phyllis,Esther Rothblum,Ellen Cole.*Feminist Foremothers in Women's Studies,Psychology,Mental Health*.New York:Harrington Park Press,1995.

Chesler, Phyllis. *Letters to a Young Feminist*. New York: Four Walls Eight Windows, 1997.

Chesler, Phyllis. "A Reappraisal of Women and Madness." In *Feminism & Psychology*, Vol.2, No.4. London: SAGE, 1994. Articles by Dale Spender, Sue Wilkinson, Judi Chamberlin, Jane Ussher, and Helen Bolderston.

Chesler, Phyllis. "Custody Determinations: Gender Bias in the Courts." In *Encyclopedia of Childbearing: Critical Perspectives*. Ed. Barbara Katz Rothman. Phoenix: Oryx Press, 1992.

——. "A Double Standard for Murder?" *New York Times* OP-ED, January 9, 1992.

——. "The Shellshocked Woman." *New York Times* Book Review, August 23, 1992.

——. "When a 'Bad' Woman Kills: The Trials of Aileen Wuornos." *On the Issues*. Summer 1992.

——. "The Men's Auxiliary: Protecting the Rule of the Fathers." In *Women Respond to the Men's Movement*. Ed. Kay Leigh Hagan. San Francisco: Harper San Francisco, 1992.

——. "Sexual Violence Against Women and a Woman's Right to Self-Defense: The Case of Aileen Carol Wuornos." *St. John's University Law Review* (Fall-Winter 1993), and *Criminal Practice Law Report* Vol.1 (October 1993).

——. "The Dead Man is Not on Trial." *On the Issues*. Winter 1994.

——. "Heroism is Our Only Alternative." A Response to a Retrospective on Women and Madness. *The Journal of Feminism and Psychology*. Vol.4, May 1994.

——. *Patriarchy: Notes of an Expert Witness*. Monroe, Maine: Common Courage Press, 1994.

——. "When They Call You Crazy." *On the Issues*. Summer 1994.

——. "Rebel with a Cause." *On the Issues*. Fall 1995.

——. "What is Justice for a Rape Victim." *On the Issues*. Winter 1995.

Chew, Lin. "Global Trafficking in Women: Some Issues and Strategies." *Women's Studies Quarterly* 1 & 2 (1999): 11–18.

Comas-Diaz, L. "An Integrative Approach." In *Women of Color: Integrating Ethnic and Gender Identities in Psychotherapy* Eds. L. Comas-Diaz & B. Greene. New York: Guilford Press, 1994, pp.287–318.

Comas-Diaz, Lillian and Frederick J. Jacobsen. "Psychopharmacology for Women of Color: An Empowering Approach." *Women and Therapy*. Vol.16, 1995.

Chalifoux, Bonnie. "Speaking Up: White, Working-Class Women in Therapy." *Women and Therapy*. Vol.18, 1996.

Copelon, Rhonda. "Surfacing Gender: Reconceptualizing Crimes Against Women in Time of War." In *Mass Rape: The War Against Women in Bosnia-Herzegovina*. Ed. Alexandra Stiglymyer. Lincoln and London: University of Nebraska Press, 1992.

Das Dasgupta,Shamita,ed.*A Patchwork Shawl:Chronicles of South Asian Women in America.* New Jersey:Rutgers University Press,1998.

Denmark,Florence L.and Michèle A.Paludi,eds.*Psychology of Women:A Handbook of Issues and Theories.*Westport,Connecticut:Greenwood Press,1993.

Dorkenoo,Efua. "Combating Female Genital Mutilation:An Agenda for the Next Decade." *Women's Studies Quarterly* 1&2 (1999):87–97.

Douglas,Claire.*Translate This Darkness:The Life of Christiana Morgan:The Veiled Woman in Jung's Circle.*New York:Simon & Schuster,1993.

Dumquah,Meri Nana–Ama. *Willow Weep for Me,A Black Woman's Journey Through Depression:A Memoir.*New York:W.W.Norton & Co.,1998.

Dutton,Donald G.and Susan K.Golant. *The Batterer:A Psychological Profile.*New York:Basic Books,1995.

Dworkin,Andrea.*Letters from a War Zone.*Chicago:Lawrence Hill Books,1993.

Estes,Clarissa Pinkola.*Women Who Run with the Wolves:Myths and Stories of the Wild Woman Archetype.*New York:Ballantine Books,1992.

Farley,M.,I.Baral,M.Kiremire,and U.Sezgin. "Prostitution in Five Countries:Violence and Post–Traumatic Stress Disorder." *Feminism & Psychology* 8,4(1998):405–426.

Feldmar,Andrew.*R.D.Laing:Creative Destroyer.*London:Cassell,1997.

Firestone,Shulamith.*Airless Spaces.*New York:Semiotext(e),1998.

Freyd,Jennifer J.*Betrayal Trauma.*Cambridge:Harvard University Press,1995.

Geller,Jeffrey and Maxine Harris.*Women of the Asylum:Voices from Behind the Walls,1940–1945.*New York:Anchor Books,1994.Foreword by Phyllis Chesler.

Geller,Jeffrey L. and Maxine Harris.*Women of the Asylum:Voices from Behind the Walls 1840–1945.*New York:Bantam Doubleday Dell Publishing Group,1994.Introduction by Phyllis Chesler.

Gelso,Charles J.,Ruth E.Fassinger,Maria J.Gomez, and Maria G.Latts. "Counter-transferences Reactions to Lesbian Clients:The Role of Homophobia,Counselor Gender,and Countertransference Management." *Journal of Counseling Psychology* 42,3 (1995):356–364.

Green,Dorsey. "When a Therapist Breaks the Rules." *Women and Therapy.*Vol.18,1996.

Greene,Beverly and Nancy Boyd–Franklin. "African–American Lesbian Couples:Ethnocultural Considerations in Psychotherapy." *Women and Therapy.*Vol.19,1996.

Grobe,Jeanine,ed.*Beyond Bedlam:Contemporary Women Psychiatric Survivors Speak Out.* Chicago:Third Side Press,1995.

Hall,Marney,Celia Kitzinger,Joanne Loulan,and Rachel Perkins. "Lesbian Psychology,Lesbian

Politics." *Feminism and Psychology*.Vol.2,1992.

Halnon,Karen Bettez.*Women's Agency in Hysteria and Its Treatment*.Michigan:UMI Company,1995.

Hamilton,Jean A. and Margaret F.Jensvold. "Sex and Gender as Critical Variables in Feminist Psychopharmacology Research and Pharmacology." *Women and Therapy*. Vol.16,1995.

Hammer,Barbara U. "Anti-Semitism As Trauma:A Theory of Jewish Communal Trauma Response." In *Jewish Women Speak Out*.Eds.Kayla Weiner and Arinna Moon.1995.

Harris,Diane J.and Sue A.Kuba. "Ethnocultural Identity and Eating Disorders in Women of Color." *Professional Psychology:Research and Practice* 28,4(1997):341–347.American Psychological Association.

Healy,Shevy. "Confronting Ageism:A Must for Mental Health." *Women and Therapy*. Vol.14, 1993.

Heller,Tom,Jim Reynolds,Roger Gomm,Rosemary Muston,and Stephen Pattison.*Mental Health Matters*.London:Macmillan Press Limited,1996.

Herman,Judith Lewis.*Trauma and Recovery*.New York:Basic Books,1992.

Heron,Reva L.,Diana P.Jacobs,Nadine J.Kaslow,and Heather B.Twomey. "Culturally Competent Interventions for Abused and Suicidal African American Women." *Psychotherapy* 34,4(1997):410–422.

Hill,Marcia. "We Can't Afford It: Confusions and Silences on the Topic of Class." *Women and Therapy*.Vol.18,1996.

Hite,Shere. "Write What You Want." *On the Issues*.Vol.4.1995.

Holtzman,Clare G. "Counseling Adult Women Rape Survivors:Issues of Race,Ethnicity,and Class." *Women and Therapy*.Vol.19,1996.

hooks,bell.*Sisters of the Yam:Black Women and Self-Recovery*.Cambridge,MA:South End Press,1993.

Hughes,Donna M. "Defeating Woman-Haters." FrontPageMagazine.com,January 17,2005.http://www.frontpagemagazine.com/Articles/ReadArticle.asp?ID=16640, as accessed 4/14/2005.

——. "Iran's Sex Slaves," FrontPageMagazine.com.June 11,2004.

——. "The Mullah's Killing Fields." FrontPageMagazine.com.December 14,2004.

Jamison,Kay Redfield.*An Unquiet Mind:A Memoir of Moods and Madness*.New York: Knopf,1995.

Kaschak,Ellyn.*Engendered Lives:A New Psychology of Women's Experience*.New York:Basic

Books,1992.

Kaschak,Ellyn and Marcia Hill.*Beyond the Rule Book:Moral Issues and Dilemmas in the Practice of Psychotherapy*.New York:The Haworth Press,1999.

Kaysen,Sussanah.*Girl,Interrupted*.New York:Vintage,1994.

Kerr,John.*A Most Dangerous Method:The Story of Jung,Freud,and Sabina Spielrein*.New York:Knopf,1993.

Kitzinger,Celia (with Rachel Perkins).*Changing Our Minds:Lesbian Feminism and Psychology*. New York:New York University Press,1993.

Kivel,Paul. "Raising Sons as Allies." *On the Issues*.Vol.5,1996.

Lalich,Janya. "Dominance and Submission: The Psychosexual Exploitation of Women in Cults." *Women and Therapy*.Vol.19,1996.

Lerman,Hannah. "The Practice of Ethics Within Feminist Therapy." *Women and Therapy*. Vol.15,1994.

Loulan,JoAnn. "Our Breasts, Ourselves." *Women and Therapy*.Vol.19,1996.

Mallinckrodt,Brent,Beverly A.McCreary,and Anne K.Robertson. "Co–Occurrence of Eating Disorders and Incest:The Role of Attachment, Family Environment,and Social Competencies." *Journal of Counseling Psychology* 42,2(1995):178–186.

McGoey,Christine Schaack. "When Regular Guys Rape:The Trial of the Glen Ridge Four." *On the Issues*.Fall 1993.

McNair,Lily D. "African American Women in Therapy:An Afrocentric and Feminist Synthesis." *Women and Therapy*.Vol.12,1992.

McNair,Lily D. and Helen A.Neville. "African American Women Survivors of Sexual Assault:The Intersection of Race and Class." *Women and Therapy*.Vol.18,1996.

Miller,Jean Baker and Irene Stiver.*The Healing Connection:How Women Form Relationships in Therapy and in Life*. Boston:Beacon Press,1997.

Paludi,Michèle A.*The Psychology of Women*. Dubuque:WCB Brown & Benchmark,1992.

Pipher,Mary.*Reviving Ophelia:Saving the Selves of Adolescent Girls*. New York:Putnam,1994.

Pope,Kenneth S. "Scientific Research,Recovered Memory,and Context:Seven Surprising Findings." *Women and Therapy*.Vol.19,1996.

Pope,Kenneth S.and Barbara G.Tabachnick. "The Therapist as a Person:Therapists'Anger, Hate,Fear,and Sexual Feelings:National Survey of Therapist Responses, Client Characteristics, Critical Events, Formal Complaints, and Training," 1993. http://kspope.com/therapistas/fearl.php, accessed 7/6/2005.

Pope,Kenneth S.and Melba J.T.Vasquez.*Ethics in Psychotherapy and Counseling:A Practical*

Guide,2nd ed.San Francisco:Jossey Bass,1998.

Radford,Jill and Diana E.H.Russell,eds.*Femicide:The Politics of Woman Killing*.New York:Macmillan Publishing Co.,1992.

Raven,Arlene. "Judy Chicago:The Artist Critics Love to Hate." *On the Issues*.Vol.3,1994.

Renzetti,Claire M.*Violent Betrayal:Partner Abuse in Lesbian Relationships*.Newbury Park,California:Sage Publications,1992.

Rohrlich,Ruby. "Biology and Destiny." *On the Issues*.Vol.6,1997.

Rollins,Joan H.*Women's Minds,Women's Bodies:The Psychology of Women in a Biosocial Context*. New Jersey:Prentice–Hall,1996.

Rothblum,Esther D. "The Rich Get Social Services and the Poor Get Capitalism." *Women and Therapy*.Vol.18,1996.

Russ,Joanna.*What Are We Fighting for?Sex,Race,Class,and the Future of Feminism*.New York:St. Martin's Press,1997.

Sapinsley,Barbara.*The Private War of Mrs. Packard*. New York:Kodansha,1995. Introduction by Phyllis Chesler.

Sapinsley,Barbara.*The Private War of Mrs. Packard*.New York:Paragon House,1991;with New Introduction by Phyllis Chesler,1995.

Shah,Sonia.*Dragon Ladies:Asian American Feminists Breathe Fire*.Cambridge,MA:South End Press,1997.

Shaka Zulu,Nzinga. "Sex,Race,and the Stained–Glass Window." *Women and Therapy*. Vol.19,1996.

Sharratt,Sara and Ellyn Kaschak. *Assault on the Soul:Women in the Former Yugoslavia*.New York:The Haworth Press,1999.

Siegal,Rachel Josefowitz. "Between Midlife and Old Age:Never Too Old to Learn." *Women and Therapy*.Vol.14,1993.

Steinem,Gloria. "What If Freud Were Phyllis?" *Moving Beyond Words*.New York:Simon&Schuster,1994.

Stiglymyer,Alexandra,ed. "The Rapes in Bosnia–Herzegovina." *Mass Rape:The War Against Women in Bosnia-Herzegovina*.Lincoln and London:University of Nebraska Press,1992.

Strong,Marilee A.*Bright Red Scream:Self-Mutilation and the Language of Pain*.New York:Penguin,1998.

Teifer,Lenore. "Towards a Feminist Sex Therapy." *Women and Therapy*.Vol.19,1996.

Vaz,Kim Marie. "Racial Aliteracy:White Appropriation of Black Presences." *Women and Therapy*.Vol.16,1995.

Walker,Lenore E. "Psychology and Domestic Violence Around the World." *American Psychologist* (1999).American Psychological Association.

Weiner,Kayla and Arinna Moon,eds.*Jewish Women Speak Out:Expanding the Boundaries Of Psychology*.Seattle:Canopy Press,1995.Foreword by Phyllis Chesler.See in addition: Kayla Weiner, "Survivors Nonetheless:Trauma in Women Not Directly Involved with the Holocaust."

Weiner,Kayla and Arinna Moon.*Jewish Women Speak Out:Expanding the Boundaries of Psychology*.Foreword by Phyllis Chesler.Seattle,WA:Canopy Press,1995.

Wolfe,Janet L. and Iris G.Fodor. "The Poverty of Privilege:Therapy with Women of the 'Upper' Classes." *Women and Therapy*.Vol.18,1996.

Wolper,Andrea. "Exporting Healing:American Rape Crisis Counselors in Bosnia." *On the Issues*.Spring 1994.

Wood,Mary Elene.*The Writing On the Wall:Women's Autobiography and the Asylum*. Chicago:University of Illinois Press,1994.

Wurtzel,Elizabeth.*Prozac Nation*.New York:Riverhead Books,1994.

Young-Bruehl,Elisabeth.*The Anatomy of Prejudices*.Cambridge:Harvard University Press,1996.

2000—2005 年

Caplan,Paula J.and Lisa Cosgrove,eds.*Bias in Psychiatric Diagnosis*.Maryland:Jason Aronson,2004.See especially:Ali,Alisha, "The Intersection of Racism and Sexism in Psychiatric Diagnosis";Bullock,Heather E., "Diagnosis of Low-Income Women," from *Bias in Psychiatric Diagnosis*;Caplan,Emily J., "Psychiatric Diagnosis in the Legal System";Cosgrove,Lisa and Bethany Riddle, "Gender Bias and Sex Distribution of Mental Disorders in the DSM-IV-TR";Fish,Vincent, "Some Gender Biases in Diagnosing Traumatized Women";Javed,Nayyar, "Clinical Cases and the Intersection of Sexism and Racism";Poland, Jeffrey, "Bias and Schizophrenia";Poland,Jeffrey and Paula J.Caplan, "The Deep Structure of Bias in Psychiatric Diagnosis";Profit,Wesley E., "Should Racism Be Classified As a Mental Illness?";Rabinor,Judith R., "The 'Eating-Disordered' Patient";Wiley, Autumn, "Abnormal Psychology Textbooks Exclude Feminist Criticisms of the DSM."

Chesler,Phyllis.*Woman's Inhumanity to Woman*. New York:Thunder's Mouth Press/Nation Books,2002;Plume,2003.

——.T*he New Anti-Semitism*. San Francisco:Jossey-Bass,2003.

———. *The Death of Feminism: What's Next in the Struggle for Women's Freedom*. New York:Palgrave Macmillan,2005.

———. "The Psychoanalytic Roots of Islamic Terrorism." FrontPageMagazine.com. May 3, 2004; www.phyllis-chesler.com.

———. '"Gender Cleansing' in the Sudan." FrontPage Magazine. July 26,2004; www.phyllis-chesler.com

———. "Forced Female Suicide." FrontPage Magazine. January 22,2004; www.phyllis-chesler.com

Chesler,Phyllis and Rivka Haut. *Women of the Wall:Claiming Sacred Ground at Judaism's Holy Site*.Vermont:Jewish Lights Publishing,2003.

Chesler,Phyllis and Donna M.Hughes. "Feminism in the 21st Century." *Washington Post*,February 22,2004;www.phyllis-chesler.com.

Chesler,Phyllis and Nancy H.Kobrin. "Osama,Bush and a Little Girl." FrontPageMagazine.com.November 1,2004;www.phyllis-chesler.com.

Clarke,Victoria. "Stereotype,Attack and Stigmatize Those Who Disagree:Employing Scientific Rhetoric in Debates About Lesbian and Gay Parenting." *Feminism and Psychology* 10,1 (2000):142–149.London:Sage.

Clarke,Victoria. "The Lesbian Personality:A Reappraisal of June Hopkins' Milestone Work." Special Issues,*Lesbian & Gay Psychology Review* 3,2 (2000).The British Psychological Society.

Cottone,John G.,Philip Drucker,and Rafael A.Javier. "Gender Differences in Psychotherapy Dyads:Changes in Psychological Symptoms and Responsiveness to Treatment During Three Months of Therapy." *Psychotherapy: Theory/Research/Practice/Training* 39,4 (2002):297–308. Educational Publishing Foundation.

Enns,Carolyn Zerbe.*Feminist Theories and Feminist Psychotherapies:Origins,Themes, and Diversity*,2nd ed. New York:The Haworth Press,2004.

Farley,Melissa. *Prostitution, Trafficking, and Traumatic Stress*. New York:The Haworth Press,2003.

Graham,Jennifer E.,Marci Lobel,and Robyn Stein DeLuca. "Anger After Childbirth:An Overlooked Reaction to Postpartum Stressors." *Psychology of Women Quarterly* 26 (2002):222–233.Division 35,American Psychological Association. Blackwell Publishing.

Gregory,Julie. *Sickened:The Memoir of a Munchausen by Proxy Childhood*.New York:Bantam,2003.

Guttmann,Melinda Given.*The Enigma of Anna O.:A Biography of Bertha Pappenheim*.Rhode

Island:Moyer Bell,2001.

Hebald,Carol. *The Heart Too Long Suppressed:A Chronicle of Mental Illness*.Boston:Northeastern University Press,2001.

Hubert,Susan. *Questions of Power:The Politics of Women's Madness Narratives*.Newark:University of Delaware Press,2002.

Jackson,Helene,Leonard Diller,Ronald L.Nuttall,and Elizabeth Philip. "Traumatic Brain Injury:A Hidden Consequence for Battered Women." *Professional Psychology:Research and Practice* 33,1 (2002):39–45.American Psychological Association.

Jackson,Leslie and Beverly Greene,eds.*Psychotherapy with African American Women:Innovations in Psychodynamic Perspectives and Practice*. New York:Guilford Press,2000.

Kettlewell,Carolyn.*Skin Game:A Memoir*.New York:St.Martin's Press,2000.

Kline,Ruth.*It Coulda Been Worse:Surviving a Lifetime of Abuse and Mental Illness*.North Carolina:Pentland Press,Inc./Ivy House Publishing,2003.

Klonoff,Elizabeth A.,Hope Landrine,and Robin Campbell. "Sexist Discrimination May Account for Well-Known Gender Differences In Psychiatric Symptoms." *Psychology of Women Quarterly* 24 (2000):93–99.Division 35,American Psychological Association. USA:Cambridge University Press.

Knapp,Caroline.*Appetites:Why Women Want*.New York:Counterpoint,2003.

Kobrin,Nancy. "Political Domestic Violence in Ibrahim's Family:A Psychoanalystic Perspective." In *Eroticisms:Love,Sex and Perversion*,vol.5.Eds.J.Piven,C.Boyd,and H.Lawton. New York:iUniverse,Inc.,2003;also in *Terrorism,Jihad and Sacred Vengeance*. Giessen:Psychosoziel-Verlag,2004.

Kobrin,Nancy and Yoram Schweitzer. "The Sheik's New Clothes:Islamic Suicide Terrorism and What It's Really All About." Introduction by Phyllis Chesler.Unpublished Manuscript.

Murphy,Julie A.,Edna I.Rawlings,and Steven R.Howe. "A Survey of Clinical Psychologists on Treating Lesbian,Gay,and Bisexual Clients." *Professional Psychology:Research and Practice* 33,2 (2002):183–189.American Psychological Association.

National Institute of Mental Health. "The Numbers Count:Mental Disorders in America." http://www.nimh.nih.gov/publicat/numbers.cfm,accessed 7/11/2005.

National Research Center on Asian American Mental Health. http://psychology.ucdavis.edu/nrcaamh/Publications/,accessed 7/12/2005.

Pope,Kenneth S.,James N. Butcher,and Joyce Seelen.*The MMPI,MMPI-2,and MMPI-A In Court:A Practical Guide for Expert Witnesses and Attorneys*,2nd ed.American Psychological Association,2000.

Pope, Kenneth S. and Melba J.T. Vasquez. *How To Survive and Thrive as a Therapist: Information, Ideas & Resources for Psychologists*. American Psychological Association, 2005.

Rabin, Claire Low. *Understanding Gender and Culture in the Helping Process: Practitioners' Narratives from Global Perspectives*. Foreword by Phyllis Chesler. California: Wadsworth, 2005.

Reiland, Rachel. *Get Me Out Of Here: My Recovery from Borderline Personality Disorder*. Minnesota: Hazelden Publishing and Educational Services, 2004.

Rickhi, Badri, Hude Quan, Sabine Moritz, Dipl Biol, Heather L. Stuart, and Julio Arboleda-Florez. "Original Research: Mental Disorders and Reasons for Using Complementary Therapy." 2003. http://www/cpa-apc.org/Publica-tions/Archives/CJP/2003/august/rickhi.asp, accessed 7/11/2005. Canadian Psychiatric Association—Study.

Shannonhouse, Rebecca. *Out of Her Mind: Women Writing On Madness*. New York: The Modern Library, 2000.

World Health Organization. "Gender Disparities in Mental Health: The Facts." *Gender and Women's Mental Health*, http://www.who.int/mental_health/prevention/genderwomen/en/, accessed 7/11/2005.

Wurtzel, Elizabeth. *More, Now, Again: A Memoir of Addiction*. New York: Touchstone, 2001.

译后记

许多年前，我从美国心理学会出版物中看中了一套心理治疗理论的书籍，其中有一本是《女性主义疗法》(*Feminist Therapy*, 2010)，那是我第一次见到女性主义与心理治疗的结合。由于种种原因，《女性主义疗法》的简体中文版在2021年才面世。

我欣喜地翻阅《女性主义疗法》，在读到"影响女性主义疗法发展的三篇文献"时，发现第一个介绍的就是菲利斯·切斯勒的《女性与疯狂》，便在网上搜索了一下，但没有找到中文版。然后，我在豆瓣网上标记了"想读"，并写道："没有中文版？"

再过了一年多，有编辑老师邀我翻译《女性与疯狂》。我欣然应许，并邀请童桐老师和我一起翻译这本书。

这便是我和《女性与疯狂》这部女性主义著作的缘分。

然而，我想，我与女性主义还有着更多的潜在缘分。我出生在一个小村子里，在一个狭小的活动范围内人们彼此相识，我很少体验到无力感。慢慢地，我去往小镇、县城、省会、大都市，在越陌生的地方，我越觉得自己渺小无力。

甚至，在我学习心理学之后，回想儿时也觉得不尽完美。作为一个儿童，我也曾失去很多权利，人格得到的也是片面的成长。那些人格中被压抑的部分在涌动着，在等候着，希望有一天能重见光明。

因此，我相信，我是肩负着使命，被命运驱使着来翻译这本书的。

我肩负着使命，让自己得到更多的权利，让自己变得更完整。

我肩负着使命，让自己成为一个女性主义者。

我并不是在寻求变得更强大，在一个社会中，永远都有强者、更强者、弱者、更弱者，我只是想以自己的方式合理地生存下去。

正如上野千鹤子所说："女性主义绝不是弱者试图变为强者的思想。女性主义是追求弱者也能得到尊重的思想。"

一切遵从发展的规律。就像人类社会也肩负着使命，通过女性主义浪潮而变得更加完善。

在翻译《女性与疯狂》时，我体验到诗人艾德里安娜·里奇所评论的"紧张、激烈、精彩"。菲利斯·切斯勒的描述时而让人心生同情，时而让人备感愤怒，时而让人振奋不已。

有一个瞬间，我在想，菲利斯·切斯勒，这位亚马逊女战士，是否也曾在某个夜晚、某个角落感到精疲力竭，在悲伤地哭泣。

这或许只是我的投射。又或许，这只是战斗人生中不太为人知的常态。休息，战斗，别无其他。

由于我有时头脑发热，接下了许多艰巨的翻译任务，等过了交稿日期，再加上编辑老师一催促，我便进入了疯狂的状态。吃饭、睡觉、翻译，生活中似乎只剩下这三件事。有时，前两件事还会被第三件事所挤压。这一定是一种疯狂的状态，但我也因此想到，疯狂几乎总是可以理解的。

本书由童桐和郑世彦一起翻译，感谢笪腾飞先生对部分章节的贡献，使本书增色不少。童桐、郑世彦翻译了第1—3章、第8—10章，笪腾飞、郑世彦翻译第 4—7 章，郑世彦翻译了致谢、引言，最后由郑世彦对全书进行了统稿。感谢编辑老师对交稿时间的宽容！

  本书涉及希腊神话、精神病学、心理学和政治学等诸多学科，再加上时间和精力有限，我们的译本不尽完美，敬请广大读者批评指正！

郑世彦
2024 年 4 月 8 日

图书在版编目（CIP）数据

墨迹：赫尔曼·罗夏、罗夏测验与视觉的力量 / （美）达米恩·瑟尔斯著；赵闪译. -- 北京：北京联合出版公司，2023.11
ISBN 978-7-5596-4836-5

Ⅰ.①墨… Ⅱ.①达…②赵… Ⅲ.①心理测验—心理学史 Ⅳ.①B841.7-09

中国版本图书馆CIP数据核字（2021）第037131号
北京市版权局著作权合同登记 图字：01-2021-1841

Copyright©2017 by DAMION SEARLS
This edition arranged with McCormick Literary
through Andrew Nurnberg Associates International Limited
Simplified Chinese edition copyright © 2023 by Beijing United Publishing Co., Ltd.
All rights reserved.
本作品中文简体字版权由北京联合出版有限责任公司所有

墨迹：赫尔曼·罗夏、罗夏测验与视觉的力量

作　　者：[美] 达米恩·瑟尔斯（Damion Searls）
译　　者：赵　闪
出品人：赵红仕
出版监制：刘　凯　　赵鑫玮
选题策划：联合低音
责任编辑：马晓茹
封面设计：肖晋兴
内文设计：黄　婷

关注联合低音

北京联合出版公司出版
（北京市西城区德外大街83号楼9层　100088）
北京联合天畅文化传播公司发行
北京美图印务有限公司印刷　新华书店经销
字数340千字　710毫米×1000毫米　1/16　28印张
2023年11月第1版　2023年11月第1次印刷
ISBN 978-7-5596-4836-5
定价：118.00元

版权所有，侵权必究
未经书面许可，不得以任何方式转载、复制、翻印本书部分或全部内容。
本书若有质量问题，请与本公司图书销售中心联系调换。电话：（010）64258472-800

THE INKBLOTS

HERMANN RORSCHACH,
HIS ICONIC TEST,
AND THE POWER OF SEEING

Damion Searls

墨 迹

赫尔曼·罗夏、罗夏测验与视觉的力量

[美] 达米恩·瑟尔斯 著
赵闪 译

北京联合出版公司
Beijing United Publishing Co.,Ltd.

我们的心灵所需极少便能制造出它所设想的一切,并且动用它所有的后备力量使之实现……几滴墨水和一张纸,作为积累与协调瞬间和动作的材料,就足够了。

——保尔·瓦雷里《德加,舞蹈,素描》

在永恒中,一切都是幻象。

——威廉·布莱克